2022年特別報告書

人新世の脅威と人間の安全保障

さらなる連帯で立ち向かうとき

2022年特別報告書

人新世の脅威と人間の安全保障

さらなる連帯で立ち向かうとき

制作チーム

この報告書は、Pedro Conceição氏の指導のもと、Heriberto Tapia氏が率いるチームによって作成されました。コア・チームはRicardo Fuentes-Nieva、Moumita Ghorai、Yu-Chieh Hsu、Admir Jahic、Christina Lengfelder、Rehana Mohammed、Tanni Mukhopadhyay、Shivani Nayyar、Camila Olate、Josefin Pasanen、Fernanda Pavez Esbry、Mihail Peleah、Carolina Rivera Vázquezの各氏で構成されています。広報、運営、調査・制作サポートはDayana Benny、Allison Bostrom、Mriga Chowdhary、Maximilian Felchtner、Rezarta Godo、Jonathan Hall、Seockhwan Bryce Hwang、Fe Juarez Shanahan、Chin Shian Lee、Jeremy Marand、Sarantuya Mend、Stephen Sepaniak、Anupama Shroff、Marium Soomro、I Younan Anの各氏が実施しました。

また、Laura Chinchilla、武見敬三両氏が共同議長を務め、Amat Al Alim Alsoswa、Kaushik Basu、Abdoulaye Mar Dieye、Ilwad Elman、María Fernanda Espinosa Garcés、Haishan Fu、Toomas Hendrik Ilves、Amy Jadesimi、Jennifer Leaning、Belinda Reyersの各氏がメンバーとして加わるハイレベル有識者諮問パネルからも支援をいただきました。

はじめに

私たちは開発のパラドックスに直面しています。人々はおしなべて長生きになり、より健康でより豊かな生活を送るようになったものの、こうした前進は、人々により強い安心感をもたらしてはいません。この不安全感は全世界のすべての国々で見られ、新型コロナウイルス感染症（COVID-19）の世界的大流行（パンデミック）により不確実性が高まる前から、すでに広がっていました。

パンデミックで、この不確実性はさらに増しています。私たちのウェルビーイングのあらゆる側面が危険にさらされ、世界中で恐怖感が増幅しています。これに地政学的な緊張の高まり、不平等の拡大、民主主義の後退、甚大な気候関連災害が重なって、数十年分の開発の成果を後退させ、持続可能な開発目標（SDGs）達成の目処をさらに危うくし、急務とされている、より環境に配慮した、より包摂的で公正な社会への移行を遅らせるおそれも生じています。

このような背景から、私は国連開発計画（UNDP）が特別報告書『人新世の脅威と人間の安全保障：さらなる連帯で立ち向かうとき』を作成したことを歓迎します。報告書はこのパラドックスについて解説し、信頼の低下と不安全感の高まりの間に強い相関関係があることを明らかにしています。

報告書によると、人新世（人間が地球の生物圏を大きく変え、地球規模の変動に大きな影響を与えているヒト中心の時代を指すことば）の時代には、人々が不安全感を抱いても当然の理由があります。COVID-19やデジタル技術、気候変動、生物多様性の喪失によるいくつもの脅威が、近年さらに顕著になったり、また新しい形態で現れたりしているからです。 つまり、人類は自ら、世界をますます不安で不安定な場所にしているのです。報告書はこうした新しい脅威は人間と地球が切り離されていることと関連し、それらの脅威が人新世それ自体と同様、プラネタリー圧力の増大と絡み合っていると論じています。この新たな現実を反映すべく、人間の安全保障という理念を再構築している点に、この報告書の意義があります。個人とコミュニティの安全だけを考えるのではなく、「持続可能な開発のための2030アジェンダ」に反映されているように人間同士、そして人間と地球の相互依存関係も考慮する必要性を示唆しています。

その中で、報告書は相互に絡み合う今日の脅威に対する今後の進むべき道を提示しています。第1に、連帯の重要性を確認する人間の安全保障戦略を追求することです。私たちは誰もが、人新世の時代に起きているかつてない地球規模の変化の過程に対して脆弱だからです。そして第2に、人々を無力な患者とみなすのではなく、自らの未来を形成し、軌道修正することのできる変革と行動の主体として捉えることです。この報告書で提示された分析結果は、予防とレジリエンス（強靭性）強化への投資、地球の保護、そして連帯と新たな社会契約を通じて地球規模で公平性と信頼を再構築することの重要性を含め、事務総長報告『私たちの共通の課題（Our Common Agenda）』の主要テーマに共鳴する内容となっています。

国連は、すべてのステークホルダーを巻き込み、これら目的の達成に向けた前進を図るのに相応しい場を提供しています。この報告書は貴重な知見と分析を提供しています。私たちが『私たちの共通の課題』の前進を図り、人間の安全保障の理念を活用して持続可能な開発目標（SDGs）の2030年までの達成を加速する上で、全世界の幅広い関係者に推奨するものです。

António Guterres
アントニオ・グテーレス
国連事務総長

謝辞

この報告書は、人間の安全保障という理念を広め、大きな影響力を持った『人間開発報告書1994』(マブーブル・ハック氏が主導)に始まり、緒方貞子、アマルティア・セン両氏が主導し、人間の安全保障委員会が2003年に発表した画期的な報告書へと引き継がれた、30年近くに及ぶ貢献の蓄積を基に作成されたものです。数多くの個人と組織からの支援や意見、助言がなければ、この報告書の作成は不可能だったことでしょう。

報告書は、ハイレベル有識者諮問パネルによる知的な助言や指導、そして幾多の激励の大きな恩恵にあずかりました。特に、2021年の数限りない会合(オンライン、ハイブリッド、対面)で知的なリーダーシップとコミットメントを発揮され、尽力されたLaura Chinchilla、武見敬三両共同議長には、特に深く感謝します。その他、Amat Al Alim Alsoswa、Kaushik Basu、Abdoulaye Mar Dieye、Ilwad Elman、María Fernanda Espinosa Garcés、Haishan Fu、Toomas Hendrik Ilves、Amy Jadesimi、Jennifer Leaning、Belinda Reyersの各氏にも、有識者パネルのメンバーとしてご協力いただきました。2021年6月8日から11日にかけて開催されたバーチャル・シンポジウム「A New Generation of Human Security(新世代の人間の安全保障)」には、Vaqar Ahmed、Michael Barnett、Lincoln C. Chen、Alison Fahey、Andreas Feldmann、James Foster、Des Gasper*、Rachel Gisselquist、Anne-Marie Goetz、Oscar A. Gómez*†、星野俊也*†、Mary Kaldor、Raúl Katz、Erika Kraemer-Mbula、Staffan Lindberg、牧野耕司†、Vivienne Ming、Joana

* バックグラウンド・ペーパーの執筆者を兼ねる　† 草案のピア・レビュアーを兼ねる

Monteiro、Toby Ord、Racha Ramadan、Uma Rani[†]、Pablo Ruiz Hiebra、Siri Aas Rustad[*]、Joaquin Salido Marcos、Anne-Marie Slaughter、Dan Smith、Frances Stewart、Shahrbanou Tadjbakhsh[†]、Tildy Stokes、高須幸雄、Ambrose Otau Talisuna、Shen Xiaomengの各氏にご参加いただきました。ここに感謝の意を表します。

気候影響研究所（カリフォルニア大学バークレー校、シカゴ大学エネルギー政策研究所、ロジウム・グループ、ラトガース大学が結成したコンソーシアム）、人間開発と能力協会、国際労働機関、独立行政法人国際協力機構、移民政策研究所、オスロ国際平和研究所、ストックホルム国際平和研究所、国連児童基金、国連人間の安全保障ユニット、国連南南協力室、世界銀行グループをはじめとするパートナーとの特に密接な連携にも感謝いたします。

また、Faisal Abbas、Enrico Calandro、Cedric de Coning、Andrew Crabtree、Karen Eggleston、Erle C. Ellis、Andreas Feldman、Juliana de Paula Filleti、Pamina Firchow、Rana Gautam、Jose Gómez、Daniela S. Gorayeb、Martin Hilbert、Daniel M. Hofling、Florian Krampe、Martin Medina、John Morrissey、室谷龍太郎、Ilwa Nuzul Rahma、Ilse Oosterlaken、Monika Peruffo、Thomas Probert、Sanjana Ravi、Diego Sánchez-Ancochea、Tobias Schillings、Parita Shah、Amrikha Singh、Mirjana Stankovic、Behnam Taebi、Jeroen Van Den Hoven、横井裕子の各氏をはじめ、データや意見書、バックグラ

ウンド・ペーパー、草案のピア・レビューという形で報告の作成に貢献いただいた方々にも、改めて感謝いたします。

2021年10月から12月にかけて、専門家との地域別、テーマ別協議が数回にわたりオンラインで実施されました。協議で意見を表明された専門家の方々に謝意を表します。その他、多くの方々からさらなるご支援もいただきましたが、紙面の制約上、ここでは割愛させていただきます。協議の内容については、https://hdr.undp.org/en/new-gen-human-security でご覧になれます。UNDP地域局や国事務所を含むパートナー機関からも貢献や支援、援助をいただきました。ここに感謝いたします。

報告書発表に至るプロセス全体を通じ、戦略面、ロジスティックス面で支援をいただいた岸守一、桑田弘史の両氏に深い謝意を表します。UNDPの同僚からも、多く助言や協議への支援、激励を得ました。Ludo Bok、Khalida Bouzar、Cecilia Calderón、Michele Candotti、Christine Chan、Joseph D'Cruz、Mandeep Dhaliwal、江草恵子、Almudena Fernández、波多野綾子、早瀬竜也、Boyan Konstantinov、Raquel Lagunas†、Luis Felipe López-Calva、Tasneem Mirza、Ulrika Modeer、Paola Pagliani、Maria Nathalia Ramirez、Noella Richard、Isabel Saint Malo、Ben Slay、Mirjana Spoljaric Egger、Maria Stage、Bishwa Tiwari、豊嶋久恵、Swarnim Wagle、Kanni Wignaraja、Lesley Wright、吉原陽子、Yanchun Zhangの各氏に感謝いたします。

この報告書は、『人間開発報告書2021/2022』作成に至る作業の一環として作成されたものです。人間開発報告書室は、日本政府、韓国、スウェーデン政府からの資金拠出に深い謝意を表します。

また、戦略的ナラティブを専門とするStronger Stories、および、Bruce Ross-Larson氏が率いるCommunication Development Incorporatedの編集者とレイアウト・アーティストであるJoe Caponio、Mike Crumplar、Christopher Trott、Elaine Wilsonの各氏によるきわめてプロ意識の高い作業にも感謝しています。特に比類のない精査力と英知を誇るBruceには、『人間開発報告書1994』と2003年緒方・セン報告書の編集者として、歴史の橋渡し役も務めていただきました。

最後になりましたが、アヒム・シュタイナーUNDP総裁からは、人間の安全保障に関するこの報告書を作成するにあたっての場と支援のほか、ますます相互に関連を深めるこの地球上で、各地の人々が直面する不安全感の意味を解明するよう、叱咤激励を得ました。ここに厚く感謝いたします。この報告書が、新世代の人間の安全保障戦略の基盤づくりの一助となれば幸いです。

Pedro Conceição
ペドロ・コンセイソン
人間開発報告書室長

日本語版への序

「人新世と人間の安全保障」を解説する

国連の全加盟国が2030年の世界を展望し、持続可能で「誰一人取り残されない」、そんな未来を実現しようと2015年に全会一致で合意した「持続可能な開発目標（SDGs）」がいまでは国際社会共通の羅針盤とされる時代にあって、「人間」を中核に据えて開発や安全保障を論じるのは何ら特別なことでもなく、むしろ当然のことのように思うかもしれません。ですが、こうした認識の変化こそ、1990年代初めに国連開発計画（UNDP）が「人間開発」や「人間の安全保障」の概念を打ち出したことがきっかけとなり、従来の「国家」単位の経済や「国家」本位の安全保障の発想や政策からだけでは生まれなかった、新たなアプローチに世界が目を向けはじめたからであって、ここに私たちはその歴史的な意義を見出すことができます。

1990年代とは、冷戦の終結とともに世界各地では内戦が多発し、グローバル化で国境を越えるヒト、モノ、カネ、情報が拡大すると、国家や人々を取り巻く脅威も多様化した時代でした。その渦中で、のちに「人間の安全保障委員会」の共同議長となって報告書（2003年公刊）をまとめた緒方貞子、アマルティア・セン両氏は、それぞれ紛争と貧困の最前線に身を置き、人間一人ひとりの生存・生活・尊厳に対する広範かつ深刻な脅威から人々を「保護」と「エンパワーメント（能力強化）」の2つの戦略によって人間本来の豊かな潜在力を伸ばし、個人の自立と持続可能な社会づくりを促すというこの概念のエッセンスを導き出し、その実践にも力を尽くしました。

「国家」の側からの揺り戻しも見逃せません。2012年にコンセンサス採択された国連総会決議では、人間の安全保障政策の実施にあたってはあくまでも国家主権を尊重し、内政に干渉するものではなく、したがって非人道的な事態を引き起こした国家に対して人々の保護を理由に断固たる措置の執行も論じる「保護する責任」概念とは明確に区別されることを共通理解としています。にもかかわらず、人々の命をつなぎとめるために政治性を排して実施されるべき人間の安全保障をあえて政治化し、当該国の人権・人道問題が国際社会からの介入の糸口になることにとことん抵抗しようとする国々は後を絶ちませんでした。

私は2017年夏から3年間、国連大使の一人として人間の安全保障のさらなる主流化を目指しましたが、こうした“抵抗勢力”には随分悩まされたものでした。それでも、新型コロナのパンデミックが発生すると流れが変わり始めました。感染症の猛威が生命の危機から未曽有の勢いで人々の生活や尊厳にかかわる危機にまでトータルかつ世界大に波及したことで、まさに人間の安全保障による対応の重要性が際立つことになったのです。ただ、同時に、危機に直面した国家や個人のきわめて利己的な動きも顕著に見られました。このような状況の中、UNDPが武見敬三参議院議員とラウラ・チンチージャ元コスタリカ大統領を共同議長に人間の安全保障に関する特別報告書ハイレベル有識者諮問パネルを設置し、新世代の人間の安全保障の議論に着手したことはとても時宜に適うものでした。

UNDP人間開発報告書室が本諮問パネルの所見や関連分野の専門家の研究なども取り込んでまとめた本報告書は、グテーレス国連事務総長が昨年9月に発表した『私たちの共通の課題』報告書とともに、未来に向けた貴重な指針となるものです。とりわけ、安全保障の対象について「人間」か「国家」かという二項対立を超克し、また、人々が「保護」と「能力強化」の裨益者となるだけでなく、互いが自分を差し置いても、よりよい世界へと能動的に活躍すべき「行為主体」であることを想起させ、さらに「連帯」を通じてグローバルなガバナンス・システムの構築やグローバルな公共財の供給にも取り組む必要を訴えた点が重要です。それは、緒方・セン両議長のレガシーの上に、「人間開発」と

「人間の安全保障」を両立させ、人々が地球とも共生をし、持続可能な平和と繁栄とウェルビーイングに向かって進んでいくための、まさに新時代における戦略やビジョンを示すものとなっています。

本報告書は、「人新世」という人類が地球の気候や生態系に甚大な影響を及ぼす時代背景の下、気候危機、感染症などの健康への脅威、高度なデジタル技術の負の影響、不平等や暴力的紛争などが拡大し、ロシアのウクライナ侵略も加わって世界が混迷するような状況だからこそ、私たち一人ひとりが責任ある当事者となって自らそのマインドと行動を根本から転換し、大胆に新たなアプローチで未来を切り拓いていく必要を気づかせる啓発の書として広く読み継がれ、実際の活動の手引きとされるべきものと考えます。

2022年9月

星野俊也
大阪大学大学院国際公共政策研究科教授

目次

制作チーム――4

はじめに――5

謝辞――8

日本語版への序――12

概要――21

第I部 連帯の拡大で人新世における人間の安全保障の拡大を――33

第1章 人間の安全保障：永続的かつ普遍的な要請――35

豊かさとともに広がる人間の不安全――41

「人類としてのまなざし」で人間の安全保障の実現を――64

付録1.1. 人間の安全保障理念の起源、成果、課題のまとめ――87

付録1.2. 人間の不安全感指数――97

第2章 人新世という時代背景で変わりゆく人間の安全保障のかたち――105

地球規模での危険な変化と社会的格差は相互増強的関係――109

人間の安全保障に対する複合的脅威――118

人新世を時代背景とする人間の安全保障――135

第II部 人間の安全保障に対する新世代型の脅威に挑む――147

第3章 デジタル技術の乱用が生み出す人間の安全保障への脅威――149

サイバー安全保障の欠如およびテクノロジーによる意図せざる結果――151

ソーシャルメディアの弊害への取り組みと人権擁護――155

意思決定をAIに委ねれば人間の安全保障が揺らぐおそれも――159

技術革新へのアクセス格差――168

第４章 暴力的紛争が人間に及ぼす影響を掘り起こす――175
人間の安全保障への複雑な脅威を伴う紛争にはシステミックな対応が必要――177
行為主体性を接点に、エンパワーメントと保護で平和な暮らしを実現――187
人間の安全保障に対する新世代型の脅威の中で変わり続ける暴力的紛争の力学――188
人間の安全保障アプローチの強みは
紛争分析、紛争防止、平和の持続の中心に人間を据えること――197

第５章 不平等、そして人間の尊厳に対する攻撃――207
水平的不平等で損なわれる人間の尊厳――210
人間のライフサイクルに沿って生じる人間の安全保障への脅威――214
女性や少女たちにとって、人間の安全保障の敵は暴力と経済的差別――222
人種・民族間の力の不平等はすべての人間の安全保障を阻害――228
移動する人々が人間の安全保障なき道を歩まされるおそれも――233
表現、行動、身体的特徴の違いによる差別の解消が
人間の安全保障全体を改善――235
水平的不平等の解消で人間の安全保障の充実を：
行為主体性の重要性と連帯の義務――240

第６章 新世代の人間の安全保障に対応できない
ヘルスケアシステムの課題に取り組む――261
経済がコロナ禍からの復興を遂げる一方で、
人々の健康に対する脅威は続く――266
疾病による負担の増加によりヘルスケアシステムの調整が必要に――271
ヘルスケアシステムの強化で人間の安全保障の向上を――276
連帯に基づいた人間の安全保障の強化戦略：新世代型の
ヘルスケアシステムのユニバーサリズムを目指して――283
付録６.１. ヘルスケア・ユニバーサリズム指数：
カバレッジ度、公平度、寛容度という３つの指標を統合――302

結論 さらなる連帯に向かって：
人間開発と人間の安全保障の両立を実現する――307

注釈と参考文献――313

Box 1.1　人間の安全保障上の深刻な危機としてのコロナ禍は2022年も継続――36
Box 1.2　信頼の多面性――50
Box 1.3　政策デザインにおける行為主体性：参加型開発の事例――68
Box 1.4　人間の安全保障とSDGs――84
Box 2.1　もはや「人間だけのものではない世界」に向けた人間の安全保障――106
Box 2.2　生物多様性の損失、食料安全保障、防災――123
Box 3.1　エストニアの電子政府：価値観を支えるテクノロジー――156
Box 3.2　顔認識技術は危険で野放しに近い状態――162
Box 4.1　適応的平和構築：社会生態システムのレジリエンスと
持続可能性を強化する複雑性理論の知見から――179
Box 4.2　社会的な抗議活動は過去3年間で激化――194
Box 4.3　紛争影響者の推計――199
Box 4.4　日常平和指標――205
Box 5.1　フェミサイド：ジェンダーを理由とする女性や少女たちの殺害――225
Box 5.2　トランスフェミサイドとは何か――238
Box 6.1　メンタルヘルス面の危機は人間の安全保障上の緊急事態――273
Box 6.2　グローバルな制度の弱点に対処し、パンデミックに終焉を――299

図1.1　人間開発指数最高位国でも、安全を感じる人々は4分の1未満――47
図1.2　人間の不安全感は、人間開発指数が低い国で高くなる傾向――47
図1.3　人間の不安全感は大半の国で増大：一部の人間開発指数最高位国でも急増――49
図1.4　人間の安全保障度が高い国では、
個人の経済的状況に関係なく、信頼感も高い傾向――49
図1.5　人間の安全保障に対する新世代型の脅威――56
図1.6　人間開発指数とプラネタリー圧力に正の相関関係――58
図1.7　人間開発指数高位国では、非国家紛争の犠牲者が増大――60
図1.8　行為主体性、エンパワーメント、保護の好循環――70
図1.9　人新世の時代背景の中で人間の安全保障を向上させるには：
保護とエンパワーメントを連帯で補強――78
図2.1　人新世の時代背景の中、地球規模の危険な変化と社会的格差の相互作用により、
人間の安全保障のあり方が変化――109
図2.2　気候変動による不安定化の力学：
先進国はプラネタリー圧力から大きな便益を受ける一方で、代償は少ない傾向――114
図2.3　高まる非対称性：緩和で救われる命――116
図2.4　気候変動に起因する死亡リスクの分布は、国際的にも国内的にも不平等に――117
図2.5　水不足に直面する人々は、国内でも人間開発指数が低く、
ジェンダーの不平等が大きい地方に集中――119
図2.6　飢餓と食料不安全はともに増大――121
図2.7　最大排出量シナリオでは、気候変動に起因する死亡率が
現在の主な死因による死亡率と同等になる地域も――126
図2.8　人新世の時代背景は強制的な国内避難にも影響――129

図2.9　気候変動は人々の働く力にも影響する——131
図3.1　デジタル労働プラットフォームの拡大——164
図3.2　新型コロナ・ワクチン関連の特許は、一握りの国に集中——169
図4.1　暴力的紛争は、人間開発の進展と並行して増加——178
図4.2　暴力的紛争の件数が再び増加——198
図4.3　強制的に故郷を追われた人々は記録的な数に——203
図5.1　集団によってさまざまに異なる、人間の安全保障に対する新たな脅威——213
図5.2　人間のライフサイクルにおける機能的能力の変化によって
人間の安全保障に対する脅威も異なることから対策も変えていくことが必要——214
図5.3　高所得国と低所得国との間で、若者の
自宅でのインターネット・アクセスに大きな格差——216
図5.4　女性や少女たちに対する暴力の諸形態：氷山モデルと暴力の三角形を統合——224
図5.5　移住と避難　安全が失われた行路にて——232
図5.6　ブラジルと南アフリカで高い黒人女性の失業率、2021年第1四半期——241
図5.7　水平的不平等の削減により人間の安全保障を前進させるための基礎的要素——243
図S5.2.1　人間の安全保障に対する新世代型の脅威は子どもたちにも——254
図6.1　世界経済が回復する一方で、人々の健康は未回復——266
図6.2　新型コロナ・ワクチン接種における大きな国際的・地域的格差——269
図6.3　非感染性疾患による死者は以前よりも増大——272
図6.4　不平等が残る中での改善：ヘルスケア格差は時間とともに拡大——288
図6.5　HUIと子どもの死亡確率の間には、指数値0.6近辺まで負の相関関係が見られる——290
図6.6　HUIが約0.4以上になると、50~80歳の死亡確率は指数値上昇とともに急激に低下——291
図6.7　HUIが0.5を超えると、指数値と非感染性疾患による死亡率との間に
強い相関関係が見られる——292
図6.8　HUIが約0.4に達するまでは世界健康安全保障指数との相関関係はないものの、
この水準を超えると、強く有意な正の相関関係が出現——293
図6.9　人新世を時代背景とする人間の安全保障への最大の脅威は、
HUIが低い国で現れる可能性が大きい——294
図A6.1　HUIの計算に用いられる要素と指標——303

スポットライト1.1　人間の安全保障理念は、コロナ禍対策と
気候変動対策の共通項をどのように解明できるか——100
スポットライト5.1　人間の安全保障理念におけるフェミニスト的観点——246
スポットライト5.2　子どもと人間の安全保障——254

表1.1　人新世を時代背景とする人間の安全保障のための行動枠組みの進化——81
表A1.2.1　人間の不安全感指数の次元と副次的次元——98
表S1.1　脅威が絡み合う世界におけるエンパワーメント、保護、連帯の事例——102
表5.1　地域別65歳以上人口、2019年／2050年比較——219
表A6.1　寛容度指標と公平度指標の限界——305

〈概要〉

人新世の脅威と人間の安全保障

さらなる連帯で立ち向かうとき

豊かさの陰で広がる人間の安全保障の喪失感

新型コロナウイルス感染症（COVID-19）のパンデミック（世界的大流行）が発生する以前の世界を振り返ると、人間開発指数（Human Development Index, HDI）はかつてないほどにまで高い水準に達しており、人々はおしなべて、より豊かで健康な生活をより長く謳歌しているように見受けられました。ですが、その陰で、人々は自らの安全にまつわるそこはかとない不安全感（human insecurity = 人間の安全保障の喪失感）を根づかせつつあったようでもありました。実際、コロナ禍となる数年前から、すでに世界では7人中6人までもが内心の不安全感を抱えていたとのデータがあります(図1)。しかも、人々のこうした不安全感は高い数値で推移したばかりか、統計の取れたほとんどの国で上昇傾向を示し、HDIが最も高かった国々の中には、人々の不安全感が急激な高まりを見せたところもありました。

そして今、コロナ禍は世界の各地で人々の暮らしに影響を及ぼし、私たちのウェルビーイングのあらゆる側面は脅威にさらされ、全世界に深刻な恐怖をもたらしています。その結果、HDIの指標は初めて、それも劇的に下落に転じました。このような数値の下落は、最近のどのグローバルな危機との関係においても見られなかったものです。コロナ禍によって全世界で数百万人が命を失いました。コロナ禍はグローバルな経済を根底から覆し、教育がもたらす夢の実現を阻み、ワクチンの供与や治療を遅らせ、人々の生命や生活を混乱に陥れました。2021年になると、およそ平等な分配とまでは言えないまでもワクチン接種の機会は広がり、多くの国で経済が復興し始め、学校も部分的に再開できるようになりました。それでも、健康面での危機は深刻さを増し、出生時の平均余命もさらに短くなりました。そして私たちの新たなシ

図1 全世界に広がる不安全感

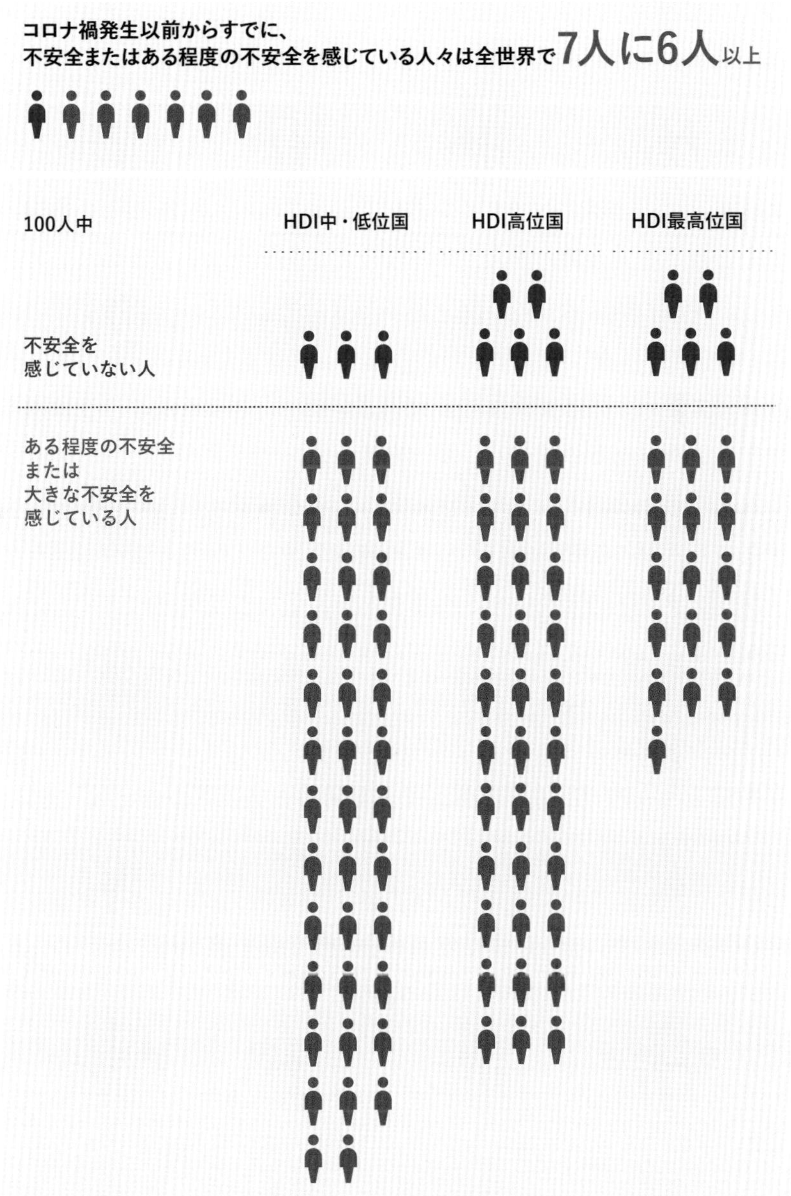

コロナ禍発生以前からすでに、
不安全またはある程度の不安全を感じている人々は全世界で**7人に6人**以上

100人中	HDI中・低位国	HDI高位国	HDI最高位国
不安全を感じていない人	3	5	5
ある程度の不安全または大きな不安全を感じている人	35	33	16

出典：World Values Surveyのデータをもとに、人間開発報告書室（HDRO）が作成。

ミュレーションによれば、新型コロナの影響を織り込んだ調整済みのHDIの数値が、過去5年分の前進を取り崩さねばならないほどの水準にまで落ち込んでいることがわかりました(図2)。

こうしたなか、コロナ禍が人々の不安を一層掻き立てたであろうことは容易に理解できるところです。しかし、一方では人々のウェルビーイングが全般に改善しているにもかかわらず、自らの安全保障のこととなると大多数がかなりの不安全感を募らせているというこの驚くべき矛盾の裏には、いったい何があるのでしょうか。今回の報告書は、この問いに答えることを目的としています。それにより、今後、人間開発に伴い人間の安全保障の喪失感が増すといった成り行きは回避できるようになるのではないかと考えたからです。

人間開発と人間の安全保障が乖離し始めた背景には、人新世の時代、すなわち人間の活動が地球の営みに攪乱を及ぼす時代の到来が浮かび上がります。経済成長ばかりを重視し、公平な人間開発にまで十分な目配りをしなかった従来の開発アプローチの結果、世界に著しい不平等が生まれ、その格差はさらに拡大していきました。地球と人類の関係は不安定なものとなり、地球自体の危機も増していきました。気候変動はその一例であり、新型コロナも同様といえるでしょう。実際、『人間開発報告書2020』では、高いHDIを記録した国は何らかの形で地球を危機的な方向に押しやる圧力にひと役買ってしまっていることを明らかにしました。いま私たちは、気候変動や感染症の頻発のみならず、生物多様性の損失や、熱帯の森林から海洋に至るまで、貴重な生態系に対する脅威にも直面しています。私たちは開発を追求するあまり、自分たちが自然の一部であることを無視してきました。そういった開発の副産物として、新たな健康上の脅威や食料に関する不安の増大や災害の頻発など、多くの新たな脅威に直面することになったのです。

図2 人間開発指数はコロナ禍で未曽有の低下

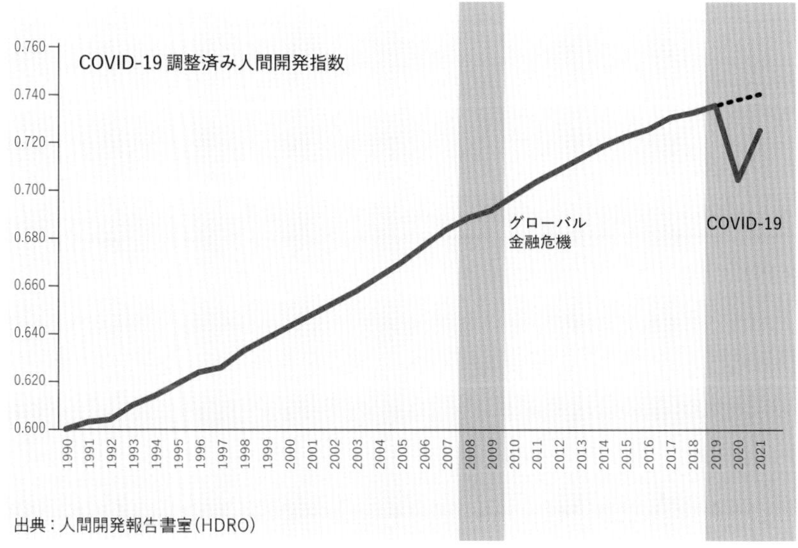

出典：人間開発報告書室（HDRO）

私たちの開発のパターンそれ自体が人間の安全保障を悪化させていると認識すること、それが人間の安全保障の理念をいま再考し、人新世の時代における新たな意義を捉えなおさなければならない理由です。

1994年に導入された人間の安全保障という理念は、安全保障の議論の焦点を国家の領土的な安全保障から人間一人ひとりの安全保障へとシフトさせました。その後、この理念の共通理解となる2012年の国連総会決議はコンセンサスで採択され、さらに安全保障の研究者や政策立案者に対し、安全保障の対象を国家に限ることなく、人々の基本的なニーズや身体の保全、人間としての尊厳など、私たちの生活にとってきわめて大切なものを守ることまでもしっかりと見据えるよう呼びかけました。そこでは、人々が恐怖からの自由、欠乏からの自由、尊厳を持って生きる自由にかかわる権利が強調されました。安全保障と開発、そして個人やコミュニティの保護やエンパワーメントの間に密接な関係があることも明らかにされました。今回の報告書は、人新世という時代背景の中で相互に関連し合う新しい世代の脅威が人間の安全保障にいかなる影響を及ぼしているかを探り、私たちはそれらにどう対応すればよいのかを検討するものです。

本報告書の第Ⅰ部では、人間の安全保障の理念を用い、開発をもっぱら人々のウェルビーイングの観点のみから評価することで生じる盲点を明らかにするとともに、人新世という時代背景の中で生じる新たな課題に取り組むうえで、人間の安全保障の枠組みをさらに充実したものにしていくための方法を提案します。第Ⅱ部では、人新世の時代ならではの人間の安全保障に対する4つの脅威、すなわち、デジタル技術の負の側面、暴力的な紛争、水平的な不平等、ヘルスケアシステムへの新たな課題について論じます(図3)。これらの脅威の根底にある個々の問題自体は取り立てて新しいものではありませんが、人新世という新しい時代背景の中でそれぞれの脅威が顕在化してくる動きや、時間の経過とともに脅威が相互に絡み合い、積み重なっていく様子を分析すると新たな特質を見出すことができます。現状では開発を進めるに際してこうした側面がしばしば見失われ、政策の策定や評価にあたっても、それぞれの課題が縦割りで対処されることが多いのが実情です。

人新世の時代背景と人間の安全保障の新たな脅威

新型コロナのパンデミックは、こうした課題の相互関連性をさらに可視化し、人間の安全保障に対する新たな脅威の蓄積を露呈させています。人々の苦悩や被害に大きな格差が生じていることも広く報じられているとおりです。例えば女性は、リモートワークへの移行の影響をまともに受けがちですし、女性に対する暴力は急増しています。非正

図3 人間の安全保障に対する新世代型の脅威

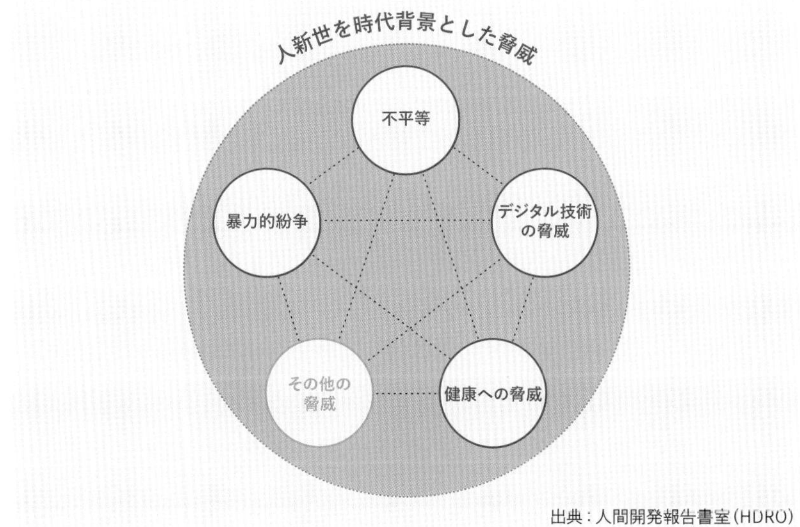

出典：人間開発報告書室（HDRO）

規の労働者は社会的な保護の仕組みの枠外に取り残されています。都市部の貧困層は特に健康と経済の両面で、コロナ禍による大きな打撃を受けています。それでも、新型コロナは人新世という新たな時代背景を映し出すほんの一つの鏡にすぎません。本報告書では、人新世を時代背景とした脅威の規模について、斬新な研究と分析を紹介しています。

- 飢餓は広がり、2020年には約8億人が空腹を抱えているほか、現時点では約24億もの人々が食料安全保障の危機に直面している状況です。もっとも、これは2019年よりも前から蓄積されてきた社会経済や環境の問題にも起因していて、2020年と2021年に新型コロナのパンデミックによって危機がさらに増幅した結果でもあります。
- 気候変動は引き続き人間の生にとってかけがえのない中枢部分に影

響していくことでしょう。今後、一定の緩和努力を想定したシナリオでも、いまから今世紀末までの気温上昇により、開発途上国を中心に、全世界で約4,000万人が命を失うおそれがあります。

- 強制的な移動を余儀なくされた人々の数はこの10年間で2倍に膨れ上がり、2020年には8,240万人という記録的な水準に達しています[1]。よほど気候変動の緩和が進まない限り、人々の強制移動はさらに加速しかねないことがわかります[2]。
- デジタル技術は、人新世の課題への対処に大きく寄与する可能性がありますが、急速なデジタル化に伴い、不平等や暴力的紛争などにかかわる既存の問題をさらに悪化させかねないという新たな脅威も生じています。コロナ禍は生産的経済のデジタル・シフトを加速させる一方で、サイバー犯罪も急増し、その年間コストは2021年末までに6兆ドルにも上ると見られています。
- 紛争によって被害を受けた人々の数も記録的な域に達しています。現時点で紛争影響地域には約12億人が暮らしていると見られますが、そのうち5億6,000万人は脆弱な環境下にはないことから、異なる形の暴力的紛争が広がっていることもわかります。
- 不平等は人間の尊厳を傷つけます。多様性が容認されない社会では、特にレズビアン、ゲイ、バイセクシュアル、トランスジェンダー、インターセックスの人々、およびその他の性的マイノリティの人々が身の危険を感じています[3]。実に193か国のうちの87%で[4]、これらの人々のアイデンティティが認められる権利も、完全な市民権も持てずにいるからです。
- 女性や少女たちに対する暴力は、女性のエンパワーメントを否定する最も残忍な行動のひとつです[5]。はっきりとわからない形の暴力やいわゆるマイクロアグレッション（日常に潜む、無意識に相手を傷つける攻撃的な言動など）が積み重なり、レイプやフェミサイドといった深刻な暴力にもつながっています[6]。2020年には、4万7,000人、つまり平均すると11分ごとに一人の女性／少女が親密なパートナーや家族によって故意に殺されています[7]。

- ヘルスケアシステムの普及度という観点で見ると、HDIの高位の国と低位の国の間で著しい格差があり、その隔たりは大きくなっています。ヘルスケアシステムが弱く、医療が十分に行き渡っていない国では、非感染症やパンデミックの影響の拡大という、健康面での最大の課題にも直面しています。

この報告書は、人新世という新たな時代背景の中で相互に絡み合いながら広がっている新世代型の脅威に対し、人間の安全保障という枠組みをさらに拡大するよう訴えています。そして、緒方・セン報告書（2003年）で提案された「保護（protection）」と「エンパワーメント（empowerment）」という人間の安全保障戦略に、「連帯（solidarity）」を追加することを提言しています[8]。

「連帯」が加わった人間の安全保障の3つの戦略

人新世における人間の安全保障の関連で「連帯」とは、これまでのように制度や政策によって個人やそのコミュニティの安全を確保することにとどまらず、地球上のすべての人々の間の相互依存性や、さらに地球と人間との相互依存の関係までをも体系的に考慮していく必要性を気づかせるものです。私たち一人ひとりが欠乏からの自由、恐怖や不安からの自由、そして人間としての尊厳を享受できるようになるためには、保護とエンパワーメントと連帯という3つの戦略のすべてが必要です。とりわけ人新世の時代にあってはこれら3つの戦略が一体となって初めて、人間の安全保障を前進させることができるようになるのです。この枠組みの核心をなすのは、「人間の行為主体性（agency）」、すなわち、人間として自らの選択をしたり、集団的な意思決定に参加したりする際に、それが自分のウェルビーイングの増進にかかわるかどうかは差し置いても、一定の社会的な価値観を掲げ、しっかりとその推進にコミットメントをし、行動をとる能力を発揮する人々およびそうした人々の当事者としての能力です（図4）。人間の行為主体性が強調されることによって、私たちは暮らし向きが良くなるかどうかだけで政策の評価や進捗状況を判断してはならないことを想起することになるはずです。また、こうした行為主体性に着眼することで、人々を保護するだけでエンパワーにまでつながらない政策をとってしまったり、連帯すると言いつつ一部の人々の保護を置き去りにしてしまったりといった落とし穴を避けられます。

ところで、人新世の新たな脅威を前に人間の安全保障の枠組みをさらに充実させようとする今回の提案は、人間が抱く不安全感が、実は他者への信頼の低さに起因するもので、必ずしも各自の経済状況に関係しているわけではないという、きわめて特異な時代背景の中で打ち出されたものでした[9]。事実、統計分析によると、人間の安全保障に大きな懸念を感じている人々は、他者を信頼できないと考えている可能性が3倍高く[10]、この傾向はHDIの最高位グループの国で特に強くなっています。信頼とは多面的なもので、日常生活には欠かせないはずのものですが、こうした観点から見ると、人と人との間、人々と制度との間、そして国と国との間の信頼の有無によって、人間の安全保障を高めるための保護とエンパワーメントと連帯に関する戦略が可能となったり、あるいは逆にそれらが妨げられてしまったりすることがわかります[11]。

図4 人新世に向けた人間の安全保障の充実

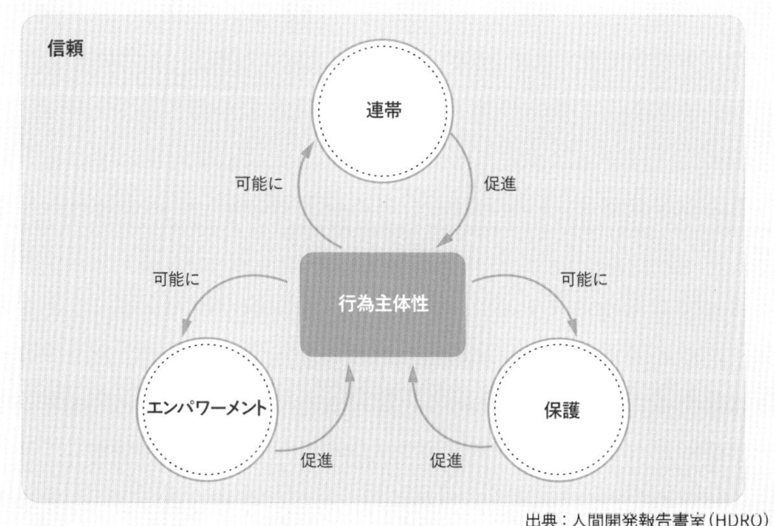

出典：人間開発報告書室（HDRO）

人新世という時代背景の中で、人間の安全保障に対する複雑で相互に絡み合った脅威に取り組むには、未知のものへの謙虚さは保ちながらも、対処すべき課題の深刻度に見合った大胆なアジェンダを掲げることが求められます。それとは逆に、もしも安全保障へのアプローチを断片的なものにとどめてしまうならば、到底人々を平等に支えることなどできず、対応は受け身的で後手に回り、結局は所期の効果にはつながらないものとなるはずです。ですが、この報告書で取り上げたような新しい人間の安全保障の充実した枠組みの実現に私たちが永続的かつ普遍的に取り組むことによって、人間開発が進むにつれて人間の安全保障が損なわれるという、コロナ禍や気候変動、さらには人新世の時代の幅広い困難の中で生み出された道筋に終止符を打つことができるのです。

「持続可能な開発のための2030アジェンダ」と「持続可能な開発目標

(SDGs)」は、国内においては(地方のレベルから全国レベルに至るまで)あらゆるレベルの対策と結びつき、かつ、国際社会をも動員できる一連の多面的で野心的な目標を定めています。しかし、そのための取り組みは依然として断片的なまま気候変動や生物多様性損失、紛争、移住、難民、パンデミック、データ保護といった問題を個別に取り扱っているのが現状です。私たちはこれらの努力を強化していかなければなりませんが、人新世という時代背景を踏まえるならば、縦割り型の対策では十分ではありません。ここでは断片的な取り組みを脱し、世界人権宣言や国連憲章といった国連の原点となる文書で掲げられた原則を再確認することが欠かせません。これらの原則は人間の安全保障の理念の基盤となる中心的な考え方でもあります。国連事務総長の『私たちの共通の課題(Our Common Agenda)』にもあるとおり、人新世という時代においてこのような行動をとることは、連帯に体系的、永続的かつ普遍的な関心を向けることを意味しています。それは、任意の慈善活動でも、集団の利益に個人を埋没させる行動でもなく、「人類としてのまなざし(the eyes of humankind)」を通じて人間の安全保障を追求するための必要条件にほかならないのです。

第I部

連帯の拡大で人新世における人間の安全保障の拡大を

第1章

人間の安全保障：
永続的かつ普遍的な要請

新型コロナウイルス感染症（COVID-19）のパンデミック（コロナ禍）が起きる直前で、世界がかつてない開発水準に到達していた時点でさえ、実は全世界で7人に6人がすでに不安全感（human insecurity＝人間の安全保障の喪失感）を抱いていました。事実、開発指標の多くが改善を見せているのとは対照的に、人々は自らの安全が十分に確保されているとは感じていませんでした。コロナ禍が人間開発の前進をストップさせたことで、人々の安全感の低下にさらに拍車がかかりました（Box 1.1）。

Box 1.1 人間の安全保障上の深刻な危機としてのコロナ禍は2022年も継続

コロナ禍は全世界のほとんどの人々に影響を与え、人間の安全保障上、そして人間開発上の本格的な危機へと発展しました。世界で1,000万人を超える死者が出たこと（2020~2021年の超過死亡から算出）は、最も悲しむべき被害でした[1]。しかし、コロナ禍の影響はこの痛ましい数字よりも、はるかに広範に及んでいます。ほとんどの国で、深刻な景気後退が起きました。学校が閉鎖され、人々の移動が規制されたことで、全世界で数百万の子どもたちの教育に混乱が生じていますが、それによって学習にどれだけの支障が生じたかは、まだ明らかになっていません。リモート授業に切り替えた国も多くありますが、全世界の就学年齢の子どものうち、3分の2は自宅でインターネットにアクセスできないと見られています[2]。女性のエンパワーメントとジェンダーの平等は大幅に後退し、女性に対する暴力も増えました[3]。失業という点で、女性は不当に大きな影響を受けています[4]。

人間開発にコロナ禍が及ぼした影響の一部は、COVID-19調整済み人間開発指数で把握できます。この指数は、標準的な人間開発指数（HDI）の諸次元を維持しながら、学校閉鎖やオンライン学習の実施状況が実際の出席率に及ぼす影響を反映し、期待就学年数指標に調整を加えるものです。2020年には、健康、教育、生活水準というHDIの3つの側面の数値が軒並み大幅に低下しました。

この危機は2021年も続き、人間開発の水準（COVID-19調整済み人間開発指数で測定したもの）は、依然としてコロナ禍以前のレベルを下回っています。分配がきわめて不平等であるとはいえ、コロナ・ワクチンが入手できるようになったこと、多くの国で景気が回復し始めたこと、そして教育制度が部分的ながら適応を果たしていることを勘案しても、健康面での危機は深刻化し、出生時平均余命は低下を続けています。新たなシミュレーションによると、2021年の全世界のCOVID-19調整済み人間開発指数の値は、これまでに失った5年分の前進を取り戻せていません（図を参照）。

人間開発指数はコロナ禍で未曽有の低下

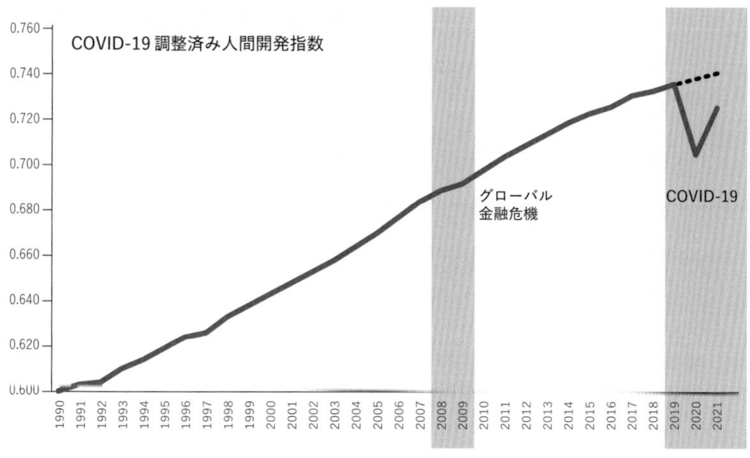

出典：人間開発報告書室。UNDP（2020c, 2020f）をアップデート。2020年と2021年のシミュレーションは、保健指標評価研究所、国際通貨基金（IMF）、国際電気通信連合（ITU）、死亡データベース（The Human Mortality Data-base）、国連経済社会局および国連教育科学文化機関（UNESCO）の資料に基づくもの。

注1．IHME 2021．2．UNICEF and ITU 2020．3．UN Women 2021b; Vaeza 2020．4．ILO 2021a.

コロナ禍が人々の不安全感を高めたことは、想像に難くありません[1]。しかし、人々のウェルビーイングがよくなっている一方で、人間の安心感がコロナ禍以前と比べても低下するという驚くべき矛盾が生じているのは、どうしてでしょうか。今回の報告書は、この問題意識に立脚しています。

こうした問題に取り組むため、この報告書では、なるべく不安全感を伴うことなく人間開発を進める方法を考えるうえで、人間の安全保障という概念が、知見と成果の両方をもたらす独自の観点を提供するという前提を置いています。さらに、本報告書としては、その過程で、過去数十年に及ぶ分析と政策研究を基礎として、人間の安全保障という枠組みをさらに豊かにしていきたいとするねらいもあります。

“この報告書では、なるべく不安全感を伴うことなく人間開発を進める方法を考えるうえで、人間の安全保障という概念が、知見と成果の両方をもたらす独自の観点を提供するという前提を置いています。

人々はさまざまな理由から自らの安全が失われているのではないかと感じることがあり、しかもその理由は社会的、個人的背景に応じて大きく異なります。しかし、客観的な脅威が姿を変えて現れているという点では同じです。数十年も前から積み重なってきた社会的不均衡があることは[2]、『人間開発報告書2019』でも明らかにされたとおりです[3]。しかし、地球規模での危険な変化の数々が人間の不安全感を高めるものとしてすでに広く明らかにされている諸要因をさらに悪化させていることについても、認識が高まりつつあります。例えば、社会的な緊張やそれが紛争に及ぼしている影響はともに、気候ハザード（干ばつ、山火事、暴風雨など）や、エネルギー転換による雇用や機会への影響と相互に絡み合っています。また、これまでも比較的頻繁に生じていた新たなあるいは顕在化した人獣共通感染症が、世界的なパンデミックに発展したこと自体も、生物多様性に対する圧力と関連性があります[4]。リチャード・ハチェットは、パンデミック対応のベテランとして、次のように指摘しています。「ただし、私たちは今、これまでとは違う世界に生きています。これが1世紀に一度起きる問題でないことは確かです。コロナ禍はSARS、鳥インフルエンザ、豚インフルエンザ、MERS、エボラ、ジカ熱に続き、21世紀ですでに7番目の世界的な感染症危機にあたります。およそ3年に1回は、グローバルな感染症危機が起きるような状況であり、しかもそのテンポは速くなってきています[5]」。

『人間開発報告書2020』で検討したとおり[6]、地球規模のプロセスに対し人間が加えた圧力により、危険な地球規模の変化が起きています。その変化は、気候システムから、これまでにない規模とスピードでの原材料の使用と導入によって攪乱された物質循環、そして熱帯林やサンゴ礁、海洋全体を含む生態系の一体性に対する脅威に至るまで、多岐に及びます。こうした変化は人類史上、また46億年にも及ぶ地球の地質時代年表の中でも、かつてないほどの規模に達しているため、現代には新たな地質年代または地質学的事象として、人間の時代を意味する「人新世」という表現が与えられています。現在でも歴史上においても、地球に対する圧力への影響の度合いにおいても、力関係においても、資源の過剰採掘を行っている者と、その影響を受けている者との間には、きわめて明確な不平等が存在しています。この格差は国家間だけでなく、さらに重大なこととして、各国の国内でも見られており、特定の人々の集団が他の集団よりも大きな影響を被るというパターンが見られます。また、海洋生態系を破壊している漁船団の内部で、強制労働や奴隷労働が生じているなど、人権侵害が生態系の破壊と重なる形で生じています。生物多様性の損失は、生活の破壊だけでなく、言語の消滅など、文化の損失とも並行して起きることが多く、多くの先住民や地域社会がその影響を受けています。しかも、地球への圧力（プラネタリー圧力）を和らげる対策は遅れたり、さらには阻止されたりしています。国内的にも世界的にも、プラネタリー圧力を和らげるための集団的決定を下し、実施に移すことがますます難しくなっているからです。

こうした状況を踏まえれば、「人間開発と人間の不安全（＝人間の安全保障の喪失感）との同時進行」という一見矛盾する状況を理解することは、さほど難しくないかもしれません。なぜなら、私たちが追求してきた開発のパターンは、私たちが抱える不安を増長させる要素の多くを作り出しているからです。本章では、人間の安全保障という理念が、第2章でさらに詳しく論じる現代の新たな時代背景を理解するうえで有用な観点となるのはなぜかを探ります。また、この新たなコンテクストの中でグローバル規模に展開し、相互に関連している、ほとんどが人為的な人間の安全保障への具体的脅威について新たな視点を得るために、人間の安全保障の枠組みをどのように充実させることができるかを検討します。なお、こうした具体的な脅威については、本報告書第II部で詳しく検討します。

本章では、主に2つの分析結果をご紹介します。第一に、人間の安全保障という概念枠組みは、ウェルビーイング面での成果のみで政策を評価し、進歩を測定することには限界があることを指摘します。また、本章では、これまで人間の行為主体性（agency）としての側面が大きな盲点として見逃されてきたことを明らかにし、政策決定者たちにはここにもしっかりと注目することを提案します。第二に、人間の安全保障の枠組みは、人新世という新しい現実とそれが示唆するものを軽視しているというもう一つの盲点に目を向けることで、さらに豊かなものになることも指摘します。本章では、個人の保護とエンパワーメントを中心とするアプローチが、人間の安全保障を推進するうえでいまなお妥当であることを改めて確認します。また、グローバル化した世界では、私たちの相互依存が進んでおり、また、自分たちの行為の結果として危険な変化を遂げている地球上で、私たちは運命を共にしているという認識に立ち、国境や民族を超えた連帯に基づくアプローチを人間の安全保障に加えるよう提言します。

豊かさとともに広がる人間の不安全

人間の不安全感が広まり、強まる時代

人間の安全保障とは、人々が欠乏からの自由、恐怖からの自由、そして尊厳を持って生きる自由を得ることを意味します。それは、私たち人間が自分たちの生活の中でかけがえのないものを守ることでもあります。国連総会では2012年、人間の安全保障を「人々が自由と尊厳の中で、貧困や絶望のない生活を送る権利」と考え、「すべての個人、特に脆弱な立場にある人々には、恐怖からの自由、欠乏からの自由、そしてそのあらゆる権利を享受し、人間としての潜在能力を十分に育成する均等な機会を認められるべき資格がある[7]」との合意に至っています。付録1.1では、今も進化を続ける人間の安全保障という理念の起源と経緯について、簡単にご紹介します。

“人間の安全保障とは、人々が欠乏からの自由、恐怖からの自由、そして尊厳を持って生きる自由を得ることを意味します。それは、私たち人間が自分たちの生活の中でかけがえのないものを守ることでもあります。

『人間開発報告書1994』で人間の安全保障が紹介された際[8]、この理念は直ちに、当時支配的だった安全保障についての考え方とは根本的に一線を画すものとして認識されました。国家の領土的な安全保障から、一人ひとりの人間という具体的な客体へと焦点を移すものだったからです。この画期的な報告書は、さらに人間の安全保障の特質として、普遍的、多面的、システミックという3つの追加的要素を強調しました。今日、人間の安全保障に影響する諸問題が、人間自身が及ぼす圧力によって危険な変化を遂げつつある地球において、相互に関連する一連の新たな脅威に連なっていく中で、これらの要素の有用性はさらに高まっていると言えます。

人間の安全保障というレンズを用いることには、人間一人ひとりのものの見方を考慮に入れるという意味合いもあります[9]。恐怖や欠乏、尊厳が具体的に何を意味するかは、人々が何を信じているかによって大きく異なりますが、一人ひとりの信念はきわめて具体的かつ客観的な要素と、より主観的と言える要素との組み合わせでできています。しかし、この点は問題にはなりません。主観性への関心、つまり、一人ひとりが自分の状況、脆弱性、制約をどのように考え、理解しているかを考慮することは、人間の安全保障の分析的枠組みに中心的要素として組み込まれているからです[10]。本章で後に詳述するとおり、人々が抱く信念は、人間の選択、価値観、そして意志に影響を与える重要な要素です。事実、法と経済の関係について研究したカウシック・バスーは、人が法に対する態度を決めるときでさえ、自らの信念が中心的な役割を果たすと論じています。

「法の執行力は、手錠や監獄、銃によって支えられているとしても、元をただせば人々が頭の中で何を信じているのかに左右されます。一般市民から警察官、政治家、判事に至るまで、一人ひとりの信念がお互いに絡み合い、織り込まれることで、一部の信念が強化され、他の信念が弱められる結果、執行力と権力の壮大な体系ができ上がるのです。この体系は、その強大さゆえに、あらゆる個人を超越するかのように見え、あたかも天上から課された神秘的かつ絶対的命令であるかのような幻想を与えます。実際のところ、その権力や勢力を含め、共和国を構成する最も重要な要素は、一般国民が日常生活を送り、雑事をこなす中で抱いている信念や期待以外の何物でもないのです[11]」。

よって、恐怖からの自由、欠乏からの自由、尊厳を持って生きる自由がどのように信念と結びつき、相互に影響を与えているかを探ることには、意味があると言えるでしょう。では、信念と最も直接的に結びつく要素として、尊厳から検討を始めましょう。

尊厳　尊厳は、あらゆる人に生まれながらにして平等の価値があるという普遍的な信念に根ざす概念です。世界人権宣言第1条には、次の文言があります。「すべての人間は、生まれながらにして自由であり、かつ、尊厳と権利とについて平等である[12]」。「持続可能な開発のための2030アジェンダ」も「すべての人間が尊厳の下に、その持てる潜在能力を発揮することができることを確保する」ことを世界のあるべき姿の中心に据えることで、その重要性を認めています[13]。一人ひとりの尊厳に対する脅威は、客観的な欠乏（欠乏からの自由を求める要因ともなる、基本的なニーズが充足されないことなど）だけでなく、差別や偏見（スティグマ）によっても生じます。場合によっては、物質的欠乏への対処を図る措置そのものが、差別や偏見を与えたり、恥の意識を生んだりすることで、人間の尊厳を傷つけることもあります[14]。貧困が自己責任とみなされている状況では、これが特に当てはまるでしょう[15]。尊厳を維持するためには単に、身体的な被害を受けたり、恥辱感を与えられたりしないというだけでなく、自己決定権[16]と行為主体性を持つことも必要です。人間の行為主体性については、本章の後の部分で、議論の中心的要素として取り上げます。尊厳をこのような形で理解すれば、尊厳を保ちながら欠乏からの自由に対処することをねらいとする措置においては、差別や偏見を緩和すると同時に、エンパワーメントを促進することが必要であり、また、文化的にも慎重に配慮する必要があることがわかるでしょう[17]。

恐怖　信念は感情を引き起こす際にも（知覚的要素も働くため、唯一の決定要素ではないものの）、重要な役割を果たします。恐怖という感情には、将来悪いことが起きるかもしれないという信念が関係していますが（何か悪いことが必ず起きるとすれば、絶望という感情が引き起こされる可能性のほうが大）[18]、これは「確実性が低く、かつ、コントロール感も低い」と感じる場合に生じます[19]。このように、行動の強力な引き金になる恐怖という感情は[20]、個人的な認知過程から外部の状況に至るまで、多くの要因による影響を受けます。人間は、しばしば恐怖を感じる理由となりかねない客観的な出来事に基づき、苦痛と害悪を与える出来事が将来的に起こりうるという信念を形成します[21]。その中には、「自分の尊厳という意識に対する攻撃」を受ける可能性が含まれており[22]、人間の安全保障を定義する3つの側面が相互につながっていることは、ここでも示されています。

欠乏　欠乏を評価する場合にも、信念は関係してきます。欠乏は、基本的な代謝ニーズが満たされているかどうかだけでなく、個人的な望みや、コミュニティから期待されていることへの相対的な評価によっても決まるからです。アマルティア・センが繰り返し述べているとおり、アダム・スミスが貧困ではない状態をリネン製のシャツを着られることに例えているのは、リネンが雨風を防げるからではなく、コミュニティの中で恥ずかしさを感じずに人付き合いをするために必要だからです。このように、欠乏からの自由と尊厳のある暮らしの間には、密接な関係があります。このことは、欠乏に関する人類学的観点とも共通しています。事実、メアリー・ダグラスは次のように述べています。「ローカルなレベルで、欠乏は生産と消費との間のフィードバック回路の一部となります。欠乏とニーズの順序は、個人的選好に従って決まるわけではありません。また、集団的に協調の問題を解決しようとする人々もいますが、この場合の解決策は、個人の選好に順序付けを強制するものとなります。欠乏を定義づけるのは文化的過程であり、貧困は文化的に解釈されるのです[23]」。

“人間の安全保障の喪失感は単に高い水準にあるだけでなく、比較対照可能なデータが取れるほとんどの国で、時が経つにつれて高まっています。

このように、複雑な要因が絡み合って信念が形成されることは明らかです。所得や教育達成度など、客観的な指標に基づいて信念を正確に測定することは難しく、不可能なことさえあります。しかし、だからといって、特定の信念を生みやすくする客観的な脆弱性がないというわけではなく、それが理路整然としたプロセスの結果として生まれることも多くあります。本章の後の部分と、より詳しくは第2章で論じるとおり、人新世という新しい時代背景と、その特徴であるさまざまな不平等を、人間の安全保障に対する新世代型の脅威が発展する背景として関連づけるべき根拠はしっかりと存在するのです。

人間の不安全感指数

人々のウェルビーイングに関する客観的な達成度を指標で把握することに加え、人々が自分たちの安全についてどのように理解し、感じているかを大まかに把握するため、この報告書では、人間の不安全感指数（Index of Perceived Human Insecurity, I-PHI、詳しくは付録1.2を参照）という新しい指標を使っています[24]。この指数は、世界人口の80％以上が暮らす74の国と地域について、世界価値観調査で得られた人口のデータに基づいています。また、市民的安全、社会経済的安全、暴力的紛争に関する日常生活のさまざまな次元にまたがり、実感されている脅威を把握するものでもあります。

調査の分析結果は衝撃的でした。

世界のほとんどの人々が自分が安全ではないと感じているのです。全世界的に見て、自らが安全または比較的安全な状況にあると感じている人は、7人に1人もいません[25]。I-PHIが示しているように、世界の人口の半分以上がかなり高い人間の安全保障の喪失感（人間の不安全感）を抱いているという結果でした[26]。

人間の不安全感は、すべての人間開発指数（HDI）グループに属する国で高くなっており、HDI最高位国グループでさえ、全人口の4分の3以上が安全感の欠如を感じています（図1.1）。しかし、HDIがこれより低い国では、人間の安全保障面で不安全感を感じている人がさらに多いことから、HDIとI-PHIの間には負の相関関係があることが示唆されます（図1.2）。

人間の安全保障の喪失感は単に高い水準にあるだけでなく、比較対照可能なデータが取れるほとんどの国で、時が経つにつれて高まっています。この高まりは、すべてのHDIグループの国で共通しているものの、最も急激な増大を見せている国の中には、HDI最高位グループ

図1.1 人間開発指数最高位国でも、安全を感じる人々は4分の1未満

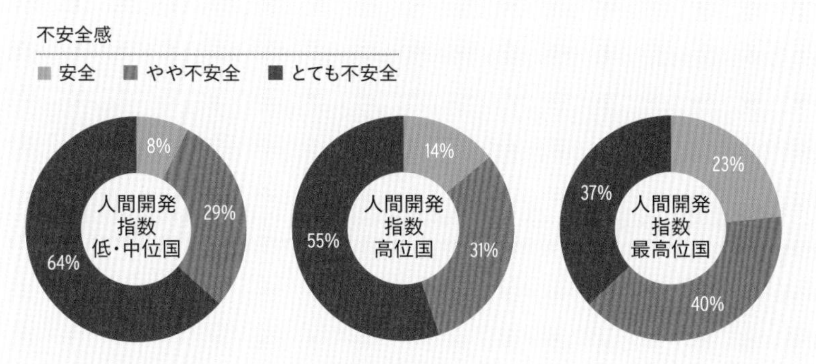

出典：世界価値観調査最新回のデータをもとに、人間開発報告書室が作成。

図1.2 人間の不安全感は、人間開発指数が低い国で高くなる傾向

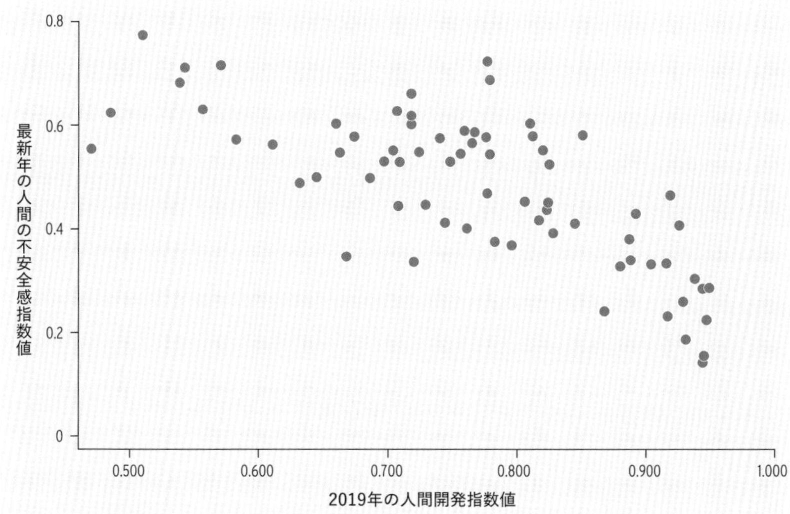

出典：世界価値観調査のデータをもとに、人間開発報告書室が作成（付録1.2を参照）。

の国々も含まれています(図1.3)。

このように、断面解析で得られたHDIとI-PHIの間の正の相関関係は、ウェルビーイングの面で人々の暮らしがよくなったとしても、必ずしも安全保障の喪失感から守られるわけではないことを示唆しています。事実、国ではなく個人をI-PHIの値でグループ分けすると、人間の安全保障面で安全感が高くなればなるほど、他者に対する信頼感も高くなる傾向にありますが、この関係は、経済的状況に対する満足感の違いに関係なく成り立ちます(図1.4)。しかし、その逆は成り立ちません。自身が安全な状況にはないと強く感じる人々にとっては、経済的満足度が高まったとしても、他者への信頼が大幅に高まるわけではないからです。人間の安全保障と信頼との間にあるこの強い連関は、所得と生活上の満足度について調整を行った場合にも成り立ちます[27]。この分析結果が、本章の後の部分で示す結論を引き出すうえで重要であることを考えれば、世界価値観調査の信頼に関する項目に対する回答から、どのような意味が引き出せるか、それをどのように解釈できるか、その際にどのような注意を心がけねばならないかについて、明確にしておくことが欠かせません。

信頼とは

信頼もまた、信念の一つです[28]。しかし、信頼とは正確には何なのでしょうか。背景が異なれば、その定義も違ってきます(Box 1.2)。世界価値観調査では、信頼は「一般的に言って、あなたはほとんどの人が信頼できると考えていますか、それとも、人と接するときは警戒するに越したことはないと考えていますか」という質問項目に対する回答によって測られます。この回答は、人々が他者と接する際の実際の行動に合致すると見られるからです[29]。また、一般的信頼(特定の理由も利

図1.3 人間の不安全感は大半の国で増大：一部の人間開発指数最高位国でも急増

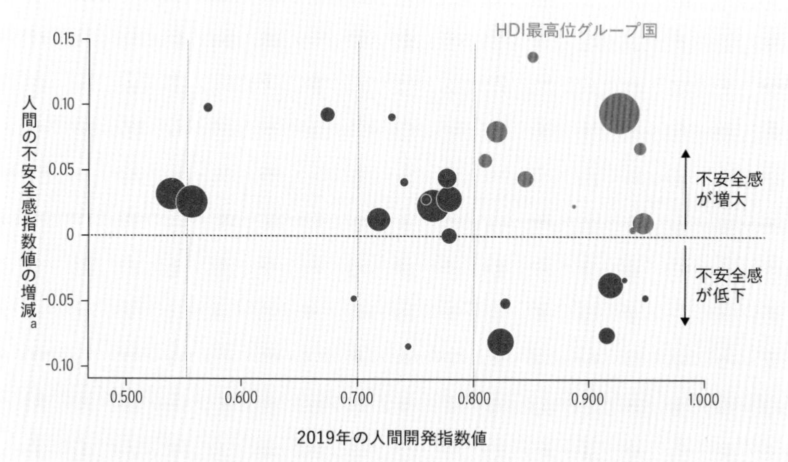

注：円の大きさは、その国の人口の多さを表す。
a. 比較対照可能なデータがある国につき、第6次、第7次世界価値観調査間の増減を指す。
出典：世界価値観調査のデータをもとに、人間開発報告書室が作成（付録1.2を参照）。

図1.4 人間の安全保障度が高い国では、個人の経済的状況に関係なく、信頼感も高い傾向

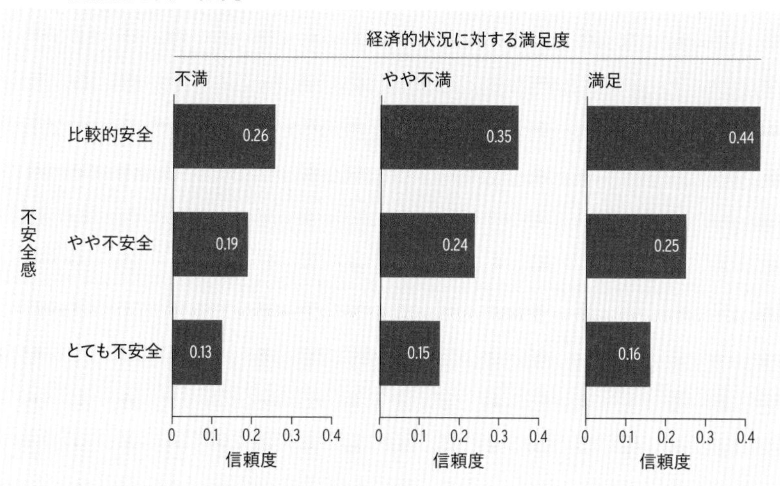

注：各国に同じウエイトを与えて蓄積した個人ベースのデータ。
出典：世界価値観調査のデータをもとに、作成（付録1.2を参照）。

Box 1.2 信頼の多面性

信頼は複雑な概念です。社会学者のブレイン・ロビンスは、「信頼に関する学際的研究は数十年前から行われているものの、文献は断片化、細分化され、その起源に関する合意はほとんどできていない」と記しています[1]。その定義と起源についての合意こそできていないものの、信頼は歴史全体を通じて、社会の発展と高度化の重要な要素となってきたという信念は、広く共有されています。それは主として、信頼が協力や集団行動に欠かせないからです。

信頼についてよく言われるパラドックスに、人はそれぞれの私利を追求すると仮定する合理的行為者モデルが示唆するよりも、現実の信頼感は厚いというものがあります。ほとんどの経済理論は、人々が他者の信用度を楽観する場合に、信頼感が生まれると想定していますが、エビデンスによると、人は信用すべき理由（過去の行動を含む）から予測されるよりも高い割合で、他者を信頼していることがわかります。この超過信頼は、社会的または道徳的な規範を原動力としているように見えます[2]。この信頼が、楽観すべき理由を提供します。超過信頼は、見知らぬ者同士の、通常は互酬関係を伴う親密な絆を超えた協力拡大のための手段にもなりえます。

この結果は、例えば自発的な納税に反映されています。マイケル・アリンガムとアグナー・サンドモは1972年、行為主体は脱税によって捕まるコストと、脱税による金銭的利益を天秤にかけて費用便益計算をするという、標準的な合理的効用最大化枠組みに従い、脱税のモデル化を行いました[3]。しかし、経験的証拠と比べると、このモデルが一貫して、人々の納税額を過小評価していることがわかります。このパラドックスから、納税意識、つまり純粋な私的利益の合理的最大化の枠を超えて人々に納税義務を遵守させることになる理由に関する研究書が数多く生まれました。

信頼は、対人関係と制度の両方にとって重要となってきました。ベンジャミン・ホーの説明によると、制度の進化は2つの点で、信頼と密接な関係があります。第一に、制度は信頼が機能しない限り成り立ちません。例えば近代的貨幣は、誰がそれを所持しているかに関係なく、常に交換媒介物として受け入れられるという信念に立脚しています。第二に、制度はその複雑性を増しながら、しばしば信頼を創出し、促進するために立案されます[4]。

しかし、すべての信頼が良いものとは限らず、制度の開発は時代や国に関係なく、これまで不完全なものに終わっています。制度の中には、似たような特徴を共有する集団同士の信頼を広げることを目的としているものがあります。これは内集団への信頼と呼ばれるものです。よって、内集団への信頼は両極化を助長し、公平性と民主主義を損なうだけでなく、一部の政治指導者に悪用されるおそれもあります[5]。

人間の安全保障戦略との関連で信頼を促進する際には、既存の一般的信頼を促進、支援、利用しながら、内集団への信頼を優先させるような行動バイアスと制度設計に対処することが課題となります。本章の後の部分で詳述するように、人間の安全保障を前進させる戦略を策定、実施する場合には、国際的な視野に立ったものの見方と道徳的普遍主義、つまり身内を優遇するのではなく、見知らぬ人にも優しく接するという理念を取り入れることが求められます。普遍主義的なものの見方は年齢や居住場所、宗教的信条、所得水準と関連性があることを示すエビデンスがあります[6]。しかし、国連児童基金（UNICEF）とGallup社による最近の調査を見ると、自分自身を地域住民や国民としてではなく、世界市民として認識する人の割合は、若者が年長者のほぼ2倍に上ることがわかります[7]。

注

1. Robbins (2016, p. 972)。以下も参照のこと：Ho (2021). 2. Dunning and others 2014. 3. Allingam and Sandmo 1972. 4. Ho 2021. 5. Gjoneska and others 2019. 6. Enke, Rodriguez-Padilla and Zimmermann 2021. 7. UNICEF and Gallup 2021.

害もなく、他者一般に対して抱く信頼感[30]）または非個人的信頼（見知らぬ他者とやりとりをする場合に当初抱く信頼感）と呼ばれるものも、この項目で取得できます[31]。

このように理解すれば、非個人的信頼がなければ、どのような場面でも社会生活は、仮に不可能ではなかったとしても、非常に難しくなることがわかるでしょう[32]。信頼が大事なのは、それが協力を可能にするからです。協力が成立するには、「相手方が容易に騙されるような（なんでも盲目的に信じ込んでしまうような）人間ではないという信念だけでなく、こちら側が正しい対応をすれば、相手方もこちらに好意を抱いてくれるという信念があることが条件」となります[33]。よって、信頼は必ずしも常に最大限に高めるべきものではありません。個人的なウェルビーイングを考える場合でさえ、相手に信頼を置きすぎたり、逆に置かなすぎたりするのは、有害であることがわかっています[34]。また、自分たちに脅威を与える集団（例えば、相手が不正行為にかかわっているような場合）は、あまり信頼しないほうがよいでしょう。このように、信頼はいつでも多いほうが望ましいとは言えないのです[35]。

協力には信頼が重要となることから、国による非個人的信頼の違いは、いくつかの経済的、社会的成果と関連性があります。非個人的信頼度がおしなべて高い国は、所得や経済的生産性、政府の実効性が高い一方で、腐敗は少ない傾向があります。非個人的信頼は、向社会的な規範、期待、動機という、こうした成果の歴史的条件としてすでに存在していた文化的・心理社会的環境の一部であることを示唆するエビデンスもあります[36]。

この国家間分析は、慎重に解釈する必要があります。信頼は個人同士が社会的に密接に関係しているほど高まるからです[37]。事実、上記の世界価値観調査の質問に対する回答は、東アジアをはじめとする一部の国では、他者への信頼が無条件に「よそ者」を信用することではなく、社会的・経済的な相互依存を作り出す濃密な社会的ネットワークの存在を前提にしていることを反映すると解釈されています。さらに重要なのは、国内のほうが、国同士よりも信頼感に大きな違いが見られるという点です[38]。個人的選好の「タイプ」（例えば利他性の強弱）に関連する要因のほうが、どの国に暮らしているかよりも、人々の間に存在する信頼の程度に大きく影響すると見られます[39]。この関連で言えば、人間の不安全感が高いほど、対人信頼感は低いという関係性を示す結果が、国家間分析に基づくものではなく、個人のレベルで当てはまるものであることを改めて強調しておくことが重要です。

個人レベルでの人間の不安全感と対人信頼感との間の関係性が大事である理由は、主に4つあります。

- 第一に、エビデンスを見る限り、重要な制度や政策の成果、中でも特に協力を前提とするものに関連する信頼度が低く、しかも低下してきていることがわかります[40]。
- 第二に、協力には動機や利害、誘因が不可欠ですが、人々（または国々）に適切な動機と利害があったとしても、さらに「お互いの動機について知り、お互いを信頼する」必要もあります[41]。本章ですでに指摘したとおり、カウシック・バスーが信念の重要性を強調している理由も、ここにあります。法律が成文化され、執行されている場合でも、この事実に変わりはありません。
- 第三に、本章の後の部分で論じるとおり、行為主体性は人間の安全保障を高める戦略を実行するための中心的要素となります。そのためには、人々に自由があることが前提となりますが、その中には他者を落胆させたり、苛立たせたりする可能性も含まれます。それこそがまさに、信頼が自由と密接に関連づけられるゆえんです。信頼は「他者による自由の行使に耐えるための装置」と表現されることもあるからです[42]。不確実性が高まっている時代に、この言葉の意味はさらに重くなっていると言えます[43]。

“人間開発に伴い人間の不安全感（人間の安全保障の喪失感）が増すという二律背反の関係性は、これまで人間開発の前進が図られてきた方法と、ウェルビーイング面での成果だけを重視し、人間の行為主体性を無視するという断片的な安全保障へのアプローチから生まれています。

- 第四に、信頼の重要性は今後、さらに高まっていくものと見られます。「21世紀に入り、未知であるか既知であるかにかかわらず、（最近のコロナ禍の影響もあって）遠くにいる相手と協働する機会が増え、経済活動が組織や地域、国の枠を超えることも多くなる中で、信頼はあらゆる場所で関心事となっている」からです[44]。

人々が不安全を感じる理由：人新世という時代背景と人間の安全保障に対する新世代型の脅威

本節では、人間開発に伴い人間の不安全感（人間の安全保障の喪失感）が増すという二律背反の関係性は、これまで人間開発の前進が図られてきた方法と、ウェルビーイング面での成果だけを重視し、人間の行為主体性を無視するという断片的な安全保障へのアプローチから生まれているという議論を展開します。あらゆる地域で人々のウェルビーイングが常に上向きに改善していく傾向が見られる中で、新世代型の人間の不安全感が生まれてきていますが、これには従来の開発追求のやり方に起因する副産物という側面が多分にあります。人新世という時代背景の出現から考えても、この事実は明らかです。人新世の特徴は人間の行動、そしてほとんどは、これまでウェルビーイングの改善に寄与してきた活動と関連する形で、人間の安全保障に対する新たな脅威が生じている点にあるからです。

人新世という、これまでに類を見ない時代背景から、全地球規模で全システムを包含し、かつ相互につながりのある新世代型の脅威が生まれています。この新たな現実は、人間が強い不安全を感じるだけでなく、ウェルビーイングの向上という、これまでは開発の成果と考えられていたものが、人間の安全保障上の懸念に対処するには十分でないと信じるべき有力な客観的理由となっています。本節では、デジタル技術（その普及によって、よいことがたくさん起きる可能性はあるものの）、暴力的紛争、集団間の不平等（社会的不均衡という概念に焦点を当てるため）、現状のヘルスケアシステムの欠点に関連する脅威を明らかにします。これらはいずれも、『人間開発報告書1994』と2003年の緒方・セン両共同議長による報告書をはじめ、人間の安全保障に関するこれまでの独創的な報告書では取り扱われていない、新たな特徴を示すものですが[45]、これですべての脅威が網羅されるわけではありません。ここでは、人々の集団を取り上げて議論を整理するのではなく、本報告書第II部で詳述するように、これら4つの脅威に重点を置いた議論を展開します。この手法によって、構造的な課題や、可能な構造的対応について、さらに柔軟な理解ができるようになるからです（図1.5）。

“人々が欠乏と恐怖からの自由の中で、尊厳を持って生きられるようにするためには、包括的でシステミックなアプローチが必要です。私たちは、例えば所得が増えても、平和が自動的に実現するわけではないこと、そして、暴力的紛争のない社会は人々が尊厳を持って生きるための十分条件ではないことを認識するようになったのです。

これら4つの脅威は、相互に絡み合い、政策決定者にますます大きな課題を突きつけています。これまでの開発過程では、人間の行為主体性だけでなく、脅威間の相互作用も軽く見られてきたからです。一般市民と政策立案者の関心は、政策を策定または評価する際の個別の側面に向けられてきたために、縦割り型の問題解決策の追求につながり、それぞれの解決策が意図せぬ結末をもたらしたり、他の問題を悪化させたりする可能性を認識できないでいます。

人間の安全保障という理念が、この課題に取り組むうえで有効なのは明らかです。人間の安全保障の考案当時から強調されてきた最も重

図1.5 人間の安全保障に対する新世代型の脅威

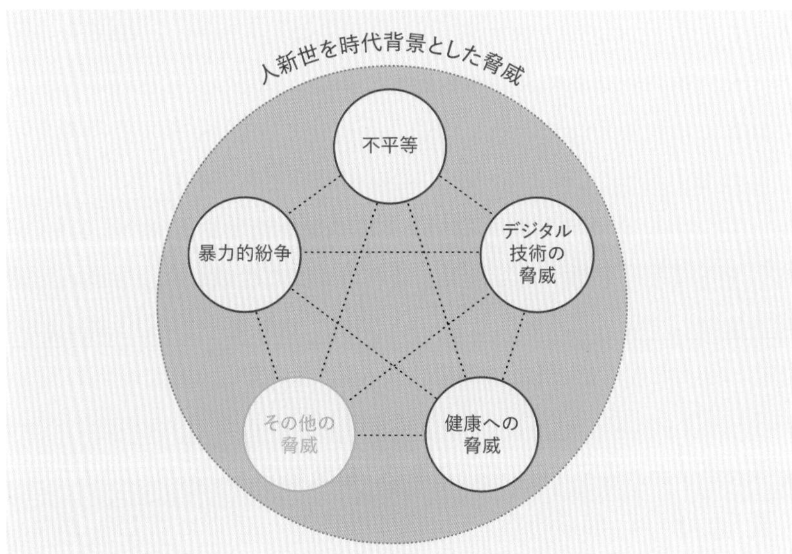

出典：人間開発報告書室

要な側面の一つとして、上述のとおり、その定義に含まれる3つの要素を別々に考えることはできないという認識があるからです[46]。人々が欠乏と恐怖からの自由の中で、尊厳を持って生きられるようにするためには、包括的でシステミックなアプローチが必要です。私たちは、例えば所得が増えても、平和が自動的に実現するわけではないこと、そして、暴力的紛争のない社会は人々が尊厳を持って生きるための十分条件ではないことを認識するようになったのです[47]。オスカル・ゴメズとデス・ガスパーは次のように記しています。「人間開発が、経済成長の測定や技術の進展を中心とするのではなく、一人ひとりが価値を置くべき相当の理由があるすべての重要分野の改善を重視する視点を採用したとしても、線形モデルをそのまま使っている限り、脅威が相互につながり、危機が繰り返し起きる世界の現実に対処するには不十分です[48]」。

あらゆるものがあらゆるものとつながっているのは世の常だと言うこともできそうですが、人新世という時代背景により、こうした相互依存関係を認識することの重要性はさらに高まっています。事実上、開発問題への解決策を探ろうとするあらゆる人々の努力が、何らかの形でプラネタリー圧力を強める結果になってしまっているのです[49]。『人間開発報告書2020』は、今日の産業社会が、危険な世界規模の変化を推し進めるようなプラネタリー圧力をもたらす形で、エネルギー面と物質面のニーズを充足していると論じました[50]。私たちは依然として、主として化石燃料に依存しながら、エネルギー需要を満たしていますが、その結果としての温室効果ガスの排出は、気候変動を助長しています。また、私たちは物質循環に伴う撹乱をほとんど気にかけないまま、物質を使い続けています。肥料に窒素が用いられているのは、その一例にすぎません。問題を一つずつ個別に解決するという手法が、大問題をはらみかねないことを理解するには、再生可能なエネルギーと電池の例を考えるとよいでしょう。その利用の増大は、賦存量が限られていることが知られ、かつ、現時点で代替物がほとんどない鉱物の採取を増大させ、その多くは生物多様性に対する大きな脅威や人権侵害を伴う状況下で行われているからです。

各国の人間開発指数が高まる中で、プラネタリー圧力指数という新たな指標で測定した地球に対する圧力は、おしなべて強まってきています（図1.6）。この値は、二酸化炭素排出量（エネルギーの化石燃料依存により生じる圧力を表すもの）と、マテリアル・フットプリント（資源の採掘量。私たちが物質循環がもたらす破壊にいかに配慮していないかを示すもの）という2つの指標を組み合わせています。これまでの

図1.6 人間開発指数とプラネタリー圧力に正の相関関係

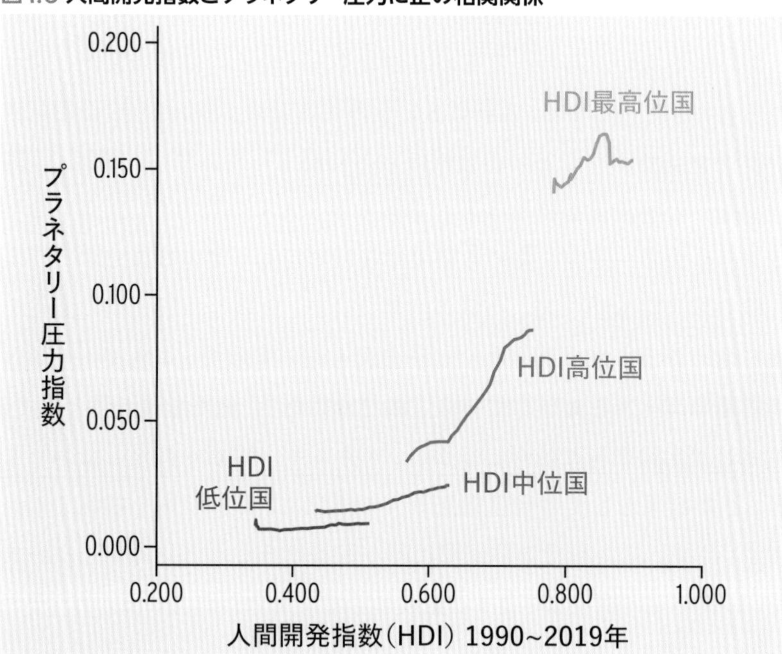

注：プラネタリー圧力指数は、二酸化炭素排出量とマテリアル・フットプリント（ともに一人当たり）をもとに算出。
出典：UNDP（2020）をもとに人間開発報告書室が作成。

ところ、プラネタリー圧力を与えずにHDI最高位グループに入れた国はありません。こうした圧力はいま、気候変動（暴風雨、洪水、熱波）や生物多様性損失（修復不能であると同時に、生態系の生産性とレジリエンスにも影響）、人獣共通感染症（COVID-19は一連の頻発する現象の中で最新のもの）と関連づけられる新たな形のリスクを作り出しています[51]。

> “これまでのところ、プラネタリー圧力を与えずにHDI最高位グループに入れた国はありません。こうした圧力はいま、気候変動（暴風雨、洪水、熱波）や生物多様性損失（修復不能であると同時に、生態系の生産性とレジリエンスにも影響）、人獣共通感染症と関連づけられる新たな形のリスクを作り出しています。

このような背景の中で、本報告書第II部では、人間の安全保障に対する4種類の脅威の性質と意味合いを検討しています。

デジタル技術の脅威　デジタル技術の進歩は、人間開発の多くの側面の進歩（保健と教育へのアクセスから、情報と通信へのアクセスに関連する能力育成に至るまで）へのカギを握ってきましたが、その一方で、重大なリスクも内包しています。新しい情報・デジタル技術には、社会や家族の交流や労働条件、余暇活動の形をがらりと変える側面があります。新たな企業に力が集中し、変化のスピードも早まっていく中で、政策立案者や社会にとっての課題も生まれています。こうした力学は、デジタル世界に浸りきっている人はもちろん、その外側にいる人々（インターネットにアクセスできない30億人）にも影響を及ぼします[52]。こうした変化の中には、多くの面でマイナスの副作用を呈するものもあります。例えば、情報とデータの統制がテクノロジー提供企業と政府に集中することで、権力の乱用や政治的支配が生じ、自由が損なわれたり、不平等が拡大したり、分裂を助長するデマが広がったりしかねません。

暴力的紛争　所得が増える一方で、紛争による被災者の数は増え続けています。現時点で紛争の影響を受けている人々は、世界人口の4人に1人を超えています。2020年には、移動を強いられた難民・国内避難民（その多くは暴力的紛争から逃れる人々）の数が8,240万人と[53]、2010年の水準の2倍に達しました[54]。環境保護活動家の殺害（これも暴力と人新世の時代背景の組み合わせで生じている）は、過去20年間を通じ、一貫して増えています[55]。非国家紛争による死者の数は、HDI高位国で急激な増大を見せています（図1.7）。

図1.7 人間開発指数高位国では、非国家紛争の犠牲者が増大

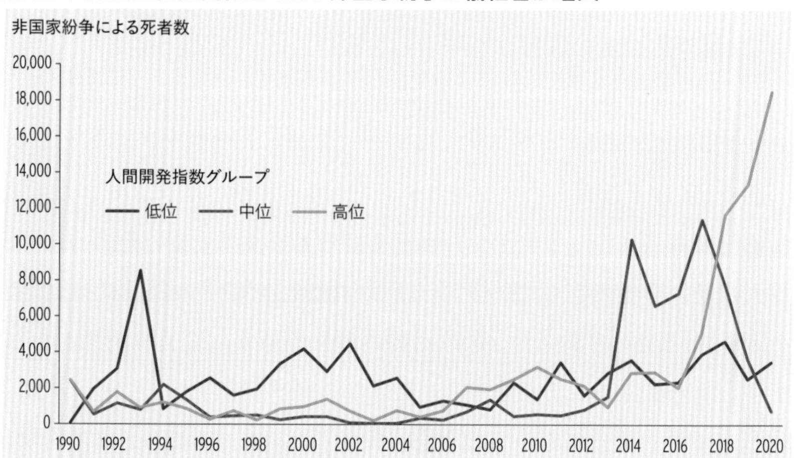

注：人間開発指数最高位国グループは、時系列データの報告がないため、この図から除いている。非国家紛争による死者を時系列的に報告しているHDI最高位国は、カナダ（1995年と1998年に52人が死亡）、ジョージア（1997年と1998年に64人が死亡）、イスラエル（2006年、2007年および2009年に299人が死亡）、ロシア連邦（1990年、1991年および1994年に529人が死亡）およびセルビア（1991年と1992年に795人が死亡）である。
出典：ウプサラ紛争データプログラム非国家紛争データセット、バージョン21.1

集団間の不平等　本報告書は主に、尊厳に対する攻撃という観点から集団間の不平等を検討します。ある特定集団のメンバーであることを自認したり、他の形でそれと（あるいは多数の集団と）関わりを持ったりしているというだけで、その人間を差別的に扱うべき理由など何もないからです。こうした不平等はいまも広く残っています。これは国家間だけでなく、国内についても言えることです。力関係の不平等は人間の尊厳を傷つけますが、これはエンパワーメントが不十分であれば、どの社会経済的階層でも起こりえます。#MeToo運動は、産業や社会全体にジェンダーの不平等が広がっていることを浮き彫りにしました。高い地位を確立した女性たちでさえ、隠れた形の暴力を受け、しかも長い間、その犯人を告発できる条件は整っていないと考えていたのです。女性の存在が目立ち、かつ、数百万人がその声に耳を傾ける、エンターテインメントというきらびやかな業界でこの動きが起きたことは、それ以外の業界の女性が声を上げにくいところで日常的に虐げられてきた事実を如実に示しています。それはまた、私たちが成功とみなしているケースにも、しばしば大きな不安全が隠れていることを改めて気づかせると同時に、人間の安全保障の喪失感は所得が増えるにつれて軽減するようなものではないことを示す具体例だとも言えます。本報告書は、他にもどれだけ多くの集団が歴史的に絶えず社会から隔絶され、その尊厳に対する組織的な攻撃を受けることで、人間の安全保障が損なわれているかを示しています。

ヘルスケアシステム　2020年3月にパンデミックと宣言されたCOVID-19の影響は、世界中のほとんどの人に広がり、人間の安全保障のあらゆる側面を蝕みました[56]。2020年第2四半期までに、ほとんどの国の経済は記録的な速さで縮小し、子どもの90％は物理的に登校できなくなりました。相互のつながりとグローバル化が進み、人間開発が史上最高の水準に達した中で起きたという点で、これは未曽有の事態でした。コロナ禍は国内的にも国際的にも、多くのレベルで幅広く見られた調整不足をはじめ、保健システムの限界を白日の下にさらしました。それを最も端的に象徴しているのは、国家間のワクチン・アクセスと、いくつかの国の国内でのワクチン接種の大きな格差です。

その当然の結果として、例えばHDIで測られるウェルビーイングの向上は、人間の安全を保障しないことがわかりました[57]。また、人間開発と人間の安全保障の間にあるこのギャップは、4つの脅威をお互いに補強する力学によって、さらに広がりかねないことも明らかになりました。例えば、気候変動は人々を移動させる圧力を強め、一部資源の希少性を高めます。しかし、だからといって、人間開発を追求すべきではないとか、人間開発は絶対に人間の安全保障を促進しないというわけではありません。逆に、この2つが両立し、補強することもあります。だからこそ、人間開発を推進する際には、人間の安全保障を一貫して、そして恒久的に、関心の中心に据えるべきなのです。

> “安全対策であれば何でも人間の安全保障を高めるというわけではありません。特に、その行動によってある集団の安全が高まる一方で、他の集団の安全が低下したり、一部の自由を促進する一方で、他の自由に制約を加えたりする場合などです。

しかし、人間の安全保障という理念が今日の世界の複雑性を解き明かし、人間の行為主体性を生み出す能力を過信することはできません。安全対策であれば何でも人間の安全保障を高めるというわけではありません。特に、その行動によってある集団の安全が高まる一方で、他の集団の安全が低下したり、一部の自由を促進する一方で、他の自由に制約を加えたりする場合などです。

安全保障の考え方が、縦割り型であったり、断片的であったりする場合を考えてみましょう。食料安全保障政策は、森林破壊や単作農業を通じてプラネタリー圧力を増大させることで、気候変動や生物多様性損失に起因するリスクを高めるおそれがあります。リスク分散と消費の平滑化を図るための金融市場拡大など、経済的安全保障を強化する政策は、景気循環の波を大きくし、システミックリスクを高めかねません。国家安全保障政策は、軍拡競争を引き起こして、人間のニーズを充足することに使われるべき資源を奪い取ってしまうかもしれません。さらに、安全保障を口実として、覇権を正当化するようなケースもあります[58]。つまり、安全保障のための政策（人間の安全保障政策とされているものを含め）を建前としていても真の動機は[59]、政治的、経済的、社会的制度全体に権力を浸透させることにあるという可能性を否定できないのです。国家や企業、政治主体や家父長的構造は、「安全保障上の懸念」を隠れ蓑にして、特権を守ったり、強化したりするおそれがあるからです。このような場合には、短期的な保護を達成するために長期的な行為主体性が犠牲になることもあり得ます。

本章の以下の部分では、人間の安全保障という理念で、ウェルビーイング達成度と人間の不安全感の間にギャップが生じる仕組みをいかにして解明できるか、また、人新世における地球と社会の現実を考慮し、人間の安全保障の枠組みをどのように充実させる必要があるかを示していきます。

「人類としてのまなざし」で人間の安全保障の実現を

高まる人間の安全保障の妥当性：人間の行為主体性を前面に

人間の安全保障という理念ができてから、ほぼ30年になります。この理念は、地政学的な変化というきわめて特徴的な時代背景から生まれました。当時はベルリンの壁の崩壊を受けて、他の目標達成に向けた軍事費の付け替えを含め、新しい平和の時代への期待が高まる中で、新たな可能性への意識が芽生えていました。2つの超大国間の軍事衝突という暗雲が消え去ったからです（付録1.1）。では、1990年代半ばの希望にあふれる期待感が裏切られ、まったく異なる世界が姿を現したいま、人間の安全保障という理念が妥当性を増しているのはなぜでしょうか。

それは、所得が増えれば当然のごとく、人間の安全保障が成立するだろうという、希望にも近い予測が、打ち砕かれたからにほかなりません。本報告書の第II部で実証するとおり、軍事費に減少の兆しなど見られません。私たちは平和の配当を受け取るどころか、10億人以上が暴力的紛争に苦しむ世界を目の当たりにしています。前節で論じたとおり、コロナ禍以前から、ただでさえ高かった人間の不安全感はさらに高まり、HDI最高位グループ国の一部では急増を見せていました。そして2021年、世界の一人当たりGDPが過去最高に達する中で、コロナ禍関連の死者数は500万人を超えました[60]。貧困と飢餓は5年前よりも拡大しているほか、世代全体に及ぶ教育の危機は、今後長い間、暗い影を落とすことになるでしょう。

もとより人間の安全保障という理念は、1994年から凍結されてきたわけではありませんでした。多くの学者や実務者は、自分たちが重要と考えるところに従い、ニュアンスや拡張的文言、主張を付け加えました。その進化について、シャルバナウ・タジバクシュはこう述べています。「最初は単純で崇高、かつ当たり前と見られた考えが、その定義、利点と弱点、そしてその理論的・実践的適用可能性をめぐる侃侃諤諤の政治的、学術的議論に飲み込まれていったのです[61]」。

“人新世という新たな時代背景において人間の安全保障に対する脅威が相互に連関を強めています。

それでも、この理念は消え去ることなくむしろ目を引く存在となっています。それはなによりも、人間の安全保障が、世界人権宣言と国連憲章という国連の基本文書を土台としながら、人権、平和、開発の結節点の核心を捉えた理念だからです。多くの国の政府と国際機関のほか、市民社会と学界も、人間の安全保障を国際協力に関する議論の中心に据えるため、多くのエネルギーと資源を投入しました。その間、人間の安全保障は、さまざまな角度から論じられ、進化を遂げました。それは概念として、目標として、分析的枠組みとして、政治哲学や政策立案の手法として取り上げられてきました[62]。人間の安全保障はこうした異なった捉えられ方をしてきましたが、国連の基本文書に結びつけられた一連の考えに根ざしているところには違いはなく、これからも進化を遂げ続けいくに違いありません。

よって、本報告書ではこれら基盤的な考えを指し示すものとして「人間の安全保障枠組み（human security frame）」という言葉を用いています。人間の安全保障はこれまで確かにさまざまな形で用いられ、実施されてきましたが、人間の安全保障が人間中心で、包括的で、かつ文脈に即した対応をし、また予防志向のアプローチを取り、保護とエンパワーメントという戦略を重視するといった共通の基盤的な枠組みが見られました[63]。人新世という新たな時代背景において人間の安全保障に対する脅威が相互に連関を強める中で、いかに人間を中心に据え、包括的な観点を採用することが有用かは前節で示されたとおりです。

人間の安全保障枠組みは、2003年の緒方・セン報告書で強調された保護とエンパワーメントの戦略に照らして、高い妥当性を得るに至りました。報告書には次の文言があります。「国家、国際機関、NGO（非政府組織）および民間セクターが立案した保護の戦略で、人々を脅威から守るべきです。エンパワーメント戦略は、人々が困難な条件に対する抵抗力を身に付けるのを可能にします[64]」。前節と本報告書第II部の分析は、人々の保護とエンパワーメントの面で現存する大きな欠点をきわめて明確にしています。よって、人間の安全保障におけるこれら戦略の重要性を再確認するだけでなく、地球が人間やその他多くの生物にとって危険な変化を遂げつつある中で、強化していくことが欠かせません。

これら地球規模での危険な変化は、人間自身の行為の結果です。今日の人新世を時代背景とする人間の安全保障に対する脅威は、大規模な火山爆発によるものでも、小惑星と地球の衝突によるものでもありません。むしろ、こうした原因なら防げる可能性さえあります。トビー・オードの推計によると、人類史上初めて、人間の生存にかかわる脅威は、自然由来のハザードではなく、人間の行為に起因するものとなっています[65]。第2章で明らかにするとおり、こうした危険な地球規模の変化の影響は、全世界で感じられており、多くの場合、不平等を拡大させています。高所得者も同じように不安全を感じ、脅威の多くに対応する一定の手段は備えているにもかかわらず、その悪影響は免れてはいません。

人間が危険な地球規模の変化の推進役だとすれば、保護とエンパワーメントの戦略を実施するために必要な手立てを講じる主体も、また人間でなければなりません。その意味で、人間としての行為主体性が中心的な重要性を帯びてきます。ここでいう行為主体性とは「行動し、変化をもたらす人のことであり、何らかの外部的な基準によっても評価されるか否かに関係なく、その成果を自分自身の価値観や目標に照らして判断できる人」という、アマルティア・センの定義に従っています[66]。

行為主体性とは何か

行為主体性は、人々が保護とエンパワーメントの戦略を実施に移すために不可欠ですが、さまざまなレベルの意思決定への有意義な参加をも意味します。これが実現すれば、保護とエンパワーメントの間の緊張関係は、さほど問題にならなくなります。行為主体性の存在は、参加、議論、対話の場で保護が提供されていることを含意するからです。それは単なる抽象的概念でもなければ（Box 1.3）、幅広い参加、議論、対話が伴えば戦略の策定または実施が容易になることを示唆するものでもありません。もとより、こうした課題があるからといって、参加型のプロセスやコミュニティの関与があればそれだけでよいわけでははありません。いくつかの国際条約は、直接影響を受ける集団が積極的に参加できる道を切り開いています。国際労働機関（ILO）の原住民・種族民条約（通称第169号条約）には、自由で十分な情報に基づく事前同意を通じて、優先課題の特定と政策の策定に先住民を参加させるための明確な指令が盛り込まれています[67]。

このように、行為主体性を重視することで、特定の戦略や取り組みに正当性が生まれます。人間の安全保障を実現するうえで行為主体性が果たす役割の重要性をひと言でまとめるならば、正当かつ効果的な保護とエンパワーメントの戦略を可能にする要素だと捉えられます。

行為主体性に基づく成果は、必ずしもウェルビーイングにかかわる成果と重なり合いません。人々が自らの価値観や決意に従ってとった行動は、その人々のウェルビーイングを向上させる場合も、そうでない場合もあるからです。例えば、自分たちのウェルビーイングに関係ないか、むしろそれを損なう可能性があったとしても、他者がどう扱われるかを気遣い、自分自身が公正とみなすものにこだわったり、本質的な問題として、自然の多くの側面に配慮したりする人々がいます。ウェルビーイングがどれほど向上したかだけで、開発の前進を測定したり、政

Box 1.3 政策デザインにおける行為主体性：参加型開発の事例

政策デザインにおいて、行為主体性と積極的参加はどのような形を取りうるでしょうか。

環境政策に関しては、いくつか有用な事例があります。クラウディア・パール＝ウォスルは、水枠組み指令に基づく欧州の水政策について記述しています。この指令は「管理計画の策定について、広報と参加を求め、影響を受ける全当事者の積極的な関与を勧奨する」ものです[1]。

パール＝ウォスルは、一般市民の参加とステークホルダーの参加を明確に分けて考えています。その具体的内容は、次のとおりです[2]。

- 「一般市民：一般大衆の市民的参加を意味します。具体的には、エネルギー税の導入について決定を下さねばならない有権者としての市民の役割など、市民全般の関心事項が対象となります」
- 「ステークホルダー参加：特定のステークホルダー集団の参加を意味します。大気汚染問題により直接影響を受ける地域に暮らす住民など、特定の環境問題に対して固有の役割や利害を持つさまざまなグループの参加を促されます」

参加型枠組みのもう一つの側面として、一般市民とステークホルダー

策を評価したりすれば、行為主体性の果たしている役割を軽視したり、さらには無視したりすることになりかねません。この盲点はこれまでの各節で明らかにしたとおりですが、本節における人間の安全保障の検討によって、その理解はさらに深まることでしょう。

> “行為主体性は、人々が保護とエンパワーメントの戦略を実施に移すために不可欠ですが、さまざまなレベルの意思決定への有意義な参加をも意味します。

の参加が必要になる政策決定の段階に関するものが挙げられます。パール＝ウォスルによると、その段階は下記のとおりです[3]。

- 「アジェンダ設定：ある問題が公共の課題となったところで、それを議題として定義する初期の段階。ここでの参加プロセスの目標は、該当する課題に関する多様な議論と意見を把握することにあります」
- 「対策の具体化：例えば総合的河川流域管理計画を実施する際に、問題解決のための計画を策定すること。ここでの参加プロセスの目標は、管理計画に多様な観点が取り入れられるように保証することにあります」
- 「実施：一定の措置の実施に伴う具体的問題から対立が生じているような状況で必要になる参加。ここでの参加プロセスの目標は、実現可能な一連の措置について合意を取り付けることにあります」

参加型枠組みの諸要素は、環境政策以外の問題にも簡単に応用できます。

注
1. Pahl-Wostl 2002. p. 5. 2. Pahl-Wostl 2002. p. 5. 3. Pahl-Wostl 2002. p. 5.

また、アマルティア・センが力説しているとおり、行為主体性の重要性は、人々が自分たちの価値観や決意に基づいて行動することで得られる成果のさらに先にあります。行為主体性によってもたらされた成果が無視される場合に生じる盲点を明るみに出すことも大切ですが、実際に行動を起こす決定を下すかどうかに関係なく、人々が考え、討議する自由の重要性について検討することは特に重要です。センは、「自由の幅が広ければ広いほど、人々が自分のことは自分でできるようになるだけでなく、世界に影響を及ぼせる能力も高まることになりますが、これこそが開発プロセスの中心をなす要素だ」と述べています[68]。このような自由を達成するうえで、保護とエンパワーメントは欠かせません。こうしてここに一つのループができ上がります。行為主体性は、保護とエンパワーメントを可能にする要素であり、保護とエンパワーメントは、行為主体性を促進する条件を提供するからです（図1.8）。行為主体性に目を向けることは（単にそれが必要というだけではなく）本質的に大切なので、私たちは人間の安全保障に対して常に大きな関心を

図1.8 行為主体性、エンパワーメント、保護の好循環

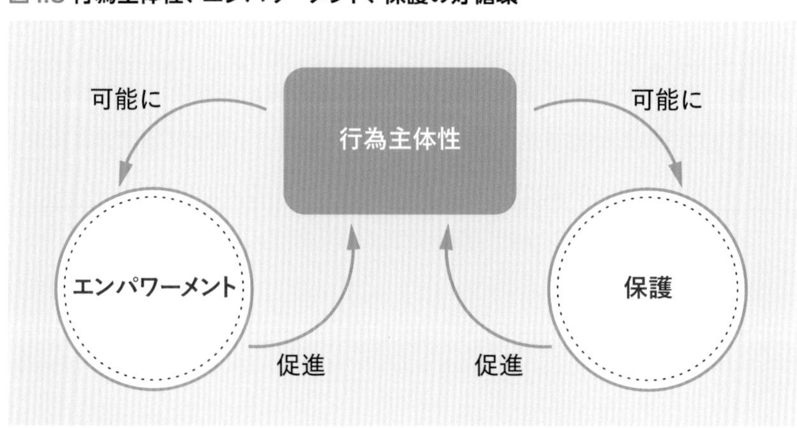

出典：人間開発報告書室

向けていくことが求められているのです。この点は2003年の緒方・セン報告書でも認識されています[69]。

さて、ここまでの議論では、エンパワーメントと保護の重要性を改めて確認したうえで、今日の世界で人間の安全保障枠組みの妥当性が高まっているという根拠を示しました。しかし、それは2003年の緒方・セン報告書をはじめ、あくまでも人間の安全保障理念について確立された既存の枠組みの中においてのことでした。そこで、本章の結びとして、次節では、人新世という時代背景に合わせて、人間の安全保障枠組みを今後いかに充実させるべきか、そして、本報告書第II部で議論する新たな脅威の数々に対してより公平かつ効果的に対処していくにはどうしたらよいかについて検討を加えます。

変わりゆく地球で人類共通の認識を確認するには、連帯の強化が必要

人間の行為主体性とエンパワーメント、保護との間の好循環は、主として個人(または個人が構成するコミュニティ)について言えるものです。しかし、オスカル・ゴメズとデス・ガスパーは、つながりを持つコミュニティの間で何が起きるかによって、人間の安全保障が左右されることを認識する必要性を強調し、次のように述べています。「通常、ある集団の安全が保障されるのは、それと顕著なつながりを持つ集団の安全も保障されている場合に限られます[70]」。さらに根本的には、人間の安全保障という理念は部分的に、「国家間の相互のつながりを含む人間相互のつながり」を明らかにすることから出発しています[71]。人間の安全保障の手段としての利用は、むしろ遅かったとはいえ、その理念の普遍性は『人間開発報告書1994』ですでに認められていました[72]。

こうした相互のつながりの多くは、新しく生まれたものではありません。コロナ禍との関連でも、ウイルスがどこかで蔓延すれば、あらゆ

る場所の人々に感染のおそれが出ることを、私たちは何度も耳にしています。しかし、人間の移動は数千年も前から、大陸を越えて新旧の感染症を広める原因となってきました。とはいえ、グローバル化に関する膨大な文献が実証しているとおり、今日の世界では、この相互のつながりが世界規模に拡大し、生活のさらに多くの側面に及ぶようになっていることは事実です。このつながりを強める世界で、人間の安全を保障するためには、どうしたらよいのでしょうか。保護とエンパワーメントの戦略に参加し、これを策定し、実施するのは誰なのでしょうか。主権国家に中心的な責任があることは明らかです。「人間の安全は、法の支配のもとで統治され、国内で暮らす者の人権と基本的自由が全面的に尊重される主権国家でこそ、最もよく保障される」と論じる者もいます[73]。

各国が独力で人間の安全保障を確保することはできない

しかし、それぞれの主権国家が独力でこの責任を果たすことはできるのでしょうか。現代のつながりを深める世界で、その答えは「ノー」ということになるでしょう。ただし、主権国家が支配する世界でいかに「グローバル化を管理」すべきかを模索する取り組みから、相互につながった世界で人間の安全保障を強化するにはどうすべきかを学ぶことはできます。例えば、グローバル公共財を提供する必要があるという認識は、主権を制約するどころか、これを強化する可能性があります[74]。また、グローバル・ガバナンスがすでに、多数の主体が絡み合ったネットワークを特徴としているという認識も役立ちます[75]。ンゴジ・オコンジョ=イウェアラ、タルマン・シャンムガラトナムおよびラリー・サマーズは、グローバル公共財の提供における不備という幅広い背景からコロナ禍を捉えたうえで、いわゆる「パンデミックの時代」に向けて多国間協調主義をどう変容させるべきかについて、一連の具体的な提案を出しています[76]。

各国が単独では人間の安全保障を全面的に確保できないという認識により、国家がこれを追求する責任を免れるわけではありません。人間の安全保障を前進させる実践的行為のほとんどとは言えないまでも、その多くは国と自治体を含むローカルな政府の能力の範囲内にあります。また、暴力的紛争が生じている場合を含め、ローカルレベルでは市民社会も重要な役割を担います。メアリー・カルドーは、幅広い市民社会の定義を擁護し、次のように主張しています。「私は（市民社会という言葉を）、戦いに加わらず、公益に配慮し、特に女性で、かつ、偏狭なアイデンティティに代わる政治的選択肢を提供する民間人または活動的市民を指すものとして用いています[77]」。

“人新世を時代背景として、人間の安全保障に対する新世代型の脅威が増大する中で、その対策においては、国家と社会の関係、そして両者の間の相互信頼に多くが依存することを認識する必要があります。

人間の安全保障の強化には、いくつかの主体がかかわってくることを受け入れるのであれば、人新世を時代背景として、人間の安全保障に対する新世代型の脅威が増大する中で、その対策においては、国家と社会の関係、そして両者の間の相互信頼に多くが依存することを認識する必要があります。政府機関への信頼が揺らいでいることについては、多く論じられていますが、実際の信頼の中身を明確に定義することは困難です。能力が問題なのでしょうか。それとも、誠実さでしょうか。軍は最も信頼される機関の一つですが、一部の国では最も恐れられています。制度に対するこの種の信頼の大きさは、果たしてよいことなのでしょうか[78]。さらに難しいことに、政府機関は国民が情報を正しく解釈し、責任ある行動をとれる能力を信頼していないため、どのような行動をとるべきかを詳細に指図しすぎる傾向にあり、これが政府機関に対する信頼感を損わせていることを示すエビデンスもあります[79]。

社会契約の強化だけでは不十分

この関係を確実に強化できる一つの有力な手段として、国家と国民との間の社会契約の更新が挙げられます。アントニオ・グテーレス国連事務総長は2020年のネルソン・マンデラ記念講演で、次のように力説しました。「それぞれの社会で新しい社会契約を結べば、若者は尊厳を持って生きられるようになるでしょう。女性は男性と同じ展望と機会を持てるようになるでしょう。病人や社会的弱者、そしてあらゆるマイノリティが守られるでしょう。……人々は、誰のためにもなる社会と経済のシステムを求めています。自分たちの人権と基本的自由が尊重されることを望んでいます。そして、自分たちの生活に影響する決定に発言力を持ちたいと思っています[80]」。

グテーレス事務総長はこの同じ講演で、社会契約の強化だけでは不十分であるという認識のもとに「新しいグローバルな取極め（new global deal）」を提唱し、主権国家が何らかの形で結集して、私たち相互の世界的なつながりに関連する課題に取り組む必要があるとの考えを示しました。事務総長は報告書『私たちの共通の課題』の中で、この大まかな概念を具体化する一連の提言を取りまとめていますが、その中には、国民国家が支配する世界の中で、グローバル化をいかに管理すべきか、という上述の論点と共鳴するものも見られます[81]。この課題に取り組むことは急務となっていますが、以下で論じるとおり、人間の安全保障枠組みはこの取り組みを後押しすることができます。人新世という時代背景に合わせて、その理念を充実させれば、さらに効果は大きいでしょう。

人新世という時代背景が持つ意味合いについて詳しく検討する前に、社会契約の改善だけではなぜ不十分なのかについて、もう少し考えてみましょう。すでに指摘したとおり、まず実際的な理由があります。主権国家が相互につながる世界では、国際機関や条約、インセンティブを活用して国家を結集させ、共通の課題に対処しなければなりません。アマルティア・センは著書『正義のアイデア』の中で、さらに根本的な一連の理由を明らかにしています。「正義を評価するためには、人類としてのまなざしでものを見る必要があります。それは第一に、私たちはそれぞれの地域社会だけでなく、別の場所にいる他者とさまざまな形で一体感を持つ可能性があるからであり、第二に、私たちの選択と行動は、遠くにいるか近くにいるかに関係なく、他者の生活に影響しかねないからであり、そして第三に、他者がそれぞれの歴史観や地理観で考えることは、私たち自身が偏狭な考えを克服することに役立つ可能性があるからです[82]」。

セン氏の議論は、倫理的な主張が中立的かつ公正なものとして認められる条件を判定するための要件との関連で展開されたものですが、契約的アプローチの限界に関する氏の警鐘は、今日の世界で人間の安全保障を考える際にも十分に当てはまります。それは本章ですでに論じたとおり、世界が相互関連性を強めているだけでなく、人間同士、そして人間と地球との強い相互依存という特徴も持っているからです。人新世という時代背景によって、私たちが人間の安全保障をいかに強化すべきかを考える際には、こうした相互依存を「人類としてのまなざし」を使って認識することが、ますます急務になっているのです。

「連帯」で補強する人間の安全保障

人間の安全保障を促進する戦略を考える場合、保護とエンパワーメントだけでは「人類としてのまなざし」を通じて人間の安全保障を強化するうえで十分な力となりえないかもしれません。では、これに何を、どのように加えるべきなのか。その判断は、簡単でも明白でもありません。しかしここでは、人間の安全保障枠組みの充実に寄与するものとして、2つの要素を挙げたいと思います。第一に、行為主体性の重要性に留意すること。この意味で、前節の議論の妥当性は一層高まります。第二の要素としては、保護とエンパワーメントの戦略を連帯で補強することを提案します。ここでの連帯とは、人新世の課題を乗り越えるために力を合わせるという決意を意味します。連帯は慈善を含意することもありますが、慈善の道を選ぶことを望むかどうかは、人によって異なるでしょう。連帯はまた、個人の利害を集団の目標に取り込み、集団化された行動を示唆することもあります。しかし、本書でいう連帯には、そのどちらの意味もありません。より明確に述べるならば、本書で連帯という表現は「広い意味で、私たちの先天的または後天的なつながりを、ともに十分な成果が得られるような形で強化する協働的な方策を共感力と想像力を持って遂行すること」という、シーザー・アトゥイレとニコル・ハスンが提案する意味で用いています[83]。この意味でいう連帯は、集団の内部で連帯すべき数多くの理由よりも上位にある人類としての共通の認識で、私たちを結束させるものであるというのが、その主な理由です[84]。

“保護とエンパワーメントの戦略を連帯で補強することを提案します。ここでの連帯とは、人新世の課題を乗り越えるために力を合わせるという決意を意味します。

連帯の妥当性は『私たちの共通の課題』で国連事務総長が発したアピールに呼応するとともに[85]、オスカル・ゴメズとデス・ガスパーが提唱する共通の安全保障という理念にもつながります[86]。人新世という未曽有の現実と、本報告書で検討する人間の安全保障への新世代型の脅威を前にして、連帯の決意だけでは不十分に見えるかもしれません。さらに拘束力が強く、決定的なことをもっと具体的に提言すれば、訴求力が大きいことも間違いありません。しかし、本章の冒頭で引用したカウシック・バスーの言葉を思い返してみてください。私たちは法律や、その執行力を持つ制度や機構を考える場合にも、信念にどれだけ大きく依存しているかがわかるはずです。また、他者を脅威から守ろうという呼びかけは、恵まれた人から恵まれない人への施しを呼びかけるよりも、「国際人としての振る舞い」、つまり、同じ国の仲間内よりも世界全体に配慮するという姿勢を生み出すうえで、感情を動かす強力な動機にもなります[87]。言い換えれば、他者の安全保障を認める呼びかけは、利益の再配分を求める呼びかけよりも強い力を持つということです。

さらに、人新世という、これまでに類を見ない時代の性質、そして、私たちの経済と社会を変容させるという決意は、必要な政策や制度の特定を不可能にするおそれさえあります。中には、ゼロから作り出さねばならないものもあるかもしれません。エンパワーメントと保護に連帯を加えるだけでは、そうした政策や制度がどのようなものになりうるかについて、具体的な回答を出せない可能性がありますが、そうすることによって、危険な地球規模の変化という現実を考える組織的な決意が生まれる可能性はあります。大事なのは、人間の安全保障に対する脅威の深化に対応する制度や政策を生む源となる国民的議論や論理的思考を可能にするプロセスを守ることです。そのためには、アルバート・O・ハーシュマンが言うように、人間が「自己評価する生き物」であることを認めなければなりません[88]。

同時に、この提案は『人間開発報告書1994』と同様、きわめて特徴的な時代背景のもとで出されています。本章ですでに論証したとおり、私たちは現在、人間の安全保障の喪失感が対人信頼感の低さと密接に関連づけられる時代背景に直面しています。この2つの因果関係を確定することは難しいものの、それが相互に影響し合っていることはほぼ間違いないでしょう。一方で、不安全感が高まれば、信頼感が低下することを示すエビデンスがあります。もう一方で、対人信頼感の低さは、多くの政府機関や政府自体に対する信頼も低下させ、人々がさらに不安全感を増す環境を作り出しています。本章ですでに論じたとおり、

図1.9 人新世の時代背景の中で人間の安全保障を向上させるには：保護とエンパワーメントを連帯で補強

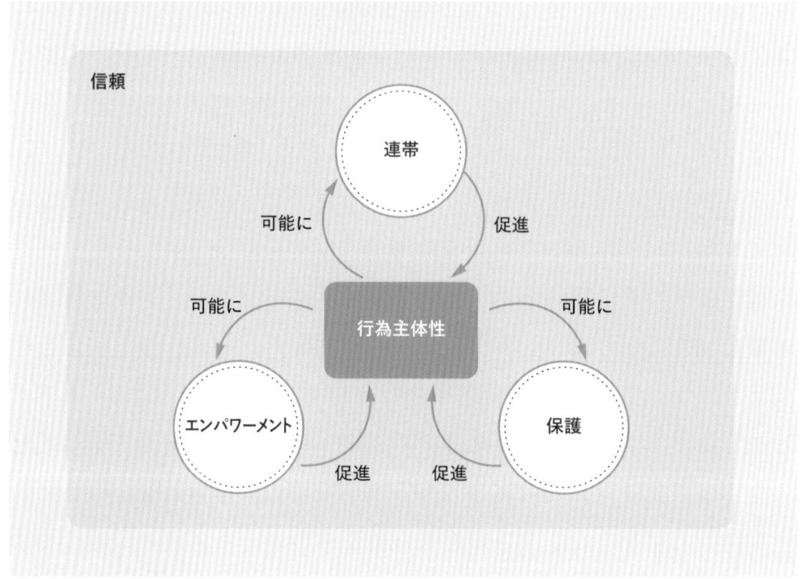

出典：人間開発報告書室

信頼は複雑かつ多面的で、国際的にも国内においても、対人信頼感には大きな多様性があります。しかし、大まかに見て、現時点で広く見られる対人信頼感やその他の信頼の水準を考えれば、連帯を組織的に決意することが難しいことは、容易に想像がつくでしょう。

本節の締めくくりとして、人間の安全保障枠組みを充実させる提案に至った諸要素を取りまとめます(図1.9)。行為主体性は引き続き人間の安全保障の中心に位置しますが、これはエンパワーメントと保護だけでなく、連帯をも可能にします。一方、連帯は人新世における人間相互の、そして人間と開発との相互依存関係を反映する形で、行為主体性を促進します。現在の時代背景から、信頼には配慮と注意が必要です。枠組みの中に信頼が構造的に組み込まれていないのは、この枠組みの機能の仕方を決定づける他の問題がやがて出現する可能性があるからであり、また、希望的観測としては、信頼がもはや懸案事項とならない水準にまで改善する可能性もあるからです。しかし、人新世という時代背景の中で人間の安全保障を前進させるうえで中心的な要素が、行為主体性と保護、エンパワーメント、連帯の追求であることに変わりはありません。

次世代型の人間の安全保障を目指して:戦略から行動へ

これまでの各節では、保護、エンパワーメント、連帯という人新世における人間の安全保障に向けた3つの主要戦略を明らかにし、これを行為主体性の強化で後押しすべきことを論じてきました。しかし、行動と実施に関する実際的な問題がまだ残っています。誰が、誰のために、なぜ、どのように、そしてどんな目的を持って行動するのか、ということです。

“一方で、不安全感が高まれば、信頼感が低下することを示すエビデンスがあります。もう一方で、対人信頼感の低さは、多くの政府機関や政府自体に対する信頼も低下させ、人々がさらに不安全感を増す環境を作り出しています。

次世代型の人間の安全保障を目指す改定版の行動枠組みは、『人間開発報告書1994』[89]、2003年の緒方・セン報告書[90]、2013年の人間の安全保障に関する国連事務総長報告書[91]を土台として作られています。ここでの進化は、本章で提示した分析だけでなく、『人間の安全保障ハンドブック』[92]、関連の学術論文、および、本報告書作成の参考とするために開かれた2021年6月の人間の安全保障に関するシンポジウムから得られた知見を含め、この10年間に蓄積された学びも反映しています。

欠乏からの自由、恐怖からの自由、尊厳を持って生きる自由に基づく人間の安全保障理念と、人間中心、包括的、文脈即応、予防志向という主要行動原則の妥当性は、かつてなく高まっています（表1.1）。

しかし、本報告書の分析は、重点を更新すべき可能性と、いくつかの新しい要素を提示しています。

行為主体について：従来の変化をもたらす主体のその先へ

政府と多国間組織には依然としてその基本的な役割を担う一方、次世代型の人間の安全保障は、その上にさらに新しい行動形態をとる、幅広い行為主体の役割の上に築かれています。例えばコロナ禍により、社会的行動のルールを守ることで、誰もが人間の安全保障の積極的な行為主体となれることが実証されました。同様に先住民グループも、森林の持続可能な管理を目指す現地での行動を通じ、人間の安全保障

表1.1 人新世を時代背景とする人間の安全保障のための行動枠組みの進化

構成要素	既存	新世代
原則	→人間中心 →包括的 →文脈即応 →予防志向	→人間中心 →包括的 →文脈即応 →予防志向
行為主体	→政府と国連機関 →非政府主体	→政府と国連機関 →非政府主体 →あらゆる場所の人々の行為主体性が果たす役割を強化。行為主体を統合するネットワーク：ネットワーク型多国間協調主義/集団行動をさらに重視/ローカル、グローバル双方のレベルで社会規範が機能する範囲を拡大
ターゲット	→普遍性 →主として開発途上国の人々	→普遍性 →個人の安全は他者の安全に依存するため、共通の安全保障を通じ、あらゆる人々 →プラネタリー圧力の削減 →生態系のレジリエンス強化
脅威	→コミュニティに広く蔓延し、部門を横断する主として物理的な脅威（「保護する責任」が対象とする事態を除く）	→コミュニティに広く蔓延し、部門を横断する主として物理的な脅威（「保護する責任」が対象とする事態を除く） →脅威が錯綜する人新世の時代背景 →人新世のリスク →革新的技術の乱用 →尊厳への攻撃としての不平等 →暴力的紛争 →新たな保健課題
主要戦略	→保護ーエンパワーメント	→保護ーエンパワーメントー連帯 →保護とエンパワーメントと連帯の間のつながりを強化する人々の行為主体性の促進

出典：Hoshino（2021）をもとに人間開発報告書室が作成。

をもたらす主体として認識されるべきです。

ターゲットについて：開発途上国向けの人間の安全保障のその先へ

人新世は全世界的な時代背景ではあるものの、その影響は各地で異なります（また、しばしば相互につながっています）。気候変動、生物多様性損失、テクノロジーがもたらす脅威、紛争、強制的な移動、不平等、そしてパンデミックが重なり合った影響の中には、多国間組織や各国政府、現地の主体によるグローバルな規模の対策を必要とするものがいくつかあります。この新しい見方によって、開発途上国における人間の安全保障を目指す行動を強化すべきですが、それは人間の安全保障の普遍的かつ本質的重要性と、その手段としての役割をともに重視する、より幅広い枠組みの一部として行うべきです。コロナ禍により、各地で新たな変異株を抑え込んだことが、全世界にプラスの効果を及ぼしうることが明らかになりました。

> “従来の変化をもたらす主体のその先へ。政府と多国間組織には依然としてその基本的な役割を担う一方、次世代型の人間の安全保障は、その上にさらに新しい行動形態をとる、幅広い行為主体の役割の上に築かれています。

脅威について：縦割り型の安全保障アプローチのその先へ

人新世という時代を背景に、相互に連関する脅威が生まれる中で、人間の安全保障を縦割り型の対策で実現することはできません。行動のための人間の安全保障枠組みは、縦割りにならないようにさまざまな取り組みを統合する視座を提供します。コロナ禍という保健分野へのショックで、人間開発がすべての次元で影響を受けたことは、ここにも関係してきます。今後の予防へのアプローチは、グローバルな観点から部門を越えて統合すべきです。例えば、2021年に見られたワクチン分配の不平等が今後、新たな変異株の出現を助長すれば、人間の安全保障にとって膨大なコストとなりかねません。

> “縦割り型の安全保障アプローチのその先へ。人新世という時代を背景に、相互に連関する脅威が生まれる中で、人間の安全保障を縦割り型の対策で実現することはできません。行動のための人間の安全保障枠組みは、縦割りにならないようにさまざまな取り組みを統合する視座を提供します。

主要戦略について：相互につながりを強める世界で

人間の安全保障に連帯を追加。行為主体性は保護、エンパワーメント、連帯の各戦略を後押しします。これらの戦略は、さらに幅広い一連の実施手段で支援すれば、人間の安全保障政策の枠組みのもとで拡大、拡張できます。世界的なレベルで、主要戦略をグローバル公共財の十分かつ公平な提供につなげるべきです。

人新世という時代背景の中で、人間の安全保障は人間開発の本質的な補強材となります。次世代型の人間の安全保障に永続的かつ普遍的な関心を向ければ、パンデミックや気候変動、さらには人新世における幅広い苦難の原因となる開発と人間の不安全感の悪循環を断つことができます。「持続可能な開発のための2030アジェンダ」と持続可能な開発目標（SDGs）は、こうしたレベルでの対策の参考となるだけでなく、国際社会をも動員できるような多面的で野心的な目標を定めています。しかし、現状の取り組みは依然として断片的で、気候変動や生物多様性損失、紛争、移住、難民、パンデミック、データ保護といった問題を個別に取り扱っています。私たちはこれらの努力を強化していかなければなりませんが、人新世において、このような縦割り型の対策では不十分です。次世代型の人間の安全保障は、システムの視点を備えた包括的な対策で、SDGsとの相互関連性に対応すべきです(Box 1.4)。

Box 1.4 人間の安全保障とSDGs

「持続可能な開発のための2030アジェンダ」と持続可能な開発目標(SDGs)は、「われら人民」が思考回路や規範、生活様式を一変させる措置を取らない限り、世界は持続不可能になるという認識のもと、2015年9月に合意、成立しました[1]。これら2030年を達成期限とするターゲットは象徴的なものに見えましたが、結果として将来を見通すものであることがわかってきました。地球上のあらゆる人間が方向を変えなければ、私たちは世界を持続可能なものに変える最後の機会を逃すことにもなりかねません。2030アジェンダを採択する決議は、この点を簡潔に強調しています。

> 今日我々もまた、偉大な歴史的重要性を持つ決定をする。我々は、すべての人々のためによりよい未来を作ることを決意する。人間らしい尊厳を持ち、報われる生活を送り、潜在力を発揮するための機会が否定されている数百万という人々を含むすべての人々を対象とした決意である。我々は、貧困を終わらせることに成功する最初の世代になりうる。同様に、地球を救う機会を持つ最後の世代にもなるかもしれない。我々がこの目的に成功するのであれば2030年の世界はよりよい場所になるであろう。

この決議は、「人々の尊厳は基本的なもの」であり、「目標とターゲットがすべての国、すべての人々および社会のすべての部分で満たされることを望む」とともに、「最も遅れているところに第一に手を伸ばすべく努力する」ことを強調しています。また、SDGsの一部としてレジリエンスと予防の要素も盛り込んでいますが、17の目標の中に、危機管理やショックへの対応にはっきりと触れているものはありません。

SDGsと、人間の安全保障理念に基づく政策に共通して見られる主な特徴として、システミックなアプローチと協議重視型の性質の2つが挙げられます。SDGsは、現状の脅威と課題が相互につながっていることをはっきりと認識しています。さらに、2030アジェンダは、協議プロセスの結果として成立したものであるほか、協働とパートナーシップというアイデアは、SDGsの目標17に組み込まれています。SDGsはまた、現状の脅威に対処するには多層型の責任と行動が必要なことも認識しています。

2030アジェンダと人間の安全保障追求がともに達成できたとすれば、それはつながりと類似性こそあるものの、はっきりと異なる2つのアプローチの間で、恒常的な学び合いが行われたことの成果でしょう。特にSDGs関連の報告、分析と政策デザインには、人間の安全保障分析で検討されたアイデアを活用できます。具体的には、人々の優先的な価値観、脅威、安全に対するイメージについて調査すること、ホットスポットを特定し、指標を用いること、包括的な比較研究と優先課題に重点を置く詳細な研究とを交互に行うこと（フレキシブル・フォーカシングと呼ばれる手法）、そして代替的な政策方向性を体系的に比較することが挙げられます[2]。

出典：人間開発報告書室

注

1. UN 2015a, para. 4. 2. Gasper 2011.

“人新世という時代背景の中で、人間の安全保障は人間開発の本質的な補強材となります。次世代型の人間の安全保障に永続的かつ普遍的な関心を向ければ、パンデミックや気候変動、さらには人新世における幅広い苦難の原因となる開発と人間の不安全感の悪循環を断つことができます。

全体を統合する理念としての人間の安全保障の役割は、単純なものではありません。なぜなら社会と自然のシステムは複雑で、その諸要素間の相互関係も線形的なものではないからです。したがって、個々の施策を的確に実施していくためには、政策決定者やステークホルダーや一般市民がそうしたシステム内の力学を常時、把握できていなければなりません。そして、人間の安全保障に影響を与えるさまざまな階層（ローカル、国家、グローバル）に、行動枠組みを根づかせる必要もあります。これは難しい課題ですが、コロナ禍が私たちに示したとおり、避けて通れるものではありません。

人間開発が人間の安全保障の喪失感をもたらすような逆説をなくす道を探ることは、人類に対する新世代型の脅威への対処と相まって、あらゆる人間が欠乏も恐怖もなく、尊厳を持って生きられるようにするために、私たちがどんな行動をとるべきかを再評価、再考するための強力なきっかけとなります。本報告書の以下の部分では、複合化する脅威を統合的に分析することによって、私たちが力を合わせ、自然環境との関係をも視野に入れつつ、人間の生活様式の新時代を告げる変化にどう対応できるかを示していきます。

付録1.1. 人間の安全保障理念の起源、成果、課題のまとめ

Fuentes-Nieva and Lengfelder (2021) に基づく

起源と『人間開発報告書1994』

『人間開発報告書1994』は、安全保障の焦点を国家を守ることから個人の安全を保障することへと移すというシンプルな考え方を中心に据え、人間の安全保障という現代的な理念を導入しました[93]。この理念は当初、欠乏からの自由と恐怖からの自由という、第2次世界大戦後の国際機構創設の根拠となった理想を体現する目標に基づくものでした。中でも世界人権宣言は、その前文で「言論及び信仰の自由が受けられ、恐怖及び欠乏のない世界の到来が、一般の人々の最高の願望として宣言された」ことを想定しています[94]。

1994年までに、冷戦の終結によって、世界秩序の諸要素を考え直す大きな機会が生まれていました。事実、『人間開発報告書1994』は、核の脅威や国家間の紛争のおそれに関する議論を脱し、全世界の人々の日常的な苦境に関心を向け始める時が来たと論じています。報告書には次の一節があります。「大半の人々が不安全を感じるのは世の中の激変よりも、日常生活における心配事である。自分と家族の食べるものは十分にあるだろうか。職を失うことはないだろうか。街頭や近所で犯罪は起こらないだろうか。抑圧的な政府に拷問されないだろうか。性差ゆえに暴力の被害者にされないだろうか。宗教や民族背景のために迫害されないだろうか[95]」。

当時、個人を中心に安全保障を議論し、政策を策定することは、急進的な取り組みでした。後にオブザーバーはこう指摘しています。「全般的な目標は、安全保障の理念の拡大にありました。それは『あまりにも長い間、外敵による侵略に対する領土の安全の確保、または、外交政策

における国益の保護、あるいは、核戦争による破滅の脅威に対するグローバルな安全保障として、狭く解釈されていた』からです。つまり、人間の安全保障は、安全を保障すべき対象を『専ら領土の安全のみに重きを置く形から、人々の安全の確保をはるかに重視する形』へと変えるものだったのです[96]」。

人間の安全保障という理念は、新たな世界の社会憲章の提案に基づく野心的な政策アジェンダの中心的要素として考案されました。この包括的な提案には、人間開発の格差を縮め、一連のグローバル目標（ミレニアム開発目標の前身）を達成するための資金の増額、グローバルな論理で危機対応資金を供与するグローバルな人間の安全保障基金、「世界的な人間の安全保障への脅威を検討し、必要な対策について合意する」ための国連経済安全保障理事会の設置など、具体的な提言が盛り込まれていました[97]。

『人間開発報告書1994』の基本的な論点は、平和の配当（軍事費の削減額）を人間開発の支援に回すことにありました。冷戦期には、財政資金の大きな部分が軍事的均衡の維持に使われ、これが軍拡競争につながっていました。しかし、1987年（軍事費のピーク）から1991年までの間に、先進国全体の軍事費は15％も減りました。この支出優先順位の変化で、余った資金を他の用途に付け替える（または赤字を減らす）機会が生まれたのです。軍事費のほとんどは国家安全保障に用いられていたため、そのうちの幾分かを個人のウェルビーイングに使うことを提案すること自体に、重要な意味がありました。提案の中には、この資金を非軍事化基金として積み立てたうえで、その用途となる開発ニーズを特定することが含まれていました[98]。

『人間開発報告書1994』は、普遍主義、相互依存、予防、人間中心という、人間の安全保障の4つの重要な特徴を明らかにしました。その中で、人間中心の安全保障の理念に含まれるものとして、7つの側面が特定されました。

- 経済の安全保障（仕事または安定した社会的セーフティネットにより、基本的な生活が保障されること）
- 食料の安全保障（基本的な食料が物理的にも、経済的にも簡単に手に入ること）
- 健康の安全保障（個人が医療や健康保険制度にアクセスできること）
- 環境の安全保障（自然ハザードや環境破壊に起因する資源不足から守られること）
- 個人の安全保障（暴力的紛争、人権侵害、家庭内暴力、犯罪、児童虐待のほか、薬物乱用など自分自身に対する暴力からも物理的に守られること）
- コミュニティの安全保障（抑圧的なコミュニティの慣行や民族紛争から守られること）
- 政治の安全保障（国家による圧制や人権侵害がないこと）

こうした区分けには重複や不完全さが認められるものの、一般的に見られる政策のポートフォリオ（省庁や部局の名称と関連づけられるもの）に適応し、一定の部門別のアジェンダ設定を容易にすることにより、人間の安全保障という考え方をいくつかの方面に発信していくうえで効果がありました[99]。

理念の進化：2003年緒方・セン報告書と国連総会による定義

人間の安全保障理念を見直す機会は、2000年の国連ミレニアム・サミットとともに訪れました。当時のコフィー・アナン国連事務総長が、欠乏と恐怖のない世界の実現を呼びかけたからです。これを受けて、2001年1月には人間の安全保障委員会が設置され、緒方貞子、アマルティア・センの両氏がその共同議長に就任しました。その最終報告書『安全保障の今日的課題』は、2003年5月に提出されています[100]。

『安全保障の今日的課題』は、人間の生にとって「かけがえのない中枢部分」を完全に保つことを中心に、人間の安全保障の新しい定義を示しました。これは「人間の生にとってかけがえのない中枢部分を守り、すべての人の自由と可能性を実現する」ための一連の基本的能力と解釈されています。「人間の安全保障とは、基本的自由、すなわち生きることの本質をなす自由を守ることを意味します。それは、深刻な脅威と事態の蔓延から人間を守ることを意味します。人間の力と意欲に根ざすプロセスを活用するという意味もあります。そして、全体として生存、生活、尊厳の基礎的要素を人々に与える政治、社会、環境、経済、軍事および文化のシステムを整備することも意味します[101]」。

この定義は固定的なものではなく、時代背景に適応し、それとともに進化することが意図されていました。「生のかけがえのない中枢部分とは、人間が享受する一連の基本的な権利と自由を指します。何を『かけがえのない』ものとみなすか、すなわち、何を『生の本質』として『死活的に重要』と考えるかは、個人や社会によって大きく異なります。だからこそ、『人間の安全保障』は動的なものとならざるを得ません。私たちが人間の安全保障を構成する要素の一覧を提示しない理由も、ここにあります[102]」。

報告書はまた、2つの相互補強的な行動戦略を求めました。第一のエンパワーメントのための戦略は、人々が自分自身のため、そして他者のために行動し、困難な状況に対する抵抗力をつけられるようにするものです。必要な手段を与えられた人間は、自らの運命を決める行為主体となります。特に、脆弱性を抱える人々にとっては行為主体性と尊厳、機会が重要となります。第二の保護にかかわる戦略は、自力で制御できない脅威から人間を守るための制度を設けるものです。報告書は、2つの戦略の相互補完性を次のように強調しています。「保護された人間は、多くの選択権を行使できます。そしてエンパワーメントされた人間は、リスクを回避し、保護のシステムの改善を要求できます[103]」。報告書はこれによって、人道支援従事者と、開発援助従事者との間のギャップを埋めようとしました。従来型の手法では、それぞれ別個の道が準備され、人道危機への対応が、政治主導による即時の、短期的な支援である一方で、開発援助は、すでに平和と経済的繁栄の道を歩き始めている安定的な国だけが受け取れる成果としての利益とみなされていました。報告書では、人道・開発・平和のネクサスの本質的な結びつきが明らかにされました。人間の安全保障というアプローチは事実上、平和は開発を促進するために必要であり、開発は恒久の平和を確立するために不可欠であることを指摘したのです。

緒方・セン報告書を踏まえ、2012年には国連総会が、人間の安全保障を「人々が自由と尊厳を持って、恐怖も欠乏もなく生きる権利」とみなすというコンセンサス合意に達しました。「すべての個人には、とりわけ脆弱な立場にある人々には、恐怖も欠乏もなく生きる自由と、すべての権利を享受し、その人間としての潜在能力を十分に育成する平等な機会があります[104]」。

研究者も論じているとおり、『人間開発報告書1994』で人間の安全保障という考え方が（改めて）発表されてから、欠乏からの自由、恐怖からの自由、人間の尊厳という3つの要素が常に議論の対象となっています[105]。

- 欠乏からの自由：基本的ニーズ、生活の質、生計、福祉の向上を保護することを可能にする状況
- 恐怖からの自由：個人と集団が、意図的かどうかに関係なく、さまざまな形の直接的、間接的な暴力を含め、その安全や身体的な一体性に対する直接的脅威から保護されることを可能にする状況
- 尊厳を持って生きる自由（人間の尊厳）：個人と集団が、その基本的権利の保護を保証されるとともに、日常生活で選択を行い、機会を活用することができる状況

国連総会の定義によって認識されたこれら3つの要素は、国際機関がいまも進めている人間の安全保障関連の活動の基盤となっています[106]。

人間の安全保障の実践

人間の安全保障というアプローチには、実践的な価値のあることがわかっています。第一に、このアプローチは多くの国の政府と国際機関を動かしています。過去25年間にわたり、こうしたステークホルダーや政策決定者の多くは、資金や人材、政治的資源を人間の安全保障を前進させるために投じてきました。実践面から見ても分析面から見ても、こうした取り組みや議論によって、一定の成果が見られています。近年は、人間の安全保障アプローチがプログラムの設計や政策提言に関して、さらに実践的な役割を担うようになっています[107]。国連人間の安全保障ユニットによる最近の調査では、国連システムと非政府組織（NGO）のステークホルダーの間で、特に下記の分野について、人間の安全保障アプローチが高く評価されていることが明らかになりました[108]。

- 政策やプログラムの立案、設計および遂行の改善に役立つ分析・計画ツールとして
- さまざまな不安の相互のつながりを明らかにすることに役立ち、相互に関連する問題に対処する多部門型の解決策を促進するツールとして
- 多様なステークホルダーが参加するパートナーシップを育成し、各部門の対応の一貫性を向上させるツールとして
- 最も脆弱な立場にある人々に手を差し伸べるための実践的な戦略に重点を置き、その指針になるとともに、危機の連鎖を食い止める地域社会の能力とコミュニティ主導型の解決策を強化し、脆弱性の軽減とレジリエンスの構築に欠かせない予防の視点を促進するアプローチとして
- 保護とエンパワーメントを組み合わせ、国家と社会の関係性を強化することにより、持続可能性とレジリエンスの向上を確保するツールとして

人間の安全保障はボトムアップ型のアプローチとして解釈されてきましたが、これは人間を安全保障上の懸念の中心に置き、コミュニティや社会的脆弱性を抱える人々による議論と討議のプロセス自体が、そのプロセスの最終結果と同様に重要視されているからです。ボトムアップ型アプローチの実践的重要性は、アマルティア・センの行為主体性（すなわち、重要とされるもののために行動する能力）という考え方に近いものがあります。この柔軟性は、持続可能な開発目標（SDGs）を支援するツールとして役立っています[109]。

人間の安全保障に関する学術文献を見ると、そのアプローチの最初の、そして最も明らかな成果は、従来の安全保障研究に根本的な疑問

を投げかけた点にあることがわかります。人々がさまざまな状況で直面する日常的な脅威を理解、管理できるよう、方法論を適応させたからです。「人間の安全保障という理念から、何が優先課題であるか、または、何を優先課題とすべきかを分析すれば、人間であることの本質にかかわる問題が克明に浮かび上がります[110]」。国家ではなく人間に焦点を絞ることにより、人間の安全保障アプローチは、変わりゆく多様な脅威やリスクからの保護と、その予防に必要なものをさらに幅広く理解することを可能にします。しかし、現状の相互依存性や複雑性を理解するための共通の土台になるシステム思考との間には、明確なつながりがありません[111]。

これらの幅広い特徴は特に、安全保障に関する批判的研究に役立っています[112]。批判的フェミニストによる研究書は、早くから人間の安全保障アプローチを採用し、2000年10月の国連安全保障理事会決議1325号から始まった女性・平和・安全保障というアジェンダに関する研究の幅を広げました[113]。人間の安全保障アプローチによって、批判的フェミニストの研究者たちは、多様な不安全の形態を明らかにし、エンパワーメントと尊厳を追求すべき領域を拡大したのです。

課題と懸念の変遷

人間の安全保障アプローチについては、一部の人々がその強みとみなす野心的で幅広い観点が、逆にその2つの大きな弱点とみなす向きもあります。実際、このアプローチが幅広く、つかみどころがないために、「誰もが賛同しながら、ほとんどの人がその意味をはっきりと把握できない」という声も聞かれます[114]。その他、多くの要素を同じアプローチに押し込むことで「結局のところ、あらゆることが優先課題となってしまう」のではないかという批判もあります[115]。その結果として「すべてが優先課題になれば定義上、優先課題はなくなる」というのです[116]。このような批判は、人間の安全保障が議論の俎上に載った当初から見られました。

より一般的な批判としては、人間の安全保障アプローチで、開発と人権が安全保障上の問題とされてしまったという見方に基づくものがありますが、これは人間の安全保障という理念の対象範囲に関する政治的な見解の不一致につながっています。この食い違いは以前から、各国の政府とそれぞれの対外関係担当省による解釈の相違に反映されてきました。

人間の安全保障アプローチに対する批判は、5つの類型に分けることができます[117]。

- **概念面：**人間の安全保障は、対象範囲が広い一方で、それに伴う厳密さがないために、政策上の知見を提供することも、平和、開発、人権の間の複雑な力学を解明することもできていないとみなされることがあります[118]。
- **分析面：**一定の方法論や、このアプローチのシステミックな性質に対する認識が欠けていることから、人間の安全保障を構成する諸要素に関して「縦割り」分析になりがちと指摘されることがあります。成果の測定に関する問題も未解決です。全世界の特定の時点で存在する多様な背景に照らして、人間の安全保障の諸要素を有意義な形で描写できるような変数や指標を特定することは、きわめて困難と見られるからです。
- **政治面：**人間の安全保障というアプローチは、安全保障を提供できる存在が国家以外にないという従来の見解を弱めます。
- **道徳面：**安全保障は一部の国の覇権主義的な利益の追求に利用され

かねないという懸念がありますが、それとは逆に、人間の安全保障のアプローチを取ると個々の主体の安全保障と普遍的な安全保障の問題とを区別できなくなり、これがかえって共通の公共財や集団的利益、連帯の問題に対する関心を薄れさせるのではないかという考え方もあります。

- **運用面：**人間の安全保障の幅広い性質は、その運用を困難にします。多数の要素が盛り込まれているために、優先度の設定が難しくなるからですが、これは人道・開発・平和のネクサスを考える場合に厄介な問題となります。しかも、平和、開発、人権という3つの次元の間に双方向的作用が多く存在するため、具体的にどこから手を付けたらよいのかを判定することも難しくなります。

私たちはいま、まさにグローバルな規模での破局的な事態（コロナ禍）に襲われ、気候危機の影響も深刻の度を増している世界が歴史的な節目を迎える中で、人間の安全保障という理念とアプローチを再考する準備を整えています。私たちは、それぞれに持てる資源や能力に違いがあるとはいえ、ともに人間同士として共通に直面する真に集団的な脅威や状況悪化に向かうリスク（ダウンサイドリスク）に、これからも対処し、適応していくことが求められています。人間の安全保障アプローチをより充実したものにしていくことこそ、私たちが真にグローバルな国際社会として、こうした集団的な課題に立ち向かうために必要な連帯の理念を再概念化することを可能とする根本的な方法の一つなのです。

付録1.2. 人間の不安全感指数

本報告書で実験的に紹介する人間の不安全感指数（Index of Perceived Human Insecutity、I-PHI）は、第6次（2010～2016年）と第7次（2017～2020年）の世界価値観調査に基づいて算出されています[119]。よって、対象期間はほとんどがコロナ禍以前ということになります。指数の算出対象は74の国と地域ですが、ここには世界人口のおよそ81％が暮らしています。そのうち異時点間の比較ができるのは31の国と地域（世界人口の27％）に限られています。この指数は、暴力的紛争からの不安全感、社会経済的な不安全感、個人とコミュニティのレベルでの不安全感を対象とする17の変数を組み合わせています（表A1.2.1）。こうした不安全感（安全感の欠如）は、欠乏からの自由、恐怖からの自由、尊厳を持って生きる自由に対する挑戦の裏返しです。

- 暴力的紛争による不安全感に関し、指数は、居住国を巻き込む戦争、内戦またはテロ攻撃に関する懸念を反映する変数を用いています。
- 社会経済的な不安全感に関し、指数は、明確な形の懸念（失業、子どもに教育を施せないこと、など）と実際の健康、食料、経済における安全保障感の欠如を表す変数を用いています。
- 個人とコミュニティの不安全感に関し、指数は、犯罪に遭う可能性、安全にまつわる懸念による習慣の変化、居所近隣の安全に対する感覚、および、強盗、街頭での飲酒や薬物使用、法執行当局による虐待、人種差別などを含む具体的なリスクの評価に関する変数を用いています。

社会経済的な安全保障感の喪失の変数は、ほとんどが欠乏からの自由に対する挑戦として捉えられます。世界人権宣言と「持続可能な開発のための2030アジェンダ」に共通する項目から見ると、貧困（空腹、お金がない、薬が買えない）と将来に対する懸念（子どもの教育や就職に関するもの）は、人間の尊厳に対する脅威も示唆しています。

暴力的紛争や、個人とコミュニティの安全保障感の喪失に関する変数は、恐怖からの自由に対する挑戦を捉えるものです。また、人間の尊

表A1.2.1 人間の不安全感指数の次元と副次的次元

ウエイト			自由の類型		
次元	副次的次元		欠乏からの自由	恐怖からの自由	尊厳を持って生きる自由
(1/3)		暴力的紛争の不安全感		●	●
	(1/3)	戦争		●	●
	(1/3)	内戦		●	●
	(1/3)	テロ攻撃		●	●
(1/3)		社会経済的不安全感	●		●
	(1/5)	現金収入なし（最近の12か月）	●		●
	(1/5)	必要な医薬品または治療へのアクセスなし（最近の12か月）	●		●
	(1/5)	十分な食料なし（最近の12か月）	●		●
	(1/5)	子どもにまともな教育を施せない懸念	●		●
	(1/5)	失業／就職の懸念	●		●
(1/3)		個人とコミュニティの不安全感	●	●	●
	(1/4)	居所近隣での不穏な事件（強盗、法執行当局による虐待、人種差別的言動、街頭での飲酒・薬物売買）[a]	●	●	●
	(1/4)	犯罪から守られていない不安全感（最近の12か月）	●	●	●
	(1/4)	不安全感による行動の変化（金銭所持、夜間の移動）[a]	●	●	●
	(1/4)	居所近隣の治安の悪さ	●	●	●

a. 副次的次元に含まれる各指標のウエイトは同じ。
出典：人間開発報告書室

厳と、世界人権宣言で認識されている「生命、自由及び身体の安全に対する権利」に対する挑戦も含まれます。人種差別事件や法執行当局による虐待に関連する変数は、水平的不平等が尊厳に及ぼす影響の一部を反映しています。

指数の合算は標準的アプローチに基づいています。まず、安全保障の喪失感（不安全感）のある状態を1、かかる喪失感のない状態を0とする2値変数に各指標を置き換えます。そのうえで、不安全の次元と副次的次元にそれぞれ同じウエイトを与えた加重算術平均を用いて、指標を合算しています（表A1.2.1）。

人間の安全保障理念は、コロナ禍対策と気候変動対策の共通項をどのように解明できるか

Hoshino (2021) に基づく

一般的な認識に反し、グローバル、ローカル双方のレベルの具体的施策の中には、すでに人新世を時代背景とする新世代型の脅威によって影響を受けている人々の人間の安全保障の改善に寄与できている例も多くあります。課題と成果の両面から見てそれを最もよく示す例はおそらく、コロナ禍と気候変動へのローカルな対応とグローバルな対応だと言えるでしょう。この2つはとてつもなく大きな課題であり、それらへの取り組みは依然として断片的なものにとどまっています。それでも、戦略的に活用できさえすれば、人間の安全保障の理念には、人間の自由と人間の自己実現を高めるやり方で、あらゆる人間の生のかけがえのない中枢部分を守れるよう、個々の政策努力を統合し、整合させることにより、政策の成果を向上させる力があります。

コロナ禍と気候危機の両方から、人間の安全保障に対する新たな脅威が生まれていますが、ここでは人新世という時代背景が色濃く反映されています。そして、異なる領域で生じている具体的な問題を見ると、それぞれに解決策こそ異なるものの、これらはしばしば相互に関連していることがわかります。また、人間を中心に据えることによって、異なる部門間の協力を模索できる可能性も見えてきます（表S1.1）。さらに、グローバルな施策とローカルな施策を結びつけ、それらを持続可能な開発目標（SDGs）とも関連づけられる可能性もあります。人間の安全保障アプローチによるグローバルな施策としては、グローバル公共財の提供、グローバル・ガバナンスの規範と仕組みの活用、さらには人間が自らの思考回路を変え、社会変革を目指す生活様式を追求する

ための取り組みの促進などを挙げることができます。一方、ローカルな施策としては、既存の人間の安全保障枠組みに基づき、保護とエンパワーメントという2つの重要な人間の安全保障戦略を実施することができます。

コロナ禍対策としては、ユニバーサルな保健システムの追求、国際保健規則の見直し、あるいはパンデミック対応のための新たな国際基金の導入、ACTアクセラレーターやCOVAXをはじめとするワクチン開発・分配のための新規メカニズムの創設などが挙げられます。グローバルヘルスのためのガバナンスやアーキテクチャーはまだ形成途上ですが、すでにワクチンの共有は始まっています。課題が山積する中で、世界保健機関（WHO）はこの取り組みの先頭に立ち、その他の国連機関もそれぞれのノウハウを持ち寄っています。さらに官民のパートナーシップ、民間の財団、企業や市民社会団体もすべて、相互に連携しながら取り組みを進めています。また、各国がそれぞれ独自の国内的課題を抱える中でも、さまざまな主体が戦略的にパートナー関係を組み、国際協力に注力しています。

このように、グローバルなマクロレベルのツールと、ローカルなミクロレベルのツールとが結びつけられて対応が進んでいる例を目にすると、気候変動はもとより他の危険な地球規模の変化のプロセスに対しても私たちが行動をとることが可能と思えるようになるのではないでしょうか。事実、人間の安全保障枠組みがあることで、私たちは気候変動対策に向けたさまざまな政策ツールのデザインやマッピングや実施が容易になります。どれだけ多くの人々が、コロナ禍と気候変動に起因する異常気象の両方の影響を受けやすい状態にあるか、考えてみるとよいでしょう。こうした問題の重なり合いを見出すことができれば、人間の安全保障という一つのレンズを通じて、複数の危機に直面する

表S1.1 脅威が絡み合う世界におけるエンパワーメント、保護、連帯の事例

保護　エンパワーメント　連帯　↔ 統合の機会(保健と気候変動)

		健康上の脅威:COVID-19を含む感染症の世界的流行(SDGs目標3)	
グローバルな施策の実施	グローバルな制度的仕組みや公共財	パンデミック対応のための新たな国際基金	保護、エンパワーメント、↔
		国や政府の首脳に対して報告義務を負う国内パンデミック調整官のネットワーク	保護、エンパワーメント、連帯、↔
		臨床検査薬、治験、ワクチンと治療薬、ACTアクセラレーター、ツールと物資に関する交渉前のプラットフォーム	保護、エンパワーメント、連帯
	グローバルな社会規範	オープンデータと科学協力	保護、エンパワーメント、↔
ローカルとグローバルの施策のつながり			
国およびローカルレベルでの施策の実施	行為主体性の促進	ユニバーサルなヘルスケアシステム	保護、エンパワーメント、連帯
		保健・対応措置への参加と説明責任	保護、エンパワーメント、連帯、↔
	社会規範	ソーシャル・ディスタンスとマスク着用	保護、連帯
	人権擁護	健康の権利	保護、エンパワーメント、連帯、↔

	相互関連性	人新世の時代背景：気候変動（すべてのSDGs目標に直接または間接的に影響）	
	気候変動の影響監視と対策策定への保健問題の組み込み	気候変動対策のための新しい合意文書	⬟⬟⬟ ↔
		ハザードの監視と対応とを統合するシステムの整備	⬟ ↔
	パンデミックへの備えに気候変動に伴う健康への脅威を含める	適応ニーズに対応すると同時に緩和を促進するリスク共有メカニズム	⬟⬟⬟ ↔
		人間開発の諸側面と地域を横断して気候変動の影響を一貫して測定するための新たな基準	⬟⬟⬟
	気候と保健のネクサスに関する学際的協力		

ローカルなベスト・プラクティスの普及

グローバルな措置の制度化、地域での応用、ローカライゼーション

	気候変動による健康リスクにより効果的に対応できるようヘルスケアシステムを整備	自然ハザードや災害への対応や緩和・適応策の監視へのコミュニティの参加	⬟⬟⬟
		先住民とその知識の取り込み	⬟⬟
		自然に基づく解決策	⬟⬟⬟ ↔
	共通の安全保障と責任ある行動という考え方に基づく社会規範	人々の価値観が、直接行動や、企業と政府に変化を求める要請を通じ、緩和努力に資する可能性	⬟⬟ ↔
		生存権、自決権、開発権、健康への権利、食料への権利、水と衛生への権利、適切な住宅への権利、文化への権利	⬟⬟⬟ ↔

人々を支援できる可能性が見えてきます。

人間の安全保障は包括的なアプローチです。いかに政策を人間中心型にしたとしても、それが人々の多面的なニーズを満たし、欠乏からの自由と恐怖からの自由と尊厳を持って生きる自由をしっかりと確保できるようにパッケージ化して実施していかなければ、完全な意味で人間の安全保障アプローチがとられたということにはなりません。コロナ禍への対策ではっきりと示されたように、単に保健の側面を重視しても、人々の社会経済的な側面に対応する措置や人権を擁護するための施策と組み合わせていかない限り、人々の人間の安全保障上のニーズを満たすことはできないのです。

第２章

人新世という時代背景で変わりゆく人間の安全保障のかたち

私たちはかつてなく危険な地球規模での変化の時代を生きています。2020年には、人工物の質量が生物量、すなわち地球上の全生物の質量を上回りました。このペースで行けば、人工物の質量は今後20年間で倍増すると見られています[1]。現在の大気中二酸化炭素濃度は、少なくとも過去200万年で最も高くなっているほか、大気、水質、土壌の

Box 2.1 もはや「人間だけのものではない世界」に向けた人間の安全保障

コロナ禍を経験したことによって、私たちは地球規模でのさまざまな危機が実は相互につながっているという認識について、改めてじっくりと考えをめぐらすことができるような変曲点に到達したと言えるのでしょうか。また、コロナ禍を通じ、私たちは人間と環境の双方にまたがる幅広い危機の存在について十分に内省し、安全保障のあり方を考えるにあたっても人間の世界と非人間の世界とを併せて包含するような定義づけや把握の仕方ができるようになったと言えるのでしょうか。

将来に向けた安全保障のビジョンについて合意を目指すのであれば、グローバルな視点で人間と環境の安全保障を一体として捉え、それが共通の利益につながるものであるかに気づき、さらにそれを強化するには、私たちが集団的に責任ある協調行動をとることがいかに重要かを認識する必要があります。この取り組みでは、人間中心の安全保障の概念を超越することが役立ちますが、そのためには、地球上で人間と環境が抱える危険性の交差する部分を丁寧に検証し、私たちがこれらにあくまでもホリスティックに対処すべき理由と方法を詳しく解明していく必要があります。

これまで実践されてきた人間の安全保障戦略では、人間の懸念と環境上の懸念を人為的に切り離し、それぞれ別個に取り組んできたのが実情でした。ですが、この地球上で人間と環境が抱える危険性が相互に絡み合っていることを認識すれば、人間の安全保障の理念にとってもプラスになるは

汚染の原因による早期死亡の数は、毎年約900万人に上ります[2]。この新たな時代背景から、現代は「人新世」、つまり人間の時代と形容されています[3]。

人々やモノ、情報の流れを通じて、社会がお互いのつながりを深める中で、ある集団の人間の安全保障は、他の集団と密接に結びついてい

ずです。というのも、人新世という時代背景の中で安全保障を捉え直すことによって、人間は自然界の一部であるというシステミックな見方を再確認することができるようになるからです。

一例として、気候変動を考えてみましょう。これを単に環境にまつわる安全保障問題という観点からだけで対処をし、食料の安全保障や健康の安全保障や地域社会の安全保障など、その他の人間の安全保障の要素を無視してしまったならば、最終的な効果は十分には上がりません。この点は、『人間開発報告書2020』で指摘されたとおりです[1]。環境に関して縦割り型の安全保障戦略をとってしまうと、本来「人間の安全保障の考え方に根ざした、従来の枠に留まらない批判的な観点からますます遠ざかって」いってしまい、結果的に安全保障への脅威が実のところ「具体的な状況においては、異なる諸相や諸力の相互的なつながりの中から」生じているという点を見逃してしまうことになります[2]。「人間の安全保障に基づく分析の付加価値とは、こうした分断を柔軟に超越する境界概念として機能する」ところにあります[3]。この意味で、人間の安全保障という理念がもつ弾力性それ自体が、時代背景を十分に把握し、人間以外の安全保障上の課題に対応する際の強みにもなっているとみることができるのです。

出典：Morrissey 2021.
注
1. UNDP 2020c. 2. Elliott 2015, p. 11. 3. Gasper and Gómez 2015, p. 100.

くようになりました（その特徴を指すものとして、「共通の安全保障」という概念も用いられています）[4]。人間と社会の間の不平等と相互依存により、共通の安全保障という概念が妥当であることは誰の目にも明らかになりました。しかし、本章の分析によれば人新世の現実は、保護やエンパワーメントとともに、連帯が人間の安全保障にとって重要であることを再認識させる、より強力なもう一つの理由を加えていることがわかるはずです。

実際、人新世という時代背景によって、私たちが自然との切っても切れない関係を管理する方法を大幅に変える必要が生じています（Box 2.1）。それは、狭義の開発と安全保障の考え方にとらわれ、地球の不均衡状態をさらに悪化させてしまっている行為をやめることにほかなりません。人新世という未踏の領域に足を踏み入れたいま、大きな不確実性の中で開発と安全保障を追求することの意味を広い視野から評価し直す社会の能力が、さらに求められています。この現実を乗り越え、私たちがまさに存在にかかわる課題に直面する中で、さらに安心して暮らせるようにするためには、人間の安全保障の枠組みを充実させるべく連帯を図るという戦略をとり、責任ある協調的な行動に向けた熟議を深めていくことが、特に重要となっています。

“人新世の現実は、保護やエンパワーメントとともに、連帯が人間の安全保障にとって重要であることを再認識させる、より強力なもう一つの理由を加えていることがわかるはずです。

本章では、すでに進行している地球規模の危険な変化の事例と、それが人間の安全保障に脅威を与えている分野における影響を取り上げます。ただし、人新世のあらゆる次元を包括的に対象とするという意図はありません。むしろ、いくつかの実例を用いて、幅広い地球規模の変化のプロセスが、人間の安全保障にどのような意味合いを持つのかを解明していきます。そして、人新世における人間の安全保障の実践にあたり、行為主体性のほか、保護とエンパワーメントに連帯を加えることが重要である点を明らかにします。

地球規模での危険な変化と社会的格差は相互増強的関係

地球規模での危険な変化は、地球の不均衡[5]と社会の不均衡（集団間の機会、富および力の不平等で、社会を不安定化させる影響を及ぼしかねないもの、図2.1）の相互作用から生じる自己増強的サイクルの一環として起きています。この相互作用を見ても、人新世という時代背景が人間の安全保障に対する脅威をさらに複雑にしていることがわか

図2.1 人新世の時代背景の中、地球規模の危険な変化と社会的格差の相互作用により、人間の安全保障のあり方が変化

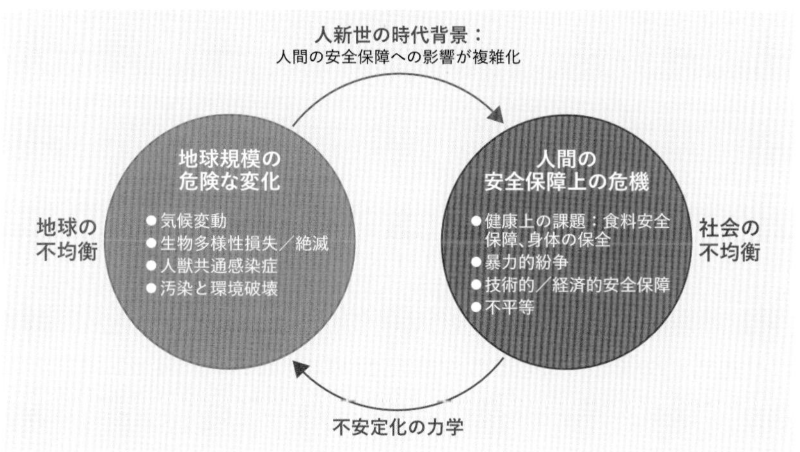

出典：人間開発報告書室

りますが、図ではこれを地球の不均衡から社会の不均衡に至る矢印で示しています。しかし、社会の不均衡も、社会的・経済的・政治的プロセスを通じて、地球の不均衡を拡大させています（図では逆方向の矢印）。人間開発の水準が低い国は、その最も大きな影響を受けることになりますが、その原因には適応能力の低さが含まれます。各国の国内を見ても、すでに他の点で脆弱性を抱える人々が、最も大きな悪影響を受けることになります。最も深刻な影響を受けているのは、政策を立案・決定する力も機会も少ない人々です。人々が行為主体性をもって動かなければ、熟議や集団行動を通じてこの悪循環を断ち切れる可能性も低くなってしまいます[6]。

> 最も深刻な影響を受けているのは、政策を立案・決定する力も機会も少ない人々です。人々が行為主体性をもって動かなければ、熟議や集団行動を通じてこの悪循環を断ち切れる可能性も低くなってしまいます。

地球規模での危険な変化

すでにかなり進行している気候変動は、さらに加速しています。今後20年で徹底した排出量削減を行わない限り、産業革命前の水準に対する気温の上昇は、当初の推計よりも早く、摂氏1.5度を超えてしまうおそれがあります[7]。より楽観的なシナリオの場合でも、気温上昇は今世紀半ばまでに摂氏2度の大台に乗りかねません[8]。温室効果ガスが地球の地表温度と海面を上昇させ、北極氷原の面積を縮め、異常気象を増加・激化させ、世界の年間降水量を増加させる中で、人間の影響が地球に色濃く反映されていることは間違いありません[9]。温室効果ガス削減に向けた最も野心的なシナリオ（ターゲットを絞った大気汚染物質の削減と二酸化炭素の人為的除去を伴う場合）では、大気の質を中期的に改善し、海洋の酸性化を逆転させることは可能としています。しかし、この場合でも、海面の上昇と氷原・氷河の喪失は反転点を越えて不可逆的とされており、今後数十年、さらには数千年にわたって続くものと見られます[10]。野心的な排出量削減・二酸化炭素除去戦略を緊急に検討する必要がある中、この現実が人間開発の拡大と[11]、人間の安全保障の充実を図るうえでの背景を変えていくことになりかねません。

生物多様性の損失と絶滅の脅威は憂慮すべき水準に達しています。哺乳類、魚類、鳥類、爬虫類、両生類は、1970年から2016年にかけ、個体数が平均で68％も減少しています[12]。絶滅の危機に瀕している生物は、100万種にも上るおそれがあります[13]。例えば、野生の哺乳類は現在、地球全体の哺乳類バイオマスのわずか4％にすぎません。これに対し、家畜やペットは62％を占め、そして残りの34％は人間が占めています[14]。このプロセスを推し進めているのは、人間の行為です。大幅な生物多様性損失の主因には、食料生産が含まれていますが、これによって動物の生息地が農地へと変えられているからです[15]。1990年以来、4億2,000万ヘクタールの森林が、土地転用のために伐採されたと見られます[16]。世界の地表の3分の1以上と、淡水資源のほぼ75％は現在、作物または家畜の生産に当てられ[17]、希少な水資源への圧力をさらに高めています（水ストレスを抱える国には、23億人が暮らしています[18]）。地球というシステムにおけるこうした不均衡は、食料と水のシステムの混乱から、人獣共通感染症の出現に至るまで、複数の経路を通じて人間の安全保障への脅威の源となってきました。

“これまでは、過去の歴史に基づく長期的な自然ハザードのパターンに合わせ、レジリエンスを高めることで、災害の衝撃に対する人々の脆弱性を低下させることができました。しかし、人新世になって、自然ハザード自体だけでなく、それに対する曝露と脆弱性のパターンも変化しています。この数十年間で、気候・気象関連の災害の件数は急増しました。

生物多様性の損失は、今後も続くと予測されています。例えばボルネオ、中部アマゾン、コンゴ盆地というリスクの高い地域では、現状の森林破壊のペースがあと30年続けば、121種から219種の生物が絶滅の危機にさらされることになります[19]。重度な土地利用と気温の上昇によって、花粉媒介生物種が大幅に減少し、特に熱帯地域では食料安全保障とレジリエンスに影響が及ぶおそれもあります[20]。地球上の生物の多様性は、将来のリスクを乗り越える適応力の源泉にもなります。生物多様性の損失が進む中で、この適応力が損なわれ、人間の安全保障にも悪影響が出ているのです。

汚染と環境破壊は危険な水準に達しています。人為的大気汚染は各種燃料の燃焼によって生じています。測定値が取れる45の巨大都市のうち、世界保健機関（WHO）の大気保全ガイドラインの基準を満たしているのは、4都市しかありません[21]。化石燃料を燃やせば、二酸化硫黄や二酸化窒素などの汚染物質が発生し、これが酸性雨の原因になり、土壌や植生を劣化させ、河川や湖沼の酸性度を高めることで水生生物を危険にさらしかねないのです[22]。現時点で、プラスチックのバイオマスは地球上の全動物のバイオマスの2倍に達しています[23]。水質汚染も過去20年間、悪化の一途をたどっています。最大で4億トンに上る溶剤や重金属その他の産業廃棄物が毎年、全世界の水域に流入していると推測されています[24]。

自然ハザードの影響は、変曲点に達していると見られます。これまでは、過去の歴史に基づく長期的な自然ハザードのパターンに合わせ、レジリエンスを高めることで、災害の衝撃に対する人々の脆弱性を低下させることができました[25]。しかし、人新世になって、自然ハザード自体だけでなく、それに対する曝露と脆弱性のパターンも変化しています。この数十年間で、気候・気象関連の災害の件数は急増しました。2010年代には、確認できただけで360件の災害が発生しましたが、これは1980年代の100件程度から激増しています[26]。記録された被害と被災者数(死者、負傷者、住居を失った人々の数)は、20世紀のほぼ全体を通じて減少した後、変曲点を迎えており、災害が激甚化していることを示しています[27]。

このような変化は、自然ハザードによって移動を余儀なくされた人々の数が2020年に3,100万人と、非常に多くなっていることにも反映されています[28]。2050年までに、全世界で10億人が強制的な移動・避難を強いられかねないとする推計もあります[29]。洪水の件数も増え、沿岸部の低地で暮らす10億人以上が脅威にさらされると予測されています[30]。こうした人々は、平均海面上昇だけでなく、暴風雨や高潮の影響も受けやすくなります。恒久的海面上昇の影響を受ける人々の数は2100年までに、現在の1億1,000万人から2億人近くにまで急増すると見られます[31]。こうした変化で、その存続自体が脅威にさらされている小島嶼開発途上国もあります[32]。これらの国では、多くのコミュニティの生計手段や基礎インフラが、海面上昇や海洋の酸性化、異常気象による影響を受けやすくなっているからです[33]。

社会の不均衡は、地球規模での変化の便益と代償の不公平な分配を反映

社会の不均衡(人間開発の不平等を反映するもの)は国家間、そして国内の集団間における現在の権力分布と、地球規模の危険な変化が及ぼす影響が不平等であることが積み重なって生じています。権力分布により、既存の地球資源を活用できる能力が決定づけられ、プラネタ

リー圧力を高める行動から便益を得るのは誰かということも、これによって決まってきます。また、これによって生じる地球規模の変化は不公平な形で影響を及ぼし、それにより代償の分配も決定されます[34]。人間の安全保障という視点は、その両方の把握に役立ちます[35]。

さまざまな次元で、地球規模の危険な変化による悪影響を最も強く受けるのは、人間開発指数（HDI）低位国ですが、これは直接的影響と、適応能力の低さの両方によるものです。また、各国の国内でも、すでに社会的に隔絶され、脆弱な状態で暮らす人々は、さらに深刻な影響を受ける傾向があります[36]。

一方、HDIが比較的高い国は、気候変動による影響の受け方が大きく異なります。天候パターンが変化することで、国民の一部に大きな被害が出ることになるでしょう。しかし、実際のリスクはおしなべて、開発途上国よりもはるかに低くなります。典型的な先進国では、異常気温の発生日数など、一部の災害の危険性が低下することさえありえ

図2.2 気候変動による不安定化の力学：先進国はプラネタリー圧力から大きな便益を受ける一方で、代償は少ない傾向

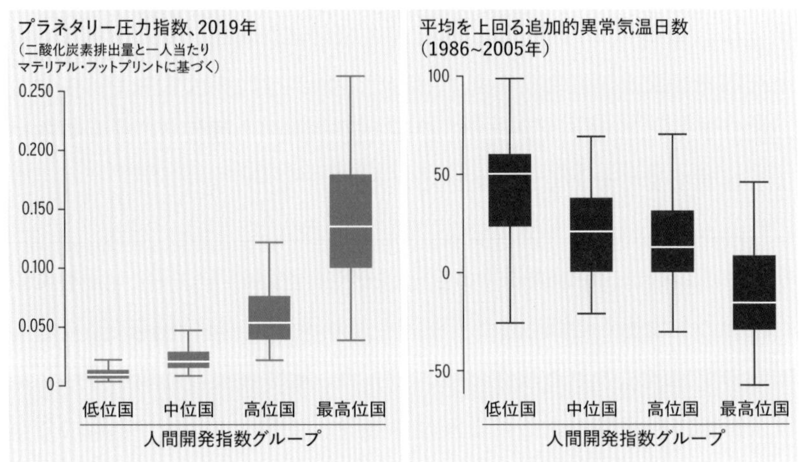

出典：Carleton and others（2020）および UNDP（2020）をもとに人間開発報告書室が作成。

ます[37]。気候変動の影響に対する適応力は、豊かな国のほうが貧しい国よりもはるかに高くなっています。これは所得と能力強化の差によるものですが、そこには技術進歩や教育、インフラへのアクセスが絡んできます。これらの分野ではいずれも、世界的な格差がすでに大きく開いています。しかも、こうした強化能力の格差の中には、さらに拡大を続けているものもあります[38]。

> “便益と代償は各国間で均等に分配されていないものの、人新世という時代背景が人間の安全保障に及ぼす影響と無縁の国はありません。

HDI最高位国によるプラネタリー圧力への関与度はすでに大きいだけでなく、さらに増大を続けています。事実、HDIが比較的低い国の関与度と比べた場合、それははるかに高い水準に達しています[39](図2.2左側)。プラネタリー圧力、すなわち二酸化炭素排出量と物質資源の消費は、HDIが高い国ほど大きくなっています。地球規模の危険な変化の影響を表す指標として、追加的異常気温日数を取り上げてみましょう(図2.2右側)。適応のための資源が少なく、HDIの値も低い国のほうが、その影響をまともに受け、大きな代償を強いられることがわかります。

> “地球規模の不均衡が水平的不平等と交差し、相互作用を起こせば、認識や手続き面、分配面での不公平が直接関係し、人々から力を奪う歴史的なパターンをさらに助長することになりかねません。

気候変動は、比較的気温の低い気候帯に属する豊かな国の年間経済成長率を押し上げる一方で、比較的気温の高い気候帯に属する貧しい国の経済成長率を引き下げています。その結果、気候変動がないと仮定した世界と比べ、国別の所得分布の上位10％に属する国と、下位10％に属する国との間では、正味25％の格差の拡大が生じています[40]。気候変動抑制策を今すぐに講じることによる人間の安全保障上の便益を考える場合には、この非対称性が中心的重要性を帯びてきます。この便益はアラブ諸国や南アジア、サハラ以南アフリカの国々で、非常に大きくなる可能性があるからです（図2.3）。

便益と代償は各国間で均等に分配されていないものの、人新世という時代背景が人間の安全保障に及ぼす影響と無縁の国はありません。こうした影響は広範かつ多様で、互いにつながっています。これを詳しく見ると、先進国の一部地域で、気候変動による死亡リスクが高くなっている一方で、開発途上国には死亡リスクが低くなっている地域もあることがわかります（図2.4）。さらに、死亡リスクなど、いくつか

図2.3 高まる非対称性：緩和で救われる命

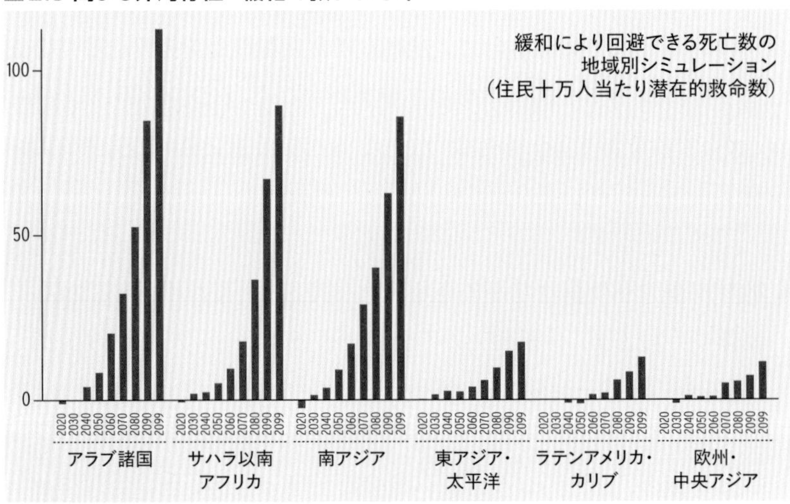

注：代表的濃度経路（RCP）4.5と8.5の比較。合算値を人口で加重。
出典：Carleton and others（2020）をもとに人間開発報告書室が作成。

のリスクが低くなっている地域（米国のフロリダ州やインドの西海岸）が、洪水や海面上昇など、その他の脅威に対しては脆いということもありえます。

各国の国内で人新世の時代背景が人々に及ぼす影響を判断する場合には、集団間の不平等が重要な要素となります（第5章を参照）。地球規模の不均衡が水平的不平等と交差し、相互作用を起こせば、認識や手続き面、分配面での不公平が直接関係し、人々から力を奪う歴史的なパターンをさらに助長することになりかねません[41]。認識の公平性に関し、女性と先住民は、アイデンティティや伝統的社会規範の関連で、土地所有権を認められないという障壁に直面します。手続きの公平性については、地球規模の不均衡による影響の不平等な分布が、社会的な排除や差別をさらに悪化させています。公害産業が黒人や先住民の居住地域に多く所在していることなどもその一例です。分配の公平性につ

図2.4 気候変動に起因する死亡リスクの分布は、国際的にも国内的にも不平等に

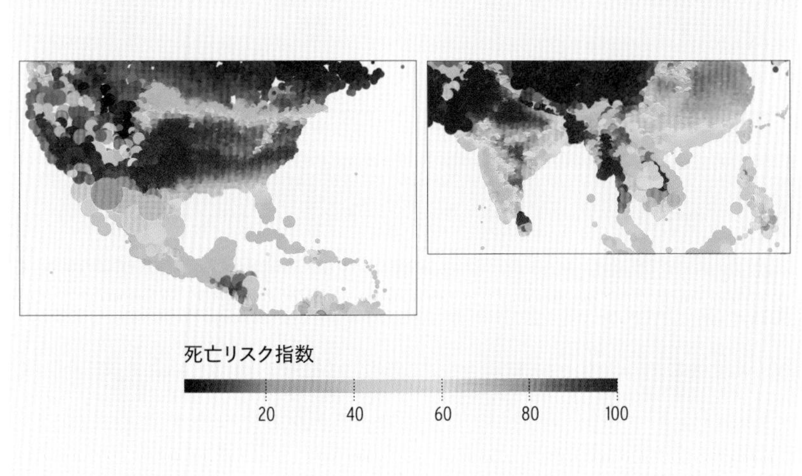

注：データは代表的濃度経路（RCP）8.5による2080～2099年の予測。
出典：Carleton and others（2020）をもとに人間開発報告書室と気候影響研究所が作成。

いていえば、資源に対するアクセスと地球規模の不均衡による影響が集団間で不公平であるほか、水不足や人間開発の低さ、著しいジェンダーの不平等に直面する女性の割合が高くなっています（図2.5）。

次節では、人新世という時代背景がいくつかの次元で、人間の安全保障上の脅威を複合化させている様子について、さらに詳しく取り上げます。気候変動に関する議論が中心となるものの、この特定の課題が持つ本質的重要性だけでなく、人新世という時代背景が人間の安全保障にとってどのような意味合いを持っているのかについても、さらに幅広く検討します。また、気候変動は生物多様性の損失や自然ハザード、汚染とも相互作用を起こしますが、これらもすべて、人間の安全保障への影響を複合化させています。

人間の安全保障に対する複合的脅威

人新世の時代背景が人間の暮らしに及ぼす影響は、すべて解明されたわけではないものの、さまざまな次元を通じ、それが人間開発と人間の安全保障にどのような影響を及ぼす公算が高いかを示すエビデンスは現れてきています。

リスクの観点（災害、曝露、脆弱性の組み合わせに基づくもの）から見て、人新世という時代背景は、新たな現実を突きつけています[42]。第一に、すでに述べたとおり、気候変動や生物多様性損失、環境破壊が大規模に進んだことで、災害の基本的な発生の仕方が変わっています。第二に、曝露のパターンも変わってきています。コロナ禍は、おそらく今世紀だけでも数回にわたって発生または再発する人獣共通感染症の一つですが、予期せぬ事態に襲われ、システミックな悪影響が生じた場合に広範囲で生じる、諸々の影響を明らかにしたと言えます。第三に、

図2.5 水不足に直面する人々は、国内でも人間開発指数が低く、ジェンダーの不平等が大きい地方に集中

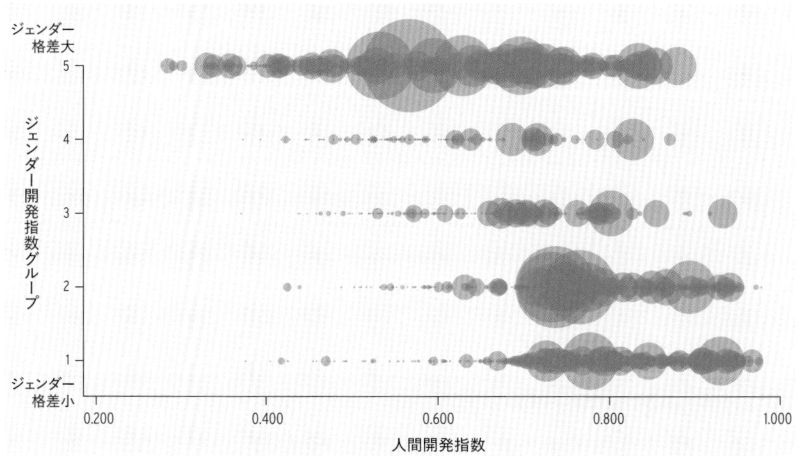

注：円の大きさは、各地で水不足に直面する人々の数を表す。
出典：ニューヨーク市立大学と人間開発報告書室の共同プロジェクトをもとに、人間開発報告書室が作成。

ハザードと曝露のパターンが変わり、起こりうる新たな事態とその発生確率が十分に把握できないために、この複雑で新しい現実に対する社会の備えができていないという現状があります。

人新世を時代背景とする人間の安全保障への脅威が多次元的であるのは、それが複数の経路、しかも多くはまだ十分に理解されていない経路を通じ、人間に影響を与えるからです。これらの脅威が相互につながっているのは、生態系システムと社会システムの間の相互作用を含め、自律的な地球のシステムの一部として影響を及ぼし合っているからです。それらが普遍的特徴を持っているのは、発現形態こそまちまちであるとはいえ（次の特徴を参照）、全世界的な波及力を備えているからです。そして、こうした脅威が不平等に分布しているのは、それらの影響が地理的な非対称性を持ち、人間への影響が既存の社会、経済、政治の構造を介して及ぶからです。以下の各節では、食料システムの混乱、健康上の脅威の増大、社会の緊張や暴力的紛争を増幅する要素、経済的生産と生産性に対する脅威に関連するものを含め、人新世関連の脅威が人間の安全保障のいくつかの次元に及ぼす影響について論じます。

“20年にわたる飢餓撲滅への取り組みの成果により、2014年には6億700万人にまで減った飢餓人口は、再び増加へと転じています。コロナ禍による大きな影響を反映し、2020年の推計値は7億2,000万人から8億1,100万人となっています。

食料システムを混乱に陥れる脅威

20年にわたる飢餓撲滅への取り組みの成果により、2014年には6億700万人にまで減った飢餓（低栄養）人口は、再び増加へと転じています。コロナ禍による大きな影響を反映し、2020年の推計値は7億2,000万人から8億1,100万人となっています（図2.6）。つまり、世界は2030年までに飢餓ゼロを目指すという目標の達成から、逆に遠ざかっているのです[43]。この傾向は、食料不安全の定義をさらに広げた場合でも明らかです。2020年の時点で中程度の、または深刻な食料不安全を抱えている人々は、2014年と比べると44％（7億2,300万人）も増大しているからです。2020年だけでも、新たに3億人以上が食料不安全を抱えるようになりました。2019年には、さまざまな形態の食事リスクが原因で、790万人が命を落としています[44]。環境要因が食料供給に影響を及ぼしているとしても、それだけが食料へのアクセスと消費を決定づけるわけではありません。複合的な環境・社会要因が（人新世という時代背景の中で）複雑に絡み合い、このような変化をもたらしているのであり[45]、その影響は将来的にさらに拡大するおそれもあります。ここでは主として、人新世という時代背景が、食料への権利に影響

図2.6 飢餓と食料不安全はともに増大

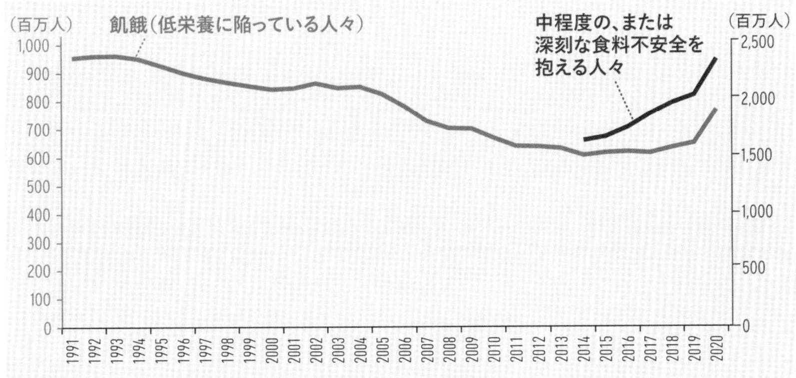

出典：FAO (2021a) およびUNDESA (2015) の1991年から2011年までのデータを用い、FAO and others (2021) をもとに作成。

する幅広い相互連関的要因(購買力の喪失から食品価格の高騰と所得低下の組み合わせ、対策が求められる問題が多くなる中での社会的弱者コミュニティに対する社会的・政治的支援の目減り、さらには食料の生産、流通、アクセスおよび消費を支えるいくつかの環境条件の不確実性と新規性の高さに至るまで)を通じ、人間の安全保障に対する新たな脅威を作り出しているという議論を展開します。

気温と降水量の変化は、土地の質と作物の収量を一変させています。異常気象の激化と増加は、食料の生産と流通だけでなく、多数の農業従事者の生計にも脅威を突きつけています。特に、低・中所得国の小規模農家5億世帯の約30億人への影響は大きくなります[46]。小島嶼開発途上国は、その他の国よりも頻繁に災害に見舞われるだけでなく、水不足にも陥る傾向にあります。これは、気候変動が両方の問題を悪化させているからです[47]。

気候変動はすでに作物生産に影響を及ぼしており、世界の十大作物の消費カロリーは年平均で1%ずつ減少しています[48]。また、食料不安全を抱える国のほぼ半数では、入手可能と推定されるカロリー量が減少しています[49]。農業部門の雇用比率が高いガーナとエチオピアでは、気候変動によって所得が低下する一方で、食料不安全が拡大しています[50]。バングラデシュとインドでは、作物の収量が気温の変化によって減少しています[51]。乾燥地域の小規模農家は、主として天水農業に依存しているため、気候変動により特に大きな影響を受けます[52]。降雨量が平年を下回ることで、すでに進みつつある干ばつ状態がさらに悪化するほか、平年より遅れて大量の雨が降ることで、洪水が起きている地域もあります[53]。このように、気温や降水量の変動と、自然ハザードの増大は、人間の安全保障に対する脅威をさらに高めているのです。

“作物の多様性は低下しています。そして、農産物における生物多様性の低下により異常気温、異常気象、病気や病原体、穀物の不作に対する人間の脆弱性が高まっています。

作物の多様性は低下し、それによって食料安全保障と災害に対するレジリエンスに大きな影響が生じています。人類はその進化の過程で、7,000種を超える生物を食料として消費してきましたが、現在はそのうち小麦、米、トウモロコシのわずか3種が、植物由来の摂取カロリー量の半分以上を占めています[54]。各生物種内の遺伝的多様性も低下しています[55]。これらを総合すると、農産物における生物多様性の低下により異常気温、異常気象、病気や病原体、穀物の不作に対する人間の脆弱性が高まっていることがわかります（Box 2.2）[56]。

気候変動は海面温度の上昇、酸性化、海面上昇など、海洋の目に見える変化を引き起こしています。タンパク源の摂取や雇用面で漁業に依存する国は、その脅威にさらされています[57]。

Box 2.2 生物多様性の損失、食料安全保障、防災

農薬や生息地消失による花粉媒介動物の激減は、最近の研究で数多く実証されているとおり[1]、全世界の食料安全保障と栄養状況に悪影響を及ぼします。人間が直接消費し、かつグローバル市場で取引されている世界最大の食用作物の85％は、受粉を動物に依存しています。世界最大級の作物の中には、花粉媒介動物がいなければ生産量が90％も低下してしまうものがあります[2]。花粉媒介動物の減少は、食料供給の絶対量だけでなく、栄養素の摂取可能性にも影響を及ぼします。受粉作物は全世界の食料生産の35％を占めるだけでなく、ビタミンC摂取可能量の90％以上、ビタミンA摂取可能量の70％以上を占めています[3]。

森林は世界的な食料安全保障に寄与します。森林で収穫された野生食料は幅広い栄養素と微量栄養素を提供します[4]。野生動物はブッシュミートとして、コンゴ川とアマゾン川の流域にあるコミュニティに600万トンを超える食料を提供しています[5]。それでも、熱帯林の損失規模は大きく、世界は2002年以来、6,000万ヘクタールを超える熱帯林を失っています[6]。

生物多様性の損失は、災害リスクに直接の影響を及ぼします。ある生態系で生物種の多様性が増せば、多様な物理的・生物学的特性が生まれ、生態学的なレジリエンスと生態系の保護機能を下支えします。例えば、海藻は酸素の発生を確保するだけでなく、砂やほこり、シルト粒子を捕らえることによって、水質を改善します。その根は堆積物を捕捉・安定化することで浸食を抑え、暴風雨から海岸線を守ります。

出典：UNDP (2020c) をもとに作成。

注

1. Soroye, Newbold and Kerr 2020. 2. Potts and others 2016. この類型にはアテモヤ、ブラジル・ナッツ、マスクメロン、カカオ、キウイ、マカダミア・ナッツ、パッションフルーツ、ポーポー（インドバナナ）、ナナカマド、サポジラ、カボチャ、バニラ、スイカの13の作物が含まれます。Klein and others (2007) を参照。3. FAO 2019. 4. Sunderland and others 2013. 5. Nasi, Taber and Van Vliet 2011. 6. Weisse and Dow Goldman 2020.

健康への新たな脅威とその高まり

人新世の時代背景は、健康にさまざまな影響を及ぼします[58]。生物多様性損失と土地利用の変化は病気の広がりを助長するおそれがあります[59]。例えば、西アフリカでのエボラ出血熱の流行は、野生動物から人間に伝染したウイルスが、森林破壊や人口密度の高さを背景に広がったことによって生じたものです[60]。バングラデシュでの森林破壊は、オオコウモリの生息環境を劇的に縮小し、コウモリから人間にウイルスが伝染する可能性を高めています[61]。また、アマゾンの熱帯雨林破壊によって、ブラジルではマラリアの感染が広まっています。森林破壊が10％進むと、マラリアの発生率は3.3％高まる計算になります[62]。

人間が長期にわたって大気汚染にさらされれば、循環器・呼吸器疾患、生殖器官と中枢神経系の機能障害、さらにはがんのリスクが高まり、これが死亡率の上昇と平均余命の短縮につながります[63]。毎年、環境大気汚染による死者は420万人、有害物を発生させる調理用コンロや燃料の煤煙による死者は380万人にそれぞれ達しています[64]。暴力による世界的な余命損失は0.3年であるのに対し、大気汚染による損失は、2.9年と大きくなっています[65]。こうした余命損失は、化石燃料の正味使用量を少なくすれば、大きく減らすことができます[66]。

全世界の産業排水と都市排水のうち、80％は未処理のまま環境中に放出されていると見られますが、これが人間の健康と生態系に悪影響を及ぼしています[67]。産業によって作られた重金属も、適切に処理されないまま水域に排出され、これによって人間と動物が汚染にさらされています。例えば、バングラデシュで広く食べられている魚からは、さまざまなレベルの重金属が検出されており、こうした汚染魚の消費とがんの関連性が疑われています[68]。また、ガーナ西部州のアンコブラ川周辺では、魚の汚染が安全水準を超えています[69]。しかも、水質汚染はコレラや腸チフスが蔓延する原因にもなります。

プラスチック汚染は土壌の汚染を助長し、これが人間の口に入る食料はもとより、土壌に依存するその他多くの生物の安全を損なうおそれもあります[70]。人間は摂取や吸入、皮膚吸収によってもマイクロプラスチックを取り込みますが、それによっていくつか健康上の問題が生じかねません。マイクロプラスチックには、微生物を媒介する生物や、健康を害する有毒化学物質も含まれることがあります[71]。マイクロプラスチックにさらされることが多くなれば、中枢神経系や生殖器官に影響が生じるおそれもあります[72]。

汚染や人獣共通感染症の影響を除いても、気候変動だけで死亡率に大きな影響が及ぶと見られています。2100年までに、気候変動関連の死者数(温室効果ガス排出量を最大と見積もったシナリオによるもの)は[73]、現在の主な死因のいくつかに匹敵する数に達するおそれがあります(図2.7)[74]。人口成長率が共通社会経済経路3のシナリオで、気候変動緩和策の実施が中程度になると想定した場合、2020年から2100年までの気候変動による死者の累計は、全世界で4,000万人に上る可能性もあります。これらの推計値で想定されている現状の適応策の能力は[75]、緩和策が中程度であった場合のシナリオで多数の死亡者が発生してしまうことを回避するには、まったく不十分であることがわかっています。温室効果ガス最大排出量シナリオによると、同じ期間に気候変動によって死亡する人々の累計数は、1億9,000万人を超える可能性があると予測されます[76]。

気候変動による疾病増加の負担は、きわめて不平等になるものと見られます。ほとんどの地域(世界人口の80%を抱えると見られる地域)でいずれも、死亡率が急上昇すると予測されています[77]。アラブ諸国やサハラ以南アフリカの中には、気候変動による死亡率が現在の主な死

図2.7 最大排出量シナリオでは、気候変動に起因する死亡率が現在の主な死因による死亡率と同等になる地域も

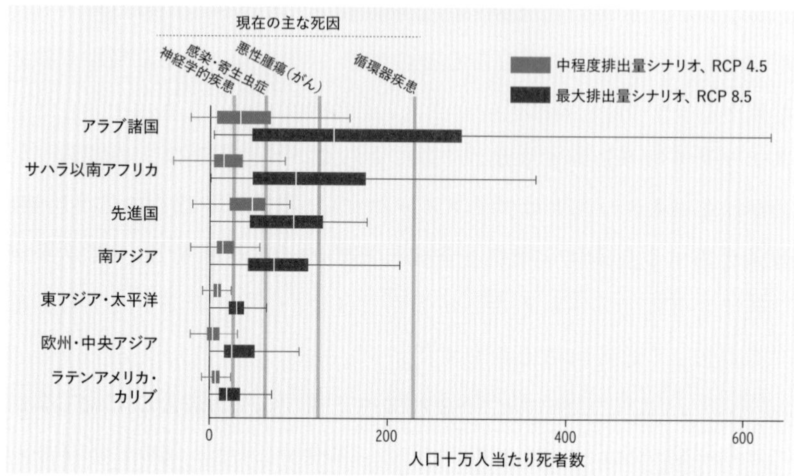

注：RCP=代表的濃度経路。世界人口の80%以上が暮らす、気候変動によって死亡率が上昇する地域のみが対象。
出典：Carleton and others（2020）および世界保健機関（WHO）の資料をもとに、人間開発報告書室が作成。

因（がんと心臓病）による死亡率を上回りかねない国もあります。一方、世界人口の残り20％が暮らすその他の地域では、極寒の気温に見舞われる日が減ることで、正味死亡率が低下すると予測されます[78]。

“2100年までに、気候変動関連の死者数は、現在の主な死因のいくつかに匹敵する数に達するおそれがあります。

緊張や暴力的紛争を激化させる脅威

人新世という時代背景は、新世代型の紛争による脅威を増幅・増加させる要因となりかねません[79]。人間が地球に及ぼす圧力によって、気候は温暖化し、自然環境は脆弱化して気候変動の衝撃を受けやすくなる一方で、生態系は損傷を受けてレジリエンスが低下し、人間に提供できるサービスも少なくなります。そのうちのいくつかについては、すでに実証したとおりです。気候パターンの変動や食料の供給と流通へのショック、土地と資源の不足はいずれも、水平的不平等や政治的な権力争いと相互作用を起こすことが多いことから、紛争リスクの増大とも関連づけられています[80]。

自然環境の変化は緊張を高め、構造的な開発課題、社会・経済・政治環境、水平的不平等がこれに伴う権力の不均衡と連動した場合には、紛争を引き起こすおそれが高まります[81]。最近のメタ分析（複数の分析を統合してより高度な見地から行う分析）や調査報告を見ると、気候変動は特に気温の上昇と降水量の変化を通じ、紛争リスクと結びついていることがわかります[82]。しかし、暴力的紛争は社会経済的・政治的条件を通じて引き起こされています。これを具体的に体現するのが水平的不平等であり、特定集団の窮乏と排除であり、紛争当事者間の権力不均衡であるということになります[83]。暴力的紛争はそれ自体、自然環境への攻撃を通じて直接に、または、政治的関心を逸らし資源を転用することで間接に、地球規模の危険な変化を助長することもあります[84]。こうした相互のつながりに着目すれば、現状の政策論議の盲点を発見しやすくなり、第1章で述べた開発と人間の安全保障の隔たりについての説明を補強する要素となります。

“自然環境の変化は緊張を高め、構造的な開発課題、社会・経済・政治環境、水平的不平等がこれに伴う権力の不均衡と連動した場合には、紛争を引き起こすおそれが高まります。

大規模な洪水など、気候変動関連の災害が特定集団の政治的排除や窮乏と連動すれば、政情不安を高め[85]、暴力的紛争の火種となりかねません[86]。この気候変動と紛争の相互関係は、特に農業部門が降雨と環境条件に大きく依存し、しかも経済の多角化が進んでいない開発途上国でよく見られる傾向にあります。このような条件下では、干ばつ[87]、降水量の変化[88]、作物生育期の日照り続き[89]が、生計が脅かされ、食料価格が急騰する中で紛争リスクを高めたり[90]、資産価格が低下する中で食料不安全感を高めたりすることで、食料やその他の資源を得る権利の喪失につながります。所得の減少や競争の激化などのストレス要因が、水平的不平等や不正が行われているという認識と結びつけば、暴動の原因となり、これが暴力的紛争へと発展するおそれもあります。

紛争は食料安全保障の喪失やウェルビーイングの悪化や気候変動のその他の影響と並行する形で発生し、人々の強制避難の原因を作ります[91]。国連難民高等弁務官事務所（UNHCR）によると、難民の10人に9人は、気候変動の影響を最も受けやすい国々の出身者です。それらの国はまた、紛争と暴力による国内避難民全体の約70％を抱えています[92]。2020年には、世界の国内避難民が4,050万人も増えましたが（そのうち紛争と暴力による避難民は1,000万人程度）、この数は今後も増加すると予測されています（図2.8）[93]。その原因が紛争であるか、暴力であるか、災害であるか、それらの組み合わせであるかに関係なく、移動を強いられた難民はその出身地でも受け入れ地でも、人間の安全保障に対する複数の脅威に直面しています（第5章を参照）。

気候変動と安全保障の結びつきに関する学識者と政策担当者の議論は、脆弱な状況や低所得開発途上国を主な対象として進められてきました。しかし、人新世という時代背景はどの状況にも当てはまるため、気候変動関連の紛争や暴力は、所得水準に関係なくどの国でも起こりえます。例えば、高い気温と短期的な犯罪増加の関連性が高所得国でも見られることは、気温の上昇が人々の不快感を増加させ、敵意や暴力を悪化させる可能性を示唆しています。57か国を対象とした気候変

図2.8 人新世の時代背景は強制的な国内避難にも影響

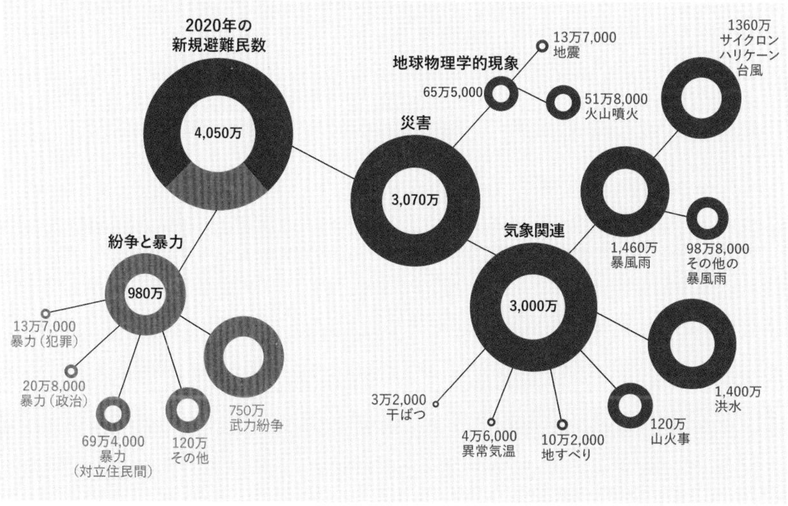

出典：IDMC 2021

動と対人暴力に関する最近の研究では、年間気温が摂氏1度上昇するごとに、殺人事件が平均で6％近くも増加することがわかりました[94]。温暖化には地政学的にも大きな意味合いがあります。例えば、低炭素技術に欠かせない希土鉱物（レアアース）をめぐって勢力の均衡状態が変化したり、新たな対立が生じたりすれば、全世界の国に影響が及びます[95]。人新世という時代背景の中で、人間の安全保障に対する脅威の幅が広がっていることを如実に示す事例と言えます。

経済的生産と生産性への脅威

人新世という時代背景は、人間開発の拡大と、プラネタリー圧力を減らす能力の両方に課題を投げかけることによって、人間の安全保障に影響しています。すでに、経済的生産性の基盤の一部が侵食されていることで、生産要素（労働力、自然資本、物的資本）以外の部分にも直接的影響が及んでいます。経済的生産性に対する脅威は、人間の安全保障の中で、所得や雇用、経済見通しと関連づけられる次元に影響を与えます。

人新世という時代背景は、気候変動や自然ハザード、汚染を通じて、人間が学び、健康な生活を送る能力という、人間開発の観点から見て本質的に重要な能力を低下させるだけでなく（健康に対する直接的影響は上述のとおり）、経済的生産、そして特に経済的生産性向上の基盤も損なっています。短期的な気温の変化で、認識能力が損なわれるおそれがあります[96]。気温が高いと、学習の妨げになりますが、これはマイノリティの学生に不当に大きく影響します[97]。出生の時期に高い気温にさらされれば、その後の教育達成度や所得など、長期的な影響が生じかねません[98]。また、幼少時代の汚染への曝露は、学業成績の悪化や人的資本の長期的減少とも関連づけられています[99]。

> 気候変動と安全保障の結びつきに関する学識者と政策担当者の議論は、脆弱な状況や低所得開発途上国を主な対象として進められてきました。しかし、人新世という時代背景はどの状況にも当てはまるため、気候変動関連の紛争や暴力は、所得水準に関係なくどの国でも起こりえます。

気候変動によって、異常気象の頻度も上がっています。災害は教育や健康状態に影響するため、労働生産性も損なわれるおそれがあります[100]。災害が起きると、就学率が下がる一方で、児童労働は増えます[101]。1988年のネパール地震の後、震災で甚大な被害を受けた地区で生まれた子どもは中学校を修了できる確率が14％、高校を修了できる確率が10％、それぞれ低くなっていることが判明しました[102]。この悪影響を

図2.9 気候変動は人々の働く力にも影響する

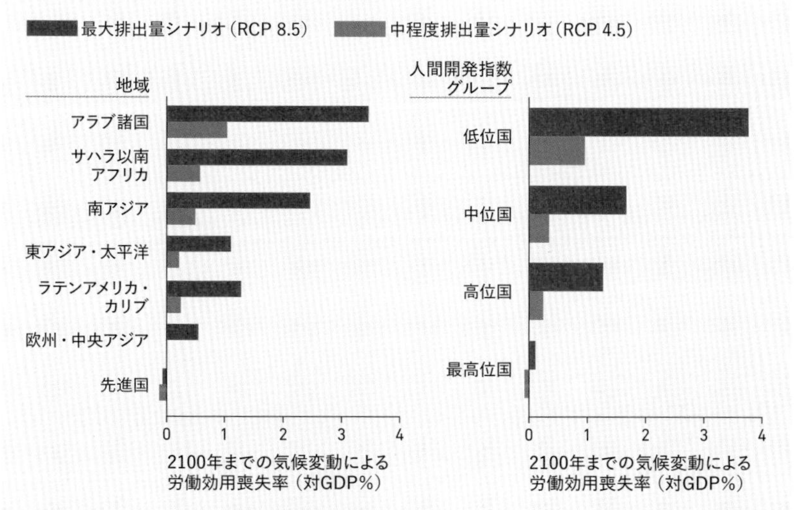

注:中央値に基づく合算。RCP=代表的濃度経路。
出典:Rode and others (2021a) をもとに人間開発報告書室が作成。

緩和できたのは高いカーストの集団に属する子どもだけだったため、カーストが低い集団と高い集団の間の人的資本格差はさらに開いてしまいました[103]。

気候変動は健康への影響を通じ、労働者の生産性と労働力の供給にも影響を及ぼします[104]。アラブ諸国、南アジア、サハラ以南アフリカでは、熱ストレスによって労働生産性が低下しています(図2.9左側)。オーストラリアでは、熱ストレスによる常習的欠勤や業績低下のコストが年間一人当たり655ドルと、GDPの0.33〜0.47%に達しています[105]。中国の広州では、日中の最高湿球黒球温度(熱ストレスの目安)と労災リスク増大との間に関連性が見出されています[106]。最大排出量シナリオによると、労働生産性の低下によって、世界の国内総生産(GDP)は今世紀末にかけ、気候変動がないと仮定した場合のシナリオを1.5％下回ると予測されています[107]。気温上昇の影響で、欧州と米国の購買力も低下するものと予測されますが、その影響が最も大きいのはHDI低位国と中位国であると見られています（図2.9右側）[108]。

> “人新世という時代背景は、人間開発の拡大と、プラネタリー圧力を減らす能力の両方に課題を投げかけることによって、人間の安全保障に影響しています。

気候変動が労働力供給の分布を変えることもあります。インドでは、気温の上昇が農業生産性の低下を助長し、労働力が非農業部門へとシフトしています[109]。気候変動によって生計と所得が脅かされている人は、移住の道を選ぶこともあります。メキシコの農村部では、貧しい世帯の賃金労働者が酷暑の最も大きな影響を受けました。酷暑により、短期的に地元で職を得る確率が低下し、都市部や外国へ移住する確率が引き上げられています[110]。

自然のシステムは、食料や水、燃料その他の有形財だけでなく、流域保護や病害虫の抑制、気候制御、災害緩和など、さらに幅広い生態系サービスも提供します。世界には、自然システムがそこに住む人々の社会的、文化的、精神的価値観を形作っているところもたくさんあります[111]。しかし、自然資本（自然を関心事とすべき理由はその他にも多くあることを認識しつつも、自然の人間に対する貢献とここでは定義します）は急速に枯渇しつつあります[112]。1990年から2014年にかけ、富の増大に伴って自然資本の減少が生じた国は123か国に上ります[113]。自然資本の損失は森林破壊[114]、土地の劣化[115]、漁業資源の世界的枯渇を見ても明らかです[116]。自然資本の中には、人間を災害から守るものもあるため、その損失は自然ハザードに対する脆弱性も高めます。例えば、マングローブには沿岸洪水に対する保全機能がありますが、マングローブ林の面積は全世界的に縮小しています[117]。ある推計によると、マングローブの損失によって、全世界で洪水被害者は1,500万人も増えますが[118]、マングローブの損失によって最も大きな影響を受けるのが小島嶼開発途上国です[119]。気候変動やその他の人的活動で生じている砂漠化は、乾燥地の生態系サービスを縮小させ、生物多様性を低下させることになります[120]。1982年から2015年にかけ、気候変動は約543万平方キロメートルの面積に及ぶ砂漠化を助長し、2億1,300万人に影響を与えたと見られていますが、開発途上国に暮らす人々はその93％を占めています[121]。

気候変動は、特にエネルギー部門におけるさまざまな物的資本への需要を通じても、経済的生産性に影響します。空調用の発電を含め、エネルギーの生産と消費は、全世界で排出される温室効果ガスのうち、4分の3の排出源となっているからです[122]。

暖房需要が低下する一方で、冷房需要が増大しているため、気候変動がエネルギー需要に及ぼす正味の影響は定かではありません[123]。しかし、気候変動がおしなべて、世界のエネルギー需要を減らしていたとしても、いくつかの国は本質的な課題に直面することになります。気温の上昇は熱帯地域や中国、欧州、米国の南部など、特に気温の高い地域で電力需要を増大させます[124]。これに対し、北欧諸国などの寒冷地域では、温暖な天候で暖房の需要が低下するでしょう[125]。よって、エネルギー需要増大の負担は、エネルギーを化石燃料に依存する傾向にある開発途上国にのしかかることになります[126]。

相対的に貧しい国々は、適応能力が限られており、（人間開発を拡大するために）その生産力の増大を図る中で、エネルギーの移行はさらに困難になるでしょう。同じ生産量を得るためにより多くの投資が必要となるからです。2100年までの最大排出量シナリオによると、気候変動による毎年の電力消費量の増大では（現状の消費量との比較では）、欧州連合諸国で1.8％、米国で2.7％と予測されるのに対し、ナイジェリアでは2,000％を超えるものと見られています[127]。このような非対称性があるために、人間開発を拡大しながらプラネタリー圧力を弱めるという課題は、典型的な開発途上国にとって、一層対応が困難になるでしょう。

> “相対的に貧しい国々は、適応能力が限られており、（人間開発を拡大するために）その生産力の増大を図る中で、エネルギーの移行はさらに困難になるでしょう。同じ生産量を得るためにより多くの投資が必要となるからです。

こうした状況の中で、経済的生産性向上の可能性を秘めた技術の急速な進化が続いており、プラネタリー圧力を弱めながら人間開発を拡大する余地が生まれつつあります。再生可能エネルギー源（太陽光発電を含む）や新たな蓄電システム（リチウムイオン電池を含む）を組み合わせ、これをスマート・グリッドや二酸化炭素捕捉・貯蔵技術で補足すれば、二酸化炭素排出量を増やさずにエネルギー生産を増やせる可能性もあります[128]。その他、効率化やリサイクルの強化、資源の共有により、物的消費を削減できる技術進歩も見られます[129]。特に、デジタル・トランスフォーメーション（DX）は新たなアルゴリズム[130]、ブロックチェーン[131]、プラットフォームや共有アプリを通じて、分散的資源利用の効率化を実現することでしょう[132]。しかし、第3章で論じるとおり、こうした技術の中には、予期せぬ結果によって人間の安全保障を損ねかねないものもあります。

人新世を時代背景とする人間の安全保障

グローバル、ローカル双方の社会の不均衡と地球規模の危険な変化が連動すれば、人々が生き延び、人新世という時代背景の複合的な影響に適応できる能力に著しい不平等が生じてしまいます。人新世の地球と社会の不均衡は、健康上の課題や紛争、デジタル技術、水平的不平等など、第II部で取り上げる主な脅威と重なり合い、連動します。人新世という時代背景によって、人間の安全保障と開発の変革が必要となっています。その目的は、人間が自然と切っても切れない関係にあることを認識し、不確実性を乗り越え、人類としてのまなざしを通じてこうした課題に対応する方法を見出すことにあります。

最近発表された『ダスグプタ・レビュー』や『人間開発報告書2020』でも明らかにされたとおり、現在の取り組み方は十分なものとはとても言えません[133]。ほとんどの安全保障アプローチは、人為的なプラネタリー圧力が地球規模の危険な変化を後押ししている時代背景の中で、社会システムが地球のシステムの一部としてしっかり組み込まれていることの意味合いを考慮に入れていません。例えば、これは食料安全保障に対する一部の狭い見方にも当てはまります。多くの開発途上国で、畜産は食料安全保障に重要な意味を持つものの[134]、主として輸出向けの大量食肉生産は、森林破壊を助長し、人獣共通感染症の発生確率増大を含め、健康に対する悪影響をもたらしています[135]。人新世のリスクに関する科学的研究(問題のスケールに対する認識向上を重点とするもの)は、多国間機関、国家機関、地方機関が準備と危機管理作業の参考にするには不十分です[136]。上述のとおり、地球規模の変化の影響は国際的にも国内的にも、ますます不均一化していく公算が高く、人新世という新しい時代背景に対応するには、平均的なものを越えるこのような知識を体系的に考慮する必要があるでしょう。

第1章で論じたとおり、人間の安全保障という理念は、人新世という時代背景の中でますます妥当性を増しているだけでなく、この新たな時代背景を十分に認識する必要性にも迫られています。人新世に関連する脅威の複合的影響は、保護とエンパワーメントの戦略だけでなく、連帯も明らかに必要としています。そのためには、世界各地の人々の安全保障が、生態系と人間のレジリエンスと同様、互いにつながっていることを認識せねばなりません[137]。

> 人新世という時代背景の中で、行為主体性は、あらゆる人間の安全保障を改善するために必要な変革を推進できる能力を人々に与えるからです。

第1章で論じたとおり、人間の行為主体性は人新世という時代背景の中での保護、エンパワーメント、連帯をねらいとする人間の安全保障戦略を取りまとめるうえで、欠かせない結節点となります。「持続可能な開発のための2030アジェンダ」に対しては、全世界から圧倒的な支持があり、仮に所得を犠牲にすることがあったとしても、地球を守るほうが重要だということに、ほとんどの人々が同意しています[138]。しかし、この幅広い合意も、政策立案を全面的に変えるまでには至っていません。現時点で、重要な対策のほとんどは、安全なシステムを構築する意思と能力を持つ者の手に委ねられていないからです。ですが、人間の行為主体性の中心的重要性を認識すれば、この隔たりを埋めることに役立つ可能性があります。

人新世を時代背景とする人間の安全保障戦略における行為主体性の中心的重要性

本報告書全体を通じて論じられているように、人間の行為主体性の強化には、政策決定から排除され、その能力を奪われている集団の人間の安全保障を改善することに直接的効果を及ぼす以上の利点があります。人新世という時代背景の中で、行為主体性は、あらゆる人間の安全保障を改善するために必要な変革を推進できる能力を人々に与えるからです。

先住民の行為主体性強化が変革をもたらす可能性について考えてみましょう。先住民はすでに、プラネタリー圧力削減に大きく貢献しています[139]。先住民が代々、受け継いできた慣習によって、居住地では現在、保護区と比較しても引けを取らないか、場合によってはそれよりも一層豊かな生物多様性が保たれています。オーストラリア、ブラジル、カナダがその具体例です[140]。先住民の土地保有と土地管理は、アマゾンの森林に炭素貯蔵庫を確保するうえで欠かせない役割を果たしています[141]。先住民の慣習の森林の火入れなどは、大規模な山火事の影響を緩和する効果が認められています[142]。環境の変化への対処について、先住民コミュニティの内部に蓄積されている知識と経験は、人間の安全保障に対する自然を基盤にした解決策の策定に欠かせないため、先住民の人々のエンパワーメントは私たちの共通の安全保障にも密接につながっているとも言えます。先住民の慣習は、環境面でのスチュワードシップだけでなく、コミュニティの暮らしと安全、そして変化に対するレジリエンスにも重点を置いています。よって、先住民のコミュニティは、人間の安全保障に対する脅威への対策を策定するのに相応しい立場にあります[143]。しかし、そのためには先住民の権利を保護し、その行為主体性を拡大しなければなりません。

この意味で、土地保有や暴力からの自由を含め、先住民の権利の擁護は重要な第一歩となります。自分たちの生活様式を守ろうとする先住民の取り組みは、強力な主体やステークホルダーとの対立を招いてきました。2019年に殺害された環境活動家のうち、約40％は先住民の出身者であり、2015年から2019年にかけて死者を出した襲撃事件の3分の1以上は、先住民を狙ったものでした[144]。先住民の集団が環境保護運動から排除されることもありました。自然保護区域の設置を主な目的とする生物多様性保全キャンペーンにより、先住民は、その居住区域から自主的に移動したり、強制的に避難させられたりしています[145]。先住民はまた、抽出産業など、大規模な自然環境の改変が絡む開発政策によって、最も大きな打撃を被ってきた集団でもあります。しかも、先住民は脆弱な地域で暮らし、政策決定から排除されているために、気候変動の悪影響にさらされています[146]。この意味で、先住民の積極行動は、自然破壊と生物多様性損失に対する取り組みに留まらず、人権と正義も前進させるものとなっています[147]。

> “環境の変化への対処について、先住民コミュニティの内部に蓄積されている知識と経験は、人間の安全保障に対する自然を基盤にした解決策の策定に欠かせないため、先住民の人々のエンパワーメントは私たちの共通の安全保障にも密接につながっているとも言えます。

先住民の知識を活用する政策は、先住民の集団に対して開かれ、説明責任を負い、かつ、長期的にわたる社会からの隔絶に配慮したものにすることによって、最も大きな効果を発揮します。先住民のエンパワーメントと正義を求める闘いを促進し、それによって先住民コミュニティの直接的な貢献を支援することは、自然を基盤とする人間の安全保障を前進させるうえで欠かせません。

地域社会が寄与できる余地も大いにあります。人間の安全保障に対する新たな脅威への政策対応に、現地の主体を巻き込むことが不可欠なのは、単に環境正義への配慮と、その政治的能力の向上に必要だからではなく[148]、地域社会が持つ巨大な力と資産は、人新世に関連する脅威に立ち向かうための戦略を成功させるカギを握るからでもあります。地域社会は天候パターンや人口構成、社会規範（コミュニティにおける女性の役割を含む）の変化を直に経験して知っているほか、さまざまなリスクに対する脆弱性を低め、適応力を高める能力や慣行、資源に関する知識もあります[149]。こうした地域社会の資産を無視したトップダウン型の計画には、このような知識が欠けていることもあります。事実、ケニアやミャンマー、パキスタン、セネガルの事例では、局地的な変化を見極め、収穫、農法および撤退の決定の参考となる早期警報システムに貢献し、経済的損害や人命と生計手段の損失を最小限に抑えるという点で、地域社会が不可欠な役割を果たすことを実証しています[150]。

自然を受け継ぎ、管理するための人々の行為主体性の強化

自然の人間への貢献を活用しながら、自然生態系または改変生態系の保護、持続可能な管理および回復を図る対策を通じ、人間の安全保障を促進できる機会はあります[151]。事実、人間社会はこれまで、ほぼ1万2,000年にわたり、陸域の自然の大半を形成、維持してきました[152]。現在の生物多様性の危機は主として、かつては多くの社会が持続可能な形で保有、利用してきた土地がごく最近私有化され、集約的に利用されたことに起因しています[153]。

こうした対策は、自然に基盤を置く解決策をスケール・アップさせ

ることができます。なぜなら、これらの対策の成果と、今日の相互に絡み合う危機の規模に見合った対応を可能とする能力は、そのシステミックな実践にかかっているからです。自然の人間への貢献という幅広い枠組みは、自然サービスの本質的な評価と手段としての評価の両方を含め、多様な価値観を政策決定に統合する明確なメカニズムにつながります[154]。このメカニズムは、歴史的にその持ち前の力を否定されてきた先住民集団を含む地域社会の行為主体性を重視するイニシアチブで、保護とエンパワーメントの両方を達成する優れた方法となりえます。人間が自然ハザードのリスクに対処し、水と食料の安全を高め、幅広い気候変動の影響を緩和することに役立ち、しかも多くの共同便益（コベネフィット）をもたらしうる対策分野としては、下記のようなものが挙げられます。

- **自然ハザードに関連するリスクを管理すること**。緑地帯の拡大は、都市部での異常気温リスク、特に熱波リスクの管理に有効なことがあります[155]。生態系の管理は、植生の保護を通じて地すべりのリスクを低下させるなど、災害リスク削減の手段になります。また、砂丘、氾濫原、森林やマングローブ、カキ礁やサンゴ礁、塩沼、湿原など、暴風雨や浸食から海岸線を守る役割を果たす生態系も多くあります。こうした生態系は食料安全保障や経済開発、炭素貯蔵にも貢献することがあります。
- **生物多様性をレジリエンス強化に活用すること**。世界的食料システムの適応能力を高めるには、農地と作物の多様性を確保することが重要になります[156]。例えば、花粉媒介動物を要する作物は、全世界的に栄養と農業全般にとって欠かせないため、花粉媒介動物の減少を食い止める戦略は、食料安全保障に資することになります[157]。しかも、生物種の多様性は、不安定化リスクに対する生態系の抵抗力を高めます。例えば、(太さ、深さ、方向性という点で)根の種類が異なる植物種を浸食が起きやすい斜面に植えれば、地すべり対策にもなりえます[158]。

- **給水能力と水質を改善すること**。給水能力を高めるための、持続可能で自然に基盤を置いたアプローチの例としては、自然湿地や土壌水分、地下水涵養の管理が挙げられます[159]。都市部で雨水流域管理とグリーンインフラの整備を行えば、水の供給に対する圧力の緩和に役立ちます。水質改善については、自然に基盤を置く解決策が、既存の末端処理(エンド・オブ・パイプ)型の浄水法に代わる手段となります。例えば、造成湿地は自然システムを模倣する形で流出雨水をろ過することで、最大で浮遊固体の88%、有機物の92%、硫黄の46〜90%、窒素の16〜84%を水中から除去できるほか[160]、病原体対策としても有効です[161]。こうした取り組みは、21世紀の水の安全保障への脅威に十分に対応するための混合型アプローチ(グリーンインフラとグレーインフラを組み合わせる手法)に取り入れるべきです[162]。

“今なお続く地球規模の危険な変化への適応を図る取り組みは、グローバルな視点で強化する必要があります。さもなければ、不平等が拡大を続け、国内的な人間の危機と国際的な人道危機が一度に起きてしまうでしょう。

- **食料安全保障を充実させること**。世界的な食料供給を支える農林業は、気候変動と生物多様性損失に大きく左右されます。自然に基盤を置き、食料安全保障を支える農法としては、環境再生型農業(時間をかけて土壌の肥沃度と生産力を高めていく農法)、混農林業(樹木が散在する農地で作物を育てる農法)、林間放牧(同じ土地で樹木、牧草生育、放牧を統合する農法）などが挙げられます[163]。こうした取り組みは、農業生態系のレジリエンスを高め、生物多様性を支えるとともに、農家の生計にとっても利益となります。

- **気候変動緩和に貢献すること。**コミュニティや生態系を守りながら、気候変動の緩和に寄与することもできます[164]。システミックなアプローチを通じて世界的な成果を達成できます。例えば、森林や湿地、草原、農地全体で費用対効果の高い20の対策をまとめて実施すれば、気温上昇を摂氏2度未満に抑えるために、この10年で必要な世界的な気候変動緩和のうち、37％を実現できます[165]。先住民と地域社会は、森林地帯を守ることで、気候変動緩和に大きく貢献してきました。特に生物多様性のホットスポットでは、化石燃料から再生可能燃料への移行と並行して、しかもこれより速いペースで、森林保全の取り組みを進めることもできるでしょう[166]。その他、自然に基盤を置く解決策としては、湿地回復や混農林業も挙げられます[167]。

連帯―保護とエンパワーメントのその先へ

気候変動と生物多様性損失その他、主として断片的な形での取り組みが続いている課題の背景には、地球規模での危険な変化と社会の不均衡という自己増強的サイクルがあります。社会の不均衡はしばしば、国家間の不平等と結びついています[168]。今なお続く地球規模の危険な変化への適応を図る取り組みは、グローバルな視点で強化する必要があります。さもなければ、不平等が拡大を続け、国内的な人間の危機と国際的な人道危機が一度に起きてしまうでしょう。同様に、パリ協定に基づいてプラネタリー圧力を緩和するための対策を構築できれば、切迫感と目的意識を新たにする形で、温室効果ガス排出量の削減に向けた調整メカニズムの幅を広げることができるでしょう。状況に応じて拘束力を持つ協定を結べば、グローバル危機への対策（それがどこであろうと、大きな衝撃が生じた場合に、これに対処するための資金の提供）を緩和への取り組み（現時点での無策を将来的に罰する形のインセンティブ）と関連づける効果的なメカニズムができ上がる可能性もあります。

プラネタリー圧力を和らげるために必要な政策対応と、さらに幅広い対策を推進する際には、人新世関連の脅威にまつわる人間の安全保障に関するデータが入手できることが重要な要素となります。相互につながり、多次元的かつ普遍的で、さまざまな形で人間に影響を及ぼすという、人間の安全保障上の課題の複雑性を理解するためには、人新世という時代背景が地球と人間に及ぼす影響の詳細にわたる将来的な推計が必要です。また、脅威がその性質を変えていることから、政策立案に使える政策配慮型のシナリオを策定できる能力も必要になります。本報告書の背景となったプロジェクトの一環として、国連開発計画（UNDP）は気候影響研究所と共同で、今後80年にわたって気候変動が世界各地の人々に及ぼす影響に関するシナリオを提供する試験的プラットフォームを立ち上げようとしています。

さらに、人々が自然と切っても切れない関係にあることを反映できるよう、開発を測定するためのベンチマークを進化させることも必要です。『人間開発報告書2020』では、公共政策の座標をシフトさせる目的で、プラネタリー圧力調整済み人間開発指数（Planetary Pressures-adjusted Human Development Index）を導入しました。この新たな指標は、人間の自由を拡大する一方で、プラネタリー圧力を和らげるものとして、人間開発の過程を考え直すきっかけとなるものです[169]。

“連帯を基本として世界に手を差し伸べながら、ローカルなレベルで人々の行為主体性を強化するという共通のメッセージをしっかりと発信すれば、人間の安全保障への取り組みを成功に導く強力な手段となります。

SDGsの達成には、ローカルな行動が欠かせません。本章で取り上げた課題の中には、最強の国民国家も民間企業も単独では立ち向かえないほど巨大なものもあります。対策の調整と協力が困難な課題も多くあります。最強の主体でも、人新世を時代背景とする人間の安全保障への脅威には対処できないとすれば、その力がほとんどない者たちに何ができるというのでしょうか。そう考えれば、不信や疎外感が目に見える形で現れてくるのも、無理からぬことでしょう。しかし、そこには別の見方もあります。グローバルな課題をローカルな対策と結びつければ、人間の安全保障について新たな展望を開くことも可能だからです[170]。納税者が自分たちの税金の使い道について説明を求めるように、コミュニティで人間の安全保障を目指す活動を積極的に展開している人々は、地域の変革に貢献するだけでなく、より目立つ活動をする主体の責任を追求することができます。コミュニティとしてのレジリエンスは、このようにして高めることができるのです[171]。

コロナ禍を受け、こうした行動の事例は世界各地で見られています。（自宅待機を守る、ワクチン接種を列に並んで待つなど）自分たちの役割を果たしている人々は、特権を使って社会的規範から逸脱する者たちに圧力をかけています。連帯を基本として世界に手を差し伸べながら、ローカルなレベルで人々の行為主体性を強化するという共通のメッセージをしっかりと発信すれば、人間の安全保障への取り組みを成功に導く強力な手段となります。また、共有する価値観に基づき行動を起こす余地もあります。世代や地域、文化に関係なく、すべての人間に同じ価値があるという認識の根底には、連帯感がありますが、人新世という時代背景の中では、自然の本質的な価値を認識して行動を起こし、政策決定者に強いシグナルを送ることも必須です[172]。

よって、『人間開発報告書2020』でも論じられているとおり、人々は変革をもたらす主体として、さらに積極的な役割を果たすことができます。市場や政府のメカニズムだけに依存していたのでは、人々が各々ばらばらに行っている活動を力に変えることはできません。人々が明確な目的意識を共有でき、互いの信念を一致させていくことができれば、文化に変革が起こりえます。それが急速に進むこともあるでしょう[173]。実際、コロナ禍は、人々がその気になれば自らの行動を劇的に変えられることを立証しました[174]。新世代型の人間の安全保障の実現は、人間の行為主体性の重要性を認識しながら、保護とエンパワーメントを伴う形で、人々がそれぞれの持ち場で連帯を追求し、社会を変えていく力を発揮できるかどうかにかかっているのです。

第II部

人間の安全保障に対する新世代型の脅威に挑む

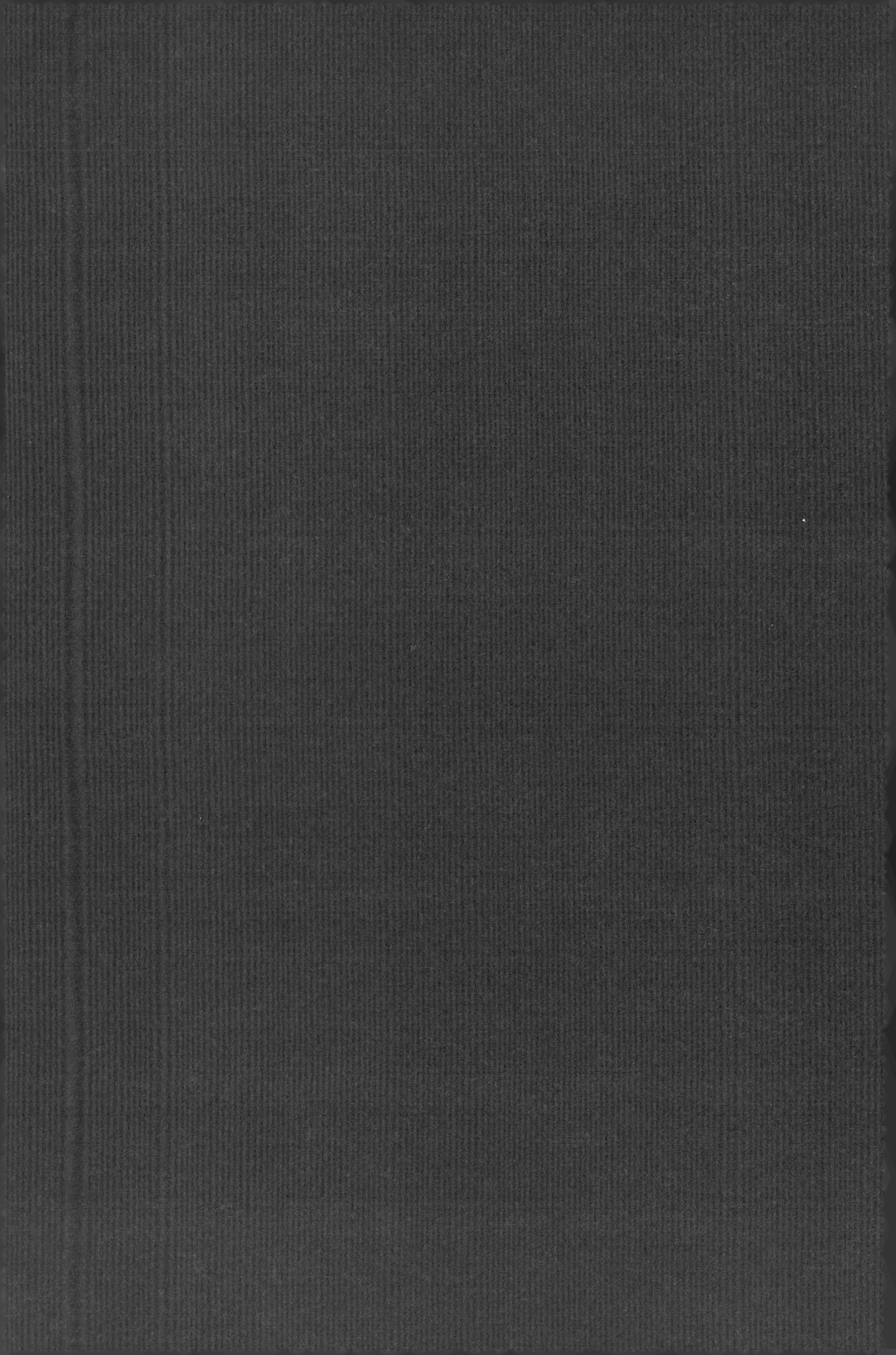

第3章

デジタル技術の乱用が生み出す人間の安全保障への脅威

デジタル技術は、人々が消費者、市民、労働者、起業家などとして送る日々の生活においてのみならず、個々人の人間関係においても、ますます中心的な位置を占めるようになっています[1]。デジタル技術は、人々の持てる能力を拡大し、人間の安全保障を促進するうえで大きな貢献ができるでしょう[2]。また、人間にとっての自由を広げ、生産性を高めるとともに、人新世における多様なリスクへの対処からパンデミック追跡システムによる感染症対策の推進などまで、人類が抱える現状の課題に対応するためにも大いに役立っています。デジタル技術があればこそ、人間はさまざまなことが容易にできるようになりました。例えば携帯電話によって人々の自由度は大きく広がり、互いの情報伝達・取得能力が高まることで、よりよい保健サービスへのアクセスなども可能になっています[3]。デジタル技術は、価値観や社会的慣行とともに進化するため、人間としての行為主体性に間接的に影響します[4]。また、デジタル技術が人々のコミュニティへの参加や動員の機会の拡大につながるようなときには、その行為主体性に直接的に影響することもあります[5]。

他方で、デジタル技術がビジネスや行政、社会生活などにおいて幅広く活用されるようになるにつれ、人間の安全保障に対する新たな課題が生じています。事実、世界経済フォーラムの調査において、回答者は最も差し迫った脅威として、デジタル格差やサイバー攻撃、データ詐欺・窃盗、デジタル・パワーの集中など、科学技術がもたらすリスクを挙げています[6]。デジタル技術が安全保障に与える影響としては、もっぱら国家の安全保障という視点から評価される場面が多くなっています[7]。しかし、人間の安全保障というアプローチを当てはめれば、その焦点は人々に与える影響としても浮かび上がってきます。例えば、いったん通信ネットワークに対するサイバー攻撃が起こったならば、それは国家の安全保障だけでなく、人々の情報アクセスや結社の自由にも負の影響が及びます。デジタル技術はいじめや嫌がらせ、詐欺、誤情報という形で、人間に被害を及ぼすおそれがあります。その他、技術の革新にまつわる脅威としては、テクノロジーの普及によって生じる不確実性への対応と結びつけられるものもあります。例えば、テクノロジー企業や政府に支配権が集中すれば、利用者の無力化や搾取が生じかねません。政策立案者は、最新の技術がどのような形でデジタル公共財となりうるかを考える際、技術的解決策だけでなく、平等の推進と害悪の最小化など、価値観や倫理の問題も検討しなければなりません[8]。

本章では、人間の安全保障に対してデジタル技術が提起する脅威について取り上げます。まず、一般的なサイバーセキュリティに対する攻撃など新たな技術を搭載したツールが、人間の安全保障をいかに損ないかねないかを検討します。次に、サイバー空間で発生するさまざまな問題(サイバー・ハザード)によって人権が侵害されるおそれと、人工知能(AI)アルゴリズムへの依存度増大が、いかに人間の安全保障を低下させかねないかについて論じます。そして最後に、新型コロナ・ワクチンに対するアクセス格差に見られるように、テクノロジーへのアクセスの不平等が人間の安全保障に及ぼしうる影響を検討します。

サイバー安全保障の欠如および テクノロジーによる意図せざる結果

世界の相互関連性が高まっていることと、それに伴いテクノロジーの利用者、システムおよびネットワーク要素の数が多数に上っていることから、サイバー攻撃は多くの経路を通じて被害を及ぼすおそれがあります[9]。コロナ禍を受け、デジタル技術への依存度がかつてなく高まる中で、デジタルの脅威も強まっています。サイバー・ハザードは、個人、組織、コミュニティまたは国家に対するサイバー空間での脅威の直接的または間接的な結果ですが、そのような行為を働く数多くの悪意を持った主体の中には国家、テロ集団、産業スパイ、組織犯罪シンジケート、ハッカーやハクティビストなどのほか、正規のユーザーによる偶発的な事故も含まれます[10]。サイバー脅威の影響範囲と動機はそれぞれに異なるため、多岐にわたるリスクの緩和とリスクの管理の手法が必要となります[11]。

> “デジタル化が進み、被害を受けかねないステークホルダーの数がさらに増える中で、（犯罪、政治または開発関連の）サイバー事故の影響評価は、複雑な作業となっています。

2021年のサイバー犯罪による推定被害額は約6兆ドルと、2020年のコロナ禍発生以来、7倍に増えています[12]。犯罪の半数以上は個人情報の詐取によるものであり（65％）、これにアカウントへのアクセス（17％）、金融へのアクセス（13％）が続きます[13]。デジタル化が進み、被害を受けかねないステークホルダーの数がさらに増える中で、（犯罪、政治または開発関連の）サイバー事故の影響評価は、複雑な作業となっています[14]。例えば、犯罪者がサプライチェーンに攻撃を仕掛ける場合には、マルウェア・プログラム（ウイルスやトロイの木馬等の悪意のある不正ソフトウェア）を使って大企業や公的機関のネットワークに損傷を加えます。この一次攻撃の副産物として、売り物になるデータが大量に手に入るため、盗まれた個人情報の取引市場が成長する結果となっています[15]。

サイバー・ハザードは特に、開発途上の国や地域に大きな被害を及ぼします。ほとんどのデジタル製品、デジタルサービス、デジタル技術は開発途上国以外で生産または設計されているため、途上国自身がセキュリティ基準の策定に関与できる余地は限られています[16]。また、サイバー攻撃の検知能力も地域によって大きく異なります。2020年の時点で、サイバー攻撃の検知に要する期間は世界平均で24日となっています[17]。この期間は米大陸で17日であるのに対し、欧州・中近東・アフリカでは66日、アジア太平洋地域では76日となっています。多くのアフリカ諸国の利用者は、マルウェアやサイバー攻撃、ソーシャルメディア詐欺を含め、ほとんどの犯罪で不当に大きな被害に遭っています[18]。2020年の時点で人口百万人当たりの安全なサーバー数が最も少ない50か国のうち、36か国はサハラ以南アフリカ諸国で、その数はエリトリアの0.8個から、ボツワナの264個となっています。サハラ以南アフリカ諸国を平均すると、百万人当たりの安全なサーバー数は799個ですが、この数は世界平均の1万1,516個を大きく下回ります[19]。アフリカ企業の95％は、2017年の時点で自社をサイバー攻撃による損害から守れていないと見られます[20]。特にサイバー安全保障の欠如が著しい国では、サイバー攻撃が甚大な人的・経済的損失をもたらしかねません[21]。国際電気通信連合（ITU）の世界サイバーセキュリティ指数を見ると、後発開発途上国をはじめ、サイバー能力のギャップを埋める資源の確保に課題を抱える国がいかに多いかがわかります[22]。

デジタル技術は紛争の力学も変えつつあります。サイバー戦争の手段は、プロパガンダからスパイ行為、ウェブサイトへの攻撃から電力供給網や水道システムの攪乱に至るまで、多岐に及びます[23]。ハッキングとその関連行為は、スパイ活動と肩を並べる水準に達しています[24]。こうした戦術が幅広い破壊能力を持っていることは、米国のColonial Pipeline社など、重要インフラに対する最近の派手なランサムウェア攻撃を見ても明らかです[25]。特に大きな脅威となっているのは、AIを搭載する自律型致死兵器です。その使用は特に、紛争中の倫理的判断を人間が行わなくなるという点から、新たな倫理上の懸念を生んでいます[26]。「キラーロボット反対キャンペーン」や、アントニオ・グテーレス国連事務総長による禁止要請にもかかわらず、このような兵器は急速に広がっています[27]。

デジタル技術の中には、意図せざる負の結果をもたらしかねないものもあります。最新技術の社会への影響の多くは、技術が成熟した段階になって初めて現れます。例えば、量子コンピューターは、莫大な計算能力を持つため、その能力が求められる分野では革命的な進歩を引き起こす可能性があります。しかし、ウェブサイトの暗号化アルゴリズムを解読したり[28]、（モバイルバンキングや電子商取引のセキュリティを損なうなどして）金融機関や金融システムを攻撃したりすることに悪用される危険性もあります[29]。ビットコインのような暗号通貨は、仲介者を通さず、代わりに利用者の分散型ネットワークを用いて取引を認証することにより、金融取引を簡素化するように設計されています。しかし、暗号通貨取引の認証には、莫大な計算能力が必要となるため、結果として大量の電力を消費することになります。また、それによって生じる電子廃棄物もかなりの量に達し、2021年の時点で、多くの中規模国の廃棄物量を上回るとする推計もあります[30]。そのほかにも、取引所からの盗難、薬物の不正取引、ランサムウェアや、価格の乱高下で儲けが出るバブルやねずみ講といった社会的悪影響も見られています。各国の対策の足並みはそろっていません。エルサルバドルは2021年9月、国家として初めてビットコインを法定通貨として正式に採用しました[31]。一方で、暗号通貨の取引または使用を明示的に禁止している国や、暗黙のうちに禁止している国もあります[32]。

“人間の安全保障の観点から見ると、ソーシャルメディアの利用と参加の自由を認めつつ、人々を害悪から保護することが重要となります。

ソーシャルメディアの弊害への取り組みと人権擁護

ソーシャルメディアは、人々の政治的関与、参加、行為主体性を実現する数限りない機会を提供します（エストニアの事例を紹介したBox 3.1を参照）。ソーシャルメディア・プラットフォームは、以前であれば国民的議論から排除されていた集団に発言力を与えることもできます。そして、参加者が市民として、オンラインでの議論、請願、ハッシュタグ・キャンペーンを通じ、表現の自由の権利を行使できるバーチャルな公共の場にもなります[33]。匿名での集いや交流ができるツールを備えたオンラインの市民空間は、社会的に隔絶された人々、反体制派またはマイノリティ集団にとって、特にこのような人々の声が抑圧された状態にある場合、安全な場となりえます。また、インターネット接続の実現により情報へのアクセスを可能にし、サービスを促進し、顧客とのつながりを作り、小規模生産者の市場を拡大することで、ビジネスチャンスのニーズも充足できます。これらによって人間の安全保障と人間開発全般にも寄与できます。その一方で、ソーシャルメディアが個人や集団にとって、人間の安全保障上の脅威を増幅させるおそれもあります。例えば、ソーシャルメディア・プラットフォームは、オンラインでの子どもの性的搾取、サイバー依存犯罪、オンラインを通じた過激化などを助長しかねません[34]。ソーシャルメディアは世界各地で、テロリストのプロパガンダやテロ活動の準備、募集のツールとしても悪用されています[35]。

Box 3.1 エストニアの電子政府：価値観を支えるテクノロジー

エストニアは2005年、国家として初の法的拘束力のある総選挙をインターネットを通じて実施しました[1]。2014年には、e-residency（電子居住権）を提供する最初の国になりました。これによって政府が発行するデジタルIDの取得者はエストニアのビジネス環境にアクセスでき、どこからでもすべてオンラインで事業の立ち上げと経営ができるようになっています[2]。この制度は、デジタル技術を国の発展の要にしようと、1990年代前半に始まったプロセスが結実したものです[3]。

電子政府の基盤づくりは1980年代後半、エストニアが独立を回復する前からスタートしていました。当時、エストニア・サイバネティクス研究所の傘下で活動していた作業部会は、持続的な電子情報社会（e-society）に欠かせない三本柱を定めました[4]。

- エストニア住民登録台帳との連携によって、すべての市民を識別コードに基づき特定したうえで、あらゆる政府のシステムで唯一の権威ある情報源の役割を果たす独自のメカニズム。
- 市民がリポジトリやサービスに自分自身を関連づけられる手段（エストニア国民身分証明カード）。これには、政府のシステムとやり取りする際の機密性の確保、データの内容と、そのデータの検証可能な持ち主との間の強力な紐付けの実現など、いくつかの目的があります。その本来の設計思想によって、いかなる仲介者も一切のデータを不正に改変できないようになっています。このような形で、デジタル署名の所有者はいつでも、署名の対象となる内容を確認できます。
- 賢明かつ有意義なデータの活用を可能にするシステム。X-Roadと呼ばれるこのシステムは、あらゆるデータ使用をサポートするように設計されています。保存を要するデータ量を最低限に抑え、データ・ブロックの重複を避けています。このシステムの設計、開発、展開によって、大量のデータを蓄積して反復的または重複的データ入力と照合に労力を費やす必要も、二重にデータ保護をかける必要もなくなりました。また、これによってデータの蓄積や転送の必要性も最小限に抑えられたため、一定のタイプのデータ侵害が起きる可能性も減りました。

これらの原則は、法的文書と制度・組織を通じて実施に移されています[5]。エストニアの1992年憲法は、政府が保存している個人データを本人が閲覧する権利を定めました[6]。個人データ保護法は1996年に発効しています。1997年に成立したデータベース法は、デジタル・データベースの作成と維持管理を規制するもので、これによって国へのデータベース登録制度が発足しました[7]。同法は、データ提供を求める回数を、国民一人につき1回のみと定めるとともに、データへのアクセスを規制し、あらゆるデータ操作を記録するログを義務づけています。1998年、エストニアは最初の情報化社会戦略として「エストニア情報政策原則」を採択しました。2000年2月には、議会が新電気通信法を制定し[8]、そのユニバーサル・サービスの一覧にインターネット・アクセスを加えました。

エストニアは、オープンで透明な姿勢こそが、強い信頼の基盤を作ることを証明しています。また、市民というデータの実質的な所有者に、さらに大きな統制権も与えるとともに、データシステムのレジリエンスも高めています。2007年のサイバー攻撃でも、エストニアの市民の個人データやプライバシーが損なわれることはありませんでした[9]。X-Road利用者によるデータの悪用や乱用があっても、データ・アクセス・ログのおかげで迅速な調査と対処が可能になっています[10]。

注

1. Valimised 2021. 2. Government of Estonia 2021. 3. Davies 2019. 4. Priisalu and Ottis 2017. 5. IDABC 2007; Kitsing 2011. 6. Government of Estonia 1992, Article 44. 7. 前回のデータベース法の修正は2007年であり、これによって同法は情報公開法に統合されている(Riigikogu 2000)。8. 現在は電子通信法に組み込まれている(Riigikogu 2004)。9. Priisalu and Ottis 2017. 10. Davies 2019.

“オープンで透明な姿勢こそが、強い信頼の基盤を作ることを証明しています。また、市民というデータの実質的な所有者に、さらに大きな統制権も与えるとともに、データシステムのレジリエンスも高めています。

人間の安全保障の観点から見ると、ソーシャルメディアの利用と参加の自由を認めつつ、人々を害悪から保護することが重要となります。しかし、著作権侵害であれ、テロリストのプロパガンダ拡散であれ、同意のない性的画像やヘイトスピーチの流布であれ、サイバー・ハザードに対処しながら、権利や自由を保護することはきわめて困難です。必ずしも人権の前進と両立しない優先課題を持つ官民の主体が多数関与してくるからです。世界中の政府は、オンライン・コンテンツの規制と監視能力の拡大を組み合わせる形で、これに対応してきました。こうした対策は、市民の自由にとって深刻な脅威となりかねません[36]。一方のテクノロジー企業は、コンテンツ監視員を雇ったり、違法なコンテンツを検知する新しいツールを開発するなどの対策を図っています。しかし、これによって事実上、企業が正当なコンテンツと違法なコンテンツの間の線引きを行うことになるため、利用者のデジタル的な言論の自由権、情報へのアクセス、差別禁止に関する懸念が生じかねません[37]。政党は、ソーシャルメディア・チャンネルを使って偽情報を流す一方で、逆に偽情報に関する政策立案や規制を行うこともできます。

人々に危害が及ぶことを抑えるためとはいえ、そうした措置が人権侵害を含め、人間の安全保障を損なう範囲にまで拡大されるようであってはなりません。政府の対策によって、市民の情報へのアクセスが制限されかねないため、偽情報対策法の制定にあたっては、「誤情報」や「フェイクニュース」をどのように定義するか、また、誤った情報を拡散したり、故意に誤解を与えたりする意図が懸念される場合に、どのような立証基準が必要とされるのかを含め、いくつかの課題を慎重に検討する必要があります[38]。テクノロジー企業が取れる措置としては、コンテンツ・ポリシーを評価する際に人権影響評価も必ず行うこと、および、製品開発とポリシー策定に際しては、公共セクターや市民社会との有意義な協議を行うことなどが挙げられます[39]。

既存の規制枠組みの中には、抑制と均衡の基盤になりうるものもあります。例えば、欧州社会憲章、オビエド条約（欧州生物医学条約）および条約第108号+（個人データの自動処理に係る個人の保護に関する条約+追加議定書）は、個人データとプライバシーを保護しています。世界的に適用できる専門の法的文書を策定すれば、プライバシー、責任、守秘義務、データの安全性、インフォームドコンセントに関するベンチマークも設定できるでしょう[40]。

意思決定をAIに委ねれば
人間の安全保障が揺らぐおそれも

人間中心の価値観を核として、適正に展開すれば、AI[41]は人々のウェルビーイングを向上させ、格差を狭め、人間の行為主体性を高めるうえで欠かせない手段になりえます。事実、AIには、経済的生産性を向上させるだけでなく、農家の生産性やスマート農業、気候変動への適応を支援することにより、食料安全保障などの具体的な課題に対処できる膨大な潜在能力があります[42]。例えば、米国に本社を置くaWhere社や、スウェーデンのIgnitia社は、予測型AIや予測的アナリティクスを活用し、アフリカとアジアの小規模農家に農業情報と超精密な天気予報を提供しています[43]。ウルグアイの新興農業テクノロジー企業Chipsafer社は、ほぼリアルタイムで家畜の動きを追跡し、畜牛の行動異常を検知し、病気を発症した個体の隔離を支援するウェアラブル技術を手がけています[44]。AIはまた、データを駆使する新たなエネルギー産業の台頭を促すカギにもなっています。エネルギーの需給と再生可能エネルギー源に関する総合的な情報があれば、意思決定と運用を最適化するスマート・ソフトウェアによって送電網を自律的に制御することができるでしょう[45]。

> “AIアルゴリズムは社会集団によって、大いに役立つことも、まったく役立たないこともありえます。

しかし、AIによって新たな課題も生じます[46]。人々が電子商取引に関与したり、ニュースにアクセスしたり、デジタル・ソーシャル・ネットワークで他者と交流する過程を規定するAIアルゴリズムは、人々のウェルビーイングを低下させるおそれがあるからです。例えば、人々の注意を引くことを優先するAIアルゴリズムは、人間の認識の偏りに付け込んで経済的価値を作り出すことに利用されています[47]。怒りに任せた反論を含むソーシャルメディアへの投稿は、「いいね」の数がほぼ2倍で、シェア数については他の投稿の2倍以上の反響を呼んでいます[48]。ツイートに道徳的感情を示す語を1つ加えるだけで、リツイート率が19％も上がります[49]。関心と行動を煽るアルゴリズムは、ソーシャルメディアに対して人々が不満を感じる要因になっており、気が散ることへのイライラ感やマイクロターゲティングへの抵抗感、さらには感情面でのウェルビーイングの低下を訴える人々もいます[50]。

アルゴリズムのバイアスで差別が悪化するおそれ

アルゴリズムにバイアスがあることは、十分な証拠で裏づけられています[51]。例えば、女性が高給の仕事を紹介する広告のターゲットとなる可能性は、男性よりも低いことがわかっています。AIは医療にもますます広く用いられるようになりましたが[52]、アルゴリズムの訓練用データに含まれる機会が限られているような集団の出身者の診断または治療に用いられる場合、AIツールがうまく動作しないこともあります。例を挙げるとすると、英国のある科学者チームは、眼疾患のデータセットがほとんどすべて、中国、欧州および北米の患者のものであることから、眼疾患診断アルゴリズムは、それ以外の国の人種集団について、正しく機能する確率が低いことを突き止めました[53]。また、皮膚がん診断アルゴリズムが黒人の患者の場合に精度を欠くことが多いのも、AIモデルの訓練に主として肌の白い患者の画像が用いられているためです[54]。女性に関する情報には、巨大なデータギャップが存在しますが、開発途上国では有資格の医療従事者が不足していることもあり、このバイアスがさらに明確に表れています[55]。

AIアルゴリズムは社会集団によって、大いに役立つことも、まったく役立たないこともありえます。顔認証技術の性能は、女性と非白人の場合には顕著に劣ります。警察の捜査に顔認証が広く用いられるようになったことで、黒人が無実の罪に問われるケースが増えています(Box 3.2)。アルゴリズムは、犯罪現場で撮影された監視カメラ映像をデータベース上の夥しい数の顔と照合できますが、その映像に黒人が含まれている場合は、照合を誤る確率が高まります。就職や昇進、信用調査や保釈の申請は、人々のデジタル・プロファイルに基づき決定を下すAIアルゴリズムによって処理されることが増えているため、不当な結果を生むおそれが高まっています[56]。

AIアルゴリズムは、ローンの承認や採用選考、昇進者の決定に影響を及ぼすこともあります。例えば、オンラインの技術者採用プラットフォームのGildは、履歴書や応募書類だけでなく、応募者がプログラミング業界で有する「社会関係資本」も考慮して、候補者の評価を行います[57]。日本のある漫画サイトを頻繁に訪れる応募者には、高いスコアが付きます。優秀なプログラミング技能を示す確固たる予測因子だからです[58]。ところが、こうした漫画サイトを頻繁に閲覧するのは男性で、内容も性差別主義的なことから、通常、女性からは敬遠される傾向があり、そのためほとんどの女性が選考から除外されてしまいます[59]。

Box 3.2 顔認識技術は危険で野放しに近い状態

顔認識をその他の人工知能技術と組み合わせれば、日常的な医療へのアクセス拡大、行方不明者の特定[1]、さらには、避難民のための国際的なデジタル身分証明書などの形で、暮らしを改善できる可能性があります[2]。しかし、人権団体や活動家のほか、国際機関も、この技術が正確ではなく、きちんと規制されてもいないと懸念を表明しています。顔認識ソフトウェアは人間が作っているため、人間のバイアスをそのまま反映する傾向があるからです。米国の企業が開発したソフトウェアは、白人男性よりも女性や有色人を誤認する確率がはるかに高い一方で、東アジア製のソフトウェアは、東アジアの男性の顔をより正確に認識します[3]。顔認識技術を警察の捜査に活用すれば、有色人種の不当な逮捕や投獄が生じるおそれもあります[4]。

さらに幅広い意味で、顔認識技術はプライバシーの問題を生みます。政府がデモ参加者や政敵を弾圧したり、少数民族を狙い撃ちしたりすることを可能にしかねないからです[5]。顔認証がこれほど広く利用されているという事実は[6]、権利侵害のおそれもそれだけ広がっていることを示唆します。顔認証は治安維持や国境警備、テロ対策など、合法的な目的で用いられることもあります。しかし、単なる誤認への不安だけでなく、プライ

AIを採用に活用する雇用主もいます。その目的としては、候補者の幅を広げること、採用に用いる通常のネットワークや経路以外の手段も活用すること、採用担当者の主観への依存度を減らすことが多く挙げられています。しかし、こうしたアルゴリズムは所期の成果を上げていません。事実、Amazonは女性に対して差別的だという理由で、AI採用ツールの廃棄を余儀なくされました[60]。

AIが開発途上国で導入される場合、アルゴリズムのバイアスはさら

バシーの放棄を受け入れがたいと考えるコミュニティもあります。また、顔認識を避けようとする者にとっては、特殊なメイクやその他の手段が有効となります。それによって、顔認識の質を根本的に低下させることもできるからです[7]。

顔認識技術には不確実性が伴うにもかかわらず、その利用を禁止している国は3か国しかありません[8]。全面的な禁止に至らない規制は比較的広く見られるものの、その数は依然として少なく、場当たり的なものにとどまっています。米国では、禁止措置を取っている市や州がある一方で、多くは犯罪捜査目的でその利用を続けています[9]。欧州委員会も顔認識に関するガイドラインを出していますが、域内各国での規制状況には大きな差があります[10]。監視という点については、顔認識が気づかれないような形で用いられることが多いため、それがどこで、どのように利用されているかを把握することは困難になっています。世界で少なくとも64か国が顔認識技術を利用しており、それによる人権侵害をどう防ぐのかという懸念が持ち上がっています[11]。

注
1. Girasa 2020. 2. Juskalian 2018. 3. Madianou 2019; Radu 2019. 4. Hill 2020. 5. Ghosh 2020. 6. Amnesty International 2021a; Feldstein 2019. 7. Guetta and others 2021. 8. Girasa 2020. 9. Amnesty International 2021b; Turley 2020. 10. Girasa 2020. 11. Feldstein 2019.

に顕著な影響を及ぼします[61]。AIアプリケーションは、開発途上国以外で開発されたものが多く、利用できるデータセットはほとんどが先進国の人々に関するものとなっています。AIシステムには、製作者の信念やバイアスを反映するアルゴリズムが搭載されていることもあるため、それによって感応度に影響が出るおそれがあります。その結果これが恵まれない環境にある人々に対し、その人たちの将来性などまで視野に入れた情報やデータなしにそのまま適用されれば、差別的な結果が出てしまいかねません[62]。一例を挙げるならば、Mana Data Foundationと国連女性機関(UN Women)は、中国のプログラムの多くで女性に対する体系的な偏見が見られることを突き止めています[63]。

デジタル技術については、人間を関与させるなどの安全策を要求するとともに(AIアプリケーションに対する人間の十分な監督と統制を

図3.1 デジタル労働プラットフォームの拡大

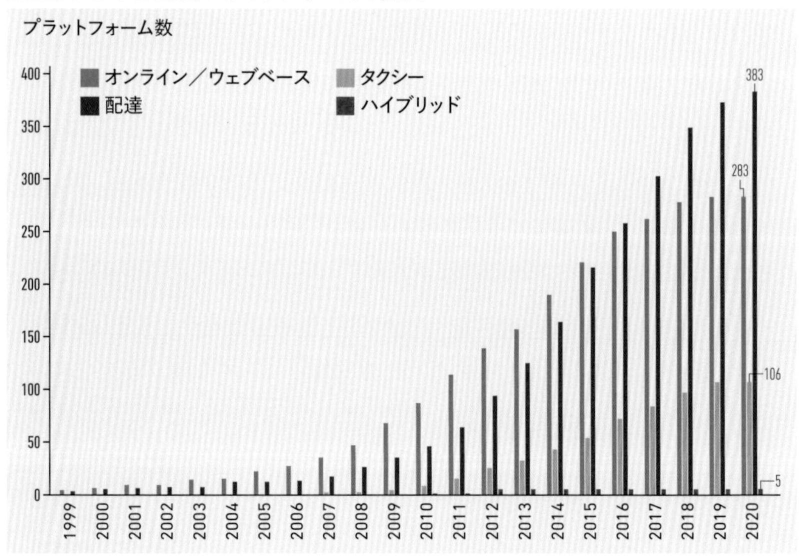

注:現在運用中のプラットフォームのみ。 出典:ILO 2021c, figure 1.3

確保するため)、プライバシーを設計段階から積極的に組み込む(その場の対処療法的な手法を取るのではなく、プライバシーの侵害を予見し、防止するため)ことができるでしょう[64]。また、規制枠組みでは、テクノロジーの便益と利用者のプライバシーのどちらかの選択を強いるのではなく、その両方を満たすこともできます。

AI搭載ツールの基盤となっているデータセットの多様性を高めれば、これまでしっかりとデータが拾われてこなかったことによって生じるバイアスの緩和に役立つ可能性があります。しかし、過小代表のグループからデータを収集する場合には、低所得国の人々に対しての搾取や、プライバシー保護の不備など、倫理上見落とせないいくつかの追加的な課題が生じているかもしれないことにまで留意する必要があります[65]。

労務管理のデジタル化で、人間の安全保障が損なわれるおそれ

労務管理のデジタル化は、仕事の世界の様相を変えつつあります(図3.1)。デジタル労務管理プラットフォームには、ウェブベースのプラットフォーム(事務作業の外注など、多様な地域の労働者集団を活用するもの)と、特定の地域に根ざしたプラットフォーム(出前や配車サービスなど、特定地域内で仕事を配分するもの)が含まれます[66]。

> “デジタル技術については、人間を関与させるなどの安全策を要求するとともに(AIアプリケーションに対する人間の十分な監督と統制を確保するため)、プライバシーを設計段階から積極的に組み込む(その場の対処療法的な手法を取るのではなく、プライバシーの侵害を予見し、防止するため)ことができるでしょう。

デジタル労働プラットフォームにより、先進国と途上国の双方でイ

ンフォーマルな労働力が生まれ、仕事の世界に新しい形の不安全を生み出しています[67]。オンラインのウェブベース・プラットフォームで雇用される労働者の勤務時間は典型的な場合、週27時間に上りますが、そのうち約3分の1(8時間)は、無給労働(検索)に費やされています。こうした労働者の約半数は、他にも有給の仕事に就いており、こちらのほうの労働時間も週平均28時間に上ります。タクシー業と配達業に従事する労働者の仕事はきわめて集約的で長時間に及び、週平均労働時間はタクシー業で65時間、配達業で59時間となっています。ウェブベース・プラットフォームの労働者の中には、勤務のスケジュールも時間数も予測できないのが普通になっているケースも見られます[68]。

このようなプラットフォームを通じて雇用された人々の労働条件は実質的に、AIベースのアルゴリズムで決定されており、勤務時間や業務配分、実績評価、賃金がいずれもアルゴリズムの影響を受けます。アプリベースのタクシー業と配達業に従事する労働者の調査結果を見ると、仕事を断ったり、キャンセルしたりすれば、その格付けに悪影響が生じ、それによって仕事が来なくなったり、ボーナスがなくなったり、罰金を科されたり、最悪の場合にはアカウントを停止されたりするおそれがあるため、頼まれた仕事は受けるしかないのが実情と見られます[69]。AIが決定する評価に基づき、不当な取り扱いを受けているプラットフォーム労働者も多くいます。例えば、間違ったアルゴリズム評価に基づき、仕事が回されなかった場合でも、その後は賃金だけでなく、将来的な仕事を確保する能力に影響が出ます[70]。こうしたプラットフォームを通じて雇われた労働者は、社会保障と労働法の適用外となることが多くなっています。また、しばしば自営業者に分類されるため、プラットフォーム労働者の多くは団体交渉に加われません。地理的に分散していることも、集団的組織化を阻む課題となっています。

“デジタル労働プラットフォームにより、先進国と途上国の双方でインフォーマルな労働力が生まれ、仕事の世界に新しい形の不安全を生み出しています。

新興AI企業の多くでは、デジタル労働プラットフォームとプラットフォーム労働者の頭脳への依存度が高くなっています。事実、マイクロタスク・プラットフォームのようなデジタル労働プラットフォームは、AIが画像や音声、テキストを区別できず、その処理に人知が必要であることを理由に出現したものです[71]。企業はこの業務の外注により、コストを削減すると同時に、将来的な自動化に向けて機械学習とアルゴリズム訓練用のデータ・アーカイブを構築するという、二重の利点を手にすることができたのです[72]。

プラットフォーム労働とギグ・エコノミー（インターネットを通じて得る単発の仕事で回っている経済）での特質として捉えられることが多いAIによる管理法は、小売業など従来型の業界でも実践されるようになってきました。このような実践については、労働者の精神衛生と身体の健康への影響などの懸念が募りつつあります。職場でのAIの活用法には、アルゴリズムを用いた効率の改善が含まれます。例えば、AIを搭載するシステムは、休憩時間の長さや業務完了のスピードなど、労働者の仕事ぶりを逐一、詳細に追跡できます[73]。常時監視され、生産性目標を達成するようプレッシャーをかけられれば、ストレスが強まり、仕事に対する満足度は低下しかねません。こうした労働の質的低下とプライバシーの侵害は、労働者の尊厳と、誇りを持って仕事に取り組む能力を根底から損ないます[74]。このようなアルゴリズムが労働者に対し、常に解雇の不安を感じさせながら、過酷なペースで商品の梱包と仕分けを強いていることを示すエビデンスもあります。米国労働安全衛生局によると、Amazonの倉庫で働く労働者の間では近年、労働災害の件数が平均をはるかに超える勢いで増えていますが、この傾向はアルゴリズムが加えるプレッシャーに原因があるとされています[75]。

誠実に働いているという信頼は、尊厳を持って働けるかどうかを決めるうえでカギを握る要素ですが[76]、アルゴリズムによる細かすぎる管理（マイクロマネジメント）は、従業員にこれを認めません。なかには、AIアルゴリズムを用いて労働者の解雇に関する決定を下すような企業もあります[77]。英国商店流通労働組合の組合員を対象とする調査によると、雇用主が業績関連のデータをどう利用しているかについて理解できているという確信が「ある程度はある」または「大いにある」とした回答者はわずか8％にすぎない一方で、確信が「まったくない」という答えは67％に上りました[78]。

アルゴリズムがどのように決定を下しているのかに関する透明性を高めれば、恣意的な懲罰と解雇を防ぐことができます。透明性が高まれば、労働者と上司との間で損なわれた信頼関係の修復が始まるかもしれません。雇用主が収集できるデータの種類と量、およびこのようなデータを利用する目的を統制すれば、労働者のプライバシーと尊厳の保護に役立つ可能性もあります[79]。

技術革新へのアクセス格差

人は最新の技術やツール、製品へのアクセスが限られてしまうと、特に、新しい経済機会を手にすることができず、新たな技術革新を活用しうる立場にあればこそ得られるようなウェルビーイング向上の恩恵

図3.2 新型コロナ・ワクチン関連の特許は、一握りの国に集中

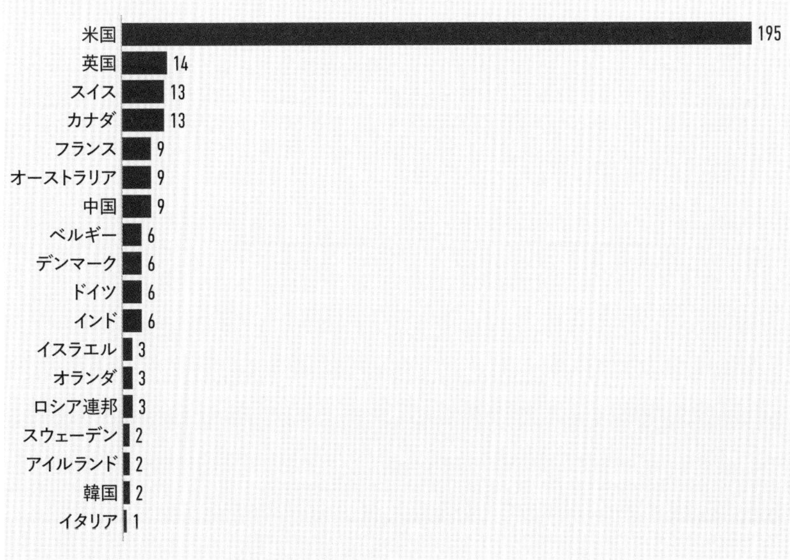

出典：WIPO（2021）をもとに人間開発報告書室が計算。

も得られないという意味で、不平等が増幅されるおそれがあります[80]。技術進歩にアクセスできないことで、人間の安全保障にどのような影響が生じるかは、コロナ禍ではっきりと実証されました。いくつかの要因がワクチンへのアクセスを阻んでいますが、新型コロナ・ワクチンの特許がほんの一握りの国に集中しているという事実は衝撃的です(図3.2)。現代科学の印象的な成果として、ワクチンは記録的な速さで開発されましたが、多くの開発途上国は、その国民に広く接種を施せるほど、ワクチンにアクセスできていません(第6章を参照)[81]。

ワクチンの入手可能性を阻む主因はもはや生産の問題ではありません[82]。事実、世界には十分なワクチンを生産する能力がありますが、少数の巨大製薬会社の知的所有権などによって、生産が滞っているのが現状です。知的所有権の一時停止を求める世界的運動が、ワクチンだけでなく、COVID-19に関連する幅広い治療法、試験および製品についても呼びかけられています[83]。

“新型コロナ・ワクチンの特許がほんの一握りの国に集中しているという事実は衝撃的です。

世界貿易機関（WTO）では、インド、南アフリカをはじめとする開発途上国が、新型コロナ・ワクチンと関連の治療薬に関する特許の適用を除外しようとしましたが、この試みは何度も妨害されています[84]。米国は特許放棄の要求を支援する姿勢を示しているものの[85]、数社の医薬品メーカーの反対にあっています[86]。WTOの「知的所有権の貿易関連の側面に関する協定（TRIPS）」は、強制実施許諾を特定の品目について認めています。また、「TRIPS協定および公衆衛生に関するドーハ宣言」は公衆衛生上の緊急事態を、他の国々で必須医薬品の生産を可能にする強制実施許諾を付与するのに相当な理由として明記しています[87]。欧州連合（EU）は、現行のWTOの規定をさらに発展させた提案を行っています[88]。

特に低所得国と中所得国で、安全で効果的な新型コロナ・ワクチンの供給と流通を増大させない限り、ワクチンの公平性は達成できません。全世界の需要をカバーできる量のワクチンを単独で生産できる製薬会社はないため、これまでは需要が供給をはるかに上回る環境の中で、高所得国が不当に大きな取り分を確保する結果となってきました。ワクチン関連のノウハウ共有は、生産のスケールを拡大するだけでなく、新たな変異株に対処する第2世代型ワクチンの開発を進めるうえでも欠かせません[89]。

WHOは加盟国と現状のワクチン製造業者に対し、「COVID-19テクノロジー・アクセス・プール(C-TAP)」や「mRNAワクチン技術移転ハブ」を通じた積極的協力により、ノウハウやデータ、テクノロジーの共有を図るよう強く促しています。C-TAPはコスタリカと40の共同提案国の支援により立ち上げられたもので、開発者が営業秘密やノウハウを含む知的財産とデータを共有できるプラットフォームを提供することで、透明かつ非独占的な形でテクノロジーの自発的ライセンス供与を可能にするというねらいがあります。一方の技術移転ハブは最近、WHO、感染症流行対策イノベーション連合(CEPI)およびCOVID-19ワクチン・グローバル・アクセス(COVAX)イニシアチブが発表した取り組みであり、最初の拠点は南アフリカに設けられています。しかし、こうした措置はいままでのところ、十分な成果を上げていません[90]。

> 特許制度は、独占力のみに依存せずに、イノベーションを促す幅広い制度的取り決めの一環とするのが理想といえます。

現行の特許制度には限界があるとの認識のもと、政策立案者の検討に値するものとして、いくつかの代替的な対価の形態が提案されています。特許権者がすべて、その発明品を商業化するための資源や意思を持っているわけではないため、特許権の売却を望む者を対象に、さらに集中化した制度を考案することもできるでしょう。それによって、特許権者がその知的財産から利益を得られる一方で、企業やその他の発明者が新しいアイデアや技術にアクセスすることも容易になり、将来的なイノベーションが促進される可能性もあります[91]。

政府は、イノベーションに対する対価として、将来の研究への直接的な資金供与や税額控除を検討できるでしょう[92]。ナレッジ・コモンズ（知的資源を共有する場）を整備すれば、協業を行ったり、就職に有利な一連のスキルを実証したりする機会の増大など、目には見えにくくとも、人々にイノベーションと成果の共有を促せる便益が生まれるでしょう[93]。特許制度は、独占力のみに依存せずに、イノベーションを促す幅広い制度的取り決めの一環とするのが理想といえます[94]。

こうした制度的取り決めの例としては、デジタル、非デジタル企業双方がコストゼロで利用できるソフトウェア・アプリケーションのオープンソース・プラットフォームのApache Hadoop、Nginx、Githubなどが挙げられます。多くの企業と開発者が利用するGithubは、ツールやソフトウェア、アプリケーション・プログラムのオープンソース・リポジトリです。このプラットフォームを使えば、大量の時間と資金を費やすことなく[95]、チームによる協業などを通じて、プログラムやツールにアクセスでき、その共有とカスタマイズも行えるようになります[96]。大手IT企業の中には、オープンソース・プラットフォームと協業しているものが多くあります。これによって、自社のイメージを改善し、正当性を獲得するとともに、その分野における最新のイノベーションを吸収するうえで後れをとらずにすむからです[97]。Microsoftは、Apacheソフトウェア財団との協業により、その開発者のボランティア・コミュニティを通じて、製品やイノベーションを提供しています。Googleは同社のAndroidに関する特許を公開し[98]、Teslaも外部の開発者に自社の特許を公開しているほか[99]、米国航空宇宙局（NASA）も最近、数百件の特許を公開することで[100]、長年の伝統を維持しています[101]。

＊　＊　＊

デジタル技術は多くの点で、能力の拡大と人間の安全保障の充実を約束してくれるでしょう。しかし、技術進歩には新たな課題も伴います。デジタル技術が幅広く採用されるようになるにつれ、人間の安全保障というアプローチは、テクノロジーが人々のウェルビーイングや権利、能力を損ないかねないことに対する注意を喚起します。人々は、個人の情報や日々の生活の中で接するシステムをターゲットとするサイバー攻撃によって、かなりの影響を受けるようになっています。人権や自由を侵害するサイバー空間上でのさまざまな危害に対処するとしながら、それがかえって人間の安全保障を損なうこともあります。意思決定にアルゴリズムが多用されることによって、差別が複合化し、不安定かつ不安全感をもたらすような労働条件が広がりつつあります。新型コロナ・ワクチンのような死活的に重要なテクノロジーへのアクセス格差は、個人と社会全体の人間の安全保障に対し、広範囲にわたる影響を及ぼしかねません。新たな技術が人間の安全保障に及ぼしかねない諸問題に十分に対処できなければ、そうした技術が人々の能力を広げるのだという約束は絵にかいた餅になってしまいかねないのです。

第４章

暴力的紛争が人間に及ぼす
影響を掘り起こす

あらゆる場所で、あらゆる形の暴力を減じていくことは、人間の安全保障にとって一つの前提条件であると同時に、「持続可能な開発のための2030アジェンダ」の中核的なターゲットの一つでもあります[1]。暴力的紛争や対人暴力は、人間の身体を保全するうえで直接の脅威となります。ある調査によると、コロナ禍発生前は、一日当たり100人の民間人が武力紛争で命を失っていましたが、殺人の犠牲者はその12倍を超える一日当たり1,205人に上っていました[2]。今も続くコロナ禍は、家庭内暴力[3]と政治的暴力を増大させる原因になっていると見られます[4]。しかし、人々の物理的な安全が確保されたとしてもなお、暴力を減少させることと、恐怖や不安および戦争からの自由、そして尊厳を持って生きる自由を達成することの間には、大きな開きがあります。直接、間接を問わず、暴力によって広い意味での人々のウェルビーイングや人間開発はより広い意味で損なわれます。紛争と暴力で人々は住まいを追われるばかりか、安全を求めんがため、さらに身の安全を脅威にさらすようなことさえありえます[5]。もとより、暴力へのおそれがあるだけでも、人々は公共の場を利用できなくなり[6]、それによって自らの行為主体性と社会への参加も制限されることになります。安心感の確保がSDGs目標16の達成に欠かせない要素でもあるにもかかわらずです[7]。

現在、紛争はさまざまなレベルで激化の傾向を示しています。暴力的紛争は、それによる死者こそ以前よりは少なくなっているものの、その国の人間開発指数（HDI）の水準如何にかかわらずかなりの広がりを見せています。より多くの場所で、より多くの人々が何らかの紛争を経験していることになります。第1章で見たとおり、世界人口の過半数までもが暴力の脅威により、不安全感を感じているというのもこのためです。そこで、本章では、紛争をもたらす諸要因はさておき、人々に焦点を置いた紛争分析を行うことにより、暴力的紛争が人間にいかなる影響を及ぼしているのかに光を当てることにします。まず出発点として、確立されている紛争の定義に触れたうえで、人間の安全保障に対する複合的な脅威を概観し、さらに紛争地域に暮らす人々へと分析の対象を拡大します。そこでは、暴力的紛争そのものを解説するというよりも、保護とエンパワーメントと連帯を基盤とする新世代型の人間の安全保障ならではの視点を用い、紛争の影響を受けている人々のこれまで見落とされがちだった諸側面に光を当て、公正で平和的な社会の構築に向かってどのような支援が提供できるのかを示していくことにします。

人間の安全保障への複雑な脅威を伴う紛争にはシステミックな対応が必要

戦争や武装集団間の紛争、暴力、犯罪、暴動などはこれまで開発にかかわる問題として捉えられることも多く、そこでは、例えば、経済成長によって紛争が減ることで平和が広がるといった考えも見られました。しかし、国連と世界銀行による共同報告書『平和への道（Pathways for Peace）』で論じられているとおり、最近の傾向はこの仮説に疑問を投げかけています[8]。暴力的紛争が人間開発の進展と並行して増加するという、「不安全（安全保障の喪失）感を伴った開発」の傾向が現れてきているからです（図4.1）。また、暴力的紛争はHDIが比較的高い国でも広がっているほか[9]、非国家主体間の紛争と呼ばれる、武装集団間の対立という形を取る動きも増えています[10]。

こうした傾向の背景には何があるのでしょうか。本報告書は、人間の安全保障に対する脅威を助長する新たな現実として、人新世という時代背景があると論じています。この新しい状況下においては、開発

図4.1 暴力的紛争は、人間開発の進展と並行して増加

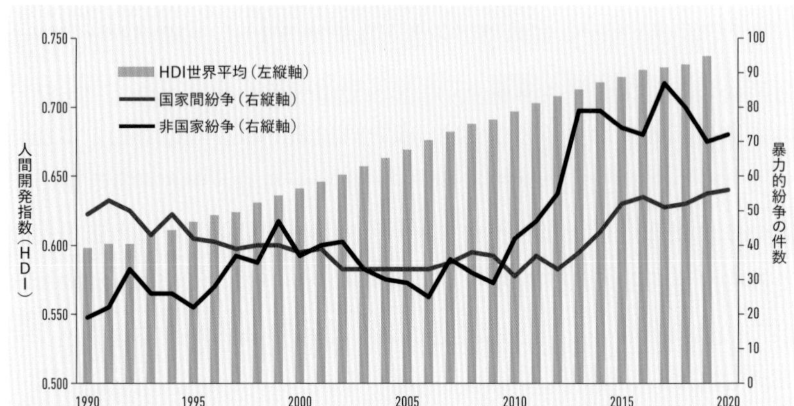

出典：ウプサラ紛争データプログラム／オスロ平和研究所武力紛争データセット、バージョン21.1およびウプサラ紛争データプログラム非国家紛争データセット、バージョン21.1をもとに人間開発報告書室が作成。

が進めば安全も得られるという関係性を当然視することはできません。地球規模の混乱は紛争の力学や不平等、技術革新といった動きとの相互作用によって紛争と暴力の新たな温床を作り出しています。新世代型の人間の安全保障への脅威のどれ一つをとっても、それだけで暴力的紛争の増加の理由を説明できません。なぜなら、それらの相互作用によって緊張関係が増大しているからです。

❝ 暴力的紛争が人間開発の進展と並行して増加するという、「不安全（安全保障の喪失）感を伴った開発」の傾向が現れてきているからです。

開発が必ずしも安全の保障につながらないという現象は、これまでの開発のあり方の副産物であり、これに植民地支配を含む歴史的な不公正が複合的に絡み合っている可能性があります。実際、開発の恩恵はあらゆる人に及んでいたわけではなく、場合によっては置き去りに

された集団もありました[11]。経済成長にばかりほとんどの力点を置き、公平な人間開発を著しく軽んじるような開発アプローチは、極端な不平等をさらに広げると同時に、プラネタリー圧力も高めてきたのです[12]。以下で見るように、人新世という時代背景の中では、さまざまなリスクが紛争をもたらす緊張状態を高め、紛争はまた水平的不平等、すなわち政治的・経済的権力が少数の者に集中し、大多数が排除される状況と密接に結びついていくことになったのです。

この時代背景において人間の安全保障を取り上げる場合には、複雑に折り重なった脅威がどのように相互作用を引き起こし、状況の変化に応じていかなるシステミックな対応を必要としているのかを検討しなければなりません[13]。その点、複雑性理論の中に平和の持続に向けたシステミックで適応型のアプローチを策定する際に参考となる有益な洞察を見出すことができます(Box 4.1)。

Box 4.1 適応的平和構築:社会生態システムのレジリエンスと持続可能性を強化する複雑性理論の知見から

複雑性理論は、例えば、気候変動関連のストレス要因が希少な資源をめぐる競争をどのように激化させるのかなど、社会生態システムが一定の圧力を受けた中でいかに機能するかを理解するための新しい方法を提供します。また、社会システムのレジリエンスと適応力にどのような影響を与えれば、暴力的紛争の予防と抑制、さらには紛争後の復興に役立つかを理解するための理論的枠組みにもなります。

アフガニスタンやその他の国での経験を見てもわかるとおり、実施したプロジェクト(例えば、イラクでの地域社会の暴力削減を図る取り組みや、ソマリアでの治安部門改革など)の成果を何らかの確実性をもって予測することはできません。また、南アフリカの真実和解委員会など、比較的うまく機能したモデルを他の国で活用し、同じ成果を期待することも不可能です。この不確実性や再現不可能性は、複雑なシステムが持つ特徴なのであって、私たちの知識が不十分であったり、計画の策定や実施が不適切であったがための結果ではありません。ここでいう適応的平和構築では、したがって、複雑な社会変革プロセスに内在する固有の不確実性や予測不可能性や再現不可能性にあえて取り組むことが目的となります。これは平和構築要員が紛争の影響を受けている人々とともに、帰納的学習と適応の反復的プロセスに積極的に参画する手法です。

自己組織化によって複雑なシステムがどのように維持され、変容していくのかを見るならば、当該の社会の文化や歴史や社会生態の文脈の中から、平和を促進、保全するレジリエントな社会制度が生まれてこない限り、平和は自己持続的なものとはならないことがわかります。社会が平和的だといえるのは、人々が暴力に訴えて自分たちの利益を追求しなくても、制度の働きによって政治的・経済的競争を管理できるからにほかなりません。よって、平和を自己持続可能なものとするためには、紛争を特定し、これを平和的に誘導、管理できるだけの強靭な社会制度が必要となります。

平和構築に従事する要員はこのプロセスを支援できますが、過度に介入しすぎると、自己組織化に欠かせないフィードバックの出現と持続を妨げることで、かえって弊害がもたらされるおそれもあります。外部の介入で問題が解決されるたびに、内的なフィードバック・プロセスが中断されるからです。その結果、自己組織化とレジリエンス強化を促す機会が台無しになりかねません。例えば、国際的な活動が事態の安定化に効果的であればあるほど、現地の政治エリートたちにとっては自己持続可能な平和の実現に必要な政治的解決策に力を注ぐインセンティブが低下していくことになりがちです。こうした緊張関係と、それによって国際機関に課される制約を理解できれば、なぜある政策イニシアティブが現地での介入度が高すぎた結果、社会の自己組織化能力が損なわれてしまったのか、その理由がわかるでしょう。典型的な例では重きを置かれがちな国際的なノウハウと、その土地に根ざした知識に対するウエイトの割合を変える必要があります。平和構築を成功に導くカギは、外部の支援と現地の自己組織化の間に、適切なバランスを取ることにありますが、このバランスはそれぞれの文脈で異なってきます。

適応型の平和構築のアプローチは、専門的または科学的知識の重要性を否定するのではなく、当該の社会における特定の文脈に応じてエビデンスに基づく助言を行うにはどうしたらよいかを理解することも併せて重要だということを示唆するものです。例えば、科学的知識によれば、コロナ禍の蔓延を防ぐためには、人々の濃厚接触を避けねばならないとしても、人口密度が高いスラム街では、地域住民とパートナーシップを組み協働して、状況に適応したやり方の導入と学習を行わない限り、この対策は実現できません。どのような平和構築の取り組みでも、その実効性と持続可能性を確保するには、そこに関与する人々のエンパワーメントと行為主体性が欠かせないのはそのためです。

このように、適応的平和構築は、紛争の予防と解決のための規範的かつ機能的アプローチであり、そのねらいは、何ら危害を及ぼすことなく、平和の持続に向けた社会生態システムの変革プロセスに内在する複雑性に取り組むことにあるのです。

出典：de Coning（2018）に基づき、セドリック・デコーニングが作成。

連帯と信頼を阻む暴力的紛争

第1章では、人間の安全保障枠組みに新たに連帯の戦略を導入すべきことを論じ、今日の世界では、非個人的な信頼を高めることが、連帯の醸成に役立つ可能性を指摘しました。人間の安全保障に対する新たな脅威の中には、国境を越えるものが多く、その増大要因をどの主体も単独で制御できないことを考えれば、このことは特に大きな意味を帯びてきます。戦闘が国境を越えて広がり、戦争によって人々が避難を強制され、組織的犯罪が国境を越えた違法なネットワークを通じて蔓延する中で[14]、紛争やそれがもたらす破壊的影響と無縁の国はありません。紛争の引き金となる要因と人間の安全保障への脅威がグローバルな規模に及びかねない場合には、平和もまた、相互連関的かつ国際的に希求されるべきものでなければなりません。したがって、脅威が複雑に絡み合い、紛争につながる緊張を高める複合的な課題に対処し、平和を持続させるためには、第1章で定義した連帯感がまさに必要となるのです。

人々の恐怖や不安が募ると、社会の分極化が進み、亀裂も深まるなどして、社会契約は弱体化していきます[15]。こうした中、集団を暴力へと誘導することで利益を得ようとするリーダーが、社会の亀裂を政治に利用したり[16]、民主的な制度機構や規範を損なう主張を展開したりする動きもよく見られます[17]。近年は、特に脆弱性を抱えているわけでもなく、また、紛争状態にあるわけでもない国であっても、国際規範の違反や人権の侵害、市民的な自由に対する抑圧といった事態が発生しています[18]。人権活動家や環境活動家が攻撃の対象となるケースも増えていますが、その陰には抗議の声や政敵を黙らせようとする戦略が潜んでいる場合もあります[19]。実際に、ターゲットを絞って人を殺害することで、多くの人々に恐怖を与え、人々の行為主体性と集団行動を抑えつけることができるからです。

環境活動家を狙い撃ちにする殺害事件は、リスクと不平等、暴力の間の相互作用が最悪の形で表れた例といえるでしょう。まさにプラネタリー圧力緩和を求める人々が多数迫害されることで、核の脅威にも匹敵する人類存続の危機をもたらす地球規模の危険な変化がさらに進むからです[20]。人新世という時代背景の中で、人間の選択は、社会が依存する生物圏の基盤を破壊するほどの圧力を地球に及ぼします。核兵器やその他の大量破壊兵器の場合、絶滅の脅威は明らかです。核のリスクは現在、過去40年間で最悪のレベルにあります[21]。装置の誤作動、違法取引、ヒューマンエラー、地政学的な変動、そして軍拡競争などに関連するリスクは人間の安全保障を負のスパイラルに陥れかねません。

各国が保護と安全保障にさらに多くの資源を割り当てる必要性に迫られるようになると、人々の行為主体性とエンパワーメントを強化したり、プラネタリー圧力を緩和したりするための人間開発への投資は、先延ばしか実行されなくなるおそれがあります。世界の軍事費は2020年にほぼ2兆ドルと、冷戦終結以来の最高水準に達しました[22]。コロナ禍で引き起こされた公衆衛生上の危機が社会経済危機に発展し、各地で人間開発の進展が危ぶまれる中で、政府開発援助（ODA）も2020年には記録的水準に達しましたが、それでも軍事費の10％にも及びません[23]。しかも、今なお続くコロナ禍に見られるとおり、ODAの大部分は緊急の人道危機の緩和に必要とされており、紛争解決や、紛争の根底にある要因の変容に使える余地は少なくなっています。現時点で、軍事費は全世界のGDPの2.4％に上るのに対し[24]、人新世という時代背景の中で、人間の安全保障に対する最大級の脅威となりかねない環境破壊への対策が占める割合は、はるかに低くなっています。例えば、2019年にEU諸国が環境保護に費やした金額は、平均でGDPのわずか0.8％にすぎません[25]。

軍事費が増大するにつれ、兵器の拡散も進みました。世界の小型武器の備蓄量は過去10年を通じて増大を続け、現在は10億丁を超えています[26]。小型武器全体のうち、軍の保有量は13％にすぎず、銃の大半は民間人が手にしています[27]。しかし、護身のために銃を買うなど、個人的に安全を確保するための解決策は、逆に人間の不安全感を増す結果になりかねません。例えば、南アジアの4つのコミュニティでは、小型武器の拡散で恐怖や不安、疑念が強まり、治安が悪化しています[28]。国連事務総長は2018年、新たな軍縮アジェンダの概要を発表しました。紛争の複雑化と長期化、急速な技術開発、根強い核の脅威を受け、事務総長はこのアジェンダにおいて政府に対し、コミュニティと国家の両方のレベルで軍縮を加速するよう強く訴えています。

ところが、主要なODA援助国には、世界最大の武器輸出国が含まれており、国際的に合意された軍縮義務の履行も遅々として進んでいません[29]。ここからは世界的な連帯よりも自国の守りを優先する考えが蔓延し、グローバルレベルでの信頼も低迷する現状が垣間見えてきます。こうした信頼の赤字に対処し、暴力の影響を受けているコミュニティの和解を図るとともに、社会の分断を抑え、紛争の緊張を緩和していくことは、もはや紛争を直接経験している地域や紛争終結後の地域以外であっても急務となっているのです。

紛争後の環境では、真実和解プログラムを通じて国の再建を支援できる一方、政治的な環境の外側で集団間の接触を増やすことによって、一定の信頼と寛容を生み出すことは可能かもしれません[30]。それでも、こうした活動の意図せざる影響には細心の注意を払う必要があります。心的外傷後ストレス障害（PTSD）その他の深刻な影響との関連性が指摘されているからです[31]。より広範な説明責任のプロセスを導入し、人権を擁護し、人権侵害に対する不処罰を終わらせていかなければ、紛争関連の暴力が新しい形で現れたり[32]、社会的・政治的な制度に対し恨みや不信が残ったりすることとなり、紛争による緊張が潜在的な形で続くことにもなりかねません。

大切なのは説明責任と平和へのグローバルなコミットメント

説明責任と平和へのコミットメントの遂行こそ、信頼と連帯を育むうえでカギを握る重要な要素であることが明らかになってきています。しかし、今日の暴力的紛争をめぐる環境において、非国家主体間の長年にわたる暴力的紛争と、犯罪組織による恒常的暴力が大きな割合を占めるようになっているため[33]、むしろリーダーシップと説明責任の実効性に関する課題が持ち上がっています。犯罪組織が力づくで国家権力に入り込み、統治機構を牛耳るようなケースを指摘する学者も増えています[34]。例えば、研究によると、メキシコのカルテルは議員や候補者を攻撃し、地元の支配を確立していることが明らかになっています[35]。犯罪組織や地元のギャング、武装集団が地域社会に対し、統治や警護、ルールの執行といった国家の役割に似た機能を担うようになれば、国家による実力装置の独占が脅かされ、司法制度が市民を守ることもできなくなります[36]。コロナ禍の最中にも、犯罪組織は公衆衛生上の危機に乗じ、ソーシャル・ディスタンス規制を守らせたり、地域住民に物資を配給したりして、その影響力を拡大しました[37]。紛争によって避難や移動を強いられたる人々の増加や、戦争における自律型システムと人工知能の活用との関連でも、人権と説明責任にまつわる同じような問題が持ち上がっています。

“紛争によって避難や移動を強いられたる人々の増加や、戦争における自律型システムと人工知能の活用との関連でも、人権と説明責任にまつわる同じような問題が持ち上がっています。

現状の多国間システムは、将来の世代を戦争の惨害から守ることを目的の一つとして構築されていますが、その制度は新たな紛争の脅威に立ち向かうべく進化を遂げています[38]。人道・開発・平和のネクサスというアプローチは、すべての人にとって平和で公正な未来を促進するには、身体の保全だけでなく、最低限の経済的、社会的、政治的および文化的自由も重要となることを示唆しています。気候と安全保障の関係に関する制度的なイノベーションや[39]、平和構築の議論のテーブルに新たな声を加える「若者・平和・安全保障のアジェンダ[40]」やジェンダー問題に対応した平和構築に関する画期的な安全保障理事会決議1325号[41]、および最近の最新・新興技術に関する国連安全保障理事会での議論などは、多国間の協議の場で安全保障の理念がいまいかに拡大してきているかを示しています。

多国間の平和構築では、人道主義と長期的な開発努力とのバランスが図られています。人間の安全保障と人権を推進するという国際的なコミットメントがあれば、紛争下での民間人の保護、歴史的に疎外された集団やコミュニティの能力向上などにおいてその効果を高めることができます。ネットワークでつながった多国間主義を求める人々は、すべての社会的主体に人権を擁護する責任があると強調しています[42]。国際的に合意された人権条約と平和を守るという決意によって、「持続可能な開発目標（SDGs）」という、統合的で不可分の目標達成に向けた前進も図れます。事実、平和を守ることは単なる道徳的義務ではなく、経済的にも意味があります。今の時点で1ドルを紛争予防に投資すれば、将来的に最大16ドルの節約になるからです[43]。逆に、紛争と暴力の経済的コストは、2019年の時点で全世界のGDPの10.5％と推計されています[44]。懸念すべきことに、世界的な傾向を見ると、軍縮と多国間主義の前進のペースは遅くなっています[45]。

行為主体性を接点に、エンパワーメントと保護で平和な暮らしを実現

人間の安全保障の文脈でエンパワーメントが強調されていることには、人々が平和を求める行動を起こす能力を向上させるという意味もあります。多様な主体が関与し、長期化する紛争が増え、その影響が国境を越えて拡大するという紛争環境の中で、平和のために行動を起こす人々の能力の向上は、現状打開のカギを握ります[46]。本章の最終節では、人間中心の紛争分析と平和構築によって、通常は見落とされている紛争と平和の次元が掘り起こされて目に見えるようになってくるとともに、人々が平和に向けた変化をもたらす主体となれるようなエンパワーメントの方法も明らかになる可能性があると論じています。

地方、国、地域、そしてグローバルなレベルで変化をもたらす重要な主体の取り組みを特定、支援、拡大することは、建設的対話に向けたプラットフォームを見つけることと同様に欠かせません。そのためには、根強く残る社会的規範と権力のヒエラルキーの中で、歴史的に社会から隔絶されてきた集団の行為主体性と発言力を抑えつけているものを変革する必要もあります。例えば、和平プロセスに女性を関与させれば、持続可能な和平合意が成立する可能性を高められます[47]。「女性・平和・安全保障」に関する国連安全保障理事会決議1325号は、すべての主体に対し、ジェンダーの視点を取り入れ、平和構築での女性の役割を強化するよう呼びかけています[48]。

エンパワーメントを重視する紛争リスク対策では、被害者となるリスクを抱えた人々を守る一方で、暴力を振るったり、人権を侵害したりしている者の責任を追求することが必要です。よって、紛争のもとになる緊張とリスクをマクロのレベルで低下させるだけでなく、個人

レベルでも暴力的行動を予防するためのシステミックなアプローチが重要となります[49]。幼少期に暴力にさらされた子どもは感覚が鈍ってしまうので、暴力的行動を受け入れ、その傾向を持ち続けるおそれが高まります[50]。経済的機会の欠如で、暴力に関与する機会費用が減る可能性がある一方で[51]、不平等と排除は不満を生み、これが紛争の種を作り出そうとする政治的主体によって悪用されるおそれもあります[52]。

人間の安全保障に対する新世代型の脅威の中で変わり続ける暴力的紛争の力学

保護とエンパワーメント、連帯の追求に基づく人間の安全保障戦略は、暴力的紛争への既存の対処法を補完できます。このことは、アフガニスタンの動乱であれ、カナダにおける先住民やファースト・ネーションとの和解の未来であれ、プラネタリー圧力を和らげるための大規模変革に取り組む人々や場所を支援するための移行措置であれ、現在の状況に特によく当てはまります。

“重なり合った人間の安全保障上の脅威が、いかにして緊張を生み出し、紛争リスクを複雑化させているかを体系的に検討することで、従来型の安全保障政策を強化できるでしょう。

紛争は複雑化、国際化、多次元化、そして断片化し、さらに多様な主体を巻き込みながら長期化しています。開発に伴い不安全感が高まるという傾向も現れてきています（図4.1）。重なり合った人間の安全保障上の脅威が、いかにして緊張を生み出し、紛争リスクを複雑化させているかを体系的に検討することで、従来型の安全保障政策を強化できるでしょう。逆に、プラネタリー圧力や不平等がもたらすリスクを考慮に入れない開発アプローチは、人間の安全保障に対する脅威をさらに悪化させるおそれがあります。以下の議論では、新世代型の人間の安全保障上の脅威が、紛争力学の変化とどのような相互作用を起こしているのかを明らかにしていきます。決して網羅的な議論ではないものの、こうした相互作用に細心の注意を向ける必要があることは明確に示されています。それによって新たな紛争リスク対策の領域が生まれかねないからです。

人新世の時代背景で紛争リスクが悪化し、気候変動は脅威増大の要因に

第2章で明らかにしたとおり、気候変動は人新世という時代背景の一つの特徴です。陸上と海洋の生態系や、これらが人間に提供するサービスは、人為的な気候変動によって変化しているだけでなく、生物多様性の損失を拡大し、生態系のレジリエンスをさらに奪うとともに[53]、人間の健康や暮らし、ウェルビーイングにも悪影響を及ぼしています[54]。気候変動と紛争の直接的関連性については、今も議論が続いてはいるものの、夥しい数の研究で、これらの間にいくつかのつながりがあることがわかっており[55]、人新世という時代背景が紛争の力学と相互に作用している様子が明らかになっています。こうした事情から、人新世のシステミックかつ不安定な性質を把握すべく、生態系と人間の安全保障（もしくは人間の安全保障の喪失感）との相関性をさらに幅広く概念化する必要が生じています[56]。紛争は環境破壊を深刻化させるおそれがあることから第一線の研究者たちは「脆弱性と気候変動の悪循環」を指摘しています[57]。環境破壊と天然資源へのアクセスによる直接的影響よりも、社会の不均衡、すなわち、環境紛争を助長している水平的不平等や権力のヒエラルキーおよび政治的権益のほうが、最終的には紛争に強く結びついているのです[58]。

気候変動は、武力紛争下にある国々にすでに相当大きな影響を及ぼしています。2020年末現在で継続中の国連平和維持活動21件のうち10件は、最も気候変動の影響を受けやすい国々で展開されています[59]。これは本来、地理的な位置関係によるものですが、武力紛争は気候変動の管理と適応における困難をさらに増やすことになりかねず、場合によっては環境破壊を助長してしまうおそれさえあります。紛争は政府の機関を弱体化させ、その関心の対象を持続可能な開発から軍事上の懸念へと逸らします。世界の軍事費は増大しており[60]、これに伴い軍のカーボン・フットプリントも拡大しています[61]。紛争中の軍事作戦も、自然環境を直接的に損なうおそれがあります。例えば、物的なインフラが攻撃されれば、石油流出や火災、二酸化炭素排出量の増大が生じかねません[62]。事実、ある推計によると、1991年の全世界の化石燃料による二酸化炭素排出量のうち、湾岸戦争関連のものは2％を超えていました[63]。さらに最近の研究によれば、シリアでの戦争では、あらゆる戦闘当事者によって農地が占領、破壊されていることがわかります[64]。紛争が起きれば、野生生物の個体数は減少すると見られ、生物多様性にも悪影響を及ぼします[65]。

“気候変動は、武力紛争下にある国々にすでに相当大きな影響を及ぼしています。

低炭素経済への移行は、気候変動の抑制に欠かせませんが、紛争はそのために必要とされるエネルギーの移行を妨げ、汚染につながる時代遅れの技術からの移行を困難にしてしまうおそれがあります[66]。こうした時代遅れの技術を段階的に廃止し、化石燃料から再生可能技術へのシフトを図る場合にも、移行リスクが伴います。これを慎重に管理しなければ、この移行が遅れ、さらには紛争を助長する結果にもなりかねません[67]。低炭素経済で生まれる新しい機会をうまく捉えることができる地域や集団がある一方で、化石燃料集約的な生産とそれと関連する雇用機会の段階的な消滅への対策が取られなければ、逆に大きな損失を被る地域や集団も出てきます[68]。こうした低炭素経済への移行にあたっての資源の分配で不公平感が募り、一部の地域や集団が経済の新たな現実に適応するために必要な支援を得られずじまいになっていたりすると、それは社会不安につながりかねません[69]。脆弱な環境では、再生可能エネルギー事業と地域の気候変動適応事業の副次的影響として、紛争リスクが高まるおそれもあります[70]。世界的なレベルで見ると、低炭素経済への移行で地政学的構造が再編され、国家と地域の相対的地位が変わることで、政治的・経済的な不確実性が生じる可能性があります[71]。さらに、低炭素移行後の鉱物需要増大が、新たな紛争を悪化させたり、これに拍車をかけたりするおそれもあるのです[72]。

デジタル技術がもたらす新たな紛争の場

第3章では、デジタル技術革新が人間の安全保障に及ぼす脅威を明らかにしましたが、これによって新たな紛争が展開される場も生まれかねません。最新技術により、紛争リスクの予測精度が改善され、説明責任の遂行や、平和構築に役立つ可能性もある一方で[73]、同じ技術が軍事目的で用いられれば、人間の安全保障上の深刻なリスクとなるおそれもあります。例えば、自律型兵器システムと人工知能は、戦争への人間の関与を減らすことで[74]、武力行使の責任の所在に関する問題を生みかねません。既存の規制とガバナンスの枠組みは、このような新興技術に関連する人権上のリスクに対処できるように作られてはいないからです[75]。

デジタル技術の中には、匿名の追跡できない取引を可能にすることで、不正な経済取引や脱税を助長しかねないものもあります[76]。オンラインでの個人データの共有と保存は、なりすまし詐欺や個人情報の盗難からヘイトクライム、攻撃、ネットいじめに至るまで、個人をさまざまなリスクにさらします。インターネット利用者の半数が、サイバー犯罪の被害を受けるおそれもあります[77]。オンラインでのヘイトスピーチは、女性やマイノリティ集団を標的とすることが圧倒的に多いほか[78]、オンラインでの嫌がらせは、社会活動家を黙らせたり、自由な議論を妨げたりするために用いられることもあります[79]。主要なソーシャルメディア・プラットフォームはヘイト行為を禁じる方針を採用しているものの、規制枠組みには相変わらず立ち遅れが目立つため、すでに強大な経済力を手にしている企業が、オンラインで許容される行動を自己裁量で決めることになり、多くの人々にとって、インターネットまでもが安全な空間ではなくなってしまいかねません。

ソーシャルメディア・プラットフォームがコンテンツの閲覧を促すために用いるアルゴリズムは、対立、分裂、偏向を助長するような誤った情報を拡げるおそれがあります[80]。SNS上で、急進化や過激派集団のメンバー募集が加速される可能性を指摘する研究はありますが[81]、オンラインでのヘイト行為と実世界での暴力や犯罪との間の関係性は、まだ十分に確立されていません[82]。しかし、サイバー暴力の被害者にとって、オンラインとオフラインの暴力をはっきりと区別することに意味はありません。オンラインでの攻撃は恐怖を煽り、人々の自由を制限することで、人間の安全保障に悪影響を及ぼすからです。

拡大する不平等で高まる緊張、集団ごとに異なる紛争の形

水平的不平等は長い間、紛争を引き起こす主因と考えられてきまし

たが[83]、紛争と不平等の関連性は多方向的であり、水平的不平等は暴力と紛争の原因となる一方で、後者も前者の原因になっていると見られます[84]。特定の集団全体が被る不平等が、政治、社会および経済からの組織的な排除や差別とつながっている場合には、相互の関連性が重要性を帯びてきます。政治的主体やその他の利益団体が集団間の断層に付け込んで、紛争や暴力を煽ることがあります[85]。しかし、これを根拠に市民的自由を抑圧すべきではありません。差別や排除、不平等に抗議する大多数の集団や社会運動は、平和的手段を用いて声を上げているからです（Box 4.2）。水平的不平等があるからといって、それだけで自動的に暴力的紛争が起きるわけではありません。水平的不平等が暴力的紛争へと発展する時は、他の経路も必ず存在しているのです。

紛争のリスクを高める決定的な要素として、人々が抱く不平等感と不公平感があります[86]。不平等や不公平だと感じる集団は、結集して行動する可能性が高いほか、暴力をけしかける目的で憎悪を煽る政治的リーダーシップや言説の影響も受けやすくなります[87]。水平的不平等を原因とする紛争の緊張は、デジタル技術がもたらしうる負の効果との相互作用を複雑化します。上述のとおり、偏ったオンライン・コンテンツ群と誤情報の蔓延は、憎悪と疎外の感情をさらに強めかねません。

紛争の影響は発生する集団や場所によって異なるだけでなく、既存の社会とジェンダーに関する規範や意識、価値観とも相互に影響を及ぼし合います。例えば、暴力的犯罪や殺人の被害者となったり、戦闘で死亡したりする可能性は、男性のほうが高くなっています。その一方で、男性は全世界の殺人犯の90％以上を占めているほか、女性よりもはるかに高い割合で暴力的犯罪や性犯罪の事件を起こします[88]。戦時の女性に対する組織的な性的暴力という忌まわしい人権侵害は、今でも続いています[89]。しかし、人間の安全保障に対する侵害の中で、きわめて悪質でありながらかなり広がってしまっている問題として、家庭内とコミュニティ内での女性と子どもに対する暴力が挙げられます。全世界の女性の3人に1人が、身体的暴力や性暴力の被害者となっていますが、中でも最も多いのは、親密なパートナーによる暴力です[90]。よって、全世界の多くの女性にとって、自宅こそが最も危険な場所となりかねません。

Box 4.2 社会的な抗議活動は過去3年間で激化

過去10年間、抗議行動はその規模、頻度ともに世界各地で増大しています。その多くは平和的ではあるものの、抗議行動の規模と範囲の拡大は、人間の安全保障の喪失感を示す兆候であり、そこには社会に深い亀裂が生じていることと、当局が市民の懸念に対処できていないことが投影されています。

2009年から2019年にかけ、反政府デモは前年比で平均11.5％増大し、2017年と2019年にピークに達しています。2019年には、香港（中国特別行政区）とサンチアゴ（チリ）の市民のほぼ4分の1にあたるそれぞれ200万人と120万人がデモに参加したほか、社会運動「未来のための金曜日（Fridays for Future）」では、延べ400万人以上が環境デモを実施しています。こうした抗議行動は、政府と民主主義に対する信頼の低下を反映するものです[1]。抗議は政治的表現形態の一つですが[2]、従来のメカニズムで反応が得られない場合、社会的・政治的変革を求めるための最終手段となることもよくあります。抗議活動は米国でのジョージ・フロイド氏の殺害やチリでの地下鉄料金の値上げ、フランスでの炭素税法案など、一つの出来事や政策の変更をきっかけに発生することもありますが、多くの場合、不満や排除、差別の蓄積を反映しています。

抗議行動の数は過去3年間、人間開発指数（HDI）の水準に関係なく、あらゆる国で増えていますが、中でもHDI最高位国で最も大きく増加しています（図を参照）。コロナ禍は緊張を緩和するどころか、全世界でさらに多くの抗議行動を呼んでいます。公衆衛生上の危機に対する政府の対策や無策に対する懸念を表明するため、人々がデモを繰り広げているからです[3]。大多数の抗議行動は平穏に行われ、暴動に発展したり、当局の介入を招いたりするケースはごくわずかです。デモに対する当局の対応の仕方も、それが暴動に発展するかどうかに影響します。事実、非暴力的な抗議の抑圧は、さらなる暴力を呼ぶことがわかっています[4]。当局が抗議行動に暴力をもって応じれば、人間の安全保障が脅かされ、人権が侵害されます[5]。

抗議行動の件数は過去３年間、あらゆる人間開発指数グループ国で増大

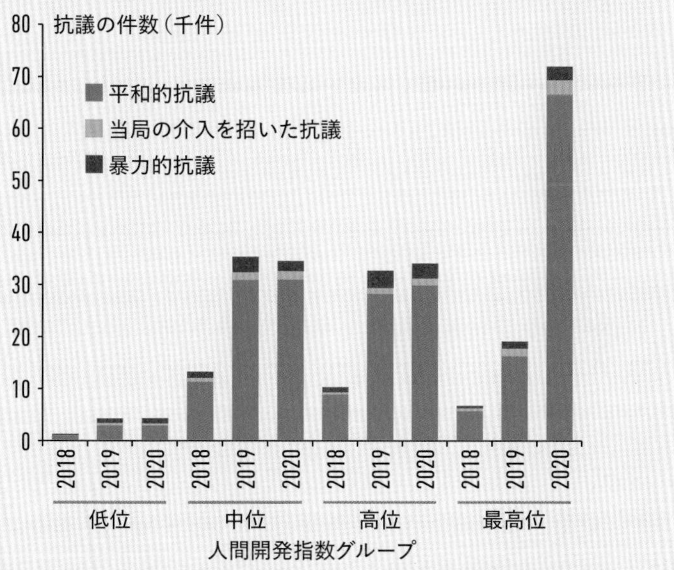

出典：武力紛争発生地・事件データプロジェクト（ACLED）をもとに人間開発報告書室が作成。
出典：Bell and Murdie 2018; Brannen, Haig and Schmidt 2020; EIU 2021; Ferreira and Schoch 2020; Fridays for Future 2021; Kishi 2021; Lipsky 1968; Pinckney 2016.

注

1. EIU 2021. 2. Lipsky 1968. 3. Kishi 2021. 4. Pinckney 2016. 5. 国連規約人権委員会は2020年、平和的集会の権利に関する一般的意見第37号を採択（United Nations Human Rights Committee 2020）。

紛争で増大する公衆衛生上の懸念

武力紛争と暴力は、健康にとって直接的な脅威となるだけでなく、その他の人間の安全保障上の脅威との相互作用で、身体的・精神的ウェルビーイングをも阻害します。紛争は家族の生計や教育など、健康を決定づける重要な因子にも長期的な悪影響を及ぼしかねません。紛争地域で暮らす人々は、複合的な健康リスクに直面します。そして、トラウマや外傷のほか、メンタルヘルスにかかわる問題も相当程度抱えることになるため、暴力が続くことで質の高いヘルスケアサービスの利用が難しくなれば、長期的な障害や慢性疾患に発展するおそれもあります[91]。紛争はヘルスケアのインフラとサービスを破壊し、戦闘とは直接に関係のないトラウマや病気に対する人々の脆弱性を高めます。非伝染性疾患が治療できないまま放置されるおそれがあるほか、紛争がストレスやその他のリスク要因を増やすこともあります[92]。

こうした健康への悪影響は、すでにリスクにさらされている人々にとりわけ重くのしかかります。例えば、紛争が起きれば女性に対するジェンダーに基づく暴力や性暴力が増え、性感染症の罹患率が高くなり、妊産婦の健康状態も悪化します[93]。紛争被災地では食料不安全が高まり、これが特に子どもの低栄養や健康状態の悪化につながるおそれがあります[94]。紛争と暴力によって避難民も生じ、人々はさらに健康上の脅威にさらされます。避難した先で人々が密集して暮らすようになると、健康上の脅威はさらに悪化し、コレラやマラリアのような生命を脅かす病気が発生しやすく、かつ、コロナウイルスの「伝播ベルト」にもなりかねないような状況が生じることもあります。

“抗議活動は米国でのジョージ・フロイド氏の殺害やチリでの地下鉄料金の値上げ、フランスでの炭素税法案など、一つの出来事や政策の変更をきっかけに発生することもありますが、多くの場合、不満や排除、差別の蓄積を反映しています。

今なお続くコロナ禍のような公衆衛生上の危機に対処するには、人々の健康を守るためにきわめて特別な政策や規制が必要となってきます[95]。ですが、こうした措置の有効性や公正さに疑問が持たれたり、資源配分における負の問題が十分に認識されなかったりした場合には、社会的・政治的な緊張が増していきかねません。コロナ禍によって紛争の件数は減ったものの、2020年には政治的暴力の件数が増加した国が減少した国を上回っています[96]。同年に政治的暴力が最も多く発生したのはアフガニスタン、メキシコ、シリア・アラブ共和国、ウクライナ、イエメンだったのに対し、カメルーン、コンゴ民主共和国、イラク、マリおよびナイジェリアの各国では、紛争事案の件数が50％以上も増えています[97]。

人間の安全保障アプローチの強みは紛争分析、紛争防止、平和の持続の中心に人間を据えること

数十年にわたって徐々に減少が続いていた紛争は、今日、再び増加に転じています（図4.2）。2020年の時点では、37か国で56件の国家紛争が続いていますが、国の政府が関与する紛争としては、第2次世界大戦終結以降、最大の数になります[98]。この増加の要因は、イスラミック・ステート（IS）が多数の国の政府との間で直接的な紛争状態にあることです。しかし、国家による戦争は、今は非国家主体間の紛争に取って代わられています。2020年には、継続中の72件の非国家紛争により、2万3,000人が命を失いました。これら2つの数字からは、国家

図4.2 暴力的紛争の件数が再び増加

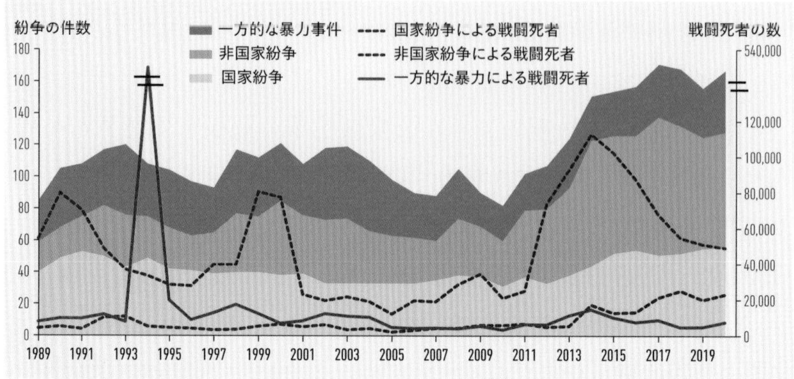

出典：Aas Rustad 2021a

を中心とした暴力的な紛争が減少していること、そして紛争がますます長期化していることが見えてきます[99]。

今日の紛争は、1990年以前の戦争よりも死者が少ない傾向にあります。戦闘関連死は数か国に集中しています。しかも、武力紛争よりも犯罪のほうが暴力死の大きな原因になっており、そのほとんどは従来の紛争地域の外で起こっています[100]。米大陸は殺人事件全体の40％を占めています。しかも、殺人発生率が世界の他の地域で低下しているのに対し、この地域では高止まりを続けています[101]。ラテンアメリカの人々は、殺人以外の暴力犯罪に遭う確率も過度に高くなっています[102]。

とはいえ、紛争の数値化と監視には、政治的・技術的課題が多く伴います。継続中の紛争や戦闘関連死など、従来の紛争指標は、今日の武力紛争の全体像を把握できないだけでなく、武力紛争が人間の安全保障に与える影響の全貌も明らかにできません。長引く紛争と組織的犯罪が国内の特定地域に集中すると同時に、国境を越えても広がる中で、誰が紛争の被害を受けているのか、より正確に理解するには、データと数値化のイノベーションが必要となっています。以前よりも戦闘関連死の数は減っているものの、暴力的な紛争は現在のほうが長期化し、何年も続くようになりました。暴力的紛争は身体的傷害とメンタルヘルスの問題やトラウマ、性暴力と搾取を含む膨大な苦難と苦痛をもたらすだけでなく、恐怖を常態化させ、信頼を破壊します。

本報告書では、紛争の影響を受けている人々の数の測定について、一つの革新的な方法を導入することで、顕著な傾向を明らかにしています（Box 4.3）[103]。まず、紛争事案の現場に近接した地域で暮らす人々の数は1990年以来、2倍以上に増えており、紛争の影響を受ける人々の割合も急激に増えています。現時点では約12億人が紛争影響地域で暮らしていると見られますが、そのうち5億6,000万人は必ずしも脆弱な環境下にはない場所に居住しているとみなされています[104]。実際、2020年には、特段脆弱な環境ではない25か国以上で、人々が紛争事案と隣り合わせで暮らしていました。2014年から2020年にかけ、紛争地域で暮らす人々の数は3億7,800万人増加しましたが、その40％の人々は脆弱な環境下に置かれていたわけではありません。従来の紛争分析と平和構築は脆弱性に着目する傾向があるため、従来型の紛争地域以外の場所で暮らす紛争影響者は、見過ごされていたおそれがあるのです。

Box 4.3 紛争影響者の推計

紛争にさらされている人々の規模を測る指標として、Østby, Aas Rustad and Arasmith（2021）は、紛争に近接して暮らしている人々の数を計算するための方法論を開発しました。2020年を振り返ると、何らかの紛争が起きている国に45億人が暮らしていました。それでも、これらの人々が等しく影響を受けているわけではありません。紛争事案はホットスポットに集中する傾向にあるからです（Box図1）。

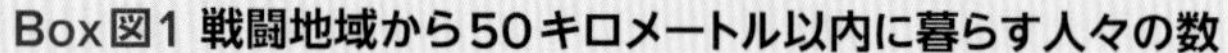

Box図1 戦闘地域から50キロメートル以内に暮らす人々の数

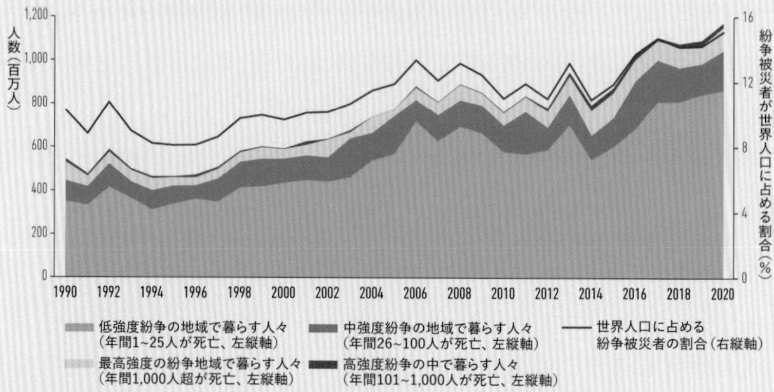

注：半径50キロメートル以内で戦闘が起きている紛争被災地域で暮らす人々の数
出典：ウプサラ紛争データプログラム地理参照事象データセット（Georeferenced Event Dataset）v.20.1、国連世界人口推計、Østby, Aas Rustad and Tollefsen 2020

1990年の時点では、紛争事案の現場から50キロメートル以内におよそ5億5,500万人が暮らしていましたが、2020年になると世界人口の15％に相当する12億人近くが、こうした場所で暮らしています[1]。子どもたちの場合、この傾向はさらに劇的なものとなります。1990年には、およそ2億人の子どもが紛争地で暮らしていたのに対し、2020年にはその数が4億5,200万人と、子ども全体の19％に達しているからです。紛争の影響を受ける人々の約73％（8億6,400万人）は、紛争の烈度が低い地域（紛争による死者数が年間1~25人）で暮らしています。しかし、低強度紛争の地域に暮らしていたとしても、人々の生活に大きな影響が及ぶおそれがあります。

紛争の影響を受けた人々が世界で最も多い地域は南アジアですが、サハラ以南アフリカと中東では、全人口の30％程度が紛争のさ中で暮らしています（Box図2）。2000年代の半ばには、非国家紛争の大幅な増加によって、サハラ以南アフリカの紛争影響者数が急増しました。アラブ諸国

Box図2 紛争影響地域に暮らす人の割合が最も大きいのは サハラ以南アフリカと中東

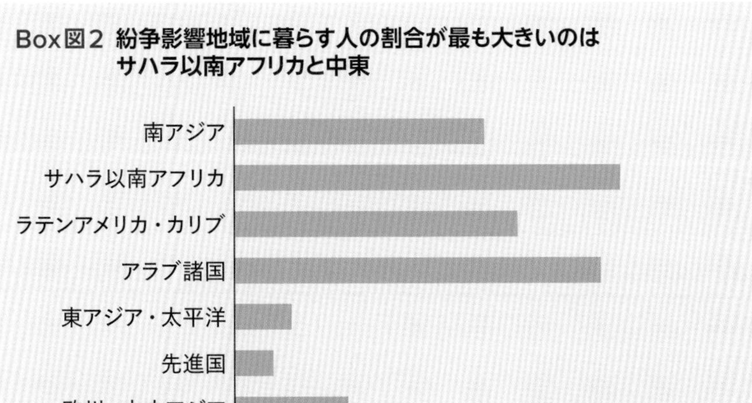

出典：ウプサラ紛争データプログラム地理参照事象データセット（Georeferenced Event Dataset）v.20.1、国連世界人口推計、Østby, Aas Rustad and Tollefsen 2020

では2011年以降、特にイラク、シリア・アラブ共和国とイエメンで増大が見られましたが、これは「アラブの春」直後の時期と重なります。2016年頃には、ラテンアメリカでも紛争影響者の増加が見られましたが、これは主に、ブラジルとメキシコで発生した麻薬カルテル間の非国家紛争によるものです。

出典：Østby, Aas Rustad and Arasmith 2021、Østby, Aas Rustad and Tollefsen 2020。ウプサラ紛争データプログラム地理参照事象データセット（Georeferenced Event Dataset）v.20.1、国連世界人口推計

注

1. 紛争事案とは「ある組織的主体が別の組織的主体または民間人に対して武装した部隊を用い、その直接的結果として、ある特定の場所とある特定の日に、少なくとも1人が死亡した事案」を指す（Aas Rustad 2021a）。

紛争影響地域で暮らし、直接的または間接的に暴力にさらされれば、人間開発の重要な成果に悪影響が及びます[105]。暴力事件が繰り返し起きるコミュニティでは、安全感の低下とメンタルヘルスの悪化が広く見られます[106]。例えば、コロンビアのボゴタでは、地域社会で殺人が急

増した結果、暴力に直接さらされていない者を含め、思春期の若者の間でメンタルヘルスの不調や心的外傷後ストレス障害（PTSD）が広がりました[107]。

“現時点では約12億人が紛争影響地域で暮らしていると見られますが、そのうち5億6,000万人は必ずしも脆弱な環境下にはない場所に居住しているとみなされています。

暴力を受けたり、暴力を受ける恐怖を感じたりすれば、人々は家を離れ、他の場所に避難せざるを得なくなります。このように強制的な移動を余儀なくされた人々の数は、増加の一途をたどり、2020年には8,240万人でピークに達しました（図4.3）[108]。第5章では、強制移動を余儀なくされた人々が直面する人間の安全保障上の多くの脅威を取り上げます。アフガニスタンやソマリア、シリア・アラブ共和国での紛争により、世界の難民の半数以上が発生していますが、人間の安全保障への脅威と紛争、暴力が重なり合うことで、紛争地以外でも多くの人々が避難する事態が生じています。中米では、これまでに類を見ない暴力や犯罪の広がり、不処罰が市民の安全を脅かし、北部三角地帯諸国（グアテマラ、ホンジュラス、エルサルバドル）では人々が無理やり故郷を追われる事態になっています[109]。特に気候変動や環境破壊との関連では、国内避難に対する懸念も高まっています[110]。

“暴力に対する恐怖は、人々の移動を制限し、公共の場での行動を規制し、コミュニティ活動への参加を減らすおそれがあります。

ところが、暴力に対する恐怖は、人々の移動を制限し、公共の場での行動を規制し、コミュニティ活動への参加を減らすおそれがあります[111]。これは紛争、暴力、犯罪の発生率が低い地域にも当てはまることから[112]、計測された数字に基づく不安全感と、主観的な不安全感の両方が、行動を規定し、ウェルビーイングを妨げ、人々の行為主体性を損ないかねないことがわかります。第1章でも触れたとおり、人間の安全保障の喪失感はHDIのグループ分けに関係なくどのグループにも存在しています。しかも、不安全感は時が経つにつれて増しており、HDI最高位国で最も大幅な増大が見られます。最新の「グローバルリスク調査」では、犯罪、暴力、テロが、個々人の安全に対する2番目に大きなリスクとして挙げられています[113]。また、暴力犯罪による深刻な被害を懸

図4.3 強制的に故郷を追われた人々は記録的な数に

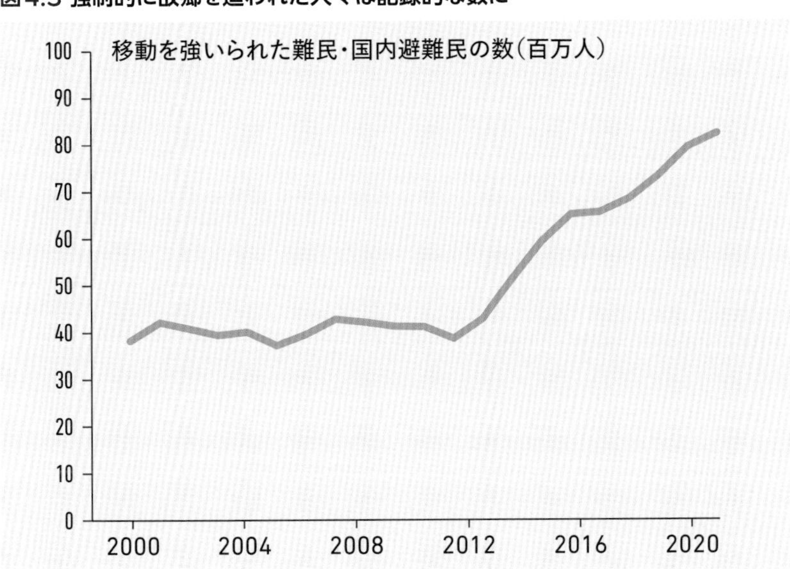

注：全世界の移動を強いられた難民・国内避難民の数は、国連難民高等弁務官事務所（UNHCR）がRefugee Data Finderに記録している。ここには、国連パレスチナ難民救済事業機関（UNRWA）の保護対象となるパレスチナ難民のデータや、国内避難民モニタリングセンターの国内避難民に関するデータも含まれている。UNHCR（2021d）を参照。
出典：UNHCR（2020）をもとに人間開発報告書室が作成。

念する人々は、世界人口全体の60％を超えています[114]。

従来の紛争分析指標から一歩踏み出し、紛争にまつわる争点ではなく人間そのものへの紛争の影響を中心とする分析を行うことは、人間の安全保障アプローチの強みだといえます。暴力的紛争が従来の紛争地以外の人々にもますます大きな影響を及ぼしていることは、これまでのように紛争が起きている場所だけを見ていたのでは見過ごしてしまいがちな事実だからです。また、こうした分析により、紛争は身体の保全への脅威であるだけでなく、新世代型の人間の安全保障上の脅威に取り組むために必要な主原則である信頼、連帯、行為主体性、そしてエンパワーメントに対する阻害要因になりうることも明らかになりました。人間を中心に据えての紛争分析は、人間が紛争予防の主役となり、平和に向けた変化をもたらす主体となれるよう、人々のエンパワーメントを図ることに関心を移行させるものでもあります。各地域ごとに定義された紛争と平和の指標を体系的に取りまとめる作業を行えば、紛争の中で暮らす人々の声をより大きく拾うことができるようになるかもしれません（Box 4.4）。さらには、平和活動が、制度に対してだけでなく、人々の生活に対していかなる効果を上げているかを測定するといった手法もあります[115]。結局のところ、紛争も暴力も平和も、人間が実感し、経験し、築き上げていくものなのです。

Box 4.4 日常平和指標

日常平和指標（Everyday Peace Indicators, EPI）プロジェクトによる調査を見ると、全世界の村落民や地域住民が、平和や、平和に関連する共存、安全保障、正義といった理念について、どう感じているのかがわかります。一般の人々がトップダウン型の紛争・平和指標とはまったく異なる懸念を抱いているという調査結果により、従来の安全保障政策には、長期的な平和の持続をきわめて困難にしている盲点があることがわかります。

紛争による死者数やその他の紛争事案など、従来の指標はマクロレベルの傾向を理解するうえで重要ですが、紛争の中で暮らす人々や、その影響を受けている人々の優先課題を適切に反映しているとは限りません。例えば、EPIの研究者はアフガニスタン東部の18の農村で暮らす1,500人のデータから、道路上のバリケード（多くは反政府グループが通行人から金品をゆすり取る目的で設置しているもの）が、治安の悪さや紛争を示す指標であることを突き止めました[1]。その一方で、公共サービスを利用できることや、市場など公共の場所に女性や少女たちの姿が見られることは、紛争の緩和を示していました。コロンビアでは、それまで内戦の影響を強く受けていたアンティオキア県北東部のサンホセ・デ・ウルマで町の市場と交易が再開されたことが、平和への移行を表す兆候とされていましたが、EPIの研究者たちは、路上に積み上がったゴミが、事態の悪化を示す可能性もあると論じています[2]。

出典：Firchow 2018; Firchow and Urwin 2020; Vera-Adrianzén and others 2020

注

1. Firchow and Urwin 2020. 2. Vera-Adrianzén and others 2020.

第5章

不平等、そして
人間の尊厳に対する攻撃

不平等は尊厳に直接影響を与え、それによって人間の安全保障にも影響を及ぼします。本章では水平的不平等、つまり、人々がどのように自らを認識するかという側面を含め、何らかの共通の特性に基づき集団間で生じる不平等について議論します。世の中にはさまざまな不平等がありますが、本章ではジェンダー、人種、民族、性的指向、年齢などという観点からの不平等を取り上げます。また、差別や暴力、人権侵害が水平的不平等と並行して生じる様子も描き出します。さらに、インターセクショナリティ（交差性）といって、一人の人に対して複数の差別や不平等が交差し合う形で及んでいく状況があることについて理解する重要性も指摘します。実際、一人の人であっても複数のアイデンティティを有しています。すると、例えば、ある黒人女性は白人女性とは異なる形の性差別に直面し、併せて黒人男性とは異なる形で人種差別を受けます。水平的不平等は、たとえそれを生み出す根本的な要素を非合法化、または規制する措置（例えば、差別禁止法の制定によるもの）が導入されても、根強く残ることが多くあります。ある集団が形式的には差別から守られているとされていても、社会的・政治的・文化的な排除の慣行が引き続きその人たちの尊厳を傷つけることがあります。全世界でレズビアン、ゲイ、バイセクシュアル、トランスジェンダー、インターセックスその他の性的マイノリティ（LGBTI+）を自認する人々がそうであるように、形式の上でも保護がほとんど、あるいはまったく受けられない集団も実は多く存在しているのです。

水平的不平等に苦しむ人々に尊厳ある暮らしを保証するためには、システミックなアクションが必要です。そうしたアクションを練る際に、本章では、人間の行為主体性を中心要素に据えたアプローチを前面に押し出していかなければならないと論じます。人々が持つ行為主体性に基づくアプローチとは、たとえ社会的に排除された集団に属する人々であったとしても、その人たちが（自分たちのコントロールが及ばないさまざまな力の）受動的な被害者であったり、周りからの支援（多くの場合、そうした援助はもちろん重要ですが）の受益者となっているだけでなく、むしろ社会変革の能動的な推進者であり、参加者であることを改めて示す、そんなアプローチです。人間としての行為主体性に焦点を当てることによって、水平的不平等への取り組みとは、ただ単に社会的に排除され、差別されている集団の人々のウェルビーイングを改善すれば（それはそれで重要ではありますが）それだけでよいわけではないことが明らかになります。また、こうした行為主体性の側面に焦点を当てれば、水平的不平等の解消が、差別または排除されている人々にとっての単なる正義の問題ではなく、コミュニティや社会全体をさらに豊かにするための重要な条件であることがわかります。なぜなら、人々が行為主体性をもって行動することで、人間がより広い社会変革というプロセスにおいて中心的な役割を果たすことができるようになるからです[1]。また、人間の持つ行為主体性を重視するアプローチは、同じ一人の人間が実際には複数のアイデンティティを持っていることにも着眼します[2]。そして、人々が同時に異なる集団に属するメンバーであるという事実は、価値観と目標が共有できれば、集団の垣根を越えた連帯が構築できることを意味します。人間が行為主体性を発揮できる存在であることの基盤は、したがって、連帯を構築できる余地を広げることにつながります。なぜなら、それによって人々が社会を大きく変革する行動について自ら推測し、戦略を練り、これに参画できる能力を高められるからにほかなりません。

水平的不平等で損なわれる人間の尊厳

ところで、そもそも人間にとって尊厳とはいったい何なのでしょうか。第1章で論じたとおり、尊厳は人権の中心的要素です。人権を擁護するコミットメントは、そのジェンダーや人種その他のアイデンティティに関係なく、あらゆる人が人間であるという、ただそれだけの理由で、生来の価値を持っているとの認識にも立脚しています。世界人権宣言第1条を改めて引用すると、こうあります。「すべての人間は、生まれながらにして自由であり、かつ、尊厳と権利とについて平等である。人間は、理性と良心とを授けられており、互いに同胞の精神をもって行動しなければならない」[3]。すべての人の生来の尊厳は、人権の普遍性の礎でもあるのです。しかし、尊厳とは、それだけではありません。例えば、哲学者のマーサ・ヌスバウムは、尊厳は敬意や行為主体性、平等とも関係があると指摘します。まずもって、尊厳には人が敬意をもって遇されることが含まれます。また、行為主体性という観点では、自分ができることに対しては自らコントロールするといった意味合いもあり、さらに、すべての人間は平等であるという原則を尊重するという意味もあるのです[4]。

> “不公正、抑圧、差別は人間の価値に序列があるとの考えを前提とするもので、尊厳に直接の影響を及ぼします。

人権は、私たちの相互的な義務、つまり、私たちが互いに敬意と寛容と理解とをもって接する義務を果たすための条件を定めるものです。社会においてこうした条件を整備するためには、多くの要件が必要となりますが、これを充足するには、特定の権利の保護を法制化し、それを執行するだけでなく、人権の推進を妨げる多くの障壁についても検討しなくてはなりません[5]。水平的不平等はこうした検討の中で、人権の追求を阻み、そして部分的にその結果として、尊厳を阻害する要因として浮かび上がってきます。不公正、抑圧、差別は人間の価値に序列があるとの考えを前提とするもので、尊厳に直接の影響を及ぼします。したがって、正義と差別禁止、そしてすべての人は平等であるという原則は、世界人権宣言[6]と、人間が生まれながらにして有している尊厳を認識するグローバルなコミットメントの中心的な価値観となっているのです。

人権の法的保護に加えて、人々の能力を拡大することもまた尊厳を支えます。しかし、社会的価値として重要であるか、重要だとみなされる要素について、ある集団が前進を遂げる一方である集団が取り残されるようなことが出てくれば、尊厳は損なわれかねません[7]。新しい世代の人々の教育水準が上がる一方で、質の高い職に就けなかったり、それ以前の世代の生活水準に到達できなかったりすれば、不公平感や挫折感によって、人間の尊厳が傷つくおそれもあります[8]。

“人間の安全保障について考える際は、すべての人の声に配慮し、課題認識と政策対応の両面で、いかにしてすべての人々が持ち前の行為主体性を発揮できるようになるのかを検討することが重要となります。

たとえ人間の安全保障の枠組みが用いられたとしても、多種多様な社会集団が持つさまざまな懸念に対しいつも十分に配慮できていたかというと、必ずしもそうではありません。例えば、フェミニストの批評家は、すべての人のためになるとされる政策によって、かえって女性固有の関心事項が見えなくなってしまうことがしばしばあったと指摘しています[9]。安全保障の議論自体が、特定の人々の集団を被害者や弱者と決めつけたり[10]、保護のための戦略を取ることによってかえって対象とされる人々の力を最終的には削いでしまったりするようであれば、ジェンダー差別的、人種差別的、および植民地主義的なパターンに入り込んでしまう危険性を伴います。安全保障の強化に関連する制度の多くが、実は家父長制的、植民地支配的、かつ伝統的な社会規範を基盤としているようなときもあります。その場合には、一部の集団に大きな権力が与えられる一方で、他の集団が立場の弱い従属的な地位へと追いやられます。例えば、家父長制の社会では、男性に家族の擁護者としての役割が与えられるのが普通です。国民を守るリーダーとしての役割をもっぱら男性が担うのはそうした役割の延長線上でのことになるのです[11]。

よって、人間の安全保障について考える際は、すべての人の声に配慮し、課題認識と政策対応の両面で、いかにしてすべての人々が持ち前の行為主体性を発揮できるようになるのかを検討することが重要となります。個人の基本的な人間の安全保障上のニーズは、一人ひとりが持つ複数のアイデンティティ（性別、ジェンダー、人種、性的指向、年齢、民族、能力、居住地）によって異なります[12]。人が持つ複数のアイデンティティは、本来、人間の強さの源泉であると同時に、私生活と社会生活をともに豊かにするものですが、逆にそれによって、重複した形での差別や人権侵害にさらされる人もいます[13]。人間がなぜ不安全感を高めているのかを分析し、これらに対処するための政策を策定する際には、インターセクショナリティの側面まで踏み込んで認識することが重要です。なぜなら、それによって、結局私たち人間はみな同じだとみなしてしまうことで[14]、重なり合うアイデンティティを覆い隠してしまう危険を乗り越えることができるようになるからです[15]。

本章では、水平的不平等として現れ、かつ、これを助長することも多い差別と人権侵害の諸形態について考察していきます。こうした不平等は、本報告書全体を通じて論じられている人間の安全保障上の一連の脅威とも関連性があります（図5.1）。人新世という時代背景と関連づけられ、人間の安全保障を脅かすハザードがさらに激甚化、頻発化する中で、これらに対応するうえで重要となる人々の能力の面では格差は広がっています[16]。最低限の基本的能力さえも保てなくなった集団の中には、尊厳がさらに大きく脅かされる人々が出てきます。本章では、資源に対する支配権の不平等[17]（特に土地、食料、水[18]）が人々の健康や時間、教育と就業機会などに影響を与え、その結果、人々の間の能力の格差を広げている実態を明らかにします[19]。また、さまざまな集団を取り上げ、そうした人々が抱える経済面での安全保障感の欠如や、危機

図5.1 集団によってさまざまに異なる、人間の安全保障に対する新たな脅威

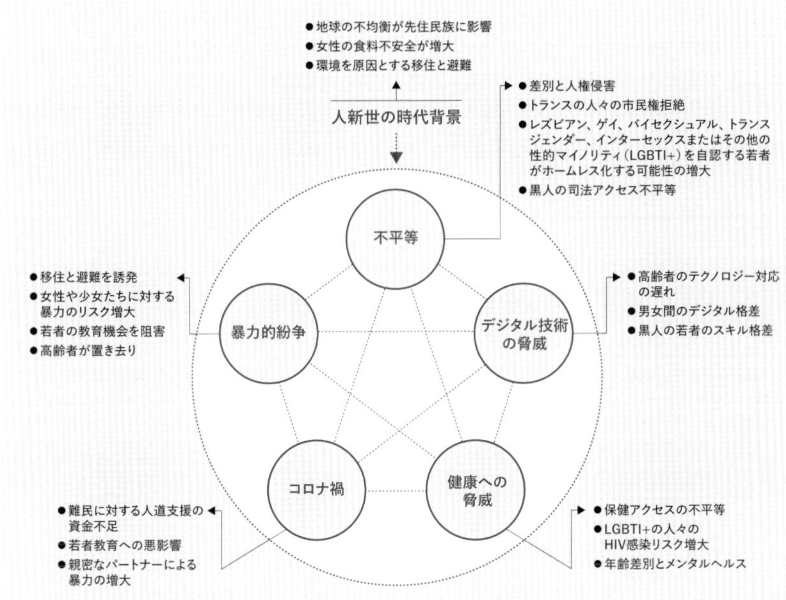

出典：人間開発報告書室

および衝撃にさらされるリスクの影響に違いがあることなどについても明らかにしていきます。そして最後に、異なる集団の人々が経験する不安全感(安全保障の喪失感)にはそれぞれ違いがあるにもかかわらず相互の力のヒエラルキーが存在することで、人々の尊厳が損なわれかねないことを具体的に明らかにしていきます。

人間のライフサイクルに沿って生じる人間の安全保障への脅威

人間が持つ機能的な能力(これはケイパビリティの概念に呼応するもので、それぞれの人が価値を置き、かつ、価値を置くべき理由があると考えるような存在になったり、または、そうした行動をとることができる能力[20])は、幼年期から成年期を経て、高齢に達する過程で変化し

図5.2 人間のライフサイクルにおける機能的能力の変化によって人間の安全保障に対する脅威も異なることから対策も変えていくことが必要

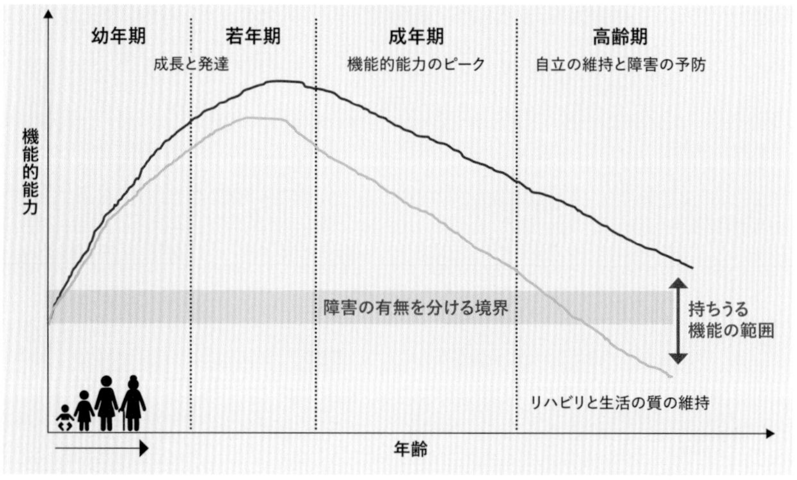

出典:Kalache and Kickbusch (1997) および WHO (2002) をもとに人間開発報告書室が作成。

ていきます。しかし、実際に人々がどれほど機能を発揮できるかは、その人の一生涯のライフサイクルの中で抱える不利な状況やリスク要因によって大きな格差が生じかねません（図5.2）。本節では、人間の機能的な能力における不平等性という面で高いリスクを抱える集団として子ども、若者、高齢者を取り上げ、それぞれが直面する課題について見ていきましょう。

一般に人生の早い段階における人間の安全保障とウェルビーイングの充実度によって、その人がその後の人生の各段階で生み出す成果に影響が出てきます。例えば、子どもの頃の貧困や暴力、メンタルヘルス上の障害は、健康余命を短縮し、後の人生の健康能力を悪化させます[21]。実際、幼い時期に経験したトラウマやストレスや逆境などはその子の心身の発達を阻害し、長期にわたって負の影響を及ぼします[22]。家庭内や家族の暴力、紛争や地域社会の暴力、治安の悪さ、差別、所得不安、児童婚、ジェンダーに基づく暴力は、子どもの健康と発達に影響する人間の安全保障に対する脅威のほんの一部にすぎません。

紛争は子どもの生活と安全のあらゆる側面を脅かします。2019年には、全世界の子どものうち69％が紛争影響国で暮らし、紛争地域で暮らす子どもも18％を超えていました[23]。2005年から2020年にかけ、紛争下の子どもの人権の重大な侵害は、確認されただけでも26万6,000件を超えていますが[24]、実際はこれをはるかに上回るものと見られています[25]。武力紛争に巻き込まれている子どもは、死亡や負傷、障害だけでなく、栄養の欠如、劣悪な生活条件、ジェンダーに基づく暴力、拷問や殺害への強制的な参加、危険な労働など、多様な複合的脅威にさらされます[26]。紛争は子どもの教育の機会も奪います[27]。

デジタル技術は、テクノロジーが子どもに与える潜在的な便益と潜在的な脅威の両方を根本的に変えていますが、その影響は一様ではあ

図5.3 高所得国と低所得国との間で、若者の自宅での インターネット・アクセスに大きな格差

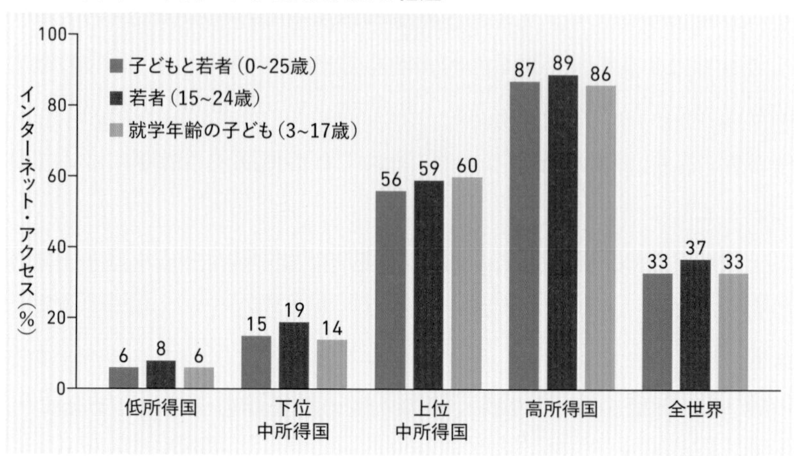

出典：UNICEF and ITU 2020

りません。デジタル技術は、教育を受けられる機会を作り出すことで、子どもや若者の貧困と社会的ニーズの悪循環を断つうえで役立ちます。しかしその一方で、低所得国と高所得国の間のデジタル格差は大きく、子どもと若者については81ポイントもの開きがあります（図5.3）。

コロナ禍で教育のデジタル技術への依存度が高まった結果、デジタル技術へのアクセスの不平等により、教育格差はむしろ拡大しています[28]。このことは、コロナ禍以前（授業は対面で実施）とコロナ禍時期（授業は教員がオンラインで提供）の出席率の差が、多面的な貧困問題を抱えている国であればあるほどより大きいことを示す傾向とも符合します[29]。コロナ禍によって、男女間のデジタル格差もさらにはっきりと表れました。女性や少女たちはデジタル・スキル面で不利な立場に置かれており、特に高度なスキルにおける格差が大きいため、テクノロジーを活用する能力が妨げられていることが示されたのです[30]。

では、人々に対してどのような保護とエンパワーメントの戦略が必要になるかですが、これは、年齢層によって異なります。子ども、特に幼児は、生存と基礎的能力の育成を外部からの支援に依存しています。そのため、子どもが人間の安全保障上の不安全感を感じることなく成長できるように養育者や保育・教育施設に携わる人々の側の一層の行動が求められるでしょう。しかし、だからといって子どもがその生活や社会の中で自らの行為主体性を持たないわけではありません。子どもや思春期の若者が、さまざまな文化的・社会的・政治的な活動によって、社会に積極的に参画するだけでなく、経済活動やケアワークに参加するケースも多くあります[31]。こうした分野で発揮される行為主体性を認めることは、若年層の保護とエンパワーメントの戦略に欠かせません。

“子どもと思春期の若者は、積極的に社会に参画しています。こうした分野で発揮される行為主体性を認めることは、若年層の保護とエンパワーメントの戦略に欠かせません。

若年期は成年期への過渡期にあたり、学生であれば社会人へと移行する中で機能的能力も高まります。成人に比べて経験も技能も劣るため、若者は労働市場への参入障壁に直面し、失業率が高くなる可能性があります。コロナ禍は、もともと水平的不平等の影響を受けやすい集団にとっては特に大きな打撃となり、その失業も増えています。例えば、米国では2020年5月、白人の若者の失業率は低下したものの、一方、非白人の若者の失業率は上昇しています[32]。若年労働者が多かった業種（小売業と接客業）が受けた打撃は相当に大きかったわけですが、それはこれら業種で若者が担っていた業務のほとんどが自宅勤務では対応できない性質のものだったからでした[33]。

若者は特に、暴力的な紛争や組織犯罪の影響を受けやすい傾向があります。女性や少女たちに対する暴力や性的暴行、人身取引、強制労働などは深刻で、ジェンダーに基づく脆弱性差が見られます。コロナ禍による都市封鎖（ロックダウン）で、犯罪や暴力、薬物使用が増えましたが、これは若者たちが仕事が見つけにくくなったことや、社会やコミュニティでのネットワークが失われたことと直接、関係しています[34]。こうした要因から、若者は市民空間から退かざるを得なくなり、その姿が見えづらくなるおそれもあります[35]。若者が市民空間から排除されたり、形ばかりの役割を与えられたりすることも多くありますが[36]、このような場合、若者は自分たちの将来を左右する発言力を失うことになります[37]。コロナ禍に関する政策決定で、若年層は政策立案者やリーダーとの話し合いの場に組織的に参加することができませんでした[38]。こうした幾多の困難にもかかわらず、若者たちは全世界で暴力を予防し、平和を定着させるための独創的な方法を探ることで、社会変革に欠かせない主体となってきました[39]。

平均余命が伸びる一方で、出生率が低下しているため、世界人口の高齢化が進んでいます。2050年までに、世界人口の6人に1人は65歳以上になると見られますが[40]、その80％は開発途上国で暮らすことになります（表5.1）[41]。加齢とともに、メンタル面の能力と身体面での能力は衰え、病気のリスクは高まります。加齢自体を避けることはできませんが、人によって老化のスピードや性質特徴となると大きな差が出る可能性があります。遺伝的特徴がこうした差を生むうえで大きく作用をするとはいえ本人の物理的・社会的な環境や性別、民族性、社会経済的地位もまた大きく影響します[42]。同時に、それぞれの人口集団間の不平等は高齢になっても続き[43]、それによって機能的能力にも、大きな差がつきます[44]。依存人口比率が高まれば、現役世代に対する経済

表5.1 地域別65歳以上人口、2019年／2050年比較

地域	65歳以上人口（百万人）		2019–2050年の増減率（%）
	2019年	2050年	
全世界	702.9	1,548.9	120
北アフリカ・西アジア	29.4	95.8	226
サハラ以南アフリカ	31.9	101.4	218
オーストラリアとニュージーランドを除くオセアニア	0.5	1.5	190
中央・南アジア	119.0	328.1	176
ラテンアメリカ・カリブ	56.4	144.6	156
東・東南アジア	260.6	572.5	120
オーストラリア・ニュージーランド	4.8	8.8	84
欧州・北米	200.4	296.2	48

出典：UNDESA 2019

的圧力が強まり、高齢者を支えるために必要な財政支出も増えるのが普通です[45]。

それまでのライフステージにおける行動や問題の積み重ねが、高齢者の健康状態に強く関連していると見られます[46]。喫煙や過度のアルコール摂取、運動不足や、果物・野菜不足の食生活など、歳を取ってから健康状態を悪化させる要因となる不健康な習慣や行動は、社会経済的な地位と関連しています[47]。データが取れる国を見ると、社会経済的地位が低い層は一般的に、性別に関係なく、年齢別、人種別、民族別、地域別に見たときに喫煙率が高くなるという相関性がエビデンスによって示されています[48]。食費の差から、社会経済的地位の低い集団において不健康な食品の消費が多いことが見て取れます[49]。また、こうした社会経済的に脆弱なコミュニティの人々は、安価であっても運動施設をなかなか利用できないため[50]、これが低所得層の肥満症や糖尿病の有病率の上昇につながっている可能性があります。こうしたリスクは、年齢を重ねるにつれて脆弱性に発展しやすいことから、貧困高齢層が健康を損なう可能性も高くなります。

“若者たちは全世界で暴力を予防し、平和を定着させるための独創的な方法を探ることで、社会変革に欠かせない主体となってきました。

困窮度が高い人々は、より短命であるのみならず、一生のうち健康を害して過ごす期間の割合も大きくなっています[51]。健康寿命は、メンタルヘルスの状態とも関係します。デンマークでは、メンタル面での不調を抱える男性の健康寿命が、そうした不調のない男性より10.2年、下回っているほか、メンタル不調を抱える女性の健康寿命もそうでない女性より7.34年、下回っています[52]。

65歳を超える人々が支援を必要とするのは、人間としての機能的能力が自然に低下し、病気にかかるリスクが高まるからです。経済協力開発機構（OECD）諸国では、高齢者の所得がおしなべて全人口の平均所得を下回っており[53]、貧困に陥ったり、貧困から抜け出せなかったりするリスクも高くなっています[54]。高齢女性は、人生の早い時期から続いているジェンダーの不平等ゆえに、男性よりも貧困状態に陥るリスクが高くなります。また、賃金が低いこと、出産と育児のために働けない期間があること、平均余命が長いことにより、女性の年金受給額は低くなる傾向にあるばかりか、すでに少なくなっている貯蓄を、より長期間にわたって節約しながら使わざるを得なくなっています[55]。

こうした社会経済的な分析を、健康や身体的・心理社会的依存、支援のネットワークなど、その他の能力と交差させると、その人にとってのウェルビーイングや行為主体性という点で、加齢がもたらす複雑な様相が浮上してきます。ペルーで実施された多次元貧困と加齢の質に関する調査を見ると、多次元貧困の中で暮らす65歳以上の人々にとっては、男性であること、相対的に若いこと、学歴が高いこと、職があること、喫煙しないこと、身体障害がないこと、適切な食生活を送っていること、エンパワーメントの水準と自尊心が高いこと、精神障害がないことがいずれも、よい歳の取り方と正の相関関係を持つことがわかります[56]。

年齢に関する固定観念の意識への埋め込みは、人生の早い段階から始まり、あらゆるライフステージで見られます。固定観念は、高齢者に対する無意識の考え方を表すもので、それが加齢に対する態度を通じて現れます。また、第1章で論じたとおり、人間の安全保障への直接の脅威にもなります。加齢に否定的な固定観念がある状態では、年齢に関する差別の経験は、高齢者のフレイル（加齢により身体的機能や認知機能の低下が見られる状態）に悪影響を及ぼします。これに対して、加齢について比較的ポジティブな態度と自己認識を持っている人は、高齢になっても身体的健康やフレイルの状態が比較的良好であることがわかっています[57]。加齢のプロセスを知っていれば、加齢に対する不安と、年齢差別的な態度それ自体を減らすことができます[58]。これは、年齢差別に対処するための重要な第一歩が、加齢プロセスに関する情報提供と教育であることを示唆しています。

このことを示す最近の例は、コロナ禍で見られました。限られた資源の配分のガイドラインは、救われる命と生存年数を最大化することを主眼としたため、高齢でかつ基礎疾患を持っている患者は、しばしば、限られたケアサービスにアクセスすることが難しくなりました[59]。また、優先順位付けは、システムが不備で、資源も少ない低所得国で起きる可能性が高いだけでなく、より厳しく、かつ、より頻繁に必要とされるため、これに関連する不平等要素も存在します[60]。

女性や少女たちにとって、人間の安全保障の敵は暴力と経済的差別

ジェンダーの不平等は、最も広く見られる水平的不平等の一つです。女性の生計は貧困によって大きく損なわれています。2021年の時点で、一日1.90ドル未満で生活する女性や少女たちは、およそ4億3,500万人に上りますが、その中にはコロナ禍で貧困に追いやられた4,700万人が含まれています[61]。低所得国では、非正規雇用となっている就業者の割合が、男性87.5％に対し、女性は92.1％となっています。低中位所得国の非正規雇用割合を見ると、女性が84.5％に対し、男性は83.4％です[62]。女性は収入が低く、貯蓄が少なく、労働条件が悪く、金融口座の開設もなかなかできないため、経済的な衝撃を吸収する能力も限られてしまいます[63]。不平等な条件のために、女性は失業や健康上の緊急事態、あるいは有休での病欠その他の基本的権利という面で、十分な保護がなく、レジリエンスも低い状態におかれています。金融サービスに関する知識が限られていたり、文化的または宗教的要因があったり、そもそも貯えがなかったり、あるいは信用取引に対して抵抗感があったりすることにより、女性が銀行口座をなかなか開設できない国も多く存在しています[64]。伝統的な家父長制的社会規範が広く残っている社会となると、女性は男性への経済的依存度が高く、自分自身と家族に関する決定を下す際に制約があるため、自ずとそのウェルビーイングと行為主体性がともに損なわれていきます。

しかし、ジェンダーの不平等は、単に女性にとってのあからさまな不公平だけにとどまりません。それは社会全体にとっての害悪ともなるのです。例を挙げるならば、女性の食料不安全によって、家族とコミュニティ全体の栄養と健康状態が悪くなります[65]。また、女性が経済不

安を抱えていれば、その行為主体性が大きな制約を受けます。食料へのアクセス面での男女格差は、2018年から2019年にかけて拡大し、中でも農村部で暮らす女性が最も悪影響を受けていますが、女性や少女たちが食料生産者と食料提供者の大半を占めていることを考えれば、パラドックスが存在します[66]。ところが、今なお農民の女性は90か国以上で、土地を所有し、家畜やその他の生産資源にアクセスする平等な権利を持てずにおり[67]、これが家族とコミュニティの栄養と健康状態に影響を及ぼしています[68]。世界的に見て、食料不安全は男性よりも女性の間で広がっていますが、中でもアフリカとラテンアメリカ・カリブの両地域で、最も男女格差が大きくなっています[69]。

自然ハザードによる死者はおしなべて、男性よりも女性のほうが多いですが、女性は森林や土地、河川、降雨に対する依存度が高いため、移動を強いられるリスクも高くなっています[70]。コロナ禍は人間開発の重要な分野で、女性に過度に大きな犠牲を強いました。その対応の最前線で圧倒的多数を占める女性は、ウイルスにさらされるリスクも高くなりました。コロナ禍で最も大きな打撃を受けた業種において圧倒的な多数を占めていたのは女性の労働者でした。女性は全世界の就業者の39％しか占めていなかったものの、コロナ禍による失業者全体の中で占めた割合は54％でした[71]。コロナ禍の最中には、十代の妊娠や女性や少女たちに対する暴力も急増しました[72]。女性の無力感と、恐怖の中で生活しているという感覚は、伝統的な社会規範と家父長制的な構造によるもので[73]、これが今でも男女の不平等をもたらし、女性のウェルビーイングや行為主体性を大きく棄損するのです[74]。

実際、女性や少女たちに対する暴力は、女性のウェルビーイングや行為主体性をとことん残忍な形で奪っています[75]。その中には、女性や少女たちに身体的、性的または精神的な損害または苦痛を生じさせる

図5.4 女性や少女たちに対する暴力の諸形態：氷山モデルと暴力の三角形を統合

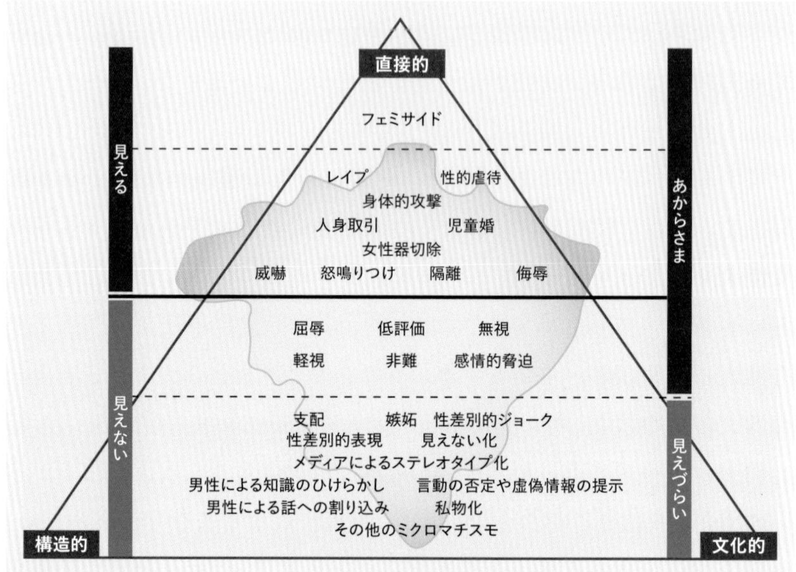

出典：Amnesty International and Galtung (1990) をもとに人間開発報告書室が作成。

ものやそうなる可能性が高い行為または行動が含まれます[76]。女性や少女たちに対する暴力は、今なお根深く残る力の不均衡の、最も明確な現れです[77]。暴力の恐怖は、世界各地の女性に共通する体験です。暴力の三角形で見た場合、直接的暴力とは、身体的・性的・心理的暴力の発露を含め、目に見えるあからさまな暴力を指します（図5.4）[78]。間接的暴力、または構造的・文化的暴力は、実態を捉えにくいこともあります。構造的暴力は社会システムと力関係に組み込まれており、機会やサービスへのアクセス、政策決定への関与にまつわる不平等として現れ、経済的暴力や児童婚という、いずれも女性の機会を奪う形で永続化します。文化的暴力は、ジェンダーと女性らしさに関する伝統的な社会規範に起因するもので、ステレオタイプ化や偏見、性差別的な発言やミクロマチスモ（日常生活の中に現れる男性優位の考え方）など、さまざまな心理的・情緒的暴力の形を取って現れます[79]。そして、あらゆる暴力の形態は相互に連関しています[80]。文化的暴力により、直接的暴力と構造的暴力はともに正当化されます[81]。マイクロアグレッションと呼ばれる見えにくい形での暴力形態が積み重なれば、レイプやフェミサイドといった深刻な暴力へと発展します（Box 5.1）[82]。

Box 5.1 フェミサイド：ジェンダーを理由とする女性や少女たちの殺害

暴力の加害者は、さまざまな形態の虐待を駆使して、相手に対する統制や支配を行い、維持しようとします。女性の殺害は、このパターンが極端な形で現れたものです。

国連ウィーン宣言[1]はフェミサイドを、ジェンダーを理由とする女性や少女たちの殺害として認識していますが、これはさまざまな形態をとりえます。具体的には、親密なパートナーの暴力による女性の殺害、女性に対する拷問や女性嫌悪による女性の殺害、「名誉」の名目での女性や少女たちの殺害、武力紛争を背景に女性や少女たちを狙い撃ちする殺害、花嫁持参金に関連する女性の殺害、性的指向とジェンダー・アイデンティティを理由とする女性や少女たちの殺害、ジェンダーを理由とする先住民族の女性や少女たちの殺害、女児殺しと男女産み分けを目的とする堕胎、女性器切除に関連する死亡、魔女狩り、その他のギャング犯罪や組織犯罪、薬物密売、人身取引および小型武器の拡散に関連するフェミサイドなどが挙げられます。

フェミサイドには男性が殺害されるケースとは明らかに異なる特徴があります。例えば、フェミサイドのほとんどがパートナーまたは元パートナーによるものであり、長期的な虐待、脅迫または威嚇、性暴力、もしくは、女性が持つ力や資源がパートナーよりも限られている状況が関係しています。2020年には、4万7,000人の女性や少女たちが親密なパートナーまたは家族によって故意に殺害されています。つまり、親密なパートナーまたは家族によって、平均で11分に1人の女性または少女が殺されている計算になります[2]。

フェミサイドへの各国の対策としては、法改正や早期介入、政府機関を横断する取り組み、さらには刑事司法制度における特別チームの設置と研修などが挙げられます。ラテンアメリカ諸国の中には、フェミサイドを別個の犯罪と定めている国もあります。それでも、ジェンダー関連の女性や少女たちの殺害は収まる兆しを見せていません[3]。

注
1. ECOSOC 2013. 2. UNODC 2021. 3. UNODC 2018.

“こうした社会経済的な分析を、健康や身体的・心理社会的依存、支援のネットワークなど、その他の能力と交差させると、その人にとってのウェルビーイングや行為主体性という点で、加齢がもたらす複雑な様相が浮上してきます。

経済的暴力は全世界に広がっていますが、ここでは金融資産に対する全面的な支配を維持したり、金融口座の開設を妨げたり、金銭へのアクセスを認めなかったり、通学や通勤を禁じたりすることにより、特定の人を経済的に依存させる、または依存させようとすることが含まれています[83]。これによって、さらに貧困が悪化し、教育や就業の機会が妨げられるおそれがあります[84]。心理的暴力とは、威嚇によって恐怖心を起こさせることを指すものですが、情緒的暴力とは、人が自尊心を損なうように仕向けることを指します。こうした人々の心理や情緒に対する暴力は、マイクロアグレッションから始まることもあります。暴力の標的とされている当事者は、直接の身体的暴力よりも、内面的な虐待や恐怖の中で暮らすことのダメージのほうが大きいと語っています[85]。

近親者による暴力は全世界に広がっており、結婚をしたことがあるかパートナーを持ったことのある15歳から49歳の女性の27％に被害が及んでいるとの数字もあります。発生率が最も高い地域は南アジア（35％）で、これにサハラ以南アフリカ（33％）が続きます[86]。現地の社会的・文化的規範によって不品行とみなされる女性の行為に対する正当な処罰として、暴力が認められているような場合もあります。こうした考え方があることで、近親者からの暴力が、女性の権利と安全に対する深刻な脅威としてではなく、個人的な問題として扱われる一因にもなっています[87]。また、世界で30に上る国の少女や女性のうち、少なくとも2億人は女性器切除を受けています[88]。

> “女性や少女たちに対する暴力は、今なお根深く残る力の不均衡の、最も明確な現れです。

こうした暴力がすべて通報されない背景には、主として次の3つの要因があります[89]。

- **差別・偏見：**暴力を受けた女性は自分自身や家族、行政当局、社会全般から依存的、弱気、無力、抑うつ的、無防備とみなされてしまうことがあります[90]。
- **否定：**女性や少女たちは、さまざまな環境下で当たり前になっている関係が虐待と気づかず、それを普通のものと考え、暴力とさえ思っていないかもしれません。
- **不信：**行政当局が暴力行為を認めず、しかるべき対処をしてくれない可能性があります。これは、女性が暴力を通報する以前に存在する大きなリスクの一つです。

人種・民族間の力の不平等は すべての人間の安全保障を阻害

人種が通常、社会的に重要な意味を帯びる身体的特徴（皮膚の色など）と関連づけられるのに対し、民族は文化的な表現や背景（言語、共有の伝統または信念を通じたもの）と関連づけられます。どちらの概念も、時代によって解釈が異なり、今でも文脈によって異なる見方がされていますが、本章では、人々の実体験と、人種的・民族的属性に関する自己認識のあり方に重きを置いています。しかし、人種と民族の社会的類型が特定の身体的または文化的特徴と関連づけられる場合は、この過程は大きく制約を受けます[91]。人種と民族の力学を分析することはすなわち、安全保障の意味を異なる視点から理解し、そこにある想定や、場合によっては植民地時代の遺産、そしてより広義には、力関係を明らかにする機会となります[92]。人種・民族集団間の水平的不平等は、古くから続き、しばしば政治や経済、文化、社会など、多くの次元に影響してきました[93]。人種的・民族的アイデンティティが政治権力や動員と関連づけられる場合、力の強い集団が他の集団の地位向上や尊厳、権利を阻害することがあります。このような形で、多くの場合、植民地主義やその他の歴史的征服のプロセスを通じて築き上げられてきた力関係は、黒人や先住民族を犠牲にして、白人のウェルビーイングを優先する構造となってきました[94]。政治権力が民族別に分配されるような場合、政治指導者やその他のリーダーは、民族的な相違を集団間の対立点として煽ったり、利用することで、社会的緊張や不信感、権利や尊厳の侵害が発生します[95]。最も極端な場合として、こうした民族集団間の不平等意識を掻き立てることによって暴力的紛争さえも誘発されます[96]。

人種差別に反対するという表向きの姿勢や公的な立場は、人種差別がどのように形成され、それが開発を通じていかに再生されてきたかを覆い隠すことがあります[97]。まずもって従来の開発と安全保障の概念それ自体が、人種間の不平等を温存してきたという事実を認識することが重要です[98]。人種的アイデンティティは、「他者化」、つまりそれぞれの集団が他の集団との社会的関係を通じて自分たちのアイデンティティを定義し、内面化するというプロセスからでき上がるという側面もあります。他者化は既存の力関係と密接に絡み合っています。一例として、「西洋」という概念は、進歩や安全保障と関連づけられる社会的カテゴリーとして構築されました。これは、逆に進歩の欠如とも関連づけられ、それに付随して人間の不安全感が広がる場所とされる「その他」の地域との対比において定義された概念です[99]。

“人種と民族の力学を分析することはすなわち、安全保障の意味を異なる視点から理解し、そこにある想定や、場合によっては植民地の遺産、そしてより広義には、力関係を明らかにする機会となります。

本節では、黒人と先住民族が経験してきた人種的不平等を取り上げます。どちらの集団もさまざまな機会から排除され、人種差別と植民地主義の遺産からでき上がった不安に直面しつつ、権利を否定され、認知を得られず、代表者もいない状況にあるからです[100]。共有地と共有の資源に依存して暮らす先住民族は3億7,000万人を超えますが[101]、こうした土地には、慣習的保有権だけがあることが多いため、土地の収奪や収用に遭いやすくなっています。ブラジルでは、かつての逃亡奴隷のキロンボの人々が深刻な食料不安全を抱えながら暮らしており、特に北部と北東部の状況は最も厳しくなっています[102]。ニュージーランドでは、マオリの子どもの約25％が貧困の中で暮らしており、食料不安全を抱える世帯で暮らす子どもも29％に上ります[103]。先住民族は農業や狩猟、漁業など、伝統的な生業で生計を立ててきました。これに差別が加わることで、先住民族の人々はインフォーマル経済の伝統的に生産性の低い産業で賃金労働者（家庭内労働、街頭での行商、農業、建設）とならざるを得ず、それによって貧困と食料不安全から脱出できるだけの収入が得られないという悪循環に陥っています[104]。非正規労働によって、労働者の権利も社会保障も得られない中で、搾取や虐待に対する脆弱性も高まります。

先住民族は、文化的アイデンティティの抑圧による差別も受けています。支配的な言語または植民者の言語が公用語とされた時点で、先住民族の言語は使用を制限されるか、違法とされました[105]。伝統的宗教や文化的慣習もしばしば、法律で禁じられました[106]。米大陸全体で、先住民族の子どもは親から強制的に取り上げられて特殊学校に送られ、新しい言語と伝統への同化を強いられながら、性的・身体的虐待と、母語を使用したことに対する体罰を受けました[107]。カナダの先住民族が市民権を完全に認められるためには、欧州系カナダ人のジェンダー・性・家族規範に同化せねばなりませんでした[108]。

代表を送ることも、そのコミュニティに参加する機会も認められなくなった先住民族は、自分たちの権利を主張できなくなり、水平的不平等がさらに拡大しました。世界各地の先住民族は、自分たちが差別を受け、代表も送れないことを認識しています。そして自らの権利を知り、それらが擁護されるようきわめて活発に求めてもいます。しかし、利権を持つ企業からは暴力を受け、代表を送れないことで政府から無視されることもありました。2000年代前半以来、環境活動家の殺害事件は3倍以上に増えています。2019年には、自分たちの土地と環境を守ろうとして殺された人々が212人と、記録的な数に達しました。その40％は先住民族コミュニティの出身者であるほか、2015年から2019年にかけて起きた殺害事件を見ても、先住民族を標的とするものは3分の1を超えています[109]。

> “不平等なシステムを通じて生じる人種差別は、構造的人種差別の形を取ることもあり、教育や保健、雇用、所得、給付、社会保障、刑事司法にも影響が及んでいます。

不平等なシステムを通じて生じる人種差別は、構造的人種差別の形を取ることもあり、教育や保健、雇用、所得、給付、社会保障、刑事司法にも影響が及んでいます。黒人が経験する不安全感を特徴づける人種差別の現れ方としては、人種と関連する偏見（否定的な態度）、ステレオタイプ（カテゴリー信念）、不平等な取り扱いが挙げられます。構造的人種差別は人間の安全保障に直接的な影響を与えます。例えば、質の低い医療しか受けられず、人種的に隔離された地域か、近隣には劣悪な病院しかない地域で暮らす黒人が多くいます[110]。黒人は教育や雇用でも排除と差別に遭っています。他の仲間や同僚に比べて、温かみも能力も欠いているというステレオタイプは、その一例です[111]。コロナ禍でも、黒人は過度に多くの犠牲者を出したというエビデンスがあります[112]。多くの場合、黒人は逮捕、収監される可能性が高いだけでなく、刑事司法においてもより重い処罰を受けています[113]。

図5.5 移住と避難　安全が失われた行路にて

人間の安全保障への脅威が移住と避難の引き金に

① **暴力、紛争、情勢不安**

戦争や紛争、ギャングの暴力、組織的犯罪、人権侵害を受け、人々は自らの生命と安全を守るために避難を余儀なくされています。

→ シリア・アラブ共和国では、10年前の紛争勃発以来、660万人が国外脱出を強いられています。

→ ベネズエラでは、深刻な社会政治情勢不安の中で、500万人以上が国外脱出を強いられています。

② **災害**

天候関連の災害に地球のシステムへの圧力、地球物理学的な災害、その他の突発性・遅発性災害が拍車をかけ、毎年数百万人の避難が生じています。

→ 2020年だけでも、災害によって3,070万人が国内避難民となりました。その40%近くが台風、洪水、地震、火山噴火によって東アジア・太平洋地域で発生しています。

③ **貧困、機会不足、食糧難**

さまざまな背景を持つ深刻な開発危機が、全世界の数百万人に食料不安全や貧困、食糧難、資源と機会の欠如をもたらしています。緩和のための戦略や、よりよい暮らしを求めるための解決策として、移住を選ぶ人々もいます。

→ バングラデシュ・インド間、アフガニスタン・パキスタン間、インド・パキスタン間、ネパール・インド間など、南アジア最大の移住ルートのいくつかでは、経済的移住と就労を目的とする移住が圧倒的に多くなっています。

移動中の人間の安全保障への脅威

① **危険だらけの旅**

移民と避難民は、情勢不安を逃れるために危険な旅に出ますが、その途中でさらに大きな不安全感をもったり、さらには命を落としたりすることもあります。

→ 危険度が最大級の移住ルートでの死者数：
- 地中海：2014年以来、2万2,977人の移民が死亡または行方不明。うち1万8,617人は地中海中部ルートを経由。
- 米大陸：2014年以来、5,822人の移民が死亡または行方不明、うち3,580人は米国・メキシコ国境ルートを経由。

② **密航、人身取引、搾取**

情勢不安を逃れる制度的手段が十分にないため、正規の手続きを経ずに、非正規の移民となる人々が多くいます。こうした人々は、人間の安全保障に対する幅広い脅威にさらされます。

→ 密航ネットワークは、法外な利益を出す一大複合産業に成長しています（東・北・西アフリカから欧州へ向かうルートと、南米から北米に向かうルートだけでも、年商67.5億ドルと推定）。移民は密航業者による暴力や虐待、搾取などに遭うおそれがあります。

→ 同義ではないものの、移民の密航が人身取引につながることもあります。
- リビア：イタリアで調査対象となったリビア移民1,400人のうち76%は、少なくとも人身取引の兆候の一つを経験しており（国際移住機関）、残虐な暴力や拷問を含む非人間的な取り扱いを受けた移民も84%に上ります（Oxfam）。

③ **拘留、国外退去、家族離散**

国境を越え、別の国に入国しようとした移民と避難民が拘留されることもあります。

→ 全世界で、拘置所の非人間的状況、家族との引き離し、1年以上の長期拘留、性的虐待、拷問、その他形態の暴力の事例が報告されています。

→ 全世界からの報告を見ると、国外退去のプロセスが暴力的で虐待的なこともあるほか、国外退去者は帰還先で支援制度がなかったり、保護を受けられなかったり、さらには逃げ出したことに対する復讐を受けることも多くなっています。

中米の北部三角地帯における複合的リスク

古くからの暴力と組織的犯罪

北部三角地帯諸国出身の移民の41%は、移住の2大理由の一つに情勢不安または暴力を挙げています。

よりよい機会を探して

米大陸最貧国のうちの3か国。貧困を逃れ、よりよい機会を得られる可能性を求めることが、移住の要因の一つとなっています。

災害と気候変動で、悲惨な状況がさらに悪化

エルサルバドルでは、2018年の干ばつで、320万人が食料不安全のリスクにさらされました。

2020年のハリケーン・シーズン：グアテマラで31万人、ホンジュラスで17万5,000人が避難し、域内の農水産業に深刻な影響が出ました。

"密入国斡旋業者"

移民の75%は、米国への移動の全部または一部を支援する密入国斡旋業者に金銭を支払っていますが、その額は4,000ドルから8,000ドルに上ることも珍しくありません。

北部三角地帯の移民は待ち伏せ、殺害、恐喝、誘拐の犠牲に

主な推計：メキシコでは2010年に1万1,000人を超える移民が誘拐されました。2015年末時点で、2,180人の中米人がメキシコで行方不明となっています。2006年以来の行方不明者は7万人を超えました。

国外退去や米国境警備隊と遭遇の増大

2017年から2019年にかけ、1万1,700人以上が米国から北部三角地帯諸国に追放されました。

2021年の検挙・追放件数は月間6万2,000件を超えています。

同伴者のいない子ども

北部三角地帯諸国出身で、米国境警備隊に検挙される同伴者のいない子どもの数は、2012年から2017年にかけて倍増し、2万1,500人を超えました。

2015年以来、メキシコでは、北部三角地帯諸国出身で同伴者のいない子ども6万6,000人が登録されています。

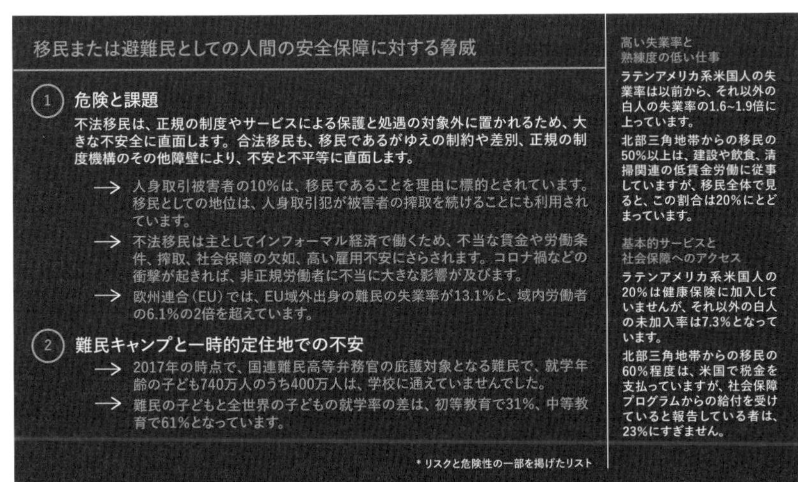

出典：Center for American Progress 2020; Community Psychology n.d.; Eurostat 2021b; Freedom for Immigrants 2021; García Bochenek 2019; Global Initiative Against Transnational Organized Crime 2018; Human Rights Watch 2018, 2019, 2020a, 2020b, 2021; IADB 2018; IDMC 2020, 2021; International Crisis Group 2016; IOM 2016, 2019b, 2020a, 2020b, 2021; IPUMS USA 2021; Laczko, Singleton and Black 2017; Long and Bell 2021; Migration Data Portal 2021a, 2021b; Repeckaite 2020; UNHCR 2018, 2021a, 2021b, 2021c; UNHCR and UNICEF 2019; UNODC 2020; US Customs and Border Patrol 2021; US Department of Homeland Security 2019

移動する人々が人間の安全保障なき道を歩まされるおそれも

移動する人々の道程は、さまざまな形を取り、その途上でそれぞれに異なり、交差する人間の安全保障上の脅威に遭遇することがあります。非正規のルートで移住する人々の尊厳、そして人間の安全保障は特に、人身取引や虐待、暴力、移動中の死亡から、目的地での基本的サービスと正規雇用へのアクセス欠如、搾取、差別、基本的権利の制限に至るまで、幅広い脅威にさらされやすくなります(図5.5)。そうした人々のほとんどは、就業や家族ぐるみの移住を目的に、自主的に移動しますが[114]、人新世の時代背景（第2章を参照)、社会政治的・経済的な情勢不安または紛争や暴力の影響などにより、避難や移動を余儀なくされる人も多くいます[115]。

地球規模での危険な変化が続く中、全世界、特に開発途上国の人々は、異常気象やその他の生命や暮らし、人間の安全保障を脅かす気候現象の激化によって、ますます大きな影響を受けるようになっています。例えば、深刻な干ばつや洪水は、水へのアクセスと食料安全保障を危険にさらし、季節的または恒久的な移住を余儀なくします。2050年までに、世界人口の半数程度、そして農業生産の半分程度が、干ばつと洪水の変動性増大によるリスクにさらされると予測されていますが[116]、これは移住を促す潜在的な要因となりかねません[117]。海面上昇も、数百万に上る人々の移住に影響すると見られますが、影響が特に大きいのは、小島嶼開発途上国と海岸線に大規模な居住地がある国です[118]。よって、個人や世帯、コミュニティは、その環境リスクを緩和し、自らの人間の安全保障を守る方法として、移住を選ぶことが考えられます。

紛争や災害により避難や移動を強いられた人々の数は、過去10年間に上昇傾向をたどり、世界全体で8,000万人を超えました（第4章を参照）。難民の86％は開発途上国が受け入れており、難民全体の27％は後発開発途上国が受け入れています[119]。流入する人々の管理は、受け入れ国に複雑な課題を突きつけます。また、受け入れ国は移動中の人々の尊厳と人間の安全保障を守り、難民と移民の保護とエンパワーメントを図るべく苦闘しています。しかも、コロナ禍は、災害避難対策にさらなる運用面、財政面での課題をもたらし、強制避難・移動が人間の安全保障と被災者のウェルビーイングにもたらす影響をさらに大きなものにしています[120]。

国際的な移住は概して、人間の安全保障のいくつかの側面と密接につながっています。2019年の時点で全世界の2億7,200万人近い国際移民のほぼ3分の2は就労を目的とする移民でした[121]。こうした労働移民は、よりよい機会を求めながらも、差別から保健、教育、住宅などの基本的サービスへのアクセスに対する障壁に至るまで、幅広い不安全感に直面しますが、その一方で、スキルと労働力のギャップを埋め、受け入れ国の社会と経済に貢献することもできます。

差別は移民の心と体の健康を損ないます[122]。移民はまた、仕事を奪う、あるいは社会保障サービスのリソースを枯渇させて、受け入れ国の市民に対し経済面での先行きに悪影響を与えている、という誤情報や差別的な考えによっても、差別と暴力の対象になります[123]。

表現、行動、身体的特徴の違いによる差別の解消が人間の安全保障全体を改善

LGBTI+[124]の人々は、従来の支配的なジェンダー規範や性的役割に反するとみなされるアイデンティティや表現、行動または身体を有することで抑圧的（そして多くは暴力的）反発を受けるため、人間の安全保障上の特殊な課題に直面します[125]。

これまでの人間の安全保障に関する議論では、ジェンダー・アイデンティティや性的指向の違いが認識されず、LGBTI+の人々が感じる人間の安全保障の喪失に対する取り組みもなされてきませんでした[126]。欠乏からの自由という点で、LGBTI+の人々は住宅所有、ローンや金融資産、教育や雇用といった面において差別を受けています。また、完全な市民権の行使や、基本的サービスへのアクセスに対する障壁にも直面するほか、健康リスクやホームレスになる危険性も高くなっています。さらに、ダイバーシティを許容しない社会では、特に危害を受けるリスクも抱えています[127]。

“これまでの人間の安全保障に関する議論では、ジェンダー・アイデンティティや性的指向の違いが認識されず、LGBTI+の人々が感じる人間の安全保障の喪失に対する取り組みもなされてきませんでした。

法の下で一人の人間として認められることは、人権であり、また教育、仕事、住宅や医療サービスにアクセスし、政治に参加し、暴力や拷問、差別からの保護を受けるうえでも欠かせません[128]。全世界193か国のうちの87％で、LGBTI+の人々は、そのアイデンティティと完全な市民権を認められていません[129]。トランスジェンダーの女性が政府に身分証やパスポート、有権者カードを発行してもらおうとした際に、暴力を受けたことが多くの国で報告されています[130]。

LGBTI+の人々、特にLGBTI+の若者は、家族からの拒絶、経済的・法的問題、自宅所有や貸付、金融資産に関する差別、精神疾患、薬物依存または立ち退きにより、ホームレスになる可能性が高まります[131]。ホームレス状態にある若者のうち、LGBTI+を自認する人々は15～30％程度に上る可能性があります[132]。LGBTI+の人々が目につきにくい国も多く、2016年の時点で、自分の性的指向、ジェンダー・アイデンティティまたはジェンダー表現を家族に明かしている人は15％未満であり、これを学校、職場またはコミュニティに明かしている人となるとわずか5％程度となっています[133]。必要な書類を持っていないという理由で、雇用主がトランスジェンダーの人々を差別したり、その雇用を拒否したりすれば、LGBTI+の人々はインフォーマル・セクターの仕事など、本来の能力よりも生産性の低い地位に追いやられてしまいます[134]。

心と体の性が一致しているゲイのシスジェンダー男性は、HIV感染リスクが高くなります。南アフリカでは、LGBTI+の人々のHIV感染率がケープタウンでは10％、ヨハネスブルクでは50％となっています[135]。

タイでは、レズビアンとバイセクシュアルの女性の性感染症（STD）予防率が最も低く、バイセクシュアル女性の84％とレズビアンの90％がHIV検査を受けたことがありません[136]。LGBTI+の人々が経験するストレスとトラウマは、精神と身体の健康状態を悪化させるおそれがあります。米国疾病予防管理センター（CDC）の調査によると、LGBTI+の若者は、シスジェンダーの学生よりも真剣に自殺を考える確率が4倍にも上ると報告されています[137]。

LGBTI+の人々は差別・偏見により、医療、教育または技術的サービスへのアクセスを拒まれかねません。医療従事者は、その特殊なニーズを理解していないことが多くあります[138]。学校でいじめられたり、仲間外れにされたりすれば、学習能力が低下したり、不登校になったりするおそれもあります[139]。タイでは2018年、LGBTI+の人々の41％とトランスジェンダー女性の61％が、学生として差別を受けたと報告しています[140]。技術面では、人工知能による自動ジェンダー認識の範疇外となり、デジタル格差は高齢者でもLGBTI+の人々のほうが高くなっています[141]。LGBTI+の人々は、オンラインでの暴力や差別を受けやすく、LGBTI+のソーシャルメディア利用者の64％が、嫌がらせやヘイトスピーチを経験しています[142]。

恐怖や不安からの自由と尊厳を持って生きる自由に関しては、LGBTI+の人々は拷問、品位を傷つけられる非人間的な扱い、犯罪化、身体的・性的暴行の狙い撃ち、強制的な医療介入、転向療法や殺人の被害を受けています。多くの国では、ゲイと判断された男性が恣意的に拘留され、電気ショックや侮辱、屈辱など、その他の形態の暴力を受けています[143]。暴力はさまざまな空間（家庭、学校、職場、公的空間、オンラインなど）で、幼い時から始まり、暴力と虐待の脅威は一生を通じて残る一方で、性暴力のリスクは高まっていきます[144]。LGBTI+の人々は一生、病気、障害、奇形または異常と判断されることで、差別や偏見を受け、病的な存在とみなされてしまいます[145]。いくつかの国では、LGBTI+の人々の圧倒的多数が暴力を受けていますが、特にゲイ男性に対する発生率が高く、性暴力に遭う人々も多くいます[146]。生涯を通じ、差別はLGBTI+の人々の教育や雇用、社会保障へのアクセスを阻み、死にもつながりかねません(Box 5.2)。

> “エンパワーメントと保護を共に達成することは、安全保障対策の中心に人間を据える行為主体性にとってのカギになります。

Box 5.2 トランスフェミサイドとは何か

トランスジェンダーとジェンダー・ダイバースの人々は毎日、差別され、疎外され、暴力と死につながりかねない状況に直面しています。トランスジェンダーの人々の殺人事件は報道される場合でも、嫌悪をもって扱われることが多くあります。実際、ほとんどの国では、トランスジェンダー殺害の性質、頻度または程度を明らかにできる正式なデータ収集が行われていません。1980年以来、全世界の活動家たちは、トランスジェンダーへの嫌悪に基づく暴力に光を当ててきました。ブラジルのレズビアン、ゲイ、バイセクシュアルおよびトランスジェンダーの組織「バイーアのゲイ・グループ(Grupo Gay da Bahia)」と米国の「トランスジェンダー追悼の日(Transgender Day of Remembrance)」ウェブサイトは、その草分け的存在です。

2009年には「トランス殺人観測所(Trans Murder Monitoring Observatory)」が、全世界のトランスジェンダーおよび多様なジェンダーの人々の殺害に関する報告の監視、収集および分析を始めました[1]。その最新データを見ると、殺人の件数は2008年の149件から2021年の人権や差別、暴力への対処が十分になされているかどうかを評価するうえでの重要課題の一つとして、ジェンダー・アイデンティティに関するグローバルレベル、各国レベルの統計やデータが不足していることが挙げられます。政策立案者がLGBTI+の人々とその家族に影響するプログラムや政策を策定する際、性的指向はまったく新しい不慣れな分野となります。細分化されたデータの欠如により、アイデンティティを異にし、ニーズも現実の不安全感も異なる人々をLGBTI+として一括りにしてしまうリスクもあります。

375件へと、151％も増加していることがわかります。確認されている殺人事件の約70％は、中南米で起きています。また、こうした殺人のうち96％はトランスジェンダーの女性またはトランスフェミニンの人々が犠牲者となっています。殺害されたトランスジェンダー女性とトランスフェミニンの人々の58％がセックスワーカーだったことから見て、こうした人々が性暴力を受けるリスクは高まっているといえます[2]。その他のアイデンティティにも交差性が見られます。米国で殺害されたトランスジェンダーの人々の89％は男性であり、欧州で殺害されたトランスジェンダーの人々の43％は移民でした[3]。

注

1. Balzer, LaGata and Berredo 2016; Trans Murder Monitoring Observatory 2020. 2. Trans Murder Monitoring Observatory 2021. 3. これらは不完全な数字である。ほとんどの国ではデータが体系的に収集されておらず、家族や当局、メディアもトランスジェンダーの人々の性別を誤って判断してしまうことが多いからである。報告されていない事件の数を推計するのは不可能となっている。また、コロナ禍は、もともと社会から隔絶されているトランスジェンダーの人々（黒人、セックスワーカー、移民、若者および貧困層など）に過度に負の影響を及ぼし、不平等をさらに広げることとなった。そもそもトランスジェンダーのセックスワーカーを暴力に遭いやすくしている差別・偏見や犯罪化に加えて、このことがセックスワークをさらに困難にする要因となっている。また、トランスジェンダーおよび多様なジェンダーの人々を保護する法律がないことも指摘されている（Trans Murder Monitoring Observatory 2020, 2021）。

水平的不平等の解消で人間の安全保障の充実を：行為主体性の重要性と連帯の義務

これまでの各節では、一部の人々の集団が排除や差別、暴力によって、どのような人権侵害を受けているのかを検討してきました。保護とエンパワーメントの戦略は、こうした集団の人間の安全保障を高めることに直結します。エンパワーメントと保護を共に達成することは（第1章で論じたとおり）、安全保障対策の中心に人間を据える行為主体性にとってのカギになります。

被差別集団が政策決定に実質的に関与すれば、保護とエンパワーメントの戦略の間に生じかねない緊張はなくなります。ここで人間の安全保障対策の中心に新たに人間の行為主体性を据えるということは、人々を単に、その状況に対処する力を持たない被害者としては捉えないことを意味します[147]。また、人々は保護の消極的な受け手にすぎないのでもありません。むしろ、人間は自らのウェルビーイングと行為主体性を改善する取り組みに積極的に参加することができる存在です。被害者としてではなく、自らが行為主体となれる人間としての地位を再確認することは、水平的不平等を解消するうえでも特に重要な気づきになります。さもなければ、人間の安全保障対策が無力化を助長したり、家父長制的であったり、さらには覇権主義的な手法で進められたりしかねないからです[148]。

さらに、人々が行為主体性を持つということは、被差別集団の人々が自らの力で人間の安全保障を拡充できるようになるという意味だけではありません。人は、自身の行為主体性を発揮することで、生活と他者のウェルビーイングを向上させる社会変革をも推進することができるようになるのです。このように、従来の保護とエンパワーメントの

図5.6 ブラジルと南アフリカで高い黒人女性の失業率、2021年第1四半期

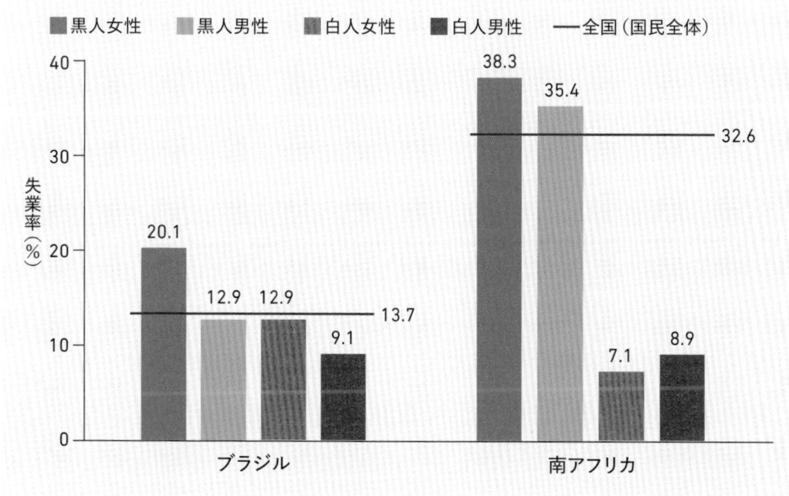

出典：ブラジル地理統計院（Instituto Brasileiro de Geografía e Estatística）および南アフリカ共和国統計局

戦略に新たに人間としての行為主体性を組み込むことによって、人々はさらに幅広い社会的義務について議論をし、行動する能力を高めていくことが可能となります。このように、人間が持つ行為主体性の強化に着目することで集団間の水平的不平等を減らすだけでなく、あらゆる人間の安全保障を向上させる道が開かれるのです。

人々が行為主体性を発揮することはまた、連帯の基盤にもなりえます。個々の人々の行為主体性が互いに強調されれば、複数の、時には重なり合うアイデンティティに基づく多様な経験を統合する行動の余地も広がります[149]。このように人間の持つ行為主体性を重視すれば、人間の安全保障にインターセクショナリティという考え方を取り込むことに役立ちます。さまざまなアイデンティティとその交差、そして実践的・戦略的ニーズを認識することで[150]、政策立案者が統合、尊重、有意義な包摂に取り組めるようになるからです。ブラジルと南アフリカ

を例にとってみましょう。両国ともに黒人女性の失業率は白人男性と全国平均をいずれも上回っているような状況です（図5.6）。インターセクショナリティの観点から人間の安全保障を分析、測定することで、集団間の連帯の拡大に向けて、必ずや新しい可能性が開けることとなるでしょう。

人間の安全保障という視点から不平等に取り組むためには、個別の政策でなく、人権を幅広く実現するというコミットメントを実現するシステミックな対策が必要です。古くからある水平的不平等との関連でいえば、差別を法律で禁じるだけでは決して十分ではありません。もちろん特定の集団だけが不当に扱われるような状況を是正する意味で、差別の禁止は重要です。しかし、形式的に差別から守られているようでありながら、引き続き人々が排除されたり、尊厳を傷つけられたりすることもよくあります。社会的な偏見、経済不安、政治参加や教育、健康などの面における障壁が残るならば、それは不平等を固定化させることになりかねません。この意味で、人権を幅広く実現するには、法的保護以上のアクションが必要となるのです。

“インターセクショナリティの観点から人間の安全保障を分析、測定することで、集団間の連帯の拡大に向けて、必ずや新しい可能性が開けることとなるでしょう。

人間の安全保障の充実は、水平的不平等の解消にかかっています。こうした不平等がなくなっていくことによって人間の安全保障の向上を図ることができるようになるからです。この好循環を起こすためには、人間としての行為主体性と連帯の重要性を強調することがきわめて重要です。連帯の戦略は、共通の安全保障の推進という形で有効な

図5.7 水平的不平等の削減により人間の安全保障を前進させるための基礎的要素

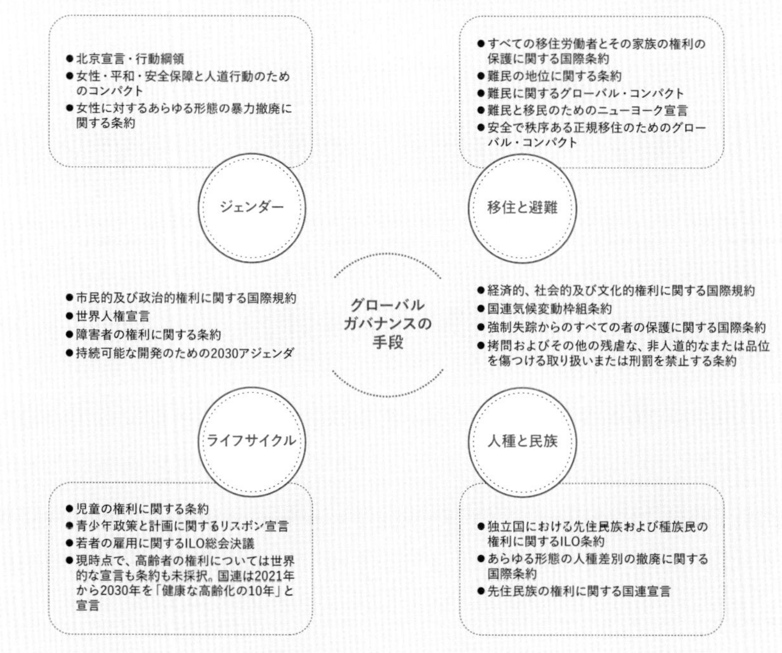

出典：国連条約機関と主要文書をもとに人間開発報告書室が作成。

役割を果たすべきです。今、ある一部の集団の人々の権利が侵害されていたとするとすれば、それがやがては他の集団の人々の権利の侵害が引き起こされる可能性が出てくるという意味で、ある集団の人々の安全保障は他の集団の人々の安全保障にも資するのです[151]。

世界人権宣言はいまでも、すべての人の尊厳と保護を約束する最も重要な文書の一つです。その採択以来、人権にかかわる具体的な分野や人々の集団についての合意文書が数多く導入され、人々の生命と尊厳に影響するグローバルな課題に照らした共通の原則や、時には協調的な政策方針の確立が図られてきました。こうした文書は、人間の安全保障を前進させるための重要な資源です（図5.7）。また、補完的なアクションの基礎的要素や手引き、参考資料としての役割も果たせます。こうした補完的なアクションは、現代の人間の安全保障に対する脅威の変遷に応じて、進化させねばならないのです。

> “いかなる人も何らかの社会集団に属することのみによって定義されるのではなく、誰でも複数のアイデンティティを持っています。しかし、人間の集団間には、差別を受ける人だけでなく、あらゆる人の人間の安全保障を損なうような体系的な違いがあります。

今後のありうる進化としては、例えば女性や少女たちに対する暴力について、司法制度を改革したり、ヘルスケア面での対応を強化したりすることが挙げられます。そうすれば、女性や少女たちを正式に保護する仕組みができ上がるでしょう。しかし、長期的な人間の安全保障を確保するためには、保護政策だけでは不十分です。女性に対する暴力が常態化し、暴力を受けた女性に差別・偏見を負わせる文化など、根本的原因を無視することにもなりかねないからです。また、それにより女性としての行為主体性の認識が制限されてしまうおそれもあります。よって、女性や少女たちに対する暴力に対する認識と、これを禁じる法律への支持を拡大し、女性の権利を推進して、女性の差別と虐待に終止符を打つための社会全体の教育をより効果的に進める手段も動員し、保護政策を強化していく必要があります。

LGBTI+の人々について、いまではさまざまなジェンダー・アイデンティティやジェンダー表現の形態があったり同意に基づく同性間の性行為があったとしてもそれを犯罪とみなすようなことは世界的に少なくなってきています。事実、同意に基づく同性間の性行為を犯罪とする国の数は、2007年の85か国から2020年には67か国へと減少しました[152]。こうした措置は、人間の安全保障に向けた一つのステップといえます。しかし、LGBTI+の人々が社会生活で差別を受け続けているような場合、それだけでは尊厳に対する脅威に対処できていることになりません。人間の安全保障に対する永続的な脅威である水平的不平等を解消するために、こうした措置は法律と社会規範に基づく差別禁止に向けた枠組みによって補完し、LGBTI+の人々が自分たちの価値観に基づいて生きるのみならず、さらに幅広い社会変革も推進できる行為主体性を得られるようにすべきです。

＊　＊　＊

本章では、今日の世界を特徴づける多くの水平的不平等に関連したいくつかの具体例を示しました。いかなる人も何らかの社会集団に属することのみによって定義されるのではなく、誰でも複数のアイデンティティを持っています。しかし、本章でいくつかの具体例を示したとおり、人間の集団間には、差別を受ける人だけでなく、あらゆる人の人間の安全保障を損なうような体系的な違いがあります。根強く残る水平的不平等の影響を受けている人々のウェルビーイングを向上させることにより、こうした差別に対処する重要性を強調することは、理に適っています。それは正義の問題だからです。しかし、人間には行為主体性があり、これを強化することで、排除や差別の対象となっている人々のウェルビーイングを向上させるチャンスが生まれるだけでなく、あらゆる人の人間の安全保障が充実するという認識を持つことも、同じく重要です。したがって、水平的不平等の解消は、さらに大きな意味を持つものとなり、保護とエンパワーメントの戦略に新たに連帯を加えることの重要性も再確認できます。

スポットライト5.1

人間の安全保障理念におけるフェミニスト的観点

『人間開発報告書1994』で導入された人間の安全保障という理念は[1]、人間を中心に据えた普遍的な理念として考案されました。普遍的であるということは、あらゆる場所のあらゆる人々にかかわる理念であることを指します。人間があまねく直面している共通の脅威（失業、犯罪、汚染など）を包含しつつ、女性に対する暴力との関係においては、個人的な安全領域に関して女性が直面する異なる脅威も認識することになります。人間を中心に据えるとは、人々がどのように生き、どのように選択し、ほとんどの市場と機会にどうアクセスするかに関心を払うことを指します。この意味で、人間の安全保障の理念では、経済不安の側面において、女性や少女たちの市場と機会へのアクセスが、ライフサイクルを通じて大きく異なることを念頭に置いています。

人間の安全保障という理念が生まれるまで、フェミニストの研究者たちは、安全保障が国家を中心に定義されることに異議を唱えていました[2]。フェミニストの安全保障論は、本質的にジェンダーバイアスを含み男性優位の枠組みであることを露呈する安全保障という概念の根拠を疑問視し[3]、女性の命や、世の中における女性の経済的・社会的貢献を低く評価するような概念に組み込まれたジェンダーに基づく伝統的なヒエラルキーの伝統と決別するものでした[4]。

人間の安全保障におけるジェンダーの観点については、数世代にわたって国際関係論のフェミニストたちが議論してきましたが[5]、その議論は、それまで問題とされていなかった2つの側面、すなわちジェンダーの不平等と、女性の間での不安全感の違いを中心とするものになりました。

国際関係論のフェミニストたちは[6]、国家や権力、安全保障の概念がジェンダーバイアスを内包し、男性的な言葉で語られることに疑問視し始めました。ここでは、ジェンダーの不平等を解消し、強者としての男性と弱者としての女性の像がどのようにして区別されてきたかを認識することにより、安全保障は達成できると考えられました[7]。研究は国家の安全保障が軍隊で語られる際の男性的な言葉遣いを分析することからスタートしました。シンシア・エンローは、国軍における男性性の構造、女性兵士の扱い、軍事基地周辺の売春婦の存在について分析しました[8]。女性とその身体に対する力の行使と、安全保障の考え方との間に強いつながりがあることを突き止めた彼女は、安全保障の実践という名のもとに、女性の存在が蔑ろにされていると結論づけました。

従来の安全保障の概念は、国家を主要なアクターとし、男性的特徴を特権として認めていたため、女性は公的領域から排除されていました。キャサリン・マッキノンは、ジェンダーへの配慮の欠如と国家の決定要因に注目し、「法律は男性が女性を見て扱うように女性を見て、取り扱っている」ことを根拠に、国家という概念自体が男性的であることを確認しました[9]。国家や司法の制度は、男性の視点を法律で制度化することにより、男性の力を女性に対して行使するようにできています。よって、フェミニストの観点から見ると、安全保障の考えをあてはめると、女性の尊厳と能力を損なう、相関する複数の力の序列関係が浮き彫りになります[10]。

フェミニストの研究者たちは「単に脅威や暴力がないことだけでなく、経済的・社会的正義が享受できること」という、さらに包括的な安全保障の定義を提案し[11]、安全保障はさまざまな経済的、政治的、社会的、個人的状況に依存するという認識を示しました[12]。

研究者は、安全保障とジェンダー化された身体との関係性についても探究し[13]、セクシュアリティは歴史的な力関係の表れであり、身体こそが女性に対する歴史的抑圧のいくつかの側面を説明できると論じることで、安全保障の概念は女性が実感する不安をいかに排除し、無視しているのかに対する理解を深めることに貢献しました[14]。また、異なる複層的な特徴を備えた人間が、さまざまに違った形で不安全感を感じることを論拠に、人間の安全保障を理念化する際には、ジェンダーに加えて、人種や民族など、その他生来の特徴にも配慮すべきであるとの主張も展開しました[15]。

その後、国際関係論の領域が拡大すると、ジェンダーを分析カテゴリーとして、女性が実感する不安全感を可視化する余地が生まれました[16]。女性の日常生活を分析することこそが、女性の排除を正す方法だとされたのです。ただし、安全保障に女性を加えることが主な要求ではありませんでした。そうすることで、男性の経験と視点が主要カテゴリーとして逆に定着してしまうからです。ジェンダーは、男性に特権を与え、女性の価値を低く見る男らしさの考え方に関する体系的な分析カテゴリーとして考えるべきだとされました[17]。また、不安全感を克服するためのさまざまな解決策と代替策を策定できるよう、社会での行動と実践を決定づけているジェンダーの序列関係を可視化すべきであるという主張もなされました[18]。

フェミニストの理論家たちは、さまざまな空間（国家、家庭、職場など）での女性の従属状況にまつわる議論の欠如が、民主主義の偶然の欠陥とみなされていて、ジェンダーが家父長制的な制度構築の一因となっているとの認識がないことも明らかにしました。人間の安全保障との関連でいえば、これは誰の安全保障が、どのように重視されているかについて考えることを意味します。少年たちや男性の安全が少女たちや女性の安全よりも優先されるのは、性差別があるためです。あらゆる形の不安全感に、ジェンダーの側面があります。その発現形態やパターン、強度はジェンダーによって違うだけでなく、状況にも依存する可能性があります[19]。

ベス・ウォロニウクによると、人間の安全保障の理念が生まれて以来、その議論に欠けていたジェンダー的側面としては、女性に対する暴力、資源に対する支配権におけるジェンダーの不平等、力と意思決定におけるジェンダーの不平等、女性の人権、および被害者ではなく能動的主体としての女性が挙げられます[20]。また、今千年紀の初頭には、ジェンダーと安全保障に関する女性の国際ネットワーク（Women's International Network for Gender and Security）も、非暴力、普遍的な人間の尊厳、持続可能な暮らしという原則と人間の安全保障との一貫性を優先した安全保障の定義変更に着手しました。このネットワークは、人間の安全保障に欠かせないフェミニスト的側面として、健全な地球と持続可能な生活環境、ウェルビーイングに関する基本的な人間のニーズの充足、人権の尊重と実現、非暴力的な変革と紛争解決を優先した暴力と武力紛争の排除の4つを定めました。その他、軍事的安全保障よりも、身体的、構造的および生態的暴力において、女性の問題を重視した人間の安全保障を求める研究者もいました[21]。人間の安全保障にジェンダー的側面を加えるためには、男性中心のバイアスをなくし、不平等な力関係で決定づけられた女性や少女たちの体験を前面に押し出すことが必要になるのです。

また、「個人的なことは政治的なこと」と主張する第2波フェミニズムに呼応するもう一つの側面として[22]、国家や国際システムではなく、個人またはコミュニティを出発点とすることが挙げられます。フェミニストの研究者たちは、女性の実体験をもとに、その不安や不利な立場を解釈し、説明しようとしました。

フェミニスト研究者の中には[23]、国際関係と人間の安全保障研究の単なる一類型として女性を追加することができないのは、その両方が家父長制に依拠した、世界政治の男性的解釈を基盤としているからだと論じる向きもあります。最新世代の国際関係論フェミニストの主な任務は、新しいジェンダーの解釈を導入し、それによって従来の人間の安全保障に対する理解を脱構築することにあります。第3世代のフェミニストは、それまでの世代による研究を受け継ぎ、制度を中心とする男性的な視点ではなく、人間関係と人間のニーズという視点を通して 人間の安全保障を考えています[24]。

黒人フェミニズムは[25]、インターセクショナリティ理論を開発したキンバリー・クレンショー[26]、支配のマトリクスを開発したパトリシア・ヒル・コリンズ[27]を筆頭に、人間の安全保障に対する批判的アプローチを提案しました。女性が体験する不安全感は、そのジェンダーだけでなく、人種や民族、年齢、セクシュアリティ、障害、外見、宗教など、その他のアイデンティティによっても決定づけられます。こうした類型は、異質な人々を排除、疎外する支配と権力の枠組みとして用いられます[28]。ヒル・コリンズは、性差別、人種差別、階級差別の根本原因である権力関係に注意を払い、人々が日常生活の中で経験する不安全感がどのようなものなのかを理解するうえで、ジェンダーは人種や階級と同等の重要性があることをあぶりだしたのです[29]。

女性や少女たちの安全に対する脅威として最も広がっているものの一つとして、女性に対する暴力に特に着目する研究者もいます。全世界で、女性は個人、コミュニティ、経済、政治のレベルで常に暴力に遭うリスクを抱えながら暮らしていますが、この暴力は、家父長制の構造的暴力を助長するシステムの基盤に根ざしています[30]。このリスクが、女性や少女たちの移動と行為主体性を一生にわたって制限するのです。

同じく構造的暴力との関連で、ジェンダー正義は人間の安全保障改善のカギを握る側面の一つとなります。女性や少女たちは司法プロセスの中では見えざる存在であり、疎外されることが多いからです。ジェンダー正義とは「男性が特権を持たず、優遇もされず、かつ、女性が体験するジェンダー固有の不公正を峻別する公平な法的プロセス」を指します[31]。共通のアイデンティティを持つ人々の集団が、制度や伝統に基づく差別を受ける場合、その差別は社会構造に組み込まれています。この構造的暴力は、直接的暴力と同様の苦痛と死をもたらし、その被害は相対的にゆっくりと、微妙な形で現れることが多いこともあり、修復はより多くの困難が伴います[32]。

フェミニストに関する人間の安全保障研究では、武力紛争が女性、ジェンダーの関係およびジェンダーの役割に及ぼす影響、国際的な人道アクションと平和維持活動がジェンダーの不平等をいかに拡大または縮小させるのか、平和構築に中心的重要性を持つ政策決定者の地位に女性がいないことなど、女性に関係するテーマが俎上に載るようになりました[33]。女性は紛争の中で、女性特有の影響を受けるとともに、武装解除・動員解除・社会復帰でも無視されます。女性は戦闘員として認識されないか、そのジェンダーにまつわる差別と偏見ゆえに、単純に軍隊の随行者か司令官の妻とみなされてしまうからです[34]。

人間の安全保障の枠組みは、人々の自助努力能力の重要性を強調します。すべての人が、自らの最も欠かせないニーズを満たし、自力で生計を立てられる機会を持つべきだからです。エンパワーメントと自立を達成するためには、女性や少女たちを従来のようにさまざまな脅威の脆弱な被害者として捉えるのではなく、女性や少女たちを行為主体として捉えることが大切です。彼女たちに、どのようにしたら安全が確保されるのか、どのような状態が不安全感をもたらすのかを尋ねなければなりません。その声に耳を傾けるならば、安全保障に関して全く異なるストーリーが聞けることでしょう。それは女性が自らの経済的権利、政治的権利と人権の尊重を求め、独自の発展を達成できる力を持っているというストーリーにほかならないのです。

注

1. UNDP 1994.
2. Donoso 2016; Gentry, Shepherd and Sjoberg 2018.
3. Blanchard 2003.
4. Tickner 1999b。Ling (2000)も参照のこと
5. 国際関係論フェミニストの各世代と、フェミニズムの各派は一致しない(Tickner 1992)。
6. Enloe 1989, 1993; Grant 1991; Peterson 1992; Runyan and Peterson 1991; Steans 1998; Sylvester 1994; Tickner 1992, 1995.
7. Tickner 1995.
8. Enloe 1989, 1993.
9. MacKinnon 1989, p. 162.
10. Gentry, Shepherd and Sjoberg 2018; Harding 2016; Tickner 2015.
11. Steans 1998, p. 67.
12. Nuruzzaman 2006.
13. Steans 1998; Sylvester 1994; Tickner 1992.
14. Michel Foucault (1980) の論文に基づくもの。Foucaultが主張した、身体に対する力の理論を援用しているフェミニストの思想家もいる(Steans 1998)。
15. Gentry, Shepherd and Sjoberg 2018.
16. Chin 1998; Hooper 2001; Peterson 2003; Prügl 1999; Tickner 2005.
17. Peterson 2004.
18. Wisotzki 2003.
19. McKay 2004.
20. Woroniuk 1999.
21. McKay 2004; Tickner 1999a.
22. Hanisch 1969.
23. Baines 2005; Peterson 2004; Reardon 2001, 2015; Shepherd 2008, 2010; Tickner 2005, 2015.
24. Reardon 2015.
25. Anzaldúa 1987; Lorde 1980.
26. Crenshaw 1989, 1991, 2017.
27. Hill Collins 1990.
28. Donoso 2016; Gentry, Shepherd and Sjoberg 2018.
29. Hill Collins 2002.
30. Bunch 2003; Bunch and Carrillo 1998.

31. McKay 2004, p. 157。McKay（2000）も参照のこと
32. Winter and Leighton 2001.
33. Baines 2005; McKay 2004.
34. Gentry, Shepherd and Sjoberg 2018; McKay and Mazurana 2004.

スポットライト5.2

子どもと人間の安全保障

国連児童基金

不平等、デジタル技術の脅威、健康への脅威、暴力的紛争など、人新世を時代背景とする新世代型の人間の安全保障に対する脅威は、子どもとその未来に特有の幅広い影響を及ぼします。人間の安全保障の実現は、子どもの生存、生計や尊厳に対するこうした広範かつ横断的課題への取り組みにかかっており、その成否は将来の世代に計り知れない影響を及ぼすことになります。

このことを如実に示したのがコロナ禍です。その長引く影響によって、貧困と不平等は拡大しており、子どもの権利を根底から脅かして

図S5.2.1 人間の安全保障に対する新世代型の脅威は子どもたちにも

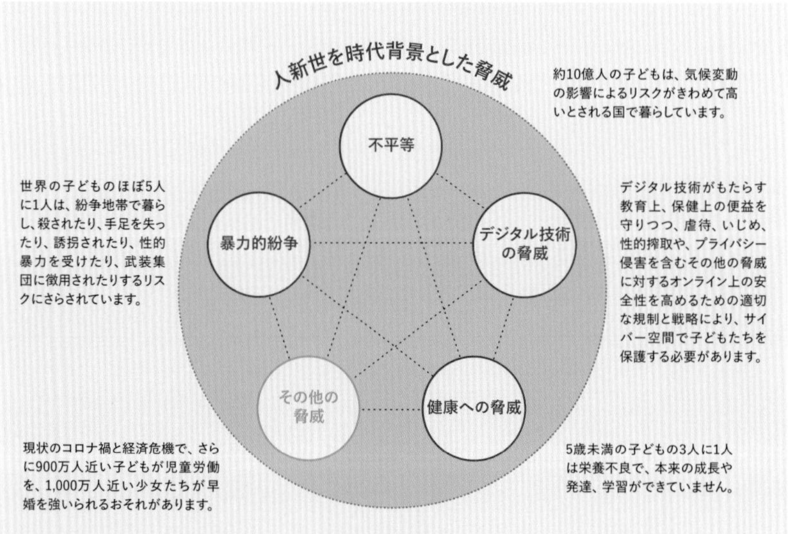

出典：国連条約機関と主要文書をもとに人間開発報告書室が作成。

います。これまでに、多方面にわたる貧困の中で暮らす子どもは新たに1億人増加しているものと見られますが、これは対2019年で10％の増加率に相当します[1]。貧困の増大とともに、学校に通えなかったり、空腹を抱えていたり、虐待を受けたり、働かされたり、早婚を強制されたりする子どもが増えています。グローバルレベルでの危機は貧困と喪失によって加速され、人種差別やその他の差別、ジェンダーの不平等によってさらに拍車がかかり、子どもと青年期の若者に特に大きな被害が及んでいるのです。

人新世のリスク

「子どもの気候リスク指数（Children's Climate Risk Index）[2]」は、地球上のあらゆる子どもが事実上、熱波やサイクロン、洪水、干ばつ、大気汚染、鉛中毒などの環境上の脅威のうち、少なくとも一つにさらされていることと、約10億人の子どもが、気候変動の影響によるリスクがきわめて高いとされる国で暮らしていることを明らかにしました。水や衛生、保健、教育などの人が生きるうえで必要不可欠なサービスが不十分な場合、子どもは気候変動や環境面での衝撃の影響を特に強く受けやすくなります。現状において、環境破壊は子どもの3人に1人の血中鉛濃度が高い一因となっています。約5億人の子どもが洪水の脅威にさらされているほか、2040年までに、4人に1人の子どもが極度の水ストレスの中で暮らすことになります。

　こうした人新世のリスクを減らすためには、子どもが生存し、健康に暮らすために欠かせないサービスのレジリエンスを高める必要があります。具体的な施策としては、上下水道設備や衛生サービスへのアクセスを改善することや、気候変動に対応する形で保健サービスを導入することが挙げられます。災害に柔軟かつ巧みに対応できる学校・教育制度や、気候変動対応型の社会的セーフティネットも、子どもの便益となります。こうした取り組みにはいずれも、環境保全と気候変動対策に変化をもたらす主体として、子どもや若者を関与させねばなりません。そこに子どもたちの未来がかかっているからです。

不平等

これまでの危機（経済面での衝撃と、特に今も続くコロナ禍を含む）で得られたエビデンスを見ると、最も置き去りにされる可能性の高い集団が、家計所得の減少、失業、不平等の拡大による貧困と飢餓という形で、最も深刻な影響を被る中で、幅広い社会的・経済的影響が子どもにはさらに大きな形で重くのしかかる可能性が高いことがわかります[3]。コロナ禍が全世界に広がっていることにより、先進国と途上国双方の子どもが影響を受けています。ですが、相対的に暮らしが貧しく、社会からも隔絶されているような子どもたちは、世界中で教育を受けられなくなっているほか、遠隔授業に参加したり、ヘルスケアサービスを受けたりも十分にできずにいます。これは世界で特に、障害のある子どもたちの10人に1人に当てはまります。こうした子どもたちが貧困に陥ったとしても政策決定において検討されたり、指導や配慮を受けたりする可能性は低くなります[4]。

しかし、無策のコストは高くつきます。子どもたちが学校教育を受けられず、学習もできなければ、将来の収入が17兆ドル減ることになります。これは世界の国内総生産（GDP）のおよそ14％にあたります[5]。さらに900万人近い子どもが児童労働を、1,000万人近い少女たちが早婚を強いられかねないほか、暴力を受けたり、メンタルヘルスに悪影響を受けたりする子どもたちも増えることになりかねません。これは子ども本人だけでなく、コミュニティや国、そして世界全体にとっても大きな損失です。生産性と成長の見通しが何十年にもわたって悪化する公算が大きいからです[6]。

デジタル技術のリスク

特にコロナ禍によりオンラインでの販売・配達システムへの移行が進むなど、デジタル革新と技術開発が加速しています。デジタル革新とソリューションは、健康から栄養、教育、保護、水と衛生へのアクセス、そして包摂に至るスペクトラムの全体において、子どもの生活改善に欠かせないものとなっています。子ども自身も、通信やゲーム、宿題、情報へのアクセス、訓練、スキル向上、就職準備、さらには個人的な表現活動に至るまで、さまざまな目的でインターネットを含むテクノロジーを活用できます。

コロナ禍中に学校閉鎖が広がった結果、21世紀に向けて必要な教育とスキルを提供するよう設計された、新たなオンライン上プラットフォームを通じたものを含め、教育の根本的改革が加速しました。しかし、デジタル格差が根強く残っている中においては、インターネットを利用できない学生に手を差し伸べるには、ローテクの手段や、デジタル技術をまったく必要としない手段のほうが、代替策として適していることを意味します。最後に、機会とリスク、脅威は表裏一体です。デジタル技術がもたらす教育上、保健上の便益を守りつつ、虐待、いじめ、性的搾取や、プライバシーの侵害を含むその他の脅威に対するオンライン上の安全性を高めるための適切な規制と戦略を策定し、サイバー空間で子どもを保護する必要があります。

健康面と栄養面の課題

母子保健の分野では、この20年間で著しい成果が見られるものの、ヘルスケアへのアクセス面で不平等があることで、取り残される子どもたちの集団も多くなっています。幼児と特に新生児は依然として、妊産婦と新生児の医療と栄養が不十分なために予防可能な原因で死亡したり、治療可能な感染症で命を落としたりすることが多い状況が続いています。しかも、幼児期の発達に対する投資が十分に行われなければ、発達中の脳が活発に動くために必要な刺激も提供されません。防げる病気に対する予防接種も滞っており、また新型コロナ・ワクチンの入手と配給にも、大きな不平等が存在しています。

食生活が不適切なため、健康に成長するために必要とされる回数の食事を毎日取れている生後6か月から23か月の子どもは、全体の半分しかいないのが現状です。こうした状況もあって、5歳未満の子どもの3人に1人は栄養不良に陥っており、本来あるべき十分な成長や発達、学習ができていません[7]。思春期の若者を含め、あらゆる子どもが生存し、健康に育つためには、栄養のある食事を取り、肥満と低栄養のどちらにも陥らないようにするとともに、質の高い一次医療を利用し、体と心の健康をともに増進できるようにすべきです。ところが、世界では10歳から19歳までの思春期の若者のうち7人に1人以上が、メンタル面での不調と診断されています[8]。メンタルヘルスのサービスに緊急に投資するとともに、精神疾患に関連する差別・偏見にきっぱりと終止符を打つことで、メンタルヘルスに対する理解を深め、支援をさらに充実させる必要があります。

暴力的紛争

世界の子どものほぼ5人に1人は、紛争地域で暮らし、殺されたり、手足を失ったり、誘拐されたり、性的暴力を受けたり、武装集団に徴用されたりするリスクにさらされています[9]。武装勢力は学校や病院、給水施設その他の必須サービスに攻撃を仕掛けるなどして、子どもに意図的に暴力を加える作戦を展開します。2020年だけでも、国連は紛争下での子どもに対する人権侵害が、2万4,000件近く発生していることを確認していますが、これは1日に換算すると約72件にあたります[10]。人道危機の状況下では、女性や少女たちがジェンダーに基づく暴力を受けるリスクが高まります。さらに2020年には、3,300万人の子どもが避難を強いられたと見られますが、これは全世界の子どもの70人に1人に相当する数です[11]。子どもたちがその紛争体験をうまく受け止め、そこから立ち直れるよう支援するためには、人道支援の一部として、子どもや青年期の若者を対象とする精神的・心理社会的支援を組み込まなくてはなりません。

子どもには、平和と安全につながる環境で育つ権利があります。社会の中で持続可能な平和を促進していくためには、教育、保健、栄養、水と衛生、社会保障や子どもの保護を含む必須サービスを公平かつ包摂的な形で提供、管理することを通じて、紛争や不満を激化させる要因に対処せねばなりません。各種制度も、コミュニティへの対応力と説明責任を向上させ、子どもや若者の声に耳を傾けるなど、あらゆるレベルでの政策決定への幅広い参加を認めなければなりません。

これらの脅威に対する取り組みはどれも、子ども自身の積極的な関与なしに成功させることはできません。児童の権利に関する条約や、その他の国連人権文書を指針としながら、すべての子どもが差別されることなく、自分たちの人間の安全保障に影響する問題にかかわり、その権利に応じた機会と行為主体性を持てるようにする必要があります。これを実現するためには、生活に影響する決定について子どもや若者の声をじっくりと聞くとともに、信頼と支援、能力育成ができる環境の中で、自分たちに最も関係が深い問題に取り組む仲間、そして解決者として彼らの関与を確保しなければなりません。それこそ、子どもたちが積極的な市民へと成長し、真の変革と人間開発をもたらす行為主体となれるようにするための最も効果的な方法といえるでしょう。

注

1. UNICEF 2021e.
2. https://www.unicef.org/reports/climate-crisis-child-rights-crisis, 2021年11月10日にアクセス
3. Furceri, Ostry and Loungani 2020.
4. UNICEF 2021g.
5. World Bank, UNESCO and UNICEF 2021.
6. World Bank 2020a.
7. UNICEF 2019.
8. UNICEF 2021f.
9. UNICEF 2021h.
10. UNICEF 2021i.
11. UNICEF 2021d.

第6章

新世代の人間の安全保障に対応できないヘルスケアシステムの課題に取り組む

健康は人間の安全保障の基本です。人間の安全保障が「人間の生にとってかけがえのない中枢部分を守り、すべての人の自由と可能性を実現すること[1]」を目指す一方で、人間が自由を実現できる能力は、その健康にかかっているからです。言い換えれば、健康は人間のウェルビーイングに直結する要素であり、健康であってこそ人々は自らの行為主体性の行使（すなわち、人々が生きる中で価値を置いているものを追求すること）が可能となります[2]。逆に、いったん健康が損なわれると、それは単にウェルビーイングの問題だけではなく、その人が人間として発揮できる行為主体性に対する制約にもつながります。したがって、健康への脅威は、人間の安全保障に対する最も重大な課題を提起することにもなるのです。

この数十年間で、グローバルヘルスは大幅な改善を見せてきました。幼児死亡率は1990年から2019年にかけ、半分以下に減る一方で[3]、人々の平均余命も大きく改善しています。妊産婦死亡率も大幅に低下してはいます（もっとも、世界の一部地域では依然として非常に高い状態は続いているのですが）[4]。HIV／エイズ[5]、マラリア[6]および下痢性疾患[7]による死亡率も大きく減少しました。途上国・先進国間の健康状態の格差も、時間はかかっているものの大幅に縮小されています。しかし、この間に新興・再興の人獣共通感染症の発生頻度増加や再流行（人新世という時代背景と関連づけられるもの）、さらには非感染性疾患の拡大という形で、新世代型の健康上の課題も生まれました。これによって、これまで人々の健康基盤改善を担ってきたヘルスケアシステムと、新たな健康課題との間で、ミスマッチも生じています。

コロナ禍は、最近の数十年間に生じた人間の健康に対する脅威の中でも、最も深刻な部類に属するものですが、この種のパンデミックは近い将来、さらに頻繁に起きることが予測されています[8]。コロナ禍は、人々の健康を揺るがす衝撃として始まり、人間開発の大幅な後退も引き起こしました。2021年のCOVID-19調整済み人間開発指数（HDI）の値が、コロナ禍以前の水準を大きく下回ったままであること（第1章のBox 1.1を参照）から見ても、人間の安全保障の達成度は明らかに後退しています[9]。コロナ禍は、人間の安全保障への脅威についてまでも視野に入れて考えないと、人間開発は覚束ず、せっかくの成果も逆転しかねないおそれが常にあることを証明したのです。

健康への脅威の感じ方は、各人が経験する脅威の度合いと、それが発生した場合にどの程度対処、回復できるかという能力に応じて大きく異なるほか、その影響も人によって差があります。健康が優れない状態を切り抜け、健康な生活を送れる能力は、その人が育ち、学び、働き、歳を重ねる状況、すなわち健康の社会的決定要因と密接に結びついています[10]。どの国のどの所得層の人であっても、健康状態が乏しいとその人の社会経済状態も乏しい傾向が見られます[11]。また、コロナ禍が人々に及ぼす影響は、健康の社会的決定要因の不平等によってさらに広がっていることを示すエビデンスが幅広く見られるようになっています[12]。

人々の健康状態は、健康にかかわる部門の外で決められる事項に強く影響されることから、健康を脅威から守るための取り組みは、ヘルスケアシステムの中だけに限定することはできず、システミックな対策にも関連づけていかなければなりません[13]。

“健康への脅威と、ヘルスケアシステムによって対処できる能力との間のギャップは、人間の安全保障への重大な課題を提起しています。と同時に、ヘルスケアシステムは、保護とエンパワーメントと連帯とを結びつけることで、新世代型の人間の安全保障戦略の充実を図れる可能性が最も高い分野の一つでもあります。

例えば、今の世界が抱える疾病の負荷は変化してきており、非感染性疾患が不健康や死亡に占める割合がかなり大きくなっています。感染症や母子保健といった課題への取り組みで、大きな成果をあげてきた保健システムですが、今では慢性疾患や非感染性疾患という新たな課題に対処するために、進化を続けています。それでも、安価で包括的なヘルスケアの必要性が高まる中で、世界的には多くの人々がそうしたヘルスケアにアクセスできない状況が続いています。実際、基礎的な保健サービスを十分に受けられない人は、世界人口のほぼ半数に上ります[14]。2023年までにユニバーサル・ヘルス・カバレッジ（UHC）の対象者を追加で10億人増やすという世界保健機関（WHO）の目標達成に向けた前進は、コロナ禍が生じる以前からすでに停滞を見せていました[15]。医療費の支払いは、貧困層にとって破滅的な結果をもたらすばかりか、中間層の世帯にとっても重い負担となってきています。

健康への脅威と、ヘルスケアシステムによって対処できる能力との間のギャップは、人間の安全保障への重大な課題を提起しています。と同時に、ヘルスケアシステムは、保護とエンパワーメントと連帯を結びつけることで、新世代型の人間の安全保障戦略の充実を図れる可能性が最も高い分野の一つでもあります。ヘルスケアシステムに対しては、災害、慢性疾患、感染症など人間の安全保障に対する幅広い脅威から直接人々を守り、人間の能力の幅広い拡大を支援して人々のエンパワーメントを図り、リスクと資源を共有する場を提供することで連帯を支えることが期待されているのです。事実、資源を持ち寄って対応することができるようであれば、病気や貧困、能力低下のリスクの負担を個人に背負わせることなく、各個人が自力では対処しきれないようなリスクへの保障さえも可能になります。今という時代は、人間の安全保障というレンズを通じてヘルスケアシステムを見直し、改革する絶好の機会になっています。とりわけ人新世という時代背景においては、人間の安全保障のレンズの持つ意義を再確認することが重要です。それは、将来起こりうるパンデミックの形はもとより、気候変動をはじめ、地球規模の危険な変化のプロセスの中で人々がこれから直面していくであろうさまざまなハザードなど、健康に対する衝撃の性質は今後、変化をし続けていくからです。

このような状況で、ヘルスケアやその他の社会政策の対象をすべての人にあまねく広げる「ユニバーサル化」に対するグローバルな関心が、今、再び高まりを見せています。例えば、ブラジルや韓国、スペイン、トーゴなど、実にさまざまな国で、手厚い現金給付策が実施されています[16]。さらに、新たな倫理観も広がりを見せています。英国と米国の最近の調査では、回答者がコロナ禍を経験したこともあり、こうしたユニバーサルな政策を支持する声が、これまでよりもはるかに高まっていることが判明しました[17]。

これによって、パンデミックに対する備えや対応に関する国際文書策定に向けた新たな取り組みについて話し合う機会も生まれています。コロナ禍を通じ、健康に対する共通の脅威に対処するためのマルチラテラルな（多国間の協力に基づく）行動を強化する緊急のニーズがあることもはっきりと実証されました。人間の安全保障の欠如に対して共同でより強力に対処すべく、今、能動的な取り組みを行えば、私たちは将来の課題に立ち向かうための能力を格段に向上させることができるようになるのです。

経済がコロナ禍からの復興を遂げる一方で、人々の健康に対する脅威は続く

コロナ禍による死者数は、2021年末の時点で確認されているだけでも、500万人を超えました[18]。全世界の超過死亡数は、少なくともその2倍に上るものと見られています[19]。コロナ禍による医療・栄養サービスの中断と世帯収入の減少は、子どもの栄養状態を大幅に悪化させ、それによって幼児死亡率や子どもの長期的な健康に影響が及ぶおそれも出てきました[20]。コロナ禍は、単なる健康上の危機から、全面的な人間開発の危機へと拡大しているのです。2020年には、教育システムの大規模な中断から労働市場の混乱に至るまで、幅広い影響が見られ、それを反映したCOVID-19調整済みHDIの値は世界的に低下しました[21]。

新型コロナウイルスの特性に関する情報が明らかになり、(国際的、

図6.1 世界経済が回復する一方で、人々の健康は未回復

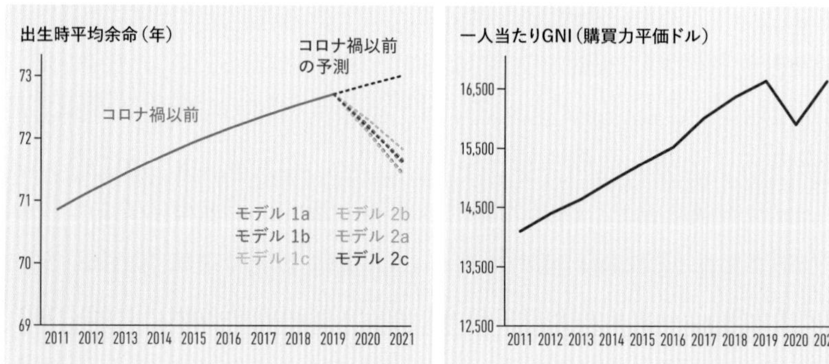

注:出生時平均余命の推計と予測は、コロナ禍に関連する超過死亡データに基づくもの。予測については、若年層の死者数分布のシナリオ別に、異なるモデルを採用している。モデル1は15歳から64歳までの年齢層についてのベースラインを表示する一方、モデル2はこの年齢層の死亡率分布について、変化の少ない想定を採用している。モデルaは0歳から14歳までの年齢層に関するベースラインであるのに対し、モデルbは、この年齢層に対するコロナ禍の影響について悲観的な想定、モデルcは、この年齢層に対するコロナ禍の影響について楽観的な想定をそれぞれ採用している。Hsu and Tapia (2022) を参照。

出典:保健指標評価研究所、国際通貨基金(IMF)、国連経済社会局および死亡率データベースの資料をもとに、人間開発報告書室が作成。

国内的な使用状況には落差がありましたが）数種類のワクチンもできて、2021年は復興の年になると見られていました。しかし、実際には、私たちは経済が発展しても人々は安全保障の喪失感を拭えずにいるという事象をまた目の当たりにするようになりました。ほとんどの国の経済が回復し、世界の一人当たり所得が過去最高の水準に達する一方で、世界の平均余命が2年連続で短くなるなど、人々の健康状態は記録的に悪化しています。2021年の超過死亡に関するデータを見ると、世界の出生時平均余命と、コロナ禍がなかった場合の推定値の間には1.5年の開きがあり、全世界的に7年分の後退が見られるという計算になります（図6.1）。

“ほとんどの国の経済が回復し、世界の一人当たり所得が過去最高の水準に達する一方で、世界の平均余命が2年連続で短くなるなど、人々の健康状態は記録的に悪化しています。

経済の回復はたしかに進んではいるものの、一様ではありません。開発途上国の緊急財政出動は、先進国の施策よりも限定的なものとなっています。2021年半ばまでに、各国がコロナ禍対策関連の財政措置で費やした金額は、世界合計で16.9兆ドルとなっていました[22]。コロナ禍の経済的影響への対応には、対応のスピードや対象範囲、そして何よりも規模という点で、国によって大きな差があります。概して、先進国は2020年、GDPの23.1％を裁量による財政措置に費やす一方で、新興経済国は、ただでさえ規模の小さいGDPのうち、9.9％しかこの目的に使っていません[23]。低所得国に至っては、2020年のGDPのわずか4.1％にとどまっています。先進国は金融政策でも、財政的な取り組みを支えるべく例外的な措置に頼ってきています。

ほとんどの直接的財政支援措置は、家計（現金・現物給付の拡大または創出）、企業（コロナ禍中に資金へのアクセスと支払能力の強化策を提供）および保健システム（保健部門への支出を増額）を対象としています[24]。コロナ禍が悪化し、諸所でロックダウン（封鎖措置）の経済的影響が出はじめると、各国は家計を守り、企業を支援し、保健セクターを強化するため、別の救済措置を設計、実施しました[25]。

コロナ禍においては、導入された財政措置と金融措置にこのような差があったため、高所得国では低・中所得国ほどの景気の後退が起きませんでした[26]。低・中所得国では高所得国と比べ、コロナ禍の中で基礎的な保健サービスに大きな混乱が生じたほか、救命用医薬品その他、医療用酸素をはじめとする必須物資に対するアクセスにも、より大きな課題が生じました[27]。新興経済国では、高所得国よりも緊急支援措置が早めに打ち切られています。ブラジルと中国では、財政支援の大部分が終了に向かっており、緊急措置が追加的措置に置き換えられたり、既存の支援策が大幅に延長されたりするケースは、高所得国（フランス、日本、スペイン、米国）に限られています[28]。それ以外の新興経済国では、財政措置の延長はきわめて限定的となっています[29]。

ワクチンの普及は、経済回復を可能にするうえで重要な要素です。よって、ワクチンへのアクセスや、その使用に格差があることは、単に道義的に問題があるというだけでなく、各国間に経済復興の差をもたらす重要な要因ともなります[30]。開発途上国が、比較的豊かな国に引けを取らないレベルでワクチン接種プログラムを拡大しているという、特筆に値するケースもいくつか見られるものの、HDIグループ国の間には、はっきりとした格差があります（図6.2）。2021年11月までに、HDI最高位国グループでは、国民の約67％がワクチン接種を済ませているのに対し、HDI高位国グループではこの割合が46％、HDI中位国

図6.2 新型コロナ・ワクチン接種における大きな国際的・地域的格差

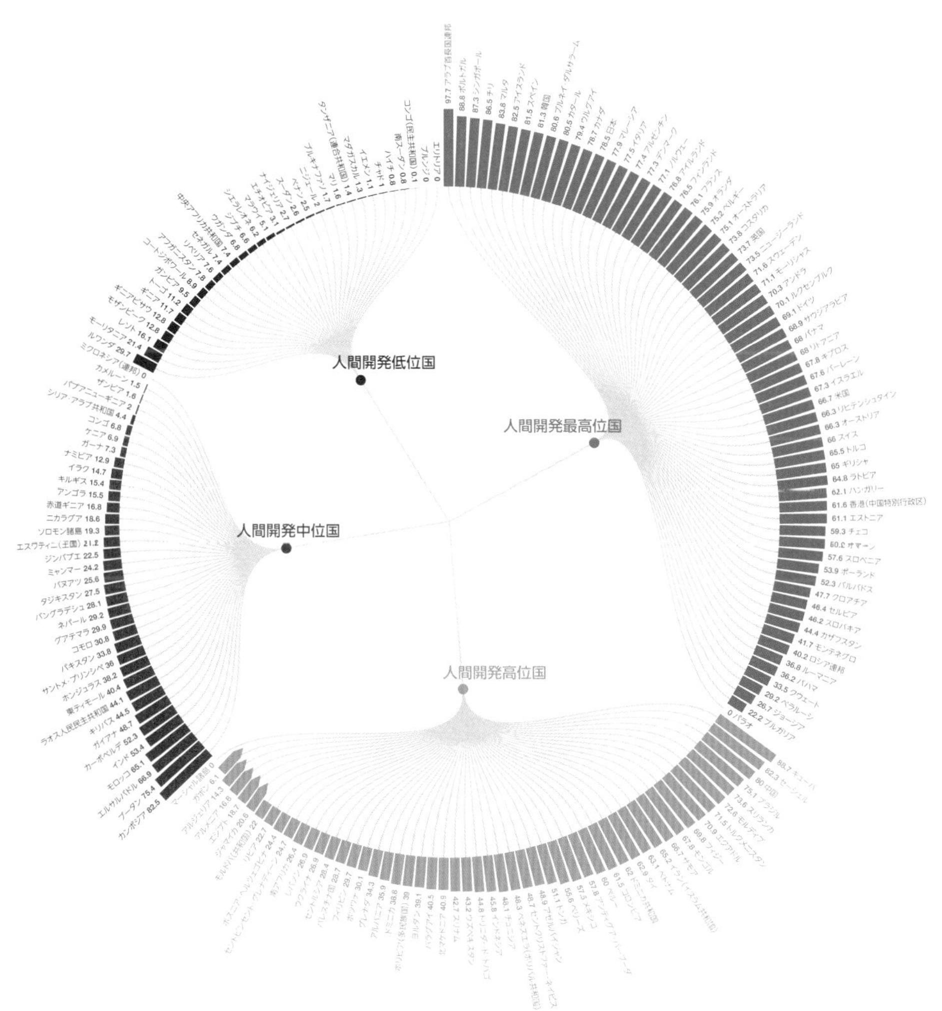

出典：Our World in Data（2021年11月10日にアクセス）の資料をもとに人間開発報告書室が作成。

グループでは30％、そしてHDI低位国グループに至ってはわずか7％となっています[31]。しかし、この平均値は、国民の一部の層におけるワクチン接種率の低さなど、HDI最高位国グループでさえ見られる国内的格差の大きさを覆い隠しています。

“ワクチンの普及は、経済回復を可能にするうえで重要な要素です。よって、ワクチンへのアクセスや、その使用に格差があることは、単に道義的に問題があるというだけでなく、各国間に経済復興の差をもたらす重要な要因ともなります。

10社以上の製薬会社がそれぞれ、2021年までに10億回分のワクチン生産を目標に掲げましたが[32]、新型コロナ・ワクチンへのアクセスは、いくつかの開発途上国にとっては、深刻な課題となっています。開発途上国の中には、コロナ危機を脱するには程遠い状況にあるにもかかわらず、全国民に接種できるだけの量の認可されたワクチンを確保できていない国が多くあります。こうした国が直面している制約としては、ワクチンの供給量が限られていることや、グローバルなコロナ禍対策への協力と投資が不十分なことが挙げられます。この意味で、国際協力の強化によって、ワクチンを手ごろな価格で供給できるようにすることが必要です[33]。ワクチンへのアクセス格差に対処するための主な国際協力の仕組みとして発足したCOVAXファシリティには、全世界各国の最弱者層20％にワクチンを届けるというねらいがあります。ところが、この取り組みはワクチン購入のための財源不足だけでなく、各国のワクチン調達戦略の競合という問題にも直面しています[34]。2021年6月の主要7か国首脳会議（G7サミット）では、高所得国が10億回分のワクチンの寄付を表明しましたが[35]、これはCOVAXファシリティを通じて、主に開発途上国に提供される予定です。

市場メカニズムも、各国のワクチン生産拡大に役立つ可能性があります。原材料の輸出、技術移転、および、低・中所得国の生産能力の増強に加え、新型コロナ・ワクチンの生産国とメーカーが、知的財産保護の一時的な除外を受け入れれば、ワクチン生産の一層の拡大に資する可能性もあります（第3章を参照）。

疾病による負担の増加により
ヘルスケアシステムの調整が必要に

コロナ禍は、ヘルスケアシステムが非感染性疾患による圧力の増大に直面していたまさにその時期に、感染症対策が人間の安全保障の中心をなすことを浮き彫りにしました。各国が人々の基礎的な健康の保障を充実させていくにつれ、健康に対する最大の脅威はがんや糖尿病、循環器疾患、慢性肺疾患をはじめとする非感染性疾患へと移行しています。数十年前から全世界で広がってきた非感染性疾患は、急速に公衆衛生上の中心的課題になりつつあります。世界的に見て、疾病負荷の原因と分布はともに、感染症から非感染性疾患へとシフトしており、こうした病気が開発途上国にとっては新たな重荷になってきているのです（図6.3）。

> “各国が人々の基礎的な健康の保障を充実させていくにつれ、健康に対する最大の脅威はがんや糖尿病、循環器疾患、慢性肺疾患をはじめとする非感染性疾患へと移行しています。

非感染性疾患全体で、2019年には死因の74％を占めていますが[36]、

図6.3 非感染性疾患による死者は以前よりも増大

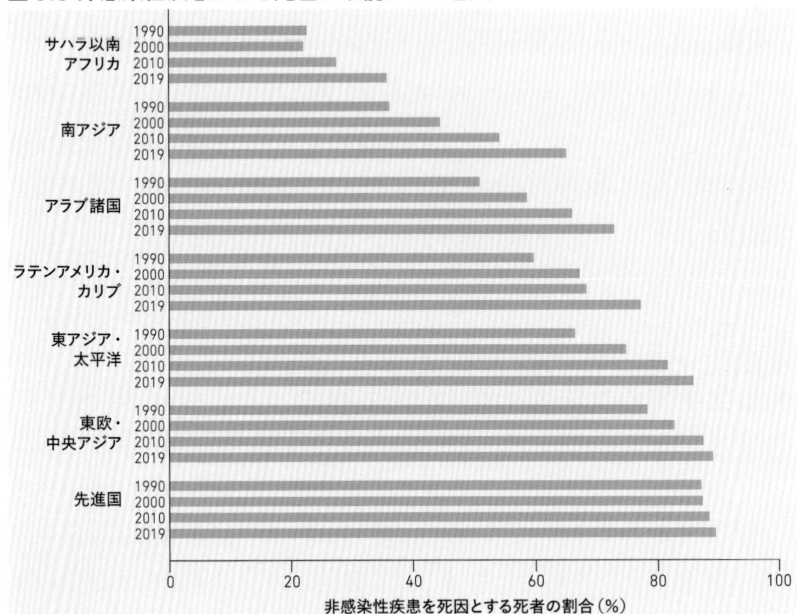

出典：IHME（2020）をもとに人間開発報告書室が作成。

そのほとんどが開発途上国で生じています（図6.3）[37]。2050年までに65歳以上の人口が倍以上に増えると見られるため、こうした疾患の圧力は全世界的にさらに強まる見込みです（第5章表5.1を参照）[38]。健康の社会的決定要因により、非感染性疾患の患者数と分布のほか、これに関連する死亡率も決定されます[39]。例えば、非感染性疾患の主たる行動リスク要因（不健康な食生活、喫煙、運動不足、過度の飲酒）と身体的リスク要因（肥満、高血圧および糖尿病）には、特定の非感染性疾患を生じさせる有害な物質への接触と同じく、社会的なパターンが見られます[40]。メンタルヘルスの問題も人間の安全保障上の喫緊の課題となっています（Box 6.1）。社会経済的な地位が低かったり、低所得国や中所得国に住んでいたりすると、2型糖尿病や慢性肺疾患、循環器疾患、肺がんが発症するリスクは高まります[41]。非感染性疾患の中には、その主なリスク要因や、根底にある社会的決定要因に対処する措置で予防できるものも多くあります。効果的なアクションにはヘルスケアシステムだけでなく、司法や教育、社会福祉、都市計画、環境保護なども関係してきます[42]。

“非感染性疾患がかくも増大したことによって、予防的ケアや長期的ケアをはじめ、ヘルスケアシステムに対する新たな需要が生じています。

Box 6.1 メンタルヘルス面の危機は人間の安全保障上の緊急事態

メンタルヘルス対策は、人間の安全保障の充実と直接にかかわってきます。メンタル面での不調は人間の暮らしのあらゆる側面（人間関係や学校、仕事、コミュニティへの参加など）に大きな負担を強いるからです[1]。メンタルヘルスの課題を持つ人は、世界人口の約10％に達しています[2]。子どもが苦難や環境的ストレスに直面すれば、発達中の脳にダメージを与えるだけでなく、長期に及ぶ身体的健康問題も生じかねません[3]。全世界で、子どもと青年期の若者の約20％と[4]、60歳以上の高齢者の約15％が、メンタルヘルスの問題を抱えていますが[5]、実際の数はさらに多いものと見られます[6]。社会的差別や偏見のために、メンタルヘルスの問題の報告と診断が困難になっているためです。メンタルヘルスサービスへのアクセスが限られているために、人々が治療や診断を受けられない国も多くあります。

よく見られるメンタルヘルスの問題としては、うつ病や認知症、双極性障害、統合失調症が挙げられます[7]。こうした疾患は学業成績の不振[8]、職場での生産性の低さ[9]、貧困[10]、早死や超過死亡[11]、全般的な不健康[12]と関連づけられることが多くあります。メンタルヘルスの問題は、経済生産の大きな損失にもつながると見られています[13]。

メンタルヘルスの問題の主な原因としては、厳しい逆境経験(虐待やトラウマ、暴力、紛争など)、身体的疾患(がんや糖尿病など)、物質乱用(アルコールや麻薬など)、生物学的要因(遺伝子や脳内化学物質の不均衡)、孤立や孤独が挙げられています[14]。特にメンタルヘルスの問題にかかりやすい人々もいます。例えば女性は男性よりも、性暴力その他、メンタルヘルスにかかわる問題の引き金となりかねない事件に遭う可能性が高いため、こうした心の状態(特に不安症やうつ病、心的外傷後ストレス障害、摂食障害)を抱えやすい傾向があります[15]。

紛争をはじめ、人間の安全保障に対する大きな脅威が、大規模かつ長期的なメンタルヘルス上の危機を引き起こすおそれもあります。例えば、コロナ禍のようなマイナスの人生経験は、不安症やうつ病、ストレス、睡眠障害などと関連づけられるだけでなく[16]、世界中のメンタルヘルスサービスを混乱に陥れており[17]、その影響は低所得国で特に大きくなっています[18]。

メンタルヘルスは、人間の安全保障の一つの問題としてよく見落とされがちではあるものの、人々が安心して暮らすためには欠かせない要素です。よって、メンタルヘルス問題への取り組みを怠るようであれば、それは人間の安全保障に対する一つの主要な継続的脅威を無視することになり、結果的には保健システムが将来的なメンタルヘルス危機への備えを欠くことにもつながりかねないことは認識しておく必要があります。

注

1. WHO 2021e. 2. Mnookin 2016. 3. Center on the Developing Child at Harvard University 2013; National Scientific Council on the Developing Child 2020. 4. WHO 2021e. 5. WHO 2017. 6. Ritchie 2018. 7. WHO 2019. 8. Brännlund, Strandh and Nilsson 2017. 9. Bubonya, Cobb-Clark and Wooden 2017. 10. Callander and Schofield 2018. 11. Saxena 2018. 12. World Bank 2018. 13. メンタルヘルスの問題による経済的損失の推計値は、推計の方法によって大きく異なっている。Bloom and others (2011) を参照。14. CDC 2018. 15. Mental Health Foundation 2021. 16. Rajkumar 2020. 17. WHO 2020a. 18. Kola 2020.

一部の開発途上国（特にサハラ以南アフリカ諸国）の人々は、依然として感染症（マラリア、HIV／エイズ、結核など）で死亡する確率のほうが高いものの、全世界的には感染症による死者は減っています。これに対して、非感染性疾患による死者は、あらゆる地域で増えています（図6.3）[43]。その移行期にある国の中には、非感染性疾患とケガが増える一方で、感染症の負担も依然として存在するという「三重苦」に直面しているケースもあります[44]。非感染性疾患がかくも増大したことによって、予防的ケアや長期的ケアをはじめ、ヘルスケアシステムに対する新たな需要が生じています。多くの国のヘルスケアシステムはこれまで、感染症と母子保健を重視してきたため、この新たな需要に対応できる準備が整っていません[45]。先進国でさえ、がんをはじめとする多くの非感染性疾患の増大によって、医療の成果に新たな格差が生じるケースが見られます[46]。

一方、人新世という時代背景の中で、気候変動や生物多様性の損失、食料安全保障の問題などがさらに進み（第2章を参照）、それが各国間ないし国内的に、いずれにしても不平等な形で影響を及ぼすと見られています。気候変動に起因する大気汚染や気温の上昇は、直接的、間接的経路の両方を通じて、人間の健康状態を悪化させています[47]。ある推計によると、人為的な気候変動は1991年から2018年にかけ、暖候期における暑さによる死亡のうち37％の原因になっています[48]。過去30年間に熱脆弱性が最も大幅に高まったのは、HDIの低位国と中位国です[49]。大気汚染は循環器疾患を悪化させることから超過死亡と平均寿命の低下をもたらす要因の一つになっています[50]。気候変動はまた、世界の多くの地域で、主要作物の生産力の低下を助長し、低栄養の解消に向けた取り組みを阻んでいます[51]。第2章で論じたとおり、気候変動は今世紀末までに（地域によってその影響には大きな差があるとはいえ）、世界的に一つの主要なリスク要因になると見られています[52]。

地球環境の混乱と健康、公平性の間には、深い相関関係があります。気候変動は、公衆衛生と持続可能な開発の面で達成された数年分の成果を帳消しにするおそれがあり、適応を目指す対応も十分というには程遠い状況です[53]。これらの新たなリスクは、ヘルスケアシステムの運用に必要な社会的、経済的、政治的条件を損なうだけでなく、保健システム自体にとって深刻な課題をもたらします。これに対する備えは、コミュニティや国によって差があります。第一に、気候変動は食料安全保障や水へのアクセスを阻害することから、社会と経済の混乱を招くおそれがあります。第二に、気候変動が健康に及ぼす影響は、すべての人々やコミュニティに一様に及ぶわけではないことも無視できません。社会的に取り残された人々や貧困層、基礎疾患を抱えた人々が、とりわけ大きな負担を強いられるからです[54]。健康面での衝撃により、家族が貧困に陥ったり、貧困から抜け出せなくなったりするおそれがありますが、それによって人新世を時代背景とするハザードの被害も受けやすくなります[55]。このような新たな現実が、人間の安全保障の欠如をさらに悪化させかねないことは、コロナ禍から垣間見られます。

ヘルスケアシステムの強化で人間の安全保障の向上を

安価で包括的、かつ公平なヘルスケアは、病気から身を守るという意味でも、より一般的に健康を増進するという意味でも、人間の安全保障に欠かすことはできません。ヘルスケアシステムの実績それ自体が、一つの重要な健康の社会的決定要因です。健康に関する人権、すなわち、到達可能な最高水準の心身の健康を享受する権利を実現するためには、ヘルスケアシステムがきちんと機能することが必須条件となります[56]。健康に対する権利を確保するためには、ヘルスケアサービスや物資、設備が入手でき、利用でき、受容でき、しかるべき質を備えていること、そして、それが全員に差別なく提供されることが必要です[57]。また、健康に対する権利は、ヘルスケアシステムの外側に目を向けることも求めています。アマルティア・センはこう指摘しています。「政策面に目を向ければ、健康はヘルスケアによって左右され、そしてヘルスケアは法律で定められるというのは事実です。しかし、健康はヘルスケアのみによって決まるわけではありません。そこには栄養や生活習慣、教育、女性のエンパワーメント、さらには社会の不平等の度合いも絡んできます[58]」。つまり、健康に対する権利を確保するためには、「(それが重要なことであるとはいえ) 充実したヘルスケアを法律で定めるだけにとどまらず、はるかに多くのことが必要になります。私たちには、すべての人の良好な健康状態を保つという目標の達成に向けて、さまざまな政治的、社会的、経済的、科学的および文化的対策を採用できるのです[59]」。

“ 健康に関する人権、すなわち、到達可能な最高水準の心身の健康を享受する権利を実現するためには、ヘルスケアシステムがきちんと機能することが必須条件となります。

それでも、ヘルスケアシステムの強化が、健康関連の人権の実現に必要な中心的対策の一つであることに変わりはありません。ヘルスケアシステムの機能や公平性が限られてしまうと、人間の安全保障を強化し、非感染性疾患やパンデミック、メンタルヘルス問題など、重大な健康課題に対処しようとしても、さまざまな壁に直面することになるでしょう。ヘルスケアシステムが限られたものになってしまうと、あらゆる国で、その所得水準などには関係なく、人々に影響を及ぼします[60]。それに輪をかけて分断化されたヘルスケアの提供、ヘルスケア従事者の不足、保健情報システムの不備、弱いガバナンス構造などの問題も生じがちです[61]。ヘルスケアシステムというとそもそも複雑で、わかりにくいことも多いため、人々が保健医療などのケアを求めなくなってしまう一因にもなっています[62]。

“世界の多くの人々にとって、ヘルスケアは依然として手の届かないほど高価なものになっています。ヘルスケアを受けるための貯えがない人々にとって、病気になることは経済的な破綻を意味しかねず、これが人間の安全保障を損なう結果を招きます。

ヘルスケアの不備に最も苦しんでいるのは、低・中所得国の人々です[63]。それらの低・中所得国では毎年、ヘルスケアシステムがあれば十分に治療できたはずの症状で、800万人が命を落としていると見られ、死亡者の60％は質の劣った保健医療ケアのために亡くなっています[64]。こうした国々では、患者の約3分の1がヘルスケアシステムの中で邪険に扱われたり、診察が短かったり、コミュニケーションが不十分だったり、待ち時間が長かったりといった問題に直面しています[65]。医療を受ける際に別の感染症にかかる入院患者は、高所得国で100人に7人なのに対し、開発途上国では10人に1人に上ります[66]。低・中所得国では、特定の健康状態（一部の感染症、非感染性疾患および母子保健上の健康状態を含む）に対する保健医療ケアの質が劣悪であるために死亡する人が、年間570万人から840万人に達しています[67]。

世界の多くの人々にとって、ヘルスケアは依然として手の届かないほど高価なものになっています。ヘルスケアを受けるための貯えがない人々にとって、病気になることは経済的な破綻を意味しかねず、これが人間の安全保障を損なう結果を招きます。経済的にヘルスケアに手が届かなければ、人々のウェルビーイングは直接的に損なわれ、あるいは、働いたり、学業を続けたり、社会や政治に参加したり、その他の形で有意義な人生を送ったりする能力が制限されてしまいます。アニルード・クリシュナ教授の重要な著作にあるとおり、「人々は一度でも病気になれば貧困に陥ってしまうような暮らしを続けている」のです[68]。低所得国では、医療費の44％が自己負担となっています[69]。健康保険やその他の補助が得られなければ、貧しい人々は必要な保健医療を受けられません。医療費の主たる財源が自己負担になっている場合、社会的な不平等は拡大します。低所得層ほど医療費の負担が重くなるからです。サハラ以南アフリカでは、コロナ禍中に人々が保健医療サービスを受けるうえでの障壁として最大の要因となったのが、費用が高すぎることで、次に大きな理由がコロナウイルスの感染への恐怖でした[70]。

医療費の自己負担がもたらす不公平な重荷は特に、非感染性疾患の負荷が重くなりつつある状況で不利に働きます。こうした疾患の治療費が家計を強く圧迫し、さらなる貧困をもたらすからです[71]。非感染性疾患と貧困との関連性は、悪循環を生みかねません。貧困は非感染性疾患のリスク要因と関連づけられるだけでなく、こうした疾患を治療するための費用自体が、さらなる貧困につながっています[72]。自己負担額の多寡は、医薬品の価格とも関連づけられることが多く、特に慢性疾患を抱えた人にとって負担が重くなります[73]。事実、医薬品が金銭的に手に入らないことは、多くの非感染性疾患の治療にとって、大きな障害となります[74]。糖尿病治療に欠かせないインスリンは、価格が高く、入手もしにくいため、多くの人々にとって手の届かない薬となっています[75]。

どの所得水準の国でも、健康問題への対処は大きな負担となりかねません。経済協力開発機構（OECD）諸国では、医療費の平均20％が家計の自己負担となっていますが、その中でも、フランスの10％未満から、チリ、ギリシャ、韓国、メキシコの30％以上まで開きがあります[76]。OECD諸国から得られたエビデンスによると、民間医療保険や保健関連商品・サービスの自己負担などの私的な医療費は、中間層の家計の中でますます大きな割合を占めるようになっています[77]。OECD諸国では、中間層世帯の医療関連の出費が、2005年から2015年にかけて増えています[78]。最も急激な増大が見られたのはチリ、ドイツ、ラトビア、スロバキア共和国、スペインおよび米国です[79]。

中間層世帯は、民間の医療保険にも10年前より多くの金額を費やすようになっています。米国では、その中でも医療保険料と病気にかかった際の医療費の自己負担額が最大の経費となっており、経済不安を抱える世帯と健康にかかわる問題に直面する世帯との間には、強い相関関係があることが裏づけられています。2000年から2010年にかけ、中所得世帯が負担する医療費は平均で51％も増える一方で、世帯収入の伸びは30％にとどまっています[80]。ある指標によると、家計に対する医療保険料の平均負担額は2016年には、平均家計所得の30.7％にも達しています[81]。高齢者とその家族が負担する長期的介護サービスと支援のコストが増えていることは、中間層世帯の経済的な安全保障にとって、大きなリスクとなっています。長期的サービスと支援を必要とする人を無償で介護する家族は、自らの経済的な安全保障を犠牲にしています[82]。しかも、そのような介護は一般的に、女性の役割になっています[83]。

ヘルスケアにかかる費用が高すぎたり、その質が悪かったりすれば、人間の安全保障が低下します。人間の安全保障の強化という観点に立てば、また、連帯に基づく戦略に従うのであれば、ヘルスケアにおける

「ユニバーサリズム」の方向への移行が問題解決に大きく貢献することでしょう。ここでいうユニバーサルな政策とは、「手段の如何にかかわらず、全人口にほぼ同様に寛容な恩恵が及ぶような政策」を指します[84]。ユニバーサリズムは、支援の「カバレッジ度(coverage)」、「寛容度(generosity)」、「公平度(equity)」という3つの要素を取り入れた多面的な理念です[85]。ユニバーサリズムを達成するには、さまざまな政策手段や戦略を用いることが可能です。こうした目的に適う改革は、政策が適用される具体的な文脈や社会構造や経済状況、さらには当該国の能力や初期の制度的な体制の状況などに応じて、必然的に異なるものとなります[86]。

健康や医療にかかる経費の自己負担額が大きければ、それが貧困や不健康をもたらす原因にもなることから、ユニバーサル・ヘルス・カバレッジ(UHC)の推進を求める動きがグローバルに広がっていますが、これは人間の安全保障の強化にも資するものです[87]。WHOの定義によると、すべての人が生涯を通じ、経済的な困難を被ることなく、健康増進のほか、予防や治療、リハビリ、緩和ケアなど必要な保健医療サービスを受けられる場合に、ユニバーサル・ヘルス・カバレッジが達成されたとみなされます[88]。ユニバーサル・ヘルス・カバレッジは「持続可能な開発のための2030アジェンダ」のターゲットの一つにもなっています。SDGsの枠組みで、ユニバーサル・ヘルス・カバレッジのモニタリングに用いられる2つの指標のうちの一つとなっている基礎的保健医療サービスのカバレッジ度は、2000年以来、全世界的に改善を見せています[89]。ほとんどのOECD諸国は、医師の診察、検査と健診、外科的処置や治療的処置を含む一部の医療サービスで、ほぼ全面的な医療費の補填を実現しています[90]。2019年9月、国連加盟国は「ユニバーサル・ヘルス・カバレッジに関する政治宣言」を発し、2030年までに、人々が経済的な困難に陥ることなく、必要な医療を受けられるようにするとのコミットメントを改めて確認しています[91]。

ユニバーサル・ヘルス・カバレッジが経済的な側面からの保護を目指すものであるのに対し、ヘルスケアの質もまた、人々の健康状態に大きく影響します。単に保健医療の対象者のカバレッジを拡大しただけで、医療の質を高めることをしなければ、結果として健康状態はよくならないという認識が広まりつつあります[92]。到達可能な最高水準の健康をつくるという人権を実現するためには、保健医療ケアの質にも投資する必要もあります。ヘルスケアの質の改善は、公平性の視点からも重要になります。地位やアイデンティティに関係なく、あらゆる人が良質のヘルスケアを受けられるようにすべきであり、質的改善の取り組みでは、最も質の低い保健医療しか受けられていない人々を優先していかなければなりません。このように、人間の安全保障を強化するためには、ヘルスケアのカバレッジ度を広げる対象者の拡大というところからさらに一歩進めて、そうしたヘルスケアの質や公平性も高めていくことが必要となるのです。

“ヘルスケアの質の改善は、公平性の視点からも重要になります。地位やアイデンティティに関係なく、あらゆる人が良質のヘルスケアを受けられるようにすべきであり、質的改善の取り組みでは、最も質の低い保健医療しか受けられていない人々を優先していかなければなりません。

ヘルスケア・ユニバーサリズムを進めていくうえでは、公的に提供すべきことと、民間が提供すべきことの割り振りも重要になります。国民の健康状態を改善する役割は、古くから公共セクターが担ってきましたが[93]、これには人間開発の拡大という意味合いもあります[94]。民間の主体も、保健医療の提供や保険の取り扱い、医薬品関連のイノベーション、サービスの提供などを通じて、保健医療システムで重要な役割を果たしてきました。エビデンスにより、民間の医療サービスでもユニバーサリズムのいくつかの側面、すなわち支援のカバレッジ度、寛容度、公平度の下支えがなされていることが示されています[95]。それはまた、公的なヘルスケア・サービスの不足を補うこともできます。むしろ民間の主体のほうが、健康保健分野のイノベーションや実験、技術的進歩を推進する能力に優れていることもしばしばあります。事実、民間セクターが診断や治療、保健医療ケア関連のイノベーションを通じ、非感染性疾患の負担への対処に重要な役割を果たすこともありえます[96]。

しかし、民間の対応によって公平性が損なわれるような場合もなくはありません。例えば、支払能力のある者のほうが、公的サービスのみに頼らねばならない者よりも、良質のケアを受けられる結果になるからです。また、民間を通じたサービスの供給が以前からヘルスケアシステムの基本となってきたような国では、民間主体が連合を組み、ユニバーサリズム実現に向けた進展に抵抗することで、公的サービスが不十分で不平等も広がる現状をあえて維持しようとするような動きも見られます[97]。主として公的資金を財源とする保健医療システムにおいて任意の民間保険を拡大すれば、コストの増大と不平等の拡大を助長するおそれがあります[98]。

連帯に基づいた人間の安全保障の強化戦略：新世代型のヘルスケアシステムのユニバーサリズムを目指して

コロナ禍は全世界で、旧来からのヘルスケアシステムの数々の弱点を明るみに出しました。そして、ほとんど誰しもが突然、健康に対する脅威にさらされかねないこと、そして、資源に恵まれた健康保健システムでさえ、コロナ禍のような大規模な危機によって崩壊しかねないことを明らかにしました。人新世という時代背景では、今後、このような脅威がさらに頻発し、かつ深刻なものになると見られます。コロナ禍の中で私たちの備えの不足や、人々の間の健康危機に対する耐性の大きな格差が露呈しましたが、これは私たちに対する警鐘と捉えるべきです。その一方で、疾病の重荷が高まり、国家間あるいは国内での疾病対応に格差が広がっていくことにより、人間の安全保障にとってはさらなるリスクがもたらされることになります。コロナ禍以外でも、貧困や人種差別、女性や少女たちに対する暴力、治安の悪い地域での暮らしなど、長期的な困難が、人々にさまざまな健康問題をもたらす可能性を高めかねないことを示す経験的エビデンスには事欠きません。具体的な健康問題としては、肥満や糖尿病、循環器疾患、がん、薬物乱用、自己免疫疾患、炎症悪化、認知障害、対人暴力と自傷行為、慢性的精神疾患などが挙げられます[99]。こうした文脈においては、基本的なニーズの充足と自由の促進とさまざまな衝撃からの保護の間の密接な関係を見出しておくことがとても重要になります。新世代型の人間の安全保障に関する戦略は、こうした脅威のシステミックな性質に照らし、部分的な解決策のみに拘泥し、人々の安全保障の喪失感の根底にある諸要因を取りこぼすことのないように注意していかなければなりません。

このように、新世代型の人間の安全保障では、保護とエンパワーメント（人々の緊急のニーズに対応しながらもその行為主体性を強化する戦略）だけでなく、連帯についても体系的に促進していく必要があります。ヘルスケア・ユニバーサリズムに向けて歩を進めることは、第1章で提唱したような、より広い観点から、人間の安全保障を推進していくための具体的な方法となるのです。

健康に対する共通の脅威に立ち向かうためのアクションは、さまざまな幅広い主体がヘルスケアシステムの範囲を大きく超え、多種多様な手段を用いることで可能となります。事実、コロナ禍の蔓延と影響を抑えるための取り組みは、共通の目的をもってそれぞれ独自に活動をする政府や市民社会、科学界、産業界、そして個人によって生まれたものでした。移動の制限やソーシャル・ディスタンス、マスク着用などの措置の成功は、公的な正当性やエンパワーメント、説明責任に負うところが大きかったといえます。通常であれば社会的な保護の仕組みから排除されていた人々など、最も後ろに取り残されがちな人々に手を差し伸べるためには、特別の努力が必要とされました。また、有効な新型コロナ・ワクチンが数種類あったにもかかわらず、世界への普及にばらつきが見られたことで、ある集団の安全は、他のすべての集団の安全が確保されない限り、保障されることはないという、安全保障（の欠如）の共有性を浮き彫りにする結果となっています。

ヘルスケア・ユニバーサリズムと人間の安全保障を結びつける

ヘルスケア・ユニバーサリズムの達成に向けて歩を進めることは、人間の安全保障を直接的に高めることにつながります。真の意味でユニバーサルなヘルスケアシステムが実現すれば、何ら条件を付けることなく人々に保護を提供でき、予防、および必要に応じた適切な治療を行えるため、能力の強化につながります。また、その基盤となるのは人々の行為主体性の拡大であるため、エンパワーメントにも寄与することになります。

“ユニバーサルなヘルスケアは、保護とエンパワーメントと連帯を通じて人間の安全保障を充実させる戦略として構想されています。さらに

それは、「持続可能な開発のための2030アジェンダ」の「誰一人取り残さない」に表現されるような、幅広い国際的コンセンサスとつながっています。

コロナ禍により、構造的な不平等と人間の安全保障上のリスクの相互関連性が明らかにされたことで、健康への脅威に対し、どのグループも個人もヘルスケアへのアクセスから排除しないよう、ユニバーサルかつシステミックな対応を行う必要性がさらに明確になりました。仮に人々を排除すれば、排除された者にとっては直接の脅威となりますが、そればかりでなく、その他の人々全員も継続的なリスクにさらされることになるからです[100]。新型コロナ・ワクチンの不平等な供給と使用状況が示すとおり、一部の人をアクセスから排除すれば、多くの人にとって、健康に対する深刻な脅威が続くおそれもあります。コロナ禍の経験によって浮き彫りになったのは、したがって、人権としての健康の追求を前進させることができる条件としては、国々と人々の間の相互依存関係が強まる中、適切なヘルスケアに対する効果的かつユニバーサルなアクセスを確保することが死活的に重要であるということなのです。保護やエンパワーメントとともに、連帯がますます重要視されている裏には、このような背景があります。

よって、ユニバーサルなヘルスケアは、保護とエンパワーメントと連帯を通じて人間の安全保障を充実させる戦略として構想されています。さらにそれは、「持続可能な開発のための2030アジェンダ」の「誰一人取り残さない」に表現されるような、幅広い国際的コンセンサスとつながっています。それはまた、持続可能な開発目標（SDGs）のターゲット3.8[101]、世界保健機関のUHCサービス・カバレッジ指数、国際労働機関の「すべての人への社会保障適用」世界キャンペーン、さらには世界銀行と国際労働機関が立ち上げた「普遍的社会的保護のためのグローバル・パートナーシップ」にも盛り込まれています[102]。

ユニバーサリズムの測定：「ヘルスケア・ユニバーサリズム指数（HUI）」の導入

上述の意味で、ヘルスケアシステムがどれだけユニバーサルといえるかを測定するため、本報告書では「ヘルスケア・ユニバーサリズム指数（Healthcare Universalism Index, HUI）」という指標を導入しています。HUIは、ユニバーサリズムの包括的理念に基づき、実効的な支援のカバレッジ度だけでなく、支援の寛容度と公平度も勘案するものとなっています（付録6.1.）。

HUIは、HDIの値が異なる国の間に、大きな格差があることを示しています。ノルウェー、日本、スウェーデンの指数は0.9を超え、最高水準にある一方で、アフガニスタン、バングラデシュ、赤道ギニア、ナイジェリアは0.1を切っています。開発途上国の中にも、コスタリカ（0.720）、ウルグアイ（0.703）、クウェート（0.691）、モルディブ（0.671）など、高い値を示し、ユニバーサリズムの点で米国（0.727）などの先進国と肩を並べる国があります。もう一つの例外はキューバで、全世界で第7位と、歴史的にユニバーサルなサービス提供で先頭を走ってきたドイツや英国さえも上回っています。

HUIの構成要素の中でも、ヘルスケア・ユニバーサリズムを阻む主要な障壁は、特に寛容度の中に見出せそうです。このことは、支援のカバレッジ度だけを充実させても、医療の質やアクセス可能性への十分な投資を伴わなければ意味がないという議論の根拠にもなっています。先進国の中でスコアが低いケースが見られるのは通常、ユニバーサリズムの3つの要素間で達成度が不均等であることによるものです。

例えばウルグアイは、カバレッジ度(0.69)、寛容度(0.72)、公平度(0.70)の3要素で、ほぼまんべんなくスコアを上げているのに対し、米国は要素によってスコアが大きく異なり、特にカバレッジ度(0.86)と公平度(0.46)の開きが大きくなっています[103]。

開発途上地域では、ラテンアメリカ・カリブ地域がヘルスケアシステムではずっと脆弱な状態であったにもかかわらず、HUIで突出した数値になっています[104]。これに続くのはアラブ諸国で、以下、東欧・中央アジア、東アジア・太平洋と続き、南アジアとサハラ以南アフリカは大きく水をあけられています。

HUIの値はこれまで改善を見せてきました。事実、1995年から2017年にかけ、全世界のHUIは0.395から0.472へと上昇しています。しかし、いくつか気がかりな点もあります。

- **先進国と途上国との間で、ユニバーサリズムの格差がおしなべて拡大しています。** 全般的に見て、開発途上国のユニバーサリズムは、HDI高位国に追いつけるだけのスピードで改善していません(図6.4)。

図6.4 不平等が残る中での改善:ヘルスケア格差は時間とともに拡大

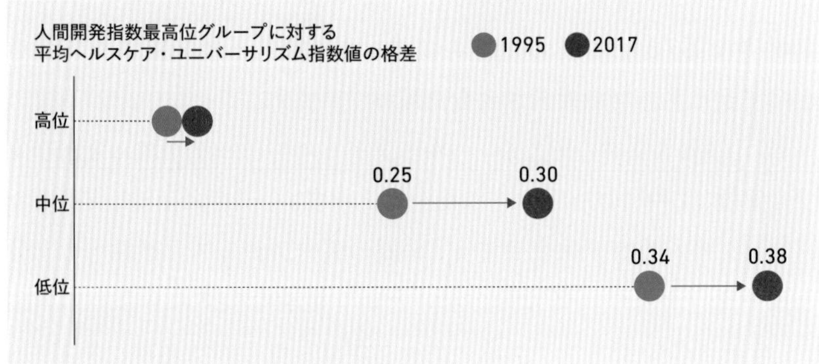

注:185か国をバランスしたパネル。合算値は単純平均に基づく。
出典:Schillings and Sánchez-Ancochea (2021) をもとに作成。

- **進捗が均一には進んでいません。**プラスの面を見ると、HUIで0.1ポイントを超える大幅な改善を遂げた国が80か国あります。その例としては、中国やインドネシアのような人口の多い国や、コンゴ民主共和国、コートジボワール、リベリア、トーゴをはじめとする多くのアフリカ諸国が挙げられます。その一方で、HUIが悪化している国が37か国ありますが、これはほとんどが支援の寛容度と公平度の低下や、ヘルスケアシステムの分断化を反映するものです。この傾向は、1995年の時点で中程度のユニバーサリズムを達成していた国で多く見られ、特に東欧と中央アジアで強くなっています。中央アフリカ共和国やイラク、スーダン、ベネズエラ、イエメンといった国でも悪化が見られます。

ヘルスケアシステムのユニバーサル化で、人間の安全保障の新たな課題に対処を

現在のヘルスケアシステムはどの程度、本章で論じている新世代型の人間の安全保障課題に対応できているのでしょうか。

この問いに答えるにはまず、開発途上国では、ヘルスケア・ユニバーサリズム指数が低く、改善も遅いことを念頭に置く必要があります。しかも、開発途上国のヘルスケアシステムは、非感染性疾患やパンデミックの負担から生じる課題への対処にあまり効果を発揮できていないか、適していないものと見られます。

今日の世代のヘルスケアシステムは、全年齢層での死亡率の低下を含め、人間の安全保障面において顕著な成果を生むことに役立ったとされてきましたが、その改善度合いは必ずしも均一なものではありませんでした。『人間開発報告書2019』は、2つの世界的な傾向を裏づけています。第一に、人間の基本的能力（ミレニアム開発目標［MDGs］で

重点項目となっている、誕生後数年間の生存率で測定されるもの）における不平等は縮まりつつあります。当初の乳児死亡率が高かった国の低下ペースが比較的速いため、他の国に追いつきつつあるからです。第二に、人間の拡張的能力（持続可能な開発目標［SDGs］で高齢者の健康増進によって測定されるもの）の不平等ですが、これは広がりつつあります。すでに高齢者の死亡率が比較的低かった国が、この10年間で、高齢者の死亡率が比較的高かった国よりも大きな前進を遂げているからです[105]。

こうしたパターンは、ヘルスケアシステムのユニバーサリズムと関連している可能性があります。HUIが0.6程度になるまで、基本的能

図6.5 HUIと子どもの死亡確率の間には、指数値0.6近辺まで負の相関関係が見られる

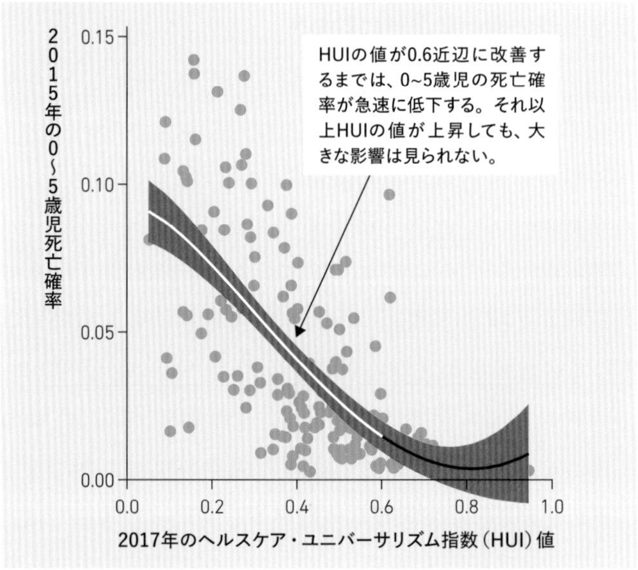

出典：Schillings and Sánchez-Ancochea（2021）および国連人口部の資料をもとに、人間開発報告書室が計算。

力の代理的な指標となる幼児（0～5歳児）死亡率とHUIの値との間には、強い負の相関関係がありますが、それ以上になると、HUIが改善しても幼児死亡率に変化はないからです（図6.5）。

対照的に、HUIは0.4近辺になるまで、拡張的能力にあたる50～80歳の死亡率にほとんど変化を及ぼしませんが、それ以上になるとHUIの値が上昇するにつれ、死亡率が急激に低下します（図6.6）。拡張的能力と関連づけられる人間の安全保障への健康上の脅威が生じた場合、ヘルスケアシステムのユニバーサリズム（およびその実効性）が限られている開発途上国が対応に苦慮することは、この関係から説明できます。

図6.6 HUIが約0.4以上になると、50～80歳の死亡確率は指数値上昇とともに急激に低下

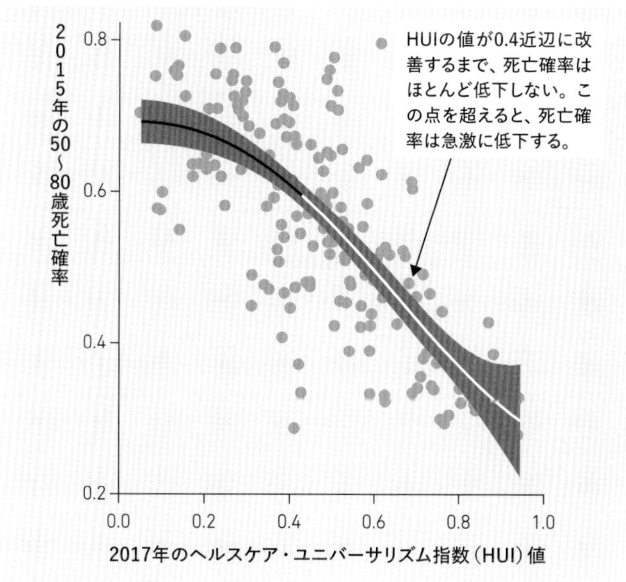

出典：Schillings and Sánchez-Ancochea (2021) および国連人口部の資料をもとに、人間開発報告書室が計算。

“開発途上国では、ヘルスケア・ユニバーサリズム指数が低く、改善も遅いことを念頭に置く必要があります。しかも、開発途上国のヘルスケアシステムは、非感染性疾患やパンデミックの負担から生じる課題への対処にあまり効果を発揮できていないか、適していないものと見られます。

ユニバーサリズムが限られていることが、人間の安全保障に対する新たな健康上の脅威に取り組むヘルスケアシステムの実効性にどのような影響を与えているかは、非感染性疾患の負担やパンデミックへの

図6.7 HUIが0.5を超えると、指数値と非感染性疾患による死亡率との間に強い相関関係が見られる

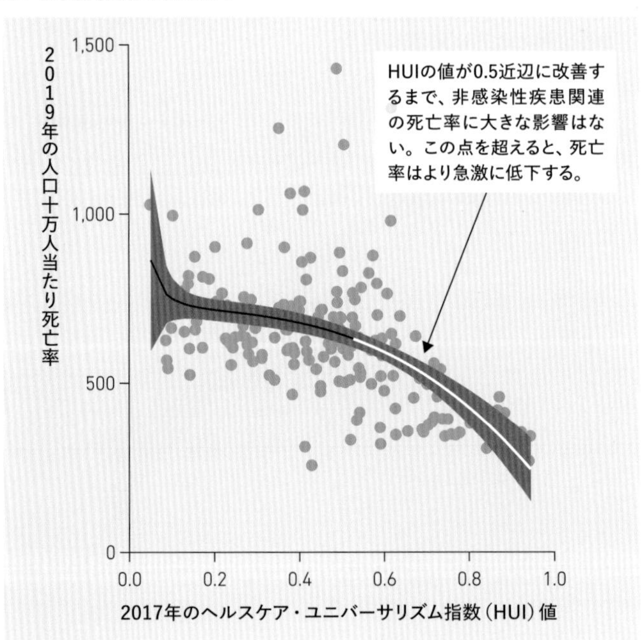

出典：Schillings and Sánchez-Ancochea (2021) および IHME (2020) をもとに、人間開発報告書室が計算。

備えを考えることで、さらに解明できます。非感染性疾患に関する年齢正規化死亡率は、HUIが0.5程度になるまで、ほとんど低下しませんが(図6.7)、HUIの値がそれ以上に上昇すると、非感染性疾患関連死亡率との強い相関関係が現れます。

世界健康安全保障指数(Global Health Security Index, パンデミック対応への備えを測る指標)とHUIとの間にも、これに類似するパターンの関係があります(図6.8)[106]。HUIが約0.4に達するまで、世界健康安全保障指数との相関関係はないものの、この水準を超えると、強く有意な相関関係が出現するからです。HUIの値がこれより低い場

図6.8 HUIが約0.4に達するまでは世界健康安全保障指数との相関関係はないものの、この水準を超えると、強く有意な正の相関関係が出現

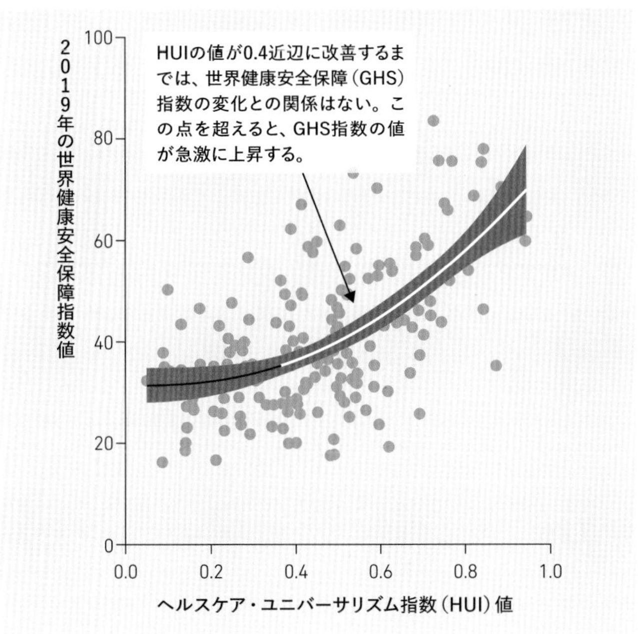

出典:Schillings and Sánchez-Ancochea (2021) および NTI and JHU (2019) をもとに、人間開発報告書室が計算。

合、統計上有意な関係は認められません[107]。

この分析結果からだけでも明白なヘルスケアシステムの限界は、開発途上国で暮らす人々のウェルビーイングと行為主体性を左右するだけでなく、世界が今後、人新世という時代背景の中で、人間の安全保障に対する複合的脅威にどう対応できるかも決定づけます。それは、人間の安全保障に対する最大の脅威は、HUIの値が低い国で生じる可能性が大きいからです（図6.9）。人新世という時代背景の中でさらに深刻化すると見られるハザードや課題は、HUIの値が0.25以下の国に大きな打撃を与え、HUIの値が上昇するにつれ、その影響は小さくなっていくでしょう。

図6.9 人新世を時代背景とする人間の安全保障への最大の脅威は、HUIが低い国で現れる可能性が大きい

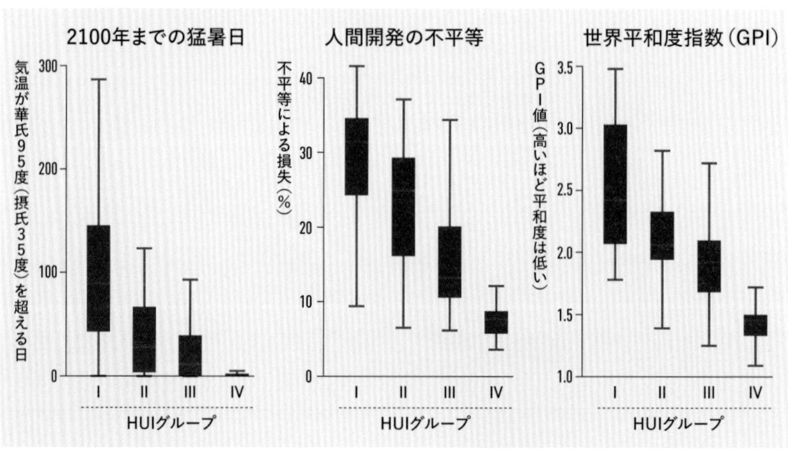

注：ボックスはそれぞれ、分布中央の50%を表している。ボックスの中央線は中央値。ボックスの外側の両端にある線は、分布の大まかな最小値と最大値を示す。どのグラフにも外れ値は含まれていない。2017年のヘルスケア・ユニバーサリズム指数（HUI）グループ分けは、0～0.24がグループI、0.25～0.49がグループII、0.50～0.74がグループIII、0.75～1.0がグループIVとなっている。猛暑日とは、代表濃度経路4.5のシナリオで、2100年までに最高気温が華氏95度（摂氏35度）を超える日の数を指す。不平等による損失は、不平等調整済みHDIの値に基づいている。

出典：Schillings and Sánchez-Ancochea (2021)、Carleton and others (2020) および IEP (2020b) をもとに人間開発報告書室が計算。

しかし、ヘルスケア・ユニバーサリズムの限界に直面しているのは、開発途上国だけではありません。高齢者の間で平均余命に差が出るパターン（社会経済的地位が高い集団と他の集団との差が広がっているという傾向）はカナダ[108]、デンマーク[109]、フィンランド[110]、イングランド（英国）[111]、米国[112]およびその他欧州の数か国[113]を含め、先進国でも生じています。ユニバーサルなヘルスケアシステムが充実しているはずのスウェーデンでさえ、最富裕層の健康状態は比較的貧しい国民層よりも急速に改善していると見られます[114]。

コロナ禍が社会に及ぼす影響は、ユニバーサル度が比較的高いヘルスケアシステムが普及した国であっても、人々の社会経済的な地位によって大きく異なっています。スウェーデンでは、新型コロナウイルスの罹患率とそれによる死亡率が、いくつかの集団で高くなっています。例えば、移民はスウェーデン生まれの人々よりも罹患率が高くなっていますが、それは移民の社会経済的な条件が劣っていることもその一因といえます[115]。英国では、黒人やアジア系その他の民族集団が、低所得であったり無給の仕事に従事することが多いという事情もあり、白人の英国人よりも新型コロナウイルスで死亡する確率が高くなっています[116]。

新たな健康への脅威に立ち向かうため、連帯を人間の安全保障戦略の核心に

コロナ禍は、人間の不安全感の「感染力」をまさに見せつけました。一部の国でウイルスの蔓延を制御できずにいると、それが世界全体にとっての脅威になるからです。地球上のほぼ全員が、不安全感やその影響に苛まれる中で、互いの脆弱性についても共有すべき時が来ています。それはまた、政策を練る際のマインドセットを変えることも意

味します。危機の中、人々は政府や科学者に、ガイダンスや保護を求めました。多くの国では、コロナ禍によって、それ以前には考えられなかったような新しい社会的行動規範が生まれていますが、これも連帯感の共有によって支えられています[117]。

同時に、コロナ禍は、人間の安全保障に対するグローバルな規模の差し迫った脅威を前に、既存の多国間メカニズムの構造的な限界も露呈させました。コロナ禍に対する事前の備えや協力、さらには国際的な連帯の欠如のために、多くの意味で、社会的最弱者層に悲惨な結末をもたらしました[118]。本報告書でも述べているとおり、新世代型の人間の安全保障の課題は、人新世を時代背景として、グローバルな規模で展開する複合的かつ多面的な脅威を含んでいます。こうした課題に立ち向かうためには、多国間システムの再構想と改革が急務となります。人間の安全保障に対する健康上の脅威によりよく対処するために、人間の安全保障のアプローチを再確認し、多国間主義を強化する重要な機会が、今まさに訪れているともいえるのです。

“過去の大きな健康危機は、しばしばグローバルヘルス・システムの改革をもたらしました。

人々の健康を決定する要素には、貿易のルールから国際的な援助の流れに至るまで、「健康に影響を及ぼすあらゆる部門においてグローバルな政治的相互作用から生まれる、国境を越えた規範や政策、慣行」が含まれます[119]。こうした決定要素の多くによって、一部の集団の健康状態をさらに悪化させるようなことも起きています(命を救う医薬品に関する知的財産規則や、保健医療への支出に制約を設ける緊縮財政措置など)[120]。また、それらの多くは一国のヘルスケアシステムだけでは対処できません。場合によっては、健康医療部門の枠を越え、さらに国の枠を越えた横断的な介入を行わなければなりません[121]。

国際的な対策の重要性を示す一例として、ワクチン接種の普及によってコロナ禍に立ち向かう取り組みが挙げられます。新型コロナウイルスから人命を救うワクチンへのアクセスが不平等だった中、COVAXファシリティは、アクセス格差に対処する手段の一つとなりました。この取り組みにより、速いペースで進行し、人々の命を脅かすような人間の安全保障に対する脅威を乗り越えるうえで、協力と連帯が絶対に欠かせないという認識がさらに強まりました。しかし、COVAXファシリティには、根深い力の格差、制度的な硬直性、説明責任メカニズムの弱さによって活動に困難が生じています[122]。COVAXファシリティのパートナー間の力は不均衡で、(当初の予定どおり大規模な調達を可能にするものではなく)最終的には自発的なワクチン寄付へ頼ることになったため、適切な時期に十分な量のワクチンを確保する能力が損なわれたのです[123]。コロナ禍は、国際保健規則が緊急のグローバルヘルス危機への効果的対応を調整する能力に限界があることも明らかにしました[124]。こうした限界は、コロナ禍初期にWHOへの症例発生報告が遅れたことや、その後の国際的に懸念される公衆衛生上の緊急事態の宣言が遅れたこと、さらに各国の対応の調整に遅れが出たことにも表れています[125]。これらは全体として、きわめて深刻かつユニバーサルな人間の安全保障への脅威を前に、保護とエンパワーメントと連帯が機能しなかったことを示しています。

過去の大きな健康危機は、しばしばグローバルヘルス・システムの改革をもたらしました[126]。重症急性呼吸器症候群(SARS)の流行が2005年の国際保健規則の大幅改定につながったほか、2006年のH5N1型鳥インフルエンザの流行後には、「パンデミックインフルエンザ事前対策枠組み」が策定されています。同様にコロナ禍も、保健に関する世界規模の協力の進化のきっかけとなる可能性があります。この方向での主な取り組みとしては、2020年5月の世界保健総会（WHO総会）決議73.1による「パンデミックへの備えと対応のための独立パネル」の設置が挙げられます[127]。この独立パネルの任務は、各国と国際機関とが健康への脅威に取り組めるよう、エビデンスに基づく今後の針路を提示することにありますが、これは人間の安全保障にも大きく寄与することになります（Box 6.2）。

新規の国際文書に関する独立パネルの提言により、新たなパンデミック条約成立に向けた取り組みはさらに活性化しています[128]。WHO総会は2021年5月、194か国の支持を受けた決議で、国際的なパンデミック条約について重点的に話し合う特別総会の開催を決定しました[129]。そして、2021年12月1日の特別総会で、パンデミックの予防、備えおよび対応を強化するための条約、協定またはその他の国際文書を起草し、これについて協議する政府間交渉会議の設立を決定しました[130]。

“ 新たな国際文書に関する議論が続く中、人間の安全保障と、その3本柱としての保護とエンパワーメントと連帯に取り組みの焦点を当て続けることが大切です。

新たな国際文書に関する議論が続く中、人間の安全保障と、その3本柱としての保護とエンパワーメントと連帯に取り組みの焦点を当て続けることが大切です。健康への脅威に対する人間の安全保障のための新たな枠組みでは、ヘルスケアにおけるユニバーサリズムの原則を確認するとともに、健康にかかわる課題解決に支障となっているグロー

Box 6.2 グローバルな制度の弱点に対処し、パンデミックに終焉を

「パンデミックへの備えと対応のための独立パネル」は、4つの主要テーマを中心とした活動を行います[1]。

- **過去を土台とすること。** 過去のパンデミックと、コロナ禍以前のシステムや活動主体の状況から学ぶ。
- **現在の状況を見直すこと。** コロナ禍に関連する出来事と活動の経緯、世界保健機関（WHO）が出した提言、および各国政府による対応を分析する。
- **インパクトを把握すること。** ヘルスケアシステムとコミュニティがどのようにコロナ禍に対応したか、対策にどのようなインパクトがあったかを検証する。
- **未来に向けて変わること。** 国際的なシステムを強化し、パンデミックに備え、対応できる理想的な態勢を整えられるようにするための分析を促進し、ビジョンを提供する。

独立パネルは、コロナ禍の発生と蔓延は「事前の備えにおけるあらゆる重要な局面での齟齬と失敗」を反映したものであるとしました[2]。感染を封じ込めるための措置が遅きに失し、緊急対応資金の調達にも遅れが出たほか、グローバルな対応にも協調的なリーダーシップが欠けていました[3]。こうした失敗が、社会的保護のシステムの欠落とも相まって、不平等が拡大し、世界中で社会から疎外された最弱者層に、過度に大きな社会経済的影響が及ぶことになったのです[4]。同時に、全世界の医療従事者による多大な努力と、迅速なワクチン開発は、コロナ危機軽減への取り組みで大きな力となりました[5]。過去の危機から教訓を得て、エビデンスに耳を傾け、コミュニティを巻き込み、明確かつ一貫した情報発信を行った国は、対策で最も大きな成果をあげました[6]。

独立パネルは、Gaviワクチンアライアンスを通じたCOVAXのワクチ

ン事前買取制度に10億回分を超えるワクチンを提供するという高所得国の公約、ワクチン生産国とメーカーによる新型コロナ・ワクチンに関する自主的なライセンス供与と技術移転、G7およびG20諸国からのACTアクセラレーターに対する追加的資金供与を含め（また、これらに限らず）、新型コロナウイルスの当面の感染抑制を図るため、一連の措置の実施を求めました。

独立パネルはまた、将来の疾病流行がパンデミックへと発展することを防ぐための提言も出しています。

- パンデミックへの備えと対応に向け、政治的リーダーシップを強化すること（ハイレベルの「グローバルヘルスの脅威に対する協議会」や「パンデミック枠組条約」などを通じて）。
- WHOの独立性、権限および資金調達を強化すること。WHOを通じたユニバーサルな定期的ピア・レビューと、国際通貨基金の加盟国との「4条協議」を通じた経済政策対応計画の評価を伴う形で、各国の事前準備に注力すること。
- パンデミックに発展しかねない疾病の流行に関する情報を直ちに公表する権限と、パンデミックに発展しかねない病原体について調査する権限を伴う柔軟かつ迅速なサーベイランスと警報発出のためのシステムをWHOが設立すること。
- ツールや物資につき、予め話し合いで決まったエンド・ツー・エンドのプラットフォームを確立するとともに、これを実現するために技術移転や自主的なライセンス供与協定や、ツールや物資の製造、規制および調達に関する現地の能力強化を促すこと。
- 事前の備えと対応を支援するため、国際パンデミック資金ファシリティを新設すること。
- 各国のパンデミック担当者に、パンデミックへの事前の備えと対応に係る政府全体の調整を推進するという任務を与え、国家や政府の首脳に対する説明責任を負わせること。

注

1. Independent Panel for Pandemic Preparedness and Response 2021a. 2. Independent Panel for Pandemic Preparedness and Response 2021b, p. 2. 3. Independent Panel for Pandemic Preparedness and Response 2021b. 4. Independent Panel for Pandemic Preparedness and Response 2021b2). 5. Independent Panel for Pandemic Preparedness and Response 2021b. 6. Independent Panel for Pandemic Preparedness and Response 2021a.

パンデミックへの備えと対応のための独立パネルの提言

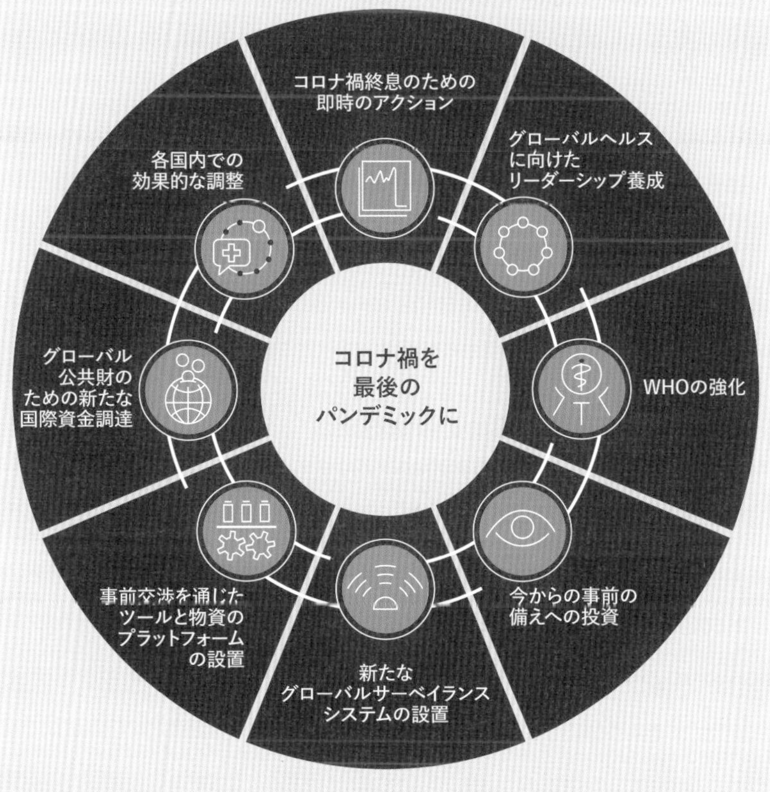

出典：Independent Panel for Pandemic Preparedness and Response 2021a

バル・ガバナンスの幅広い機能不全に対処しなければなりません。特に重要なのは公平性です。新たな制度的な仕組みでは、喫緊の健康上の課題から最も影響を受けやすい人々がリーダーシップを発揮し、意見を表明できるようにしていくことを重視する必要があります。なぜなら、こうした人々が弱い立場に置かれている理由として、現行のグローバル・ガバナンスがこれらの人々の能力を強化できない構造になっているためでもあるからです。ここでは、パンデミックが主に貧しい国から発生し、豊かな国のウェルビーイングを脅かしていくといった、現行の保健関連の国際文書が前提とする暗黙の想定も含め、現時点で人々の健康状態を決定づけている力の格差自体を問わなければなりません[131]。「持続可能な開発のための2030アジェンダ」の言葉を借りれば、健康増進を図る新たな制度的な仕組みにおいては、誰一人置き去りにしてはならず、かつ、連帯の精神に則り、最も後方に取り残されている人に対してこそ真っ先に、手を差し伸べていかなければならないのです。

付録6.1. ヘルスケア・ユニバーサリズム指数：カバレッジ度、公平度、寛容度という３つの指標を統合

ヘルスケア・ユニバーサリズム指数（Healthcare Universalism Index、HUI）は、本報告書向けに委託された新世代型の人間の安全保障に関するバックグラウンド・ペーパーで、トビアス・シリングスとディエゴ・サンチェス＝アンコチェアが開発した指標です。この指数は、『人間開発報告書2016』に向けて提出されたマルチネス・フランツォーニとサンチェス＝アンコチェアによるバックグラウンド・ペーパーを基盤とし、これを発展させたものです。これについては、Martínez Franzoni and Sánchez-Ancochea（2016）をご参照ください。

図A6.1 HUIの計算に用いられる要素と指標

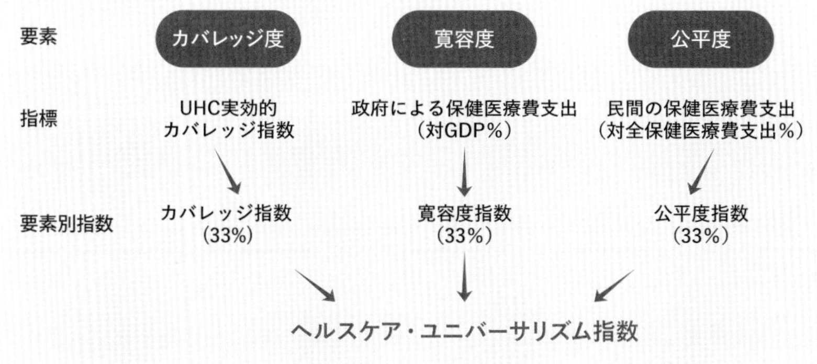

出典:Global Burden of Disease Health Financing Collaborator Network 2020

ユニバーサル・ヘルス・カバレッジ(UHC)の測定は、少なくとも持続可能な開発目標(SDGs)ターゲット3.8にユニバーサル・ヘルス・カバレッジが組み込まれて以来、グローバルヘルス関連文献でのカギを握る重点事項となっています。ターゲット3.8は「すべての人々に対する財政保護、質の高い基礎的なヘルスケアサービスへのアクセス、及び安全で効果的、かつ質が高く安価な必須医薬品とワクチンのアクセス提供を含む、ユニバーサル・ヘルス・カバレッジ」の達成を目指すものです[132]。しかし、健康に対するユニバーサリズムのアプローチでは、人のライフサイクルを通じた効果の高い保健医療へのアクセスをはじめ、保健医療システムの機能の全側面の重要性が強調されます。よって、ユニバーサリズムに基づくアプローチは必然的に、ユニバーサル・ヘルス・カバレッジの領域から一歩踏み出し、ヘルスケアサービスにおける支援の寛容度と公平度をも検討したものとなります。ヘルスケア・ユニバーサリズム指数(HUI)は、下記のように、支援のカバレッジ度と寛容度と公平度という3つの側面からの要素を一つのグローバルな指数に統合するものです。

人間開発指数と同様、HUIもユニバーサリズムの3つの側面それぞれにおける正規化指標の幾何平均として考案されています（図A6.1）。ユニバーサリズムの各要素について選ばれた指標と、その根拠は次のとおりです。

- **カバレッジ度**：UHCカバレッジ指数は、各国における国民の健康保健ニーズとの比較で、保健システムの実績を評価するものです[133]。
- **寛容度**：政府が支出する保健医療支出の対GDPパーセンテージのことで、すべての人に包括的で利用可能なサービスを提供するための公的な取り組みの努力とコミットメントを表すものです[134]。
- **公平度**：民間における保健医療支出が全保健医療支出に占める割合を指し[135]、ヘルスケアの分断化を表す指標です。民間からの支出が大きければ、ヘルスケアの分断化が進んでいて、富裕層と貧困層の間で良質のケアへのアクセスに格差が生じていることが示唆されます[136]。この指標には、ほとんどの国で民間における保健医療支出の大部分を占めている費用の自己負担分が含まれています。

HUIがこれらの指標を用いる理由は3つあります。第一に、これらの指標は、さまざまな異なる国でユニバーサリズムの現れとなる可能性が高いヘルスケアシステムについて、高度な集計値を示しています。第二に、これらの指標について良好なデータが得られれば、国家間のみならず経時的にもヘルスケア・ユニバーサリズムの包括的な測定が可能になります。第三に、HUIの合算アプローチは、3つの要素の包括的測定に適しています。包括的測定は、異なる要素の間に相互依存関係があるため、単独で検討すべきではなく、また、真の意味でユニバーサルな結果を達成するには、それらを組み合わせた成果が必要になるという前提を反映するものです。

HUIには、ヘルスケア・ユニバーサリズムに関し、グローバルな観

表A6.1 寛容度指標と公平度指標の限界

指標	最小値（1パーセンタイル）	最大値（99パーセンタイル）
政府負担の保健医療支出がGDPに占める割合	0.3	9
民間の保健医療支出が保健医療支出全体に占める割合	5	85

出典：Schillings and Sánchez-Ancochea 2021

点で比較が可能なマクロレベルの指標を提供するねらいがあります。こうした高次の指標は、各国内の状況により、ユニバーサリズムの諸相の決定要因となりうる要素について、さらに細かい分析を行うことで補完することもできます。例えば、保健医療にかかる支出が人々の健康状態に及ぼす効果を評価する国民健康サテライト勘定を開発すれば、この点で大きな貢献となるでしょう。

HUIは要素別指数の合算にあたり算術平均ではなく、幾何平均を用いています。幾何平均のほうが、すべての要素を同等に扱うのに適しているからです。単純平均の場合、ある次元での減少が別の次元での増加によって直線的に相殺されるのに対し、幾何平均は指数構成要素間の代替性を低め、各要素の限界貢献度を他要素の水準に従属させます。人間開発指数の場合と同様、HUIも、すべての次元が真のユニバーサリズムの達成に同じ重要性を持つという理論的仮定に基づき、要素別指数のそれぞれに同じウエイトを与えています。

HUIの寛容度と公平度の指数は、対応する変数をその最小値と最大値に基づき正規化することによって計算されています。極端な外れ値の影響を避けるため、最小値と最大値はそれぞれ、国別年別の観測値の1パーセンタイルと99パーセンタイルと定義しています（表A6.1）。

これにより、要素別指数は次のように計算できます。

$$I_{D,ij} = \frac{x_{ij} - x_{min}}{x_{max} - x_{min}}$$

ここで、$I_{D,ij}$はi国のj年に関する要素別指数Dを指し、x_{ij}はこれに対応する観測値を指します。公平度指標（民間の保健医療支出が保健医療関係支出全体に占める割合）は（負の）市場分断の水準を測るものであるため、算出される指数はさらに、これを100％から差し引くことによって変換することができます。

寛容度と公平度の要素を示す2つの指数の幾何平均と、実効的UHCカバレッジ指数[137]を合算することで、HUIが算定されます。

$$\mathrm{HUI}_{ij} = (\mathrm{I}_{Coverage,ij} * \mathrm{I}_{Generosity,ij} * \mathrm{I}_{Equity,ij})^{1/3}$$

ただし、1パーセンタイルと99パーセンタイルに基づく正規化を行うことで、いずれかの要素の値がゼロとなった場合、全体的なHUIの値もゼロとなり、他の要素の情報が失われるという重大な限界が生じます。この問題に関する実際的な解決策としては、ゼロの値に、当該国の当該年に関する観測値でゼロの次に低い値に相当するスコア（通常は0.1％に等しい値）を加えることで対処する方法が挙げられます。

結論

さらなる連帯に向かって：人間開発と人間の安全保障の両立を実現する

コロナ禍は、地球上のほぼすべての人に甚大な衝撃をもたらし、進歩の脆さがさらけ出されることにもなりました。人間の安全保障に対する複合的な脅威が、人新世という、これまでに類を見ない時代背景と重なる中で、私たちはこれを一つの警鐘とみなすべきです。人々のウェルビーイングの向上のみで、人間の安全保障が達成されるわけではないことが判明したからです。コロナ禍は、これから起きるより深刻な事態、すなわち、全世界で、どの政府も国際機関も、次から次へと押し寄せる荒波に襲われ、人々を、なかでも特に社会的な最脆弱層の人々をエンパワーし、保護しようにもそれができないような事態、の予兆にすぎないのかもしれません。

それでも、私たちはコロナ禍を経験する中で、力強いアクションを起こせば、同時代の困難な課題に立ち向かい、人々の生活やウェルビーイングを改善しうるのだという可能性を垣間見ることもできました。実際、私たちは、新型コロナウイルスにきわめて有効なワクチン数十種類が、しかも記録的な速さで生産されるといった驚くべき成果を目にしています。その中には、画期的な技術を伴うものもありました。ワクチンの普及に関しては、その滑り出しの段階こそ著しく不平等な状況でしたが、予防接種キャンペーンが動き出すと1年も経たずして世界人口の半数に少なくとも1回のワクチン接種が行き渡っています（第6章を参照）。さらに、コロナ禍は積極的な政策介入にも道を開き、多くの開発途上国が何らかの所得支援プログラムを実施したことで、新型コロナの感染者や死亡者の数の高まりが減速に転じています[1]。

人新世という時代背景の中で、人間の安全保障に対する複雑で相互に絡み合った脅威に取り組むには、未知なるものへの謙虚な姿勢は保ちながらも、立ち向かわなければならない壮大な課題の規模に見合った大胆な対策を掲げていくことが求められます。もしも逆に、そうした脅威への安全保障のアプローチを断片的なものにとどめてしまうならば、到底人々を平等に守ることなどできず、対応は受け身的で後手に回り、いずれにしても効果的なものにはなりえません。

この報告書は、人新世という新たな時代背景の中で相互に絡み合いながら広がっている新世代型の脅威に対し、人間の安全保障の枠組みをさらに拡大するよう訴えています。そして、緒方・セン報告書(2003年)で提案された「保護」と「エンパワーメント」という人間の安全保障の戦略に、新たに「連帯」という戦略を追加することを提言しています[2]。

人新世という時代での人間の安全保障において「連帯」の戦略を取ることとは、これまでのように個人やそのコミュニティを対象に人々の安全を確保することにとどまらず、地球上のすべての人々の間の相互依存性や、さらに地球と人間との間の相互依存の関係までをも体系的に考慮していく必要があることを認識するものです。私たち一人ひとりが欠乏や恐怖からの自由、そして人間としての尊厳を持って生きる自由を享受できるようになるためには、保護とエンパワーメントと連帯という3つの戦略のすべてが必要です。とりわけ人新世の時代にあっては、これら3つの戦略が一体となって初めて、人間の安全保障を充実させることができるようになるのです。この枠組みの核心をなすのは、「人間の行為主体性」、すなわち、人間として主体的に自らの選択をしたり、集団の意思決定に参加したりする際に、その結果が自分のウェルビーイングにつながるかどうかにかかわらず、実現されるべき一定の価値を掲げ、その推進にコミットし、然るべく行動できる能力です。人間の行為主体性を重視することで、私たちが人々のウェルビーイングの向上といった観点だけで政策の評価や進捗状況を判断してはならないことを改めて気づかせてくれるはずです。また、こうした行為主体性に着眼することによって、人々を保護するだけでエンパワーメントにつながらない政策をとってしまったり、連帯するとコミットしながら一部の人々の保護を置き去りにしてしまったりといった落とし穴を避けられるようになります。

「持続可能な開発のための2030アジェンダ」では、あらゆるレベルの対策と結びつき、かつ、国際社会をも動員できる一連の多面的で野心的な目標が定められています。しかし、その実現のための取り組みは依然として断片的なまま、気候変動や生物多様性損失、紛争、移住、難民、パンデミック、データ保護といった問題を個別に取り扱っているのが現状です。私たちはこれらの取り組みを強化していかなければなりませんが、人新世という時代背景を踏まえるならば、縦割り型での対策では十分ではありません。断片的な取り組みを脱し、世界人権宣言や国連憲章といった国連の原点となる文書で掲げられた原則を再確認することが欠かせません。これらの原則は人間の安全保障の理念の基盤となる中心的な考え方でもあります。国連事務総長の『私たちの共通の課題』にもあるとおり[3]、人新世という時代においてこのような行動をとることは、体系的、永続的かつ普遍的な形で、連帯に関心を向けることを意味しています。それは、任意の慈善活動でも、個人を集団の利益に従属させる行動でもなく、「人類としてのまなざし」を通じて人間の安全保障を追求するための呼びかけなのです。

『人間開発報告書1994』で初めて提示された人間の安全保障という理念は当時、国土の防衛を中心に考えられていた安全保障の概念に疑問を投げかけ、議論の焦点を一人ひとりの人間へと移すよう求めたという点で、画期的なものでした。私たちが地球規模で相互に絡み合う新たな脅威に直面する今、人類としての共通の運命を認識するということは、すなわち私たち人間には自らの未来を切り開く行為主体としての能力があるのだということを意味します。グローバルな規模で相互に絡み合うシステミックな脅威は、個人の力で何とかできるものでも、狭い意味の国益だけを考えて立ち向かえるものでもありません。私たちの一人ひとりが欠乏と恐怖からの自由を享受し、尊厳を持って生きていくためには、あらゆる人が欠乏と恐怖からの自由を享受し、尊厳を持って生きられるようでなければなりません。したがってワクチン分配における不平等の問題で明らかになったとおり、人類が抱える問題は、創意工夫の欠如などではなく、むしろ自分たちの安全保障が実のところ他者の安全保障の上に成り立っていくのだということをにわかには見出せずにいるところにこそあるのです。

注釈と参考文献

注釈

概要

1. UNHCR 2021a.
2. Rigaud and others 2018.
3. Albuquerque and others 2016; Badgett, Hasenbush and Luhur 2017; Romero, Goldberg and Vasquez 2020; Suriyasarn 2016.
4. 性同一性またはジェンダー表現に関する法律が制定されているのは、アルゼンチン、ベルギー、ボリビア、カナダ、チリ、コロンビア、デンマーク、エクアドル、フランス、ギリシャ、アイスランド、インド、アイルランド、日本、ルクセンブルク、マルタ、ノルウェー、パキスタン、ポルトガル、スペイン、スリランカ、タイ、英国、ウルグアイ、ベトナムの25か国にすぎない（Zhan and others 2020）。
5. UNDP 2019a.
6. 第2波フェミニズム運動で「個人的なことは政治的なこと」というスローガンが確立されてから（Firestone and Koedt 1970, p. 76）、フェミニストの研究者たちは個人と家庭の領域に属する暴力を政治的暴力の一形態、そして公的領域における女性や少女たちに対する暴力の増加の前提条件として分析してきた（Firestone and Koedt 1970; Hanisch 1969）。
7. UNODC 2021.
8. Ogata and Sen 2003.
9. 第1章を参照のこと。
10. この調査結果は世界価値観調査（World Value Survey）の一般的信頼についての質問（「一般的に言って、あなたはほとんどの人が信頼できると考えていますか、それとも、人と接するときは警戒するに越したことはないと考えていますか」）への回答に基づく。
11. 第1章を参照のこと。

第I部

第1章

1. 新型コロナウイルスと恐怖に関するエビデンスについては、例としてSatici and others（2020）を参照のこと。
2. 『人間開発報告書2020』（UNDP 2020c, p. 268）は、これを「人々の集団間の機会、富および権力の非対称性」と定義している。
3. UNDP 2019a.
4. Berger 2020; Johnson and others 2020; Keesing and Ostfeld 2021.
5. Lewis 2021.
6. UNDP 2020c.
7. UN 2012.
8. UNDP 1994.
9. Human Development Report Office 2020. Gasper 2013.
10. Gasper and Gomez 2021.

11. Basu 2018, p. 40.
12. UN 1948.
13. https://sdgs.un.org/2030agenda.
14. Walker and others 2013.
15. 高所得国にも多く当てはまる。Bénabou and Tirole (2006) を参照のこと。
16. Hodson (1996) の定義に基づく。Lamont (2000) も、尊厳について同じアプローチを取っている。
17. Thomas and others (2020) の議論に基づく。
18. Elster 2015.
19. Lerner and others 2015, p. 807.
20. 特に、エビデンスを見る限り、恐怖は中立的な傍観者の行動に比べ、強いリスク回避行動と悲観的なリスク評価を誘発することがわかる (Lerner and Keltner 2001)。
21. 動機づけのある信念形成と理由づけの重要性に対する理解と認識の向上に関する批評については、Bénabou and Tirole (2016) を参照のこと。動機づけのある認知がいかにして信頼を生むかを示した実験については、Schilke, Reimann and Cook (2015) を参照のこと。
22. Lamont, Welburn and Fleming (2013), pp. 145–146 から語句を借用。
23. Douglas 2004, p. 90.
24. ここ数十年の間に、客観的・主観的データに基づき人間の安全保障の理念を捉えるための指標が、いくつか作られてきた。例としてBadaoui (2021)、Fund for Peace (2004)、Hastings (2009)、Lonergan, Gustavson and Carter (2000)、Piccone (2017)、Randolph, Fukuda-Parr and Lawson-Remer (2010, 2020) およびTakasu and JICA Ogata Sadako Research Institute for Peace and Development (2019) を参照のこと。この報告書で紹介している人間の不安全感指数は、人間の不安全感をグローバルに捉えるもので、個人レベルで合算され、国レベルでの時系列の比較が可能な情報に基づいており、こうした一連の研究に貢献するもの。この取り組みは、バーチャル・シンポジウム「新世代型の人間の安全保障 (A New Generation of Human Security)」(2021年6月8～11日) で、専門家のパネリストから上げられた、認知データに基づく測定に関し一層のイノベーションを求める声に部分的に応えている。中でも、不安全感の認知に関する情報は、人間の安全保障と、この報告書の全体を通じて提示されている数多くの脅威に関する客観的指標を捉えるうえで、価値が高い。
25. I-PHIでは、人々をそれぞれの安全感によって「比較的安全」、「やや不安全」、「非常に不安全」という3類型に分けている。これら3つの集団を分ける境界線は、人間の不安全感の分布を概観できるような形で定められている。人間の安全保障の理念は、欠乏、恐怖からの自由、および尊厳を持って生きる自由に基づき定義される。この「～からの自由」という表現は、測定の厳密な基準となる。この基準に文字どおり従えば、世界人口の中で、(この指数で用いられた指標に基づき) まったく不安全感を感じていないと測定される人は、2%を切ってしまう。私たちはある程度、これを柔軟に解釈しI-PHIが0.2 (加重不安全感の5分の1) 未満の人々を「比較的安全」、0.2から0.5までの人々を「やや不安全」とし、I-PHIが0.5以上の ([加重] 不安全の半分以上を抱えている) 人々は、「非常に不安全」と感じていると判定している。
26. (加重) 不安全のほとんどを感じていること。
27. 同じような例として、比較的安全と感じている人々の一般的信頼感は平均的に、所得水準や人生への満足度に関係なく、非常に不安全と感じている人々の信頼感の少なくとも2倍に上る。しかし、その逆は当てはまらない。やや不安全または非常に不安全と感じている人々の信頼感は、所得水準や人生への満足度が違っても、比較的一定している。
28. Falk and others (2018) は、信頼が一つの信念であることを認めつつも、経済的な意思決定における信頼の重要性を前提に、信頼には経済的選好としての特徴もあるとしている。この点はArrow (1972) なども論じているとおり。また、Dasgupta (2000) は、信頼できるという評判は貴重で人気のある商品に似ていると論じている。
29. 例としてJohnson and Mislin (2012) およびPeysakhovich and Rand (2016) を参照のこと。
30. Van Lange 2015.
31. Thöni 2017.
32. Elster 2015.

33. Gambetta 2000, p. 228.
34. Butler, Giuliano and Guiso 2016.
35. 古くはSchelling (1965, p. 378) が、次のような認識を示している。「私たちはよく、信頼や信頼できるコミュニケーション、拘束力のある契約を良いことと考えます。私たちは、人々が不信や混乱、利益の競合を克服し、お互いに利益をもたらす成果を達成できると考えたいのです (…)。しかし、クー・クラックス・クランや警察の腐敗、中学校での恐喝事件に関心が向いてしまえば (…)、私たちはコミュニケーションを蔑ろにし、不信や疑念を作り出し、合意を執行不能にし、伝統を損ない、連帯を弱め、リーダーシップを信用できないものとみなし、協力関係を保つ道徳的な絆を断つことに腐心するようになるのです」
36. Henrich (2020) は、この相関関係のエビデンスを提供している。Henrich and Muthukrishna (2021) は、累積的文化進化に基づき、信頼はこうした成果に先立つ条件にあたるのではないかとしている (Henrich and others 2016)。累積的文化進化の基礎をなす集団選択の仮説に関する賛否両論の批評については、Richerson and others (2016) を参照のこと。
37. Glaeser and others 2000.
38. Falk and others 2018.
39. Bruhin, Fehr and Schunk 2018.
40. 例えば、科学者への信頼は対策の効果と有意の相関関係にあるにもかかわらず、コロナ禍においては、科学への信頼の低下が見られる (Algan and others 2021を参照のこと)。信頼の低下は、過去10年間で民主主義の質と、民主主義に対する支持が、いずれも段階的に後退していることとも関連づけられる (Alizada and others 2021)。これは、保護主義的で反自由主義的な考え方に対する支持の高まりとも呼応している (Alonso and Ocampo 2020)。
41. Gambetta 2000, p. 216.
42. Gambetta 2000, p. 219.
43. Kollock 1994.
44. Schilke, Reimann and Cook 2021, p. 240. テクノロジーは「分散型」信頼の重要性をさらに高めると見られているが、これは従来型のメディアからソーシャルメディアへの移行や、デジタル通貨に対する関心の高まりを見ても明らか (Botsman 2017, 2018)。
45. UNDP 1994; Ogata and Sen 2003.
46. Gasper and Gomez 2021.
47. UN and World Bank 2018.
48. Gasper and Gomez 2021, p. 24.
49. UNDP 2020c.
50. UNDP 2020c.
51. UNDP 2020c.
52. ITU 2021a.
53. UNHCR 2021a.
54. UNHCR 2020, 2021a. figure 4.3.を参照のこと。
55. UNDP 2020c.
56. Miks and McIlwaine 2020.
57. だからといって、人間開発を追求すべきではないとか、人間開発と人間の安全保障は絶対に両立しないと示唆しているわけではない。そうではなく、この2つの連関は、決して必然的に生じているわけではないということ。私たちもその考え方は支持するが、この2つに正の相関があることを当たり前と考えることはできない。
58. Dodsworth 2019, pp. 20 and 34.
59. Franceschet 2005.
60. IHME 2018.
61. Tadjbakhsh 2013, p. 43.
62. Gasper and Gomez 2021.

63. United Nations Trust Fund for Human Security 2016.
64. Ogata and Sen 2003, p. 10.
65. Ord 2020.
66. Sen 2001, p. 19.
67. Article 7 of ILO 1989.
68. Sen 2001, pp. 18–19.
69. Ogata and Sen 2003.
70. Gasper and Gomez 2021, p. 37.
71. Gasper 2020, p. 577.
72. 持続可能性のような、著しくグローバル性の高い問題についてでさえ、人間の安全保障が指針的理念となっているケースは、散見される程度。Gasper and Gomez (2021) を参照のこと。
73. Martin and Owen (2013, p. 322) のほか、Correll (1999) も参照のこと。
74. グローバル公共財については、多数の文献があるが、初期のものとしてはKaul and Conceição (2006)、Kaul, Grunberg and Stern (1999) および Kaul and others (2003) が挙げられる。
75. Slaughter 2009, 2017.
76. Okonjo-Iweala, Shanmugaratnam and Summers 2021.
77. Kaldor 2020, p. 5.
78. Elster (2015) に基づく。
79. Petersen 2021; Petersen and others 2021.
80. Guterres 2020.
81. UN 2021d.
82. Sen 2009, p. 130.
83. Hassoun 2021, p. 20。 Altuire and Hassoun (2021) に基づく。
84. 本章ではすでに、一定の集団内の信頼が非生産的であるだけでなく、逆に壊したほうがよいものである可能性もあることを指摘しているが、これは一定の集団内の連帯についても当てはまる。
85. UN 2021d.
86. Gasper and Gomez 2021.
87. Bai, Gauri and Fiske 2021.
88. Hirschman 1985, p. 95.
89. UNDP 1994.
90. Ogata and Sen 2003.
91. UN 2013.
92. United Nations Trust Fund for Human Security 2016.
93. UNDP 1994.
94. UN 1948.
95. UNDP 1994, p. 3.
96. Krause (2013)。Martin and Owen (2013), p. 77 で引用されたもの。
97. UNDP 1994, p. 10.
98. UNDP 1994.
99. Gasper and Gomez 2014.
100. Ogata and Sen 2003.
101. Ogata and Sen 2003, p. 4.
102. Ogata and Sen 2003, p. 4.
103. Ogata and Sen 2003, p. 12.
104. UN 2012。解決策の一環として、「人間の安全保障の概念は、保護する責任やその履行とは異なる」という合意がなされている（p. 2）。

105. Tadjbakhsh（2013）。Martin and Owen（2013）で引用されたもの。

106. United Nations Trust Fund for Human Security（2016）を参照のこと。

107. Andersen-Rodgers and Crawford 2018.

108. 国連人間の安全保障ユニットにより共有された未公開文書。

109. Gasper and others 2020.

110. Gasper 2020, p. 581.

111. Owen（2004）も、同様の議論を展開している。

112. 詳しい分析については、Christie（2013）を参照のこと。

113. Gentry, Shepherd and Sjoberg 2018; UN 2000.

114. Paris 2001, p. 88.

115. Khong 2001, p. 232.

116. Johns 2014, p. 3.

117. Tadjbakhsh and Chenoy（2007）に基づく。

118. Chandler and Hynek（2010）らの批判的検討により、人間の安全保障のアプローチを前進させたり、再考したりする際に取り組むべき重要課題が提起されている。

119. Haerpfer and others 2021.

第2章

1. 乾燥バイオマスと、人為起源物質量に廃棄物を加えたものの比較。人為起源物質量には、コンクリート、骨材、レンガ、アスファルト、金属、製紙用・産業用の木材、ガラス、プラスチックが含まれる。Elhacham and others（2020）を参照のこと。

2. IPCC 2021; UNEP 2021.

3. 人新世が新たな地質年代にあたるのかどうかについての議論は、まだ継続中（Ellis 2018を参照のこと）。ここでは、人間が地球の姿を変化させ形作る力を持つという時代背景を指し示すために、この表現を用いている。人新世は常に継続中の事象として特徴づけられる、とする研究者もいる（Bauer and others 2021）。

4. Gomez and Gasper 2021.

5. 『人間開発報告書2020』（UNDP 2020c）でも論じられているとおり、「均衡」という表現は、地球システムが全地質時代を通じ、多くの異なる状態を示しており、常に進化する動的なシステムであるという点を認識したうえで用いている。そこには、もっと「均衡の取れた状態」に戻すという願望は込められていない。地球規模の不均衡は単に、人間や地球上のその他の生物にとって危険な地球規模の変化を表現する一つの方法にすぎない。

6. 例えば先住民族は、気候変動の緩和に資する森林保全をはじめ、自然の効果的な管理者としての実績を有することが多いものの、彼らが自然資産の管理に引き続き寄与するには、持っている資源と行為主体性が限られている（UNDP 2020c）。その一方で、地球規模の変化のより大きな原因となっているにもかかわらず、その結果として担うことになる人間の不安全感という負担が、比較的軽く済むと見られる集団もある。例えば、気候変動に関していえば、世界の所得分配の上位10%を占める人々は、気候変動への適応に投資できる可能性が高い一方で、温室効果ガス排出量のほぼ半分を生み出している（Chancel and others 2022）。

7. IPCC 2021.

8. IPCC 2021.

9. IPCC 2021.

10. 「グリーンランド氷床では、21世紀全体を通じて氷の減少が進むことは事実上、確実で、南極氷床についても、その可能性は高まっている」（IPCC 2021, p. SPM-21）。

11. UNDP 2020c.

12. WWF 2020.
13. IPBES 2019.
14. Bar-On, Phillips and Milo 2018; Ritchie 2021.
15. WWF 2020。Bjelle and others (2021) は、2005年から2015年にかけてのパネル・データをもとに、生物多様性に対する影響は、食料消費によるものが最も大きいことを突き止めた。しかし、高所得国でフットプリントの所得弾力性が最も高いのは、製造業と住宅となっている。
16. 「土地利用」という言葉は、農用地や住宅用地、工業用地など、人間による土地の利用を指している。国連食糧農業機関(FAO)によると、森林破壊のペースは過去30年間にわたって低下してきたものの、2015年から2020年の間でも年間1,000万ヘクタールに上るものと見られる。2030年までに全世界の森林面積を3%増加させるという、国連森林戦略計画の目標は、達成のめどが立っていない(FAO 2020)。
17. IPBES 2019, p. 28.
18. UN-Water 2021.
19. Betts and others 2017.
20. Millard 2021; Soroye, Newbold and Kerr 2020。花粉媒介者がいなくなることで、世界の作物生産に年間で最大5,770億ドルの影響が出るおそれもある(IPBES 2019)。
21. UNEP 2021.
22. Ahmed Bhuiyan and others 2018; Qiao and others 2021.
23. Elhacham and others 2020.
24. UNEP 2021.
25. 『人間開発報告書2019』(UNDP 2019a)はこの改善を、基本的能力の収斂を示す例として論じている。
26. FAO 2021b.
27. Coronese and others 2019; UNDP 2020c.
28. https://www.internal-displacement.org/database/displacement-data (2021年11月10日にアクセス)
29. 2050年までに、12億人が移動・避難を強いられるおそれがあると見られている(IEP 2020a)。
30. 海岸に隣接する海抜10メートル未満の地域。Kulp and Strauss (2019) を参照のこと。
31. Kulp and Strauss 2019.
32. Carabine and Dupar 2014; IPCC 2014a.
33. Martyr-Koller and others 2021; Nurse and others 2014; Thomas and others 2020.
34. UNDP (2020c) の第2章と第3章を参照のこと。
35. UNDP (2020c) の第2章と第3章を参照のこと。
36. UNDP (2020c) の第2章を参照のこと。
37. UNDP (2020c) の概要を参照のこと。
38. UNDP 2019a.
39. IPCC (2018) 第1章の「よくある質問」を参照のこと。また、図1.6も参照のこと。
40. この研究では人口で加重した各国の一人当たりGDPの分布を使っている(Diffenbaugh and Burke 2019)。
41. Leach and others 2018; UNDP 2020c。認知の公平性とは、権利保有者の認知と、そのアイデンティティや価値観、関連する権利を尊重することを指す。分配の公平性とは、人々や集団の間での資源、費用および便益の分配に関する公平性を指す。手続きの公平性とは、制度機構やガバナンス、取り組みへの参加に関する決定の下され方における公平性を指す。
42. Galaz, Collste and Moore 2020; Keys and others 2019.
43. FAO and others 2021.
44. 2019年 http://ghdx.healthdata.org/gbd-results-tool (2021年11月10日にアクセス); IHME 2019.
45. これに関し、FAO and others (2021, p. 51) は次のようにまとめている。「この10年の間に、紛争、気候の変化と異常気象、景気の減速と後退はいずれも、頻発化、激甚化している。こうした主要因がますます多く発生し、コロナ禍によって拍車がかかる中で、特に中・低所得国では、飢餓が増加し、あらゆる形態の低栄養の削減に向けた進展も損なわれている」

46. IFAD 2021.
47. Gheuens, Nagabhatla and Perera 2019.
48. Ray and others 2019.
49. その影響は、オーストラリア、欧州および南アフリカでほとんどがマイナス、ラテンアメリカでは概ねプラス、アジアと北米、中米ではまちまちとなっている(Ray and others 2019)。
50. Wossen and others 2018.
51. Gupta, Somanathan and Dey 2017; Sarker, Alam and Gow 2012.
52. Niles and Brown 2017.
53. アフリカでは、熱波の頻度と激しさが21世紀全体を通じて増し続けると予測される(Masson-Delmotte and others 2019)。
54. Tutwiler and others 2017.
55. Castañeda-Álvarez and others 2016; Sharp 2011.
56. この段落は、UNDP(2020c)をもとにしている。
57. Ding and others 2017.
58. さまざまな影響が相互に作用する。感染症が飢餓を発生または悪化させ、これによって影響を受けた人々は感染症にかかりやすくなり、それが食料を有効に活用できる能力を低めるといった悪循環が起きかねないからである。例えば、猛暑は食料不安全を抱える人々に悪影響を及ぼすおそれが大きくなっている(Watts and others 2018)。
59. Keesing and others 2010.
60. Rulli and others (2017)は、西アフリカと中部アフリカでのエボラ流行の主因が、人間の侵入と森林破壊にあることを立証している。
61. McKee and others 2021.
62. MacDonald and Mordecai 2019.
63. Manisalidis and others 2020.
64. WHO 2021k.
65. Lelieveld and others 2020.
66. 国際貿易は、大気汚染の世界的分布に影響する。中国に関するエビデンスの例については、Wang and others (2017)を参照のこと。
67. UNEP 2019.
68. Kawser Ahmed and others 2016.
69. Effah and others 2021.
70. Nizzetto, Futter and Langaas 2016; Scheurer and Bigalke 2018.
71. Sharma and Chatterjee 2017.
72. Waring, Harris and Mitchell 2018.
73. 気候変動に関する政府間パネル(IPCC)第6次評価に倣い、私たちはGHG最大排出量のケース、すなわち気候変動が緩和されない場合を表すものとして、代表的濃度経路(RCP)8.5のシナリオを用いている。最近になってRCP8.5シナリオを疑問視する声が出ていることに関し、評価報告書は次のように述べている(IPCC 2021, p. TS22)。「シナリオ分析関連の文献の中には、RCP8.5やSSP5-8.5など、二酸化炭素排出量が大きい場合を取り扱う一部のシナリオに関し、最近のエネルギー部門における動向に照らして、その妥当性を疑問視する向きもある。しかし、RCP8.5やSSP5-8.5で到達すると仮定される濃度と、これに対応する将来の気候のシミュレーションは起こりえないものではないため、こうしたシナリオに基づく予測には、依然として価値があるともいえる。炭素循環フィードバックには不確実性が伴うため、名目的には排出量が比較的抑えられている状況を想定する場合でも、モデル予測の作成に使われることが多い中心的な濃度よりも、予測濃度が高いということは起こりうるからである」

74. Carleton and others 2020.
75. Carleton and others 2020.
76. RCP4.5およびRCP8.5のシナリオを用いて、人間開発報告書室が計算。Carleton and others (2020)のデータに基づく。
77. 気候変動による影響の不平等を示す指標として、死亡率の上昇が見込まれる地域に暮らす人々の割合が挙げられる。この割合はアラブ諸国で97%、南アジアで95%、東アジアで82%、サハラ以南アフリカとラテンアメリカ・カリブでともに77%、東欧・中央アジアで56%となっている(Carleton and others 2020 のデータをもとに、人間開発報告書室が計算)。
78. Carleton and others 2020.
79. このトピックについては、Lövbrand and Mobjörk (2021) の包括的レビューを参照のこと。
80. 例としてBlattman and Miguel (2010) および Hsiang (2015) を参照のこと。
81. 人新世と暴力的紛争との関連性に関する最近の議論については、例としてLövbrand and Mobjörk (2021) および Mobjörk, Krampe and Tarif (2021) を参照のこと。
82. Burke, Hsiang and Miguel 2015; Harp and Karnauskas 2018; Koubi 2019.
83. Koubi 2019.
84. ICRC 2019.
85. Ide, Kristensen and Bartusevičius 2021.
86. Ide and others 2020.
87. Harari and Ferrara 2018.
88. Vesco and others 2021.
89. Linke and Ruether 2021.
90. Raleigh, Choi and Kniveton 2015.
91. Adger and others 2021; UNHCR 2019, 2021a, 2021c; UNHCR and UNICEF 2019.
92. UN 2021a.
93. Clement and others 2021; Rigaud and others 2018.
94. Mares and Moffett 2016.
95. Dalby 2013; Kalantzakos 2021; Lazard and Youngs 2021.
96. Zivin, Hsiang and Neidell 2018.
97. Park and others 2020.
98. Fishman, Carrillo and Russ 2019.
99. Bharadwaj and others 2017; Zaveri and others 2019.; Zivin and Neidell 2013.
100. Baez, Fuente and Santo 2010; McDermott 2012.
101. Baez, Fuente and Santo 2010.
102. Paudel and Ryu 2018.
103. Paudel and Ryu 2018.
104. 熱への曝露による身体的不快感は、気温や湿度、風速、衣服、直射日光への曝露、仕事の強度など、いくつかの要因から引き起こされる可能性がある。日光への曝露や衣服など、仕事を理由とする要因の中には、官民の政策や方針で軽減できるものもあるが、気温や湿度など、ほぼ気候変動のみが引き起こしている要因もある。
105. Zander and others 2015.
106. Ma and others 2019.
107. Rode and others 2021a。また、Orlov and others (2020) の類似の推計も参照のこと。
108. Kuhla and ohers 2021. Huan and others (2020)は、気温上昇により平均的な農村住民が農作業に費やす時間を減らし、農業以外の労働に費やす時間を増やすようになるため、農業からそれ以外の職業への労働者の流出が生じる可能性もあると仮説をたてている。

109. Colmer 2021.
110. Jessoe, Manning and Taylor 2018.
111. Costanza and others 2017.
112. Dasgupta 2021.
113. 調査対象140か国中（UNEP 2018）。
114. Chiabai and others 2011.
115. IPBES 2018.
116. World Bank 2017.
117. Hamilton and Casey 2016; Menéndez and others 2020.
118. Menéndez and others 2020.
119. Menéndez and others 2020.
120. IPCC 2020.
121. Burrell, Evans and Kauwe 2020.
122. 2018年の時点で約76%（https://www.climatewatchdata.org/ghg-emissions?end_year=2018&start_year=1990）（2021年11月10日にアクセス）。 Levesque and others（2018）の推計によると、政策変更がない場合、全世界の建物の電力需要は、2010年の年間116エクサジュール（EJ）から、2100年には年間120～378EJへと増大すると見込まれている。
123. Rode and others（2021b）における文献の議論を参照のこと。
124. 例えば、Khan and others（2021）は、最大排出量シナリオにおいて、平均気温の変化が2100年の全米の年間電力需要を0.5～8%引き上げることを示している。
125. Wenz, Levermann and Auffhammer（2017）は、南欧と西欧でエネルギー消費が顕著な増大を見せる一方で、北欧では大幅に減少すると見ている。
126. Peters and others 2020.
127. Rode and others 2021b.
128. UNDP（2020c）の第3章を参照のこと。
129. UNDP（2020c）の第3章を参照のこと。
130. 例としてYigitcanlar and Cugurullo（2020）を参照のこと。
131. 例としてParmentola and others（2021）を参照のこと。
132. 例としてMi and Coffman（2019）を参照のこと。
133. 最近になって、Partha Dasgupta（2021, p. 3、Morrissey 2021で引用されたもの）が指摘しているとおり、経済学が学問分野において圧倒的な優位にあり、しかも成長と開発のマクロ経済モデルから「自然を排除」してきたことで、私たちは、自身が暮らす人間界と非人間界との間の相互関連性を新たな感性で捉えながら、経済生産について考え直すべき重要な岐路に立たされている。それは「これまでの悪循環を断ち、生物圏における人類の位置づけについて、私たちが持っている概念を見直す」ことにほかならない。
134. Godber and Wall 2014.
135. Morrissey 2021; Wallace 2016.
136. Gomez and others 2020.
137. UNDP 2020c.
138. UNDP 2020c.
139. Rundle 2019.
140. 脊椎動物種については、Schuster and others（2019）を参照のこと。
141. Walker and others 2020.
142. Renick 2020.
143. 先住民族のレジリエンスに影響する要因に関する議論については、Ford and others（2020）を参照のこと。
144. Global Witness 2019.

145. 例えば、国立公園管理のイエローストーン・モデルは、全世界で用いられている(Sobrevila 2008)。
146. Nakashima and others 2012.
147. Schlosberg and Carruthers 2010.
148. Holland 2017.
149. Mfitumukiza and others 2020.
150. Mfitumukiza and others 2020.
151. Díaz and others 2018; Ellis, Pascual and Mertz 2019.
152. Ellis and others 2021.
153. Ellis and others 2021.
154. Díaz and others 2018.
155. Aram and others 2019; Doick, Peace and Hutchings 2014; Szkordilisz 2014.
156. Lin 2011.
157. Sluijs and Vaage 2016.
158. Ghestem and others 2014.
159. Chausson and others 2020; IUCN 2016.
160. Oral and others 2020.
161. Maiga, Sperling and Mihelcic 2017.
162. Vörösmarty and others 2021.
163. Dibala, Jose and Udawatta 2021; Elevitch, Mazaroli and Ragone 2018; Keesstra and others 2018.
164. Anderson and others 2019.
165. Griscom and others 2017.
166. Brancalion and others 2019; Houghton, Byers and Nassikas 2015.
167. Seddon and others 2020.
168. UNDP 2019a.
169. Morrissey 2021; UNDP 2020c.
170. UNDP(2020c)の第5章と第6章を参照のこと。
171. 社会資本のレジリエンス上の重要性については、Aldrich and Meyer(2014)およびButzer(2012)を参照のこと。
172. UNDP 2020c.
173. Basu(2018)を参照のこと。
174. UNDP(2020c)の第4章を参照のこと。

第II部

第3章

1. デジタル技術は広大な分野であるため、本章では現代世界の暮らしで多くの側面と関連性のあるデジタル・セキュリティ、人工知能アルゴリズム、デジタル労働プラットフォームを取り上げている(Hilbert 2020を参照のこと)。本章はまた、特にコロナ禍の時代背景において、技術にアクセスし、技術変革を推進する能力の不平等についても取り扱う。
2. Haenssgen and Ariana 2018.
3. Oosterlaken 2009; Oosterlaken and van den Hoven 2012; UNDP 2020g.
4. Coeckelbergh 2011.

5. UNDP 2016a, 2016b.
6. McLennan 2021.
7. サイバーセキュリティへの人間中心型アプローチの適用に関する議論については、Deibert (2018) および Liaropoulos (2015) を参照のこと。
8. Aneja 2021.
9. Shami 2021.
10. Tunggal 2021.
11. ENISA (2018) はサイバー脅威として、マルウェア、インターネット上の攻撃、ウェブアプリケーションによる攻撃、フィッシング、サービスの拒絶、スパム攻撃、ボットネット、データ侵害、内部脅威、物理的細工／損害／盗難／紛失、情報漏洩、個人情報の盗難、クリプトジャッキング、ランサムウェアおよびサイバースパイを挙げている。2021年、欧州ネットワーク・情報セキュリティ機関 (ENISA) は、サプライチェーンに対する脅威を9つ目の独立した類型として特定し、これを専門の報告書で詳しく分析した (ENISA 2021)。
12. Purplesec 2021.
13. Purplesec 2021.
14. Calandro 2021.
15. Europol 2021.
16. 近年、CloudWalk、Hikvision、Huawei、Yituをはじめとする中国のテック企業は、アフリカでのプレゼンスを拡大し、ほとんどのアフリカ諸国政府から通信関連パートナーに選ばれている (Bagwandeen 2021; van der Made 2021)。Wilson (2019) によると、Huaweiと、同じく中国の通信関連グループZTEは、アフリカ36か国以上で50を超える3Gネットワークを構築したとされている。
17. FireEye 2021。サイバーセキュリティ関連で「滞留時間」とは、攻撃者がある組織の環境に初めて侵入してから、その組織が攻撃者の侵入に気づく時点までの時間を指す。
18. Calandro 2021.
19. Calandro 2021; https://data.worldbank.org/indicator/IT.NET.SECR.P6。サハラ以南アフリカで、人口百万人当たりの安全なサーバー数が飛びぬけて多いのは、モーリシャス (915)、南アフリカ (1万4,422) およびセーシェル (6万1,109) の3か国。モーリシャスとセーシェルの数が不自然に高くなっているのは、分母に相当する人口がきわめて少ないため。
20. Kshetri 2019; Serianu 2017.
21. Clemente 2013.
22. ITU 2021b.
23. Tunggal 2021.
24. Fisher 2021.
25. Nakashima 2021.
26. ICRC 2021; Kallenborn 2020; Tegmark 2021.
27. Guterres 2018.
28. Deodoro and others 2021a。国際通貨基金 (IMF) は、金融機関が今すぐ、全般的なサイバーセキュリティ面のレジリエンスを高めるため、暗号化への移行に備える手順を踏むべきだと論じている。Deodoro and others (2021b) を参照のこと。
29. Deodoro and others 2021b.
30. Huang, O'Neill and Tabuchi 2021.
31. Lopez and Livni 2021.
32. Fletcher, Larkin and Corbet 2021.
33. Kode 2018; Roberts 2021.
34. Cox and others 2018; EUROPOL 2021.
35. Alfifi and others 2019; Awan 2017; Cox and others 2018; Khawaja and Khan 2016.
36. Cox and others 2018; Parker 2019。また、テロ防止へのAI活用に関する課題についてはGanor

（2021）を、空想的テクノロジーから官僚的テクノロジーへの移行についてはGraeber（2015）を、それぞれ参照のこと。

37. Dias Oliva（2020）and Newton（2019）を参照のこと。
38. Fuller 2020.
39. Dias Oliva 2020.
40. Böke 2021.
41. AIは、情報の処理とその環境の知覚を通じて機械による問題解決を取り扱う幅広い研究領域である。AIのアルゴリズムは学習、人間の認知機能の模倣、環境の能動的知覚を伴う点で、単純なアルゴリズムとは異なる。AIの用途としては、高度な検索エンジン（Googleなど）、推奨システム（AmazonやFacebook、Netflix、YouTubeが用いているもの）、自動運転車（Teslaなど）、画像認識（Facebookや医学的応用）、自動意思決定、戦略ゲーム・システムにおける最高水準の競争力（チェスや碁など）が挙げられる。
42. Kakani and others 2020.
43. https://www.businesscalltoaction.org を参照のこと。
44. Hulko 2018.
45. Ahmad and others 2021.
46. Hilbert（2021）を参照のこと。
47. Hilbert（2021）を参照のこと。
48. Pew Research Center 2017.
49. Brady and others 2017.
50. Hilbert（2021）を参照のこと。
51. UNDP 2019a.
52. Stankovich 2021.
53. Knight 2020.
54. Lashbrook 2018.
55. Data2X and Grantham 2020; Niethammer 2020.
56. Eubanks 2018.
57. O'Neil 2016.
58. Madrigal 2013.
59. Perez 2019.
60. Dastin 2018.
61. Stankovich 2021.
62. Mahomed 2018.
63. Zhang 2021.
64. Stankovich（2021）を参照のこと。
65. Nordling 2019.
66. ILO 2021c.
67. ネット上の場での取引は、最低賃金未満で行われることも多い。Berg and others（2018）を参照のこと。
68. この知見は、国際労働機関（ILO）が100か国のプラットフォーム経済労働者約1万2,000人を対象に行った調査と、一般企業70社、プラットフォーム企業16社、プラットフォーム労働組合14団体を対象に行ったインタビューから得られたもの。ILO（2021c）を参照のこと。
69. ILO 2021c.
70. ILO 2021c.
71. Irani 2015.
72. Rani and Singh 2019.
73. Bloom 2021; De Stefano 2020.

74. Moore, Akhtar and Upchurch 2018.
75. Greene and Alcantara 2021.
76. IFOW 2021.
77. De Stefano 2020; Moore, Akhtar and Upchurch 2018.
78. IFOW 2021.
79. Wachter, Mittelstadt and Floridi 2017.
80. 技術進歩がいかにして格差を広げるかに関する議論については、UNDP (2019a) を参照のこと。
81. Gabredikan and Apuzzo 2021; UN 2021e.
82. Spence, Stiglitz and Ghosh 2021.
83. Krishtel and Malpani 2021; WEF 2021.
84. Prabhala, Jayadev and Baker 2020.
85. Kaplan, Stolberg and Robbins 2021.
86. 例としてIFPMA (2020), Pfizer (2021) および PhRMA (2021) を参照のこと。
87. INET 2021.
88. Blenkinshop 2021.
89. Basu, Gostin and Hassoun (2021) を参照のこと。
90. Robbins 2021.
91. Hagiu and Yoffie 2013; UNDP 2001.
92. Baker, Jayadev and Stiglitz 2017; Cheng and Parra 2018.
93. Baker, Jayadev and Stiglitz 2017; Benkler 2010.
94. Cheng and Parra 2018.
95. ILO 2021c.
96. Gawer 2014.
97. Lerner and Tirole 2005.
98. Lunden 2015.
99. Hard 2014.
100. NASA 2015.
101. Mazzucato 2021; NASA 2014.

第4章

1. 本章では、広義の暴力的紛争を取り扱っている。紛争の測定には技術的、政治的な課題が伴い、定義も異なる。ここでの分析の多くは、平和・紛争研究の代表的基準とみなされているウプサラ紛争データプログラムの定義に基づいている。しかし本章では、平和と紛争の両方をさらに包括的に理解するためには、データと指標のイノベーションが必要なことを示すべく、分析の範囲を拡大している。分析の基礎となる定義は、下記のとおり。
   国家紛争：少なくとも一方の当事者が政府である、政府または領土に対する相容れない要求を原因とする紛争で、武力の行使による戦死者が1暦年で25人以上であるもの。
   非国家紛争：いずれも政府ではない組織間の武力の行使で、戦死者が1暦年で25人以上であるもの。
   一方的な暴力事件：ある国の政府または正規の組織による民間人に対する武力の行使で、死者が25人以上であるもの（拘留中の法的に認められない殺害を除く）。
   戦死者：民間人を含め、戦闘当事者により殺害された者で、戦闘を直接的原因とするもの。
   紛争事件：ある組織的主体が他の組織的主体または民間人に武力を行使する事件で、特定の場所と特定の日に、少なくとも1人が死亡しているもの。
   紛争被災者：紛争事件の発生地から半径50キロメートル以内で暮らす人々の数。
2. UNDESA 2020b; UNODC 2019.

3. UN Women 2020b.
4. Kishi 2021.
5. Loescher 2021.
6. Yuan and McNeeley 2016.
7. 持続可能な開発目標（SDGs）の指標16.1.4は、近隣を安心して歩ける成年人口の割合に言及している（United Nations Statistics Division 2021）。
8. UN and World Bank 2018.
9. UN and World Bank 2018; Vera-Adrianzén and others 2020.
10. Pettersson and others 2021.
11. UNDP 2019a.
12. UNDP 2019a, 2020c.
13. de Coning 2016, 2020.
14. World Bank 2020b.
15. Carothers and O'Donohue 2019.
16. Balcells and Justino 2014; Cederman, Weidmann and Gleditsch 2011; Demmers 2017。また、水平的不平等と暴力的紛争については、Stewart, Holdstock and Jarquin (2002) も参照のこと。
17. Alizada and others 2021.
18. Alizada and others 2021.
19. 『人間開発報告書2020』(UNDP 2020c) で明らかにされたとおり、環境活動家の殺害は過去20年間で3倍以上に増えているが、殺害された環境活動家の約40%は、先住民族コミュニティの出身者である。
20. van Munster and Sylvest 2021.
21. UN 2021c.
22. Lopes da Silva, Tian and Marksteiner 2021.
23. 経済協力開発機構（OECD）開発援助委員会（DAC）加盟国による政府開発援助（ODA）は、2020年に1,612億ドルと、過去最高額に達している（OECD 2021a）。
24. Lopes da Silva, Tian and Marksteiner 2021.
25. Eurostat 2021a.
26. データの透明性不足や所有隠し、不正取引のため、小型武器の正確な数を把握することは難しくなっている。しかしスモール・アームズ・サーベイは、幅広い情報源を活用し、小型武器の拡散状況を監視している（Small Arms Survey 2018）。
27. Karp 2018; Small Arms Survey 2018。民間人による銃の所有は、2006年から2016年の調査にかけて32%増加した。正式には武力紛争下にないHDI高位国と最高位国で、民間人が大量に小型武器を保有しているが、HDI最高位国グループでは、米国が突出しており、米国人口の世界人口に占める割合が4%であるのに対し、米国の民間人による全世界の小型武器保有量に占める割合は40%に達している。
28. Banerjee and Muggah 2002; Buttrick 2020; Dahlberg, Ikeda and Kresnow 2004.
29. UNODA 2018.
30. J-PAL and IPA 2021; Mousa 2019.
31. J-PAL and IPA (Innovations for Poverty Action) 2021.
32. 例えば、Human Rights Watch (2020d) はコロンビアで、和平合意の成立と和解の取り組みにもかかわらず、民間人や人権活動家その他のコミュニティ指導者に対する虐待と暴力が続いていることを指摘している。
33. Pettersson and others 2021.
34. Arias 2017; Auyero 2007; Feldmann and Luna 2022.
35. Trejo and Ley 2020.
36. 国家収奪に関する文献も、既得権利と腐敗が制度機構の質を低下させ、説明責任を脅かしていると指摘している（Hellman, Jones and Kaufmann 2000）。
37. Muggah and Dudley 2021; Vera-Adrianzén and others 2020.

38. UN 2020c.
39. 国連政治・平和構築局、国連開発計画（UNDP）および国連環境計画気候安全保障メカニズムによる共同の取り組みなど。
40. 2015年に国連安全保障理事会が採択した決議2250号により、紛争の予防と解決や平和の持続に若者が果たす不可欠な役割が確認された。このことは2018年の安全保障理事会決議2419でも再確認されている。
41. 女性・平和・安全保障に関する国連安全保障理事会決議1325号は、戦争が女性に及ぼす過度に大きな影響だけでなく、紛争予防、紛争管理と持続可能な平和に向けた取り組みにおいて、女性がきわめて重要な役割を果たすことを強調している。
42. UN 2020a.
43. UN and World Bank 2018.
44. IEP 2021a.
45. UNODA 2018.
46. Autesserre 2007, 2017。例えばオートセールによる研究は、コンゴ民主共和国における局地的な紛争が独りでに続き、平和的解決の成立後も1日1,000人を超える民間人の命を奪い続け、人間の安全保障を侵害している様子を明らかにしている。
47. UN Women 2015.
48. UN 2000.
49. 例えば、武装解除・動員解除・社会復帰（DDR）プログラムは、民間人を保護する一方で、元戦闘員が代替的生計手段を見つけることにも役立つ（J-PAL and IPA 2021）。また、暴力との関連では、認知行動療法が若い男性の自己像を変え、暴力的な犯罪行為に走るリスクを低下させることもわかっている（J-PAL 2018）。
50. Tarabah and others 2016.
51. Collier and Hoeffler 2000.
52. Stewart, Holdstock and Jarquin 2002.
53. IPCC 2018.
54. IPCC 2018.
55. Ide and others 2020; Mobjörk, Krampe and Tarif 2021; von Uexkull and Buhaug 2021.
56. Lövbrand and Mobjörk (2021)は、このテーマについて幅広い議論をしている。
57. Buhaug and von Uexkull 2021, p. 546.
58. Smith 2021.
59. Krampe 2021.
60. Lopes da Silva, Tian and Marksteiner 2021.
61. Cottrell and Darbyshire 2021。米軍のカーボン・フットプリントは2017年にはフィンランドやモロッコ、ペルーを含む多くの国のカーボン・フットプリントを超えた。エネルギーと燃料の使用に起因するものとして報告されている排出量は、軍のカーボン・フットプリントのわずかな割合しか占めていない一方で、兵器の製造と軍のサプライチェーンによる間接的排出量は、欧州連合（EU）と英国の軍事的カーボン・フットプリントの2倍以上に達している（Cottrell and Darbyshire 2021）。
62. ICRC 2020.
63. Hobbs and Radke 1992.
64. Linke and Ruether 2021.
65. ICRC 2020.
66. 例えば石油業界では、石油生産中に発生する過剰ガス（フレアガス）を燃やすという慣行が、2世紀前から続いているが、リビアやシリア・アラブ共和国、イエメンでの紛争中には、石油生産量が停滞したにもかかわらず、フレアガスの排出量が増加した（Darbyshire and Weir 2021）。
67. Collins, Florin and Sachs 2021.
68. Sasse and Trutnevyte 2020.
69. Collins, Florin and Sachs 2021.

70. Aas Rustad 2021b; Krampe, Smith and Hamidi 2021.
71. Global Commission on the Geopolitics of Energy Transformation 2019.
72. Aas Rustad 2021b.
73. Hegre and others 2017.
74. Kosal 2020.
75. Boulanin and Verbruggen 2017; Boulanin, Brockmann and Bauer 2019.
76. Keane 2020.
77. Johnson 2021.
78. OHCHR 2021.
79. 例えば、Urbaniak and others (2022) はビッグデータ技術を用いて、Redditユーザー15万人に対するオンラインでの個人攻撃の影響を分析し、野放しのサイバー暴力が被害者のオンライン活動を大幅に低下させている様子を明らかにしている。しかも、Mathew and others (2019) の研究にあるとおり、憎悪を煽るオンライン・コンテンツは急速に広まり、強い影響力を持つおそれがある。この研究では、オンライン・プラットフォームのGabにおける341,000人のユーザーが投稿したコンテンツ2,100万件以上を分析し、憎悪を煽るコンテンツがそれ以外の投稿よりもはるかに速く、広く拡散することを突き止めている。
80. UNDP 2020c.
81. Allan and others 2015.
82. Ray and George 2021.
83. Stewart, Holdstock and Jarquin 2002.
84. Hillesund and others 2018.
85. Stewart, Holdstock and Jarquin 2002.
86. UN and World Bank 2018.
87. Demmers 2017; UN and World Bank 2018.
88. UNODC 2019.
89. UN 2021b.
90. WHO 2021l.
91. Garry and Checchi 2019.
92. Aebischer Perone and others 2017; Garry and Checchi 2019.
93. Garry and Checchi 2019.
94. FSIN 2021.
95. Simon 2020.
96. Kishi 2021.
97. Kishi 2021.
98. Pettersson and others 2021.
99. Aas Rustad 2021a.
100. UNODC 2019.
101. UNODC 2019.
102. Bergman 2018; Muggah and Aguirre Tobón 2018; Yashar 2018.
103. Corral and others (2020) も同じような研究を行っているが、定義が異なるほか、低強度紛争を対象に含めていない。
104. 経済協力開発機構が脆弱な環境の判別に用いている枠組みについては、OECD (2020) を参照のこと。
105. 例としては、医療施設で出産できる可能性の低下 (Østby and others 2018)、妊産婦死亡リスクの高まり (Kotsadam and Østby 2019)、中等教育を受けられる可能性の低下 (Gates and others 2012) および食料不安全の悪化 (Martin-Shields and Stojetz 2019) が挙げられる。
106. DeCou and Lynch 2017; Garbarino and others 1992; Guterman and Cameron 1997.

107. Cuartas and Roy 2019.

108. UNHCR 2021 a.

109. MSF 2017。国連難民高等弁務官事務所(UNHCR)も、この地域から避難した人々のうち「大きな割合」について、難民の地位を認定するよう求めている(UNHCR 2015)。

110. Clement and others 2021; Rigaud and others 2018.

111. Sharkey 2018; Yuan and McNeeley 2016.

112. Valera and Guàrdia 2014; Yates and Ceccato 2020.

113. IEP 2021 b.

114. IEP 2021 b.

115. de Coning and Gelot 2020.

第5章

1. 女性の行為主体性強化がさらに幅広い生活の改善にどうつながるのかに関する議論については、Sen (2005 b) を参照のこと。

2. Sen 2005 a.

3. UN 1948.

4. Nussbaum 2011, pp. 30–31.

5. Sen 2008.

6. UN 1948.

7. UNDP 2019 a.

8. 例えば、人々の社会的地位が、能力主義の名のもとに、自己責任とみなされてしまう場合 (Sandel 2020)。「アメリカンドリーム」や、これと似たような立身出世の物語 (世俗的成功と自助努力を重視するもの) は、上流中産階級にとってプレッシャーとなる一方で、低所得層に対する差別・偏見を生むおそれがある。Lamont (2019) を参照のこと。

9. Chenoy 2009.

10. Bialasiewicz and others 2007; Gentry, Shepherd and Sjoberg 2018.

11. Young 2003.

12. Nussbaum 2001, 2006.

13. その一部については、年齢、性的指向やジェンダー・アイデンティティ、人種と民族性、移民の地位との関係で、次節で分析する。

14. Ogata and Sen 2003.

15. Crenshaw 2017.

16. UNDP 2019 a.

17. IACWGE 1999。女性とジェンダーの平等に関する国連機関連絡委員会は、女性や少女たちに対する暴力、資源管理に関するジェンダーの不平等、権力と意思決定に関するジェンダーの不平等、女性の人権、犠牲者ではなく行為主体としての女性 (と男性) という5つの側面を指摘している。

18. UNDP 2020 c.

19. UNDP 2020 c.

20. WHO 2020 d.

21. Avidor, Palgi and Solomon 2017; Canudas-Romo 2018; WHO 2015 a.

22. 世界保健機関(WHO)は幼年期の有害事象を「(…) 複数の種類の虐待、育児放棄、親または保護者間の暴力、アルコールや薬物乱用など、その他の種類の深刻な家庭崩壊、および児童間暴力、地域社会の暴力、集団的暴力」と定義している。WHOは「家庭や家族の領域外で起きる」事象もここに含め、「こうした体験には、周囲のコミュニティにおける暴力、治安の悪い地域で暮らす経験、ホームレスになること、いじめ、人種や民族性に基づく差別、所得の不安も含まれうる」としている（UNICEF 2021 c, pp. 60－61）。

23. Østby, Aas Rustad and Forø Tollefsen 2020.
24. 国連安全保障理事会は、戦時中の子どもに対する重大な権利侵害として、子どもの殺害・子どもを障害者にすること、軍隊や武力集団への子どもの徴用、学校や病院に対する攻撃、レイプその他の重大な性暴力、子どもの誘拐、子どもに対する人道的アクセス拒絶の6つを特定し、これを非難している（UNICEF 2021 b）。
25. UNICEF 2021 a.
26. UNICEF 2020 a.
27. Bertoni and others 2019; Dabalen and Paul 2014; Diwakar 2015.
28. Gao and Hayes 2021.
29. OPHI and UNDP 2021.
30. Nayyar and Rivera Vazquez 2021.
31. Rodgers 2020.
32. Inanc 2020。米国労働統計局の人口動態調査による月間労働力統計をもとに集計したもの。また、黒人は失業手当を受け取る率も24％低いため、さらに深刻な失業の影響を受けている（Kuka and Stuart 2021）。
33. Inanc 2020.
34. Jones, Mitra and Bhuiyan 2021; UN Women 2017.
35. Office of the Secretary-General's Envoy on Youth 2021.
36. Nkrumah 2021.
37. Office of the Secretary-General's Envoy on Youth 2021.
38. Cuevas-Parra 2021; UN 2021 f.
39. Office of the Secretary-General's Envoy on Youth 2021; UN and Folke Bernadotte Academy 2021.
40. UNDESA 2019.
41. WHO 2021 j.
42. WHO 2021 j.
43. UNDESA 2016 a.
44. WHO 2015 b.
45. 被扶養人口比率とは、通常は現役の労働力とならない人々（15歳未満の子どもと65歳以上の高齢者）の労働力人口（15～64歳）に対する割合を指す。この比率は、労働力人口に対する圧力と、被扶養人口を支援する必要性によって生じる財政的圧迫を把握するために用いられる。高齢被扶養人口比率とは、その中でも、労働年齢人口100人に対する65歳以上の高齢者の割合を示す指標。
46. Ferraro, Kemp and Williams 2017.
47. MacGuire 2020.
48. Garrett and others 2019.
49. Pechey and Monsivais 2016.
50. Volaco, Cavalcanti and Précoma 2018.
51. Wood and others 2006.
52. Erlangsen and others 2017.
53. OECD 2019 c.
54. UNDESA 2016 b.
55. UNDESA 2016 b.
56. Olivera and Tournier 2016.
57. Ye and others 2020.
58. Donizzetti 2019.

59. Moosa and Luyckx 2021.
60. Moosa and Luyckx 2021.
61. UNDP 2020a; UN Women 2020a.
62. Bonnet, Vanek and Chen 2019.
63. ILO 2020; UNDP 2020b; UN Women 2020a.
64. Benyacoub 2021.
65. Maitra 2018; Smith and others 2003.
66. FAO and others 2020; UNDP 2020c; UN Women 2020a.
67. UNDP 2020c.
68. Maitra 2018; Smith and others 2003.
69. FAO and others 2020; UNDP 2020c; UN Women 2020a.
70. UNDP 2020c.
71. Madgavkar and others 2020.
72. UNDP 2020b, 2020e; UN Women 2020b.
73. UNDP 2019a, 2020d.
74. UNDP 2020c.
75. UNDP 2019a.
76. UN Women 2021a。ジェンダーに基づく暴力には、男性に対する暴力も含まれるが、それは男性のジェンダー・アイデンティティまたは性表現が暴力の原因となっている場合に限られる。女性や少女たちに対する暴力は、女性のみを対象としているので、より限定的だが、ジェンダーに基づく暴力の被害者はほとんどが女性であることから、ジェンダーに基づく暴力と女性に対する暴力は、おおよそ重なり合っている（Dominguez Gonzalez and others 2019）。
77. UNFPA, UN Women and UNDP 2017.
78. Galtung 1969, 1990; Galtung and Fischer 2013.
79. 日常生活上の一連の戦略、仕草、コメント、行動のことで、微妙でほとんど察知不能だが、女性や少女たちに対する暴力を世代から世代に永続的に伝達する（Gómez 2015）。
80. UN Women 2021a。女性や少女たちに対する暴力の形態としては、身体的暴力と性暴力、人身取引、女性器切除、児童婚、精神的・心情的暴力、経済的暴力が挙げられる。UNDP（2019a）のスポットライト4.1も参照のこと。
81. Confortini 2006; Galtung 1990.
82. 第2波フェミニズム運動で「個人的なことは政治的なこと」というスローガンが確立されてから（Firestone and Koedt 1970, p. 76）、フェミニストの研究者たちは個人と家庭の領域に属する暴力を政治的暴力の一形態として、そして公的領域における女性や少女たちに対する暴力の増加の前提条件として分析してきた（Firestone and Koedt 1970; Hanisch 1969）。
83. Alkan, Özar and Ünver 2021; Muluneh and others 2020.
84. Fawole 2008.
85. Gentry, Shepherd and Sjoberg 2018.
86. WHO 2021m.
87. Douki and others 2003.
88. UNICEF 2020b.
89. Garcia-Moreno and others 2006; Kishor and Johnson 2004, 2005; WHO 2021m.
90. Harrison and Esqueda 1999.
91. 人種の類型は社会的に築き上げられるもので、人々は一つ、または背景によって変わる複数の類型に当てはめられ、人種は差別の構造的なパターンを通じ、人々の生活に影響を及ぼす。人種と民族にまつわる社会的通念は、人々の尊厳に明確な影響を及ぼしているため、それらに基づく不平等や差別が存在する限り、優先的な対応を要するという認識を持つことが大事である。

92. Gentry, Shepherd and Sjoberg 2018 ; Khalid 2019 .
93. Stewart 2016 .
94. OHCHR 2005 .
95. Alesina, Michalopoulos and Papaioannou（2016）および Stewart（2005）を参照のこと。
96. Cederman, Weidmann and Gleditsch 2011 ; Denny and Walter 2014 .
97. Ahuja 2016 .
98. Gentry, Shepherd and Sjoberg 2018 .
99. Gentry, Shepherd and Sjoberg 2018 .
100. OHCHR 2005 ; UNDESA 2016 c, 2018 .
101. UNDESA 2018 .
102. Gubert and others 2017 .
103. Bloomfield 2019 .
104. United Nations Inter-Agency Support Group on Indigenous Issues 2014 .
105. Kamwenda 1997 ; Maseko and Ndlovu 2013 .
106. Nesterak 2019 .
107. Lajimodiere 2012 .
108. Gentry, Shepherd and Sjoberg 2018 ; Leigh and Weber 2018 .
109. UNDP 2020 c.
110. Dimick and others（2013, p. 1046）によると、「黒人の患者は実際、白人患者よりも質のいい病院の近くに住む傾向があったものの、質の劣る病院で手術を受ける割合では白人を 25 ~ 58 %上回っている」
111. He and others 2019。温かみとは寛容、友好的、温厚かつ誠実であるというイメージを指し、「好感度」を反映する指標となる。能力とは有能で自信があり、独立していて競争力があり、かつ知的であるというイメージを指し、一般的に相手からの「尊敬度」を表す指標になる。
112. Dabone and others 2021 ; Odoms-Young 2018 .
113. Ghandnoosh 2014 ; Waldron 2020 .
114. UNDESA 2020 a.
115. 本節では十分な敷衍ができなかったため、人間のあらゆる移動類型について、人間の安全保障上の課題を忠実に表現しているとは言えない。ここでは、国際移住機関（IOM）の「移住用語集」（IOM 2019 a）で定められた用語と定義を用いている。これによると、「移民」という言葉は、包括的な用語として用いられている。（IOMは次のように定義している。「（移民とは）国際法に基づく定義がされていない総称で、ある国の内部か国境を越えるかは問わず、一時的または恒久的に、さまざまな理由から、通常の居住地から離れる者という、一般人に共通する理解を反映する表現である。この言葉には、移民労働者や、密航移民など、法的に定義された特定種類の移動をする者のほか、留学生など、その地位や移動手段が国際法で具体的に定義されていない者を含め、はっきりと定義された法的類型に属する多くの人々が含まれている。」）この用語集は「避難民」を「特に武力紛争、暴力が蔓延する状況、人権侵害または天災もしくは人災の結果として、またはその影響を回避するために、自らの家または常居所を逃れるか、離れるかして、国境を越えて、または国内で移動することを強制されたか、余儀なくされた人々またはその集団」と定義している。また、国連難民高等弁務官事務所による、次の難民の定義も用いている（UNHCR 1951）。「人種、宗教、国籍もしくは特定の社会的集団の構成員であることまたは政治的意見を理由に迫害を受けるおそれがあるという十分に理由のある恐怖を有するために、国籍国の外にいる者であって、その国籍国の保護を受けることができない者またはそのような恐怖を有するためにその国籍国の保護を受けることを望まない者およびこれらの事件の結果として常居所を有していた国の外にいる無国籍者であって、当該常居所を有していた国に帰ることができない者またはそのような恐怖を有するために当該常居所を有していた国に帰ることを 望まない者」。また、難民の範囲は定義上、国境を越えて移動する者に限られる。
116. Nagabhatla and others 2020 .
117. Nagabhatla and others 2020 .
118. Hauer and others 2020 .

119. UNHCR 2021 a.
120. IDMC 2021.
121. ILO 2021 b.
122. Szaflarski and Bauldry 2019.
123. UN 2016.
124. この報告書では、レズビアン、ゲイ、バイセクシュアル、トランスジェンダー、インターセックス（LGBTI+）という表現を用いているが、本書の中で明らかにされている人間の安全保障上の課題と差別的慣行の多くは、性的指向やジェンダー・アイデンティティ、性徴を理由として、これらの言葉を用いて、あるいはこれら以外の言葉によって性を自認をする人々に向けられる暴力や差別への対処とも関連している。
125. 性別とジェンダーの違いは、1950年代から明らかにされてはきたが、その違いや、政策立案にとっての意味合いを世界中で誰もが認識するまでには至っていない。研究書でさえ、性別とジェンダーが同じ意味で混同して用いられることが多くあるが、これは間違いである。「性別」とは、一人ひとりの生物学的特徴を指す言葉である。この分類によると、個人は必ず女性、男性または間性（インターセックス）に分類される。インターセックスとは、男性の身体とも女性の身体とも異なる身体的性徴を備えて生まれた人を指す。インターセックスの中には、生まれたときからそれとわかる人もいれば、後になって、多くは思春期の時期にそれが判明する人もいる。インターセックスの人々は、どのような性的指向もジェンダー・アイデンティティも持ちえる。一方の「ジェンダー」は社会的構成概念である。ジェンダー・アイデンティティとは経験上、自分自身のジェンダーをどう感じているかを指すのに対し、ジェンダー表現とは、ある人のジェンダーの表し方を反映する行動や外見を指す。出生時にジェンダーと性別が一致している場合には、「シスジェンダー」という言葉を用いることがある。しかし、個人のジェンダー・アイデンティティまたはジェンダー表現は、出生時に割り振られた性別や性的指向と一致することも、一致しないこともある。「ノンバイナリー」は、男性でも女性でもなく、かつ、ジェンダーバイナリー（性的二元制）にもなじまないジェンダー・アイデンティティを指す言葉である。「トランス」と「トランスジェンダー」はともに、広範囲のジェンダー表現とジェンダー・アイデンティティを持つ人々を指す言葉だが、その中には性転換者、異性装者、第三のジェンダーを自認する人々、男女の二元性以外の性を自認する人々、その他外見や特徴がジェンダーの型にはまらなかったり、自分のジェンダー意識が出生時に与えられた性別と異なっていたりする人々が含まれる。トランスジェンダーの中には、自分の身体をジェンダー・アイデンティティに合わせるため、性転換手術を望んだり、ホルモン剤の投与を受けたりする人もいれば、そうでない人もいる。トランスの人々は、どのような性的指向も性徴も持ちえる。最後に「性的指向」とは、ある人がどのような人に身体面や恋愛面、情緒面の魅力を感じるかを指す言葉である。ほとんどの人には性的指向があり、それがアイデンティティの一部をなしている。ゲイの男性とレズビアンの女性は、自分と同じ性別の人に魅力を感じる。ヘテロセクシュアルの人々は、自分と違う性別の人に魅力を感じる。バイセクシュアルの人々は、同性にも異性にも魅力を感じることがある。レズビアン、ゲイおよびバイセクシュアルの人々は、どのようなジェンダー・アイデンティティも性徴も持ちえる。性的指向とジェンダー・アイデンティティ、性徴は同じことではない。それぞれ異なり、それが交差しながら、個人のアイデンティティを形成している。よって、自分自身を表す言葉や名前、代名詞については、各人の選択を尊重することが重要である（OHCHR 2019、および、国連Free & Equalキャンペーンのウェブサイトとファクトシートをもとに作成）。
LGBTI+の人々が置かれた状況は、世界各地で大きく異なる。いくつかの点で、重要な進歩が達成されているほか、いくつかの国や地域では、世論も全般的に、これらの人々を受け入れるようになっている。例えば、過去20年間に、同性愛に対する受容度が高まっている国が見られるようになったほか（Pew Research Center 2020）、米国のエビデンスを見ても、この数十年間に同性婚に対する見方が変わってきていることがわかる（Gallup 2021）。2021年12月現在、同性婚は30か国で合法となっている（Council on Foreign Relations 2021）。
126. Hagen 2016.
127. Albuquerque and others 2016; Badgett, Hasenbush and Luhur 2017; Romero, Goldberg and Vasquez 2020; Suriyasarn 2016.
128. Yogyakarta Principles 2007.
129. ジェンダー・アイデンティティまたはジェンダー表現に関する立法措置がある国は、アルゼンチン、ベルギー、ボリビア、カナダ、チリ、コロンビア、デンマーク、エクアドル、フランス、ギリシャ、アイスランド、インド、アイルランド、日本、ルクセンブルク、マルタ、ノルウェー、パキスタン、ポルトガル、スペイン、スリランカ、タイ、ウルグアイ、ベトナム、英国の25か国のみ（Zhan and others 2020）。

130. Lanham and others 2019。こうした人々は、言葉による虐待を受けたり、書類を受け取るためにジェンダー表現を変えるよう強制されたり、身分証の交付を最初から拒否されたりしている。こうした差別体験により、参加者は屈辱を覚え、その尊厳やメンタルヘルスにも影響が出ている。
131. Ecker 2016; Ecker, Aubry and Sylvestre 2019.
132. Ecker, Aubry and Sylvestre 2019.
133. UNDP 2016c.
134. Badgett, Waaldijk and van der Meulen Rodgers 2019.
135. Evans and others 2016。この調査は、レズビアン、ゲイ、バイセクシュアル、トランスの人々のみを対象としている。
136. UNDP 2019b.
137. Johns and others 2019; Johns and others 2020.
138. UNDP 2019b.
139. Human Rights Watch 2020c.
140. UNDP 2019b。この調査は、レズビアン、ゲイ、バイセクシュアル、トランスの人々のみを対象としている。
141. Berthélémy 2019; Leufer 2021.
142. GLAAD 2021。Facebookが75%、Twitterが24%、YouTubeが21%、Instagramが24%、TikTokが9%となっている。
143. OHCHR 2015, 2019.
144. Stotzer 2009.
145. OHCHR 2016, 2019.
146. UNDP 2021.
147. Allende 2020.
148. Balaji 2011; Henricks 2016; Nazroo, Bhui and Rhodes 2020.
149. Dunn, Clare and Holland 2008.
150. Molyneux（1986）およびMoser（1989）で述べられたコンセプトを拡大適用。
151. Gasper and Gomez（2021）で提示された重要な原則。
152. ILGA 2020.

第6章

1. Ogata and Sen 2003.
2. Anand 2012.
3. Ritchie 2019.
4. Roser and Ritchie 2013.
5. UNAIDS 2021。エイズ関連死は2010年から47%、2004年のピーク時との比較では64%、それぞれ減少している。
6. Roser and Ritchie 2019.
7. Dadonaite, Ritchie and Roser 2019.
8. Gavi, The Vaccine Alliance 2020; Global Preparedness Monitoring Board 2019; Marani and others 2021.
9. UNDP 2020f.
10. UN Platform on Social Determinants of Health 2016; WHO n.d.
11. WHO 2020c.

12. WHO 2021a.
13. Ruger 2004.
14. WHO 2021i, p. 45.
15. WHO 2021i。WHOの指摘によると、サービス提供率改善のペースは、2010年から鈍化しており、現状の進捗率で行けば、コロナ禍関連の景気後退と医療サービスの混乱を除いても、ユニバーサル・ヘルス・カバレッジの対象者を10億人増やすという目標のうち、7億1,000万人分が未達成となってしまう。
16. The Economist 2021; Johnson and Roberto 2020.
17. Nettle and others 2021.
18. IHME 2021.
19. IHME 2021.
20. Fore and others 2020; Headey and others 2020; UN 2020b.
21. UNDP(2020c, 2020f)を参照のこと。例えば南アジア諸国では、初等・中等教育の段階で、約3億9,100万人の子どもが学校に通えなくなっており、そのまま中退してしまう子どもも最大で550万人に上るおそれがある(Shiva Kumar, 2021)。
22. IMF 2021b.
23. ここで紹介したデータは、IMF(2021a)によるもの。また、この議論では国際通貨基金の国分類を用いている。
24. IMF 2021c.
25. IMF 2021c.
26. IMF 2021c.
27. WHO 2021b.
28. IMF 2021c.
29. 同様に、多くの国では多年度にわたる財政措置が導入されたが、財政支援の大部分はすでに期限に達しているほか、新興経済国ではコロナ禍緊急財政支援措置が打ち切られている(IMF 2021b)。新興国と開発途上国の経済成長はすでに、ワクチンへのアクセス格差や一連の緊急財政支援策の打ち切りで制約を受けており、2022年までに大幅な減速が見込まれるほか、一人当たり所得の成長も危うい状態にあり、紛争の影響を受ける低所得国では、少なくとも10年分の後退が生じている(World Bank 2021b)。このように、復興は対応措置の規模に左右されることに加え、最近になって打ち切られた財政支援措置や、限定的に延長された措置の効果も不確実なままであるほか、復興資金の支出規模が不平等であることによって、復興の道のりに大きな不平等が生じ、以前から存在していた格差がさらに広がるおそれもある。また、雇用保護プログラムがこれからどうなるのか、緊急財政支援が打ち切られたときに、大量の解雇は起こらないのか、といった懸念もある(IMF 2021e)。今回のショックで人々が感じた不安は、マクロ経済状況が回復した後も続きかねない。例えば、失業している人々は当面の間、保健医療関係の支出の自己負担分が賄えなくなり、必要なヘルスケアサービスを受けるのが遅れるおそれもある。
30. IMF 2021d。ワクチンの公平な分配のためのグローバル・ダッシュボード(Global Dashboard for Vaccine Equity)によると、高所得国では2021年12月までに、国民の約65%が新型コロナ・ワクチンの接種を少なくとも1回、受けているのに対し、低所得国ではその割合が約8%にとどまっている。UNDP, WHO and University of Oxford(2021)を参照のこと。
31. https://ourworldindata.org/(2021年11月9日による)のデータをもとに人間開発報告書室が計算した単純平均。IMF(2021d)も参照のこと。
32. Wouters and others 2021.
33. World Bank 2021a.
34. Wouters and others 2021.
35. BBC 2021.
36. WHO 2020b.
37. WHO 2021f.
38. 例えば欧州では、高齢化が非感染性疾患を増大させる主因になると見られている。Devaux and others(2020)を参照のこと。

39. Marmot and Bell 2019.
40. Marmot and Bell 2019.
41. Sommer and others 2015.
42. WHO 2013。その他、WHOの「世界行動計画」に盛り込まれた主な原則とアプローチには、人権、公平性およびエンパワーメントの推進、ライフコース・アプローチの採用、ユニバーサル・ヘルス・カバレッジも含まれている。Marmot and Bell (2019) および WHO (2014) も参照のこと。
43. WHO 2020b.
44. Karn and Sharma 2021; UN Platform on Social Determinants of Health 2016。その他（例えばAbera and others 2017）、感染症と非感染性疾患による「二重負担」の存在を指摘する向きもある。
45. Bollyky and others 2017; Kruk, Nigenda and Knaul 2015; Kruk and others 2018.
46. 例えばニュージーランドでは、がんが社会経済的集団間の死亡率格差の重要な要因になっている。Teng and others (2017) を参照のこと。
47. Ebi and Hess 2020; Patz, Grabow and Limaye 2014.
48. Vicedo-Cabrera, Scovronick and Gasparrini 2021.
49. The Lancet Countdown 2021.
50. Lelieveld and others 2020.
51. Atwoli and others 2021.
52. Carleton and others (2020) の結果も参照のこと。
53. The Lancet Countdown 2021.
54. IPCC 2018.
55. Hallegatte and others 2014.
56. 健康に対する権利は、ヘルスケアへのアクセスよりもはるかに広い範囲に及ぶため、適切な栄養や住宅、健康関連の教育など、人々が健康な生活を送ることに役立つ根本的な健康の決定要因も考慮しなくてはならない。OHCHR and WHO (2008) を参照のこと。
57. OHCHR and WHO 2008.
58. Sen 2008.
59. Sen 2008.
60. National Academies of Sciences, Engineering, and Medicine 2018; WHO, OECD and World Bank 2018.
61. こうした要因に関する議論については、National Academies of Sciences, Engineering, and Medicine (2018) を参照のこと。
62. National Academies of Sciences, Engineering, and Medicine 2018.
63. Kruk and others 2018; WHO 2018.
64. Kruk and others 2018.
65. Kruk and others 2018.
66. WHO, OECD and World Bank 2018.
67. National Academies of Sciences, Engineering, and Medicine 2018, p. 2.
68. Krishna 2010, p. 17.
69. WHO 2021c.
70. Swindle and Newhouse 2021。エチオピアやガーナ、マラウイ、セネガルなど、全人口に占める都市住民の割合が高い国でも、「新型コロナウイルス感染の恐怖」の回答率が高くなっている。「病院の物資不足」を障壁とする回答は、3位となっている。
71. WHO 2010a.
72. WHO 2010a.
73. Beran, Pedersen and Robertson 2019; Saksena, Xu and Durairaj 2010.

74. Beran, Pedersen and Robertson 2019.
75. WHO 2021d.
76. OECD 2019a.
77. OECD 2019b.
78. OECD 2019b.
79. OECD 2019b.
80. Komisar 2013.
81. Emanuel, Glickman and Johnson 2017.
82. Komisar 2013.
83. Komisar 2013.
84. Schillings and Sánchez-Ancochea 2021.
85. 付録6.1およびMartínez Franzoni and Sánchez-Ancochea (2016) を参照のこと。
86. Martínez Franzoni and Sánchez-Ancochea 2016.
87. Anand 2012.
88. WHO 2021g.
89. WHO and World Bank 2017.
90. OECD 2014.
91. High-level Meeting on Universal Health Coverage 2019.
92. Kruk and others 2018; WHO, OECD and World Bank 2018.
93. Martínez Franzoni and Sánchez-Ancochea 2016; Sen 2015 を参照のこと。
94. Anand and Ravallion 1993.
95. Martínez Franzoni and Sánchez-Ancochea 2016.
96. Laryea and Cueni 2019; Smith, Corrigan and Exeter 2012.
97. Martínez Franzoni and Sánchez-Ancochea 2016.
98. The Lancet Commission on Global Health 2035 2013.
99. Dallman 2010; Danese and others 2014; Danese and Lewis 2017; Evans and Wachs 2010; Hackett and Steptoe 2017; Hughes and others 2017; Morris and others 2019.
100. Hussain and Arif 2021.
101. UN 2015b。また、Leisering 2020 も参照のこと。
102. ILO 2011, 2016; WHO 2010b.
103. HUIは幾何平均を使用した構造を持っており、こうした成果の不均衡は全体のスコアに増幅されて表れるため、真の意味でユニバーサリズムを達成するためにはすべての次元が重要であることが際立つ形となっている。
104. Filgueira (2007); Martínez Franzoni and Sánchez-Ancochea (2018); Pribble (2013) を参照のこと。
105. UNDP 2019a.
106. 世界健康安全保障指数は、ジョンズ・ホプキンズ大学健康安全保障センター、核脅威イニシアチブ、エコノミスト・インテリジェンス・ユニットによる共同プロジェクト。この指数は、6つの領域（予防、検知と報告、迅速対応、ヘルスケアシステム、国際規範の遵守、リスク環境）に関する140の項目に基づき、各国が感染症の流行やパンデミックを予防、緩和できる能力を測るものである。指数のスコアは、195か国をサンプルとする机上調査をもとに算出される。コロナ禍の影響で、不正確と見られる結果が含まれる可能性もある。事実、スコアが最も高い国の中には、米国（1位）、英国（2位）、オランダ（3位）、スウェーデン（7位）、スロベニア（12位）など、新型コロナウイルスの影響が最も大きかった国も含まれている。よって、一部の結果は慎重に解釈するとともに、開発途上国や新興国での過少報告も勘案すべきである。https://www.ghsindex.org/about/ を参照のこと。また、Schillings and Sánchez-Ancochea (2021) も参照のこと。
107. 世界健康安全保障指数の場合、いくつかの測定要因がこれらの結果に影響するおそれがある。35という平均指数値の周辺にスコアの大きな塊が見られることから、指数の方法論自体が、開発途上国や新興国のヘルスケアシステムの事前準備度のスコア算定に潜在的なバイアスや測定誤差を抱えている可能性もある。また、ユニバーサリズムが関係してくるのは、指数の一部側面と、健康災害に対するヘルスケアシステムの全般的事前準備度のみで、その中でも治療や、部分的には迅速対応が主な要因となる。その他、予防や検知、グローバルな協力、リスク環境といった要因も重要な役割を果たすため、これらの影響のほうが、ユニバーサリズムより大きい可能性もある。Schillings and Sánchez-Ancochea (2021) を参照のこと。

108. Baker, Currie and Schwandt 2017.
109. Brønnum-Hansen 2017.
110. van Raalte, Sasson and Martikainen 2018.
111. Nazroo 2017.
112. Currie and Schwandt 2016.
113. Majer and others 2011.
114. Chen, Persson and Polyakova 2020; Katikireddi and others 2020.
115. Rostila and others 2021.
116. Aldridge and others 2020.
117. UNDP 2020c.
118. EIU 2020; UN 2020d.
119. The Lancet–University of Oslo Commission on Global Governance for Health 2014, p. 633.
120. The Lancet–University of Oslo Commission on Global Governance for Health 2014.
121. The Lancet–University of Oslo Commission on Global Governance for Health 2014.
122. The Lancet–University of Oslo Commission on Global Governance for Health 2014.
123. Storeng, Puyvallée and Stein 2021
124. Gostin, Habibi and Meier 2020.
125. Gostin, Habibi and Meier 2020。しかも、政府による対応の中には、国際保健規則に従っていないものもある。Gostin, Habibi and Meier (2020) および Habibi and others (2020) を参照のこと。
126. Nakatani, Katsuno and Urabe 2020.
127. World Health Assembly 2020.
128. Gostin, Halabi and Klock 2021; Nikogosian 2021a.
129. World Health Assembly 2021.
130. WHO 2021h。また、国際保健規則の改革の可能性にも関心が高まっている (Ginsbach, Monahan and Gottschalk 2021; Wilson, Halabi and Gostin 2020)。WHO憲章第19条に基づくパンデミック条約は、国際保健規則の改革と両立が可能だ。また、条約の適用範囲を拡大すれば、保健規則の適用余地が限られている政治・法律・制度面、およびマルチセクターにまつわる問題にも取り組むことができる (Nikogosian 2021b)。
131. Fukuda-Parr, Buss and Yamin 2021.
132. UNDESA 2021.
133. Lozano and others 2020.
134. Global Burden of Disease Health Financing Collaborator Network 2020。政府による保健医療関係支出がGDPに占める割合を指標として用いる場合、無駄な支出と効率的な支出を区別できないという限界がある。しかし、幾何平均を用いてHUIを算定すれば、全要素を通じた一様の成果が重視されるため、この限界を緩和できる。HUIを使えば、非効率な支出と効率的な支出の間で違いが出るはずだ。非効率な支出は効率的な支出に比べ、支援対象を効果的にカバーするという第2の要素の改善につながらないからである。
135. Global Burden of Disease Health Financing Collaborator Network 2020.
136. Martínez Franzoni and Sánchez-Ancochea (2016) を参照のこと。これに代わる公平度指標としては、自己負担額の占める割合が挙げられる。医療の不公平度を反映する指標だからである。ただし、自己負担額はリスク保護との関連 (特に家計への壊滅的影響との関連) では重要であるものの、HUIの公平度の要素は、リスク保護よりもより幅広い意味での分断化や、それによって生じる医療へのアクセスの不平等も重視している。

137. UHC実効的カバレッジ指数は正規化済みであるため、それ以上のリスケーリングは必要ない。

結論

1. Fajardo-Gonzalez and Sandoval 2021.
2. Ogata and Sen 2003.
3. UN 2021d.

参考文献

Aas Rustad, S. 2021a. "Conflict Trends." Background box contribution for Human Security Report 2021, United Nations Development Programme, Human Development Report Office, New York.

Aas Rustad, S. 2021b. "Green Curses: Renewable Energy and Conflict in Africa." Background paper for Human Development Report 2021–2022, United Nations Development Programme, Human Development Report Office, New York.

Abera, S. F., Gebru, A. A., Biesalski, H. K., Ejeta, G., Wienke, A., Scherbaum, V., and Kantelhardt, E. J. 2017. "Social Determinants of Adult Mortality from Non-Communicable Diseases in Northern Ethiopia, 2009–2015: Evidence from Health and Demographic Surveillance Site." *PloS One* 12(12).

Adger, W. N., de Campos, R. S., Siddiqui, T., Gavonel, M. F., Szaboova, L., Rocky, M. H., Bhuiyan, M. R. A., and Billah, T. 2021. "Human Security of Urban Migrant Populations Affected by Length of Residence and Environmental Hazards." *Journal of Peace Research* 58(1): 50–66.

Aebischer Perone, S., Martinez, E., du Mortier, S., Rossi, R., Pahud, M., Urbaniak, V., Chappuis, F., and others. 2017. "Non-Communicable Diseases in Humanitarian Settings: Ten Essential Questions." *Conflict and Health* 11(1): 17.

Ahmad, T., Zhang, D., Huang, C., Zhang, H., Dai, N., Song, Y., and Chen, H. 2021. "Artificial Intelligence in Sustainable Energy Industry: Status Quo, Challenges and Opportunities." *Journal of Cleaner Production* 289: 125834.

Ahmed Bhuiyan, M., Rashid Khan, H. U., Zaman, K., and Hishan, S. S. 2018. "Measuring the Impact of Global Tropospheric Ozone, Carbon Dioxide and Sulfur Dioxide Concentrations on Biodiversity Loss." *Environmental Research* 160: 398–411.

Ahuja, N. 2016. "Race, Human Security, and the Climate Refugee." *English Language Notes* 54(2): 25–32.

Albuquerque, G. A., de Lima Garcia, C., da Silva Quirino, G., Alves, M. J. H., Belém, J. M., dos Santos Figueiredo, F. W., da Silva Paiva, L., and others. 2016. "Access to Health Services by Lesbian, Gay, Bisexual, and Transgender Persons: Systematic Literature Review." *BMC International Health and Human Rights* 16(1): 1–10.

Aldrich, D. P., and Meyer, M. A. 2014. "Social Capital and Community Resilience." *American Behavioral Scientist* 59(2): 254–269.

Aldridge, R. W., Lewer, D., Katikireddi, S. V., Mathur, R., Pathak, N., Burns, R., Fragaszy, E. B., and others. 2020. "Black, Asian and Minority Ethnic Groups in England Are at Increased Risk of Death from Covid-19: Indirect Standardisation of NHS Mortality Data." *Wellcome Open Research* 5(88).

Alesina, A., Michalopoulos, S., and Papaioannou, E. 2016. "Ethnic Inequality." *Journal of Political Economy* 124(2): 428–488.

Alfifi, M., Kaghazgaran, P., Caverlee, J., and Morstatter, F. 2019. "A Large-Scale Study of ISIS Social Media Strategy: Community Size, Collective Influence, and Behavioral Impact." *Proceedings of the International AAAI Conference on Web and Social Media* 13(01): 58–67.

Algan, Y., Cohen, D., Davoine, E., Foucault, M., and Stantcheva, S. 2021. "Trust in Scientists in Times of Pandemic: Panel Evidence from 12 Countries." *Proceedings of the National Academy of Sciences* 118(40): e2108576118.

Alizada, N., Cole, R., Gastaldi, L., Grahn, S., Hellmeier, S., Kolvani, P., Lachapelle, J., and others. 2021. *Autocratization Turns Viral: Democracy Report 2021.* Gothenburg, Sweden: University of Gothenburg,

V-Dem Institute.

Alkan, Ö., Özar, Ş., and Ünver, Ş. 2021. "Economic Violence against Women: A Case in Turkey." *PLoS One* 16(3): e0248630.

Allan, H., Glazzard, A., Jesperson, S., Reddy-Tumu, S., and Winterbotham, E. 2015. "Drivers of Violent Extremism: Hypotheses and Literature Review." Royal United Services Institute, London.

Allende, I. 2020. *Mujeres del Alma Mía Sobre el amor impaciente, la vida larga y las brujas buenas.* Plaza & Hanes.

Allingam, M. G., and Sadmo, A. 1972. "Income Tax Evasion: A Theoretical Analysis." *Journal of Public Economics* 1(3–4): 323–338.

Alonso, J. A., and Ocampo, J. A. 2020. *Trapped in the Middle? Developmental Challenges for Middle-Income Countries.* Oxford, UK: Oxford University Press.

Amnesty International. 2021a. "Ban Dangerous Facial Recognition Technology That Amplifies Racist Policing." Press Release, 26 January. https://www.amnesty.org/en/latest/news/2021/01/ban-dangerous-facial-recognition-technology-that-amplifies-racist-policing/. Accessed 17 November 2021.

Amnesty International. 2021b. "Surveillance City: NYPD Can Use More Than 15,000 Cameras to Track People Using Facial Recognition in Manhattan, Bronx and Brooklyn." https://www.amnesty.org/en/latest/news/2021/06/scale-new-york-police-facial-recognition-revealed/. Accessed 20 January 2022.

Anand, S. 2012. "Human Security and Universal Health Insurance." *The Lancet* 379(9810): 9–10.

Anand, S., and Ravallion, M. 1993. "Human Development in Poor Countries: On the Role of Private Incomes and Public Services." *Journal of Economic Perspectives* 7(1): 133–150.

Andersen-Rodgers, D., and Crawford, K. F. 2018. *Human Security: Theory and Action.* New York: Rowman & Littlefield.

Anderson, C. M., Defries, R. S., Litterman, R., Matson, P. A., Nepstad, D. C., Pacala, S., Schlesinger, W. H., and others. 2019. "Natural Climate Solutions Are Not Enough." *Science* 363(6430): 933–934.

Aneja, U. 2021. "Interrogating Digital Public Goods for More Equitable Futures." United Nations Development Programme, New York.

Anzaldúa, G. 1987. *Borderlands/La Frontera: The New Mestiza.* San Francisco, CA: Aunt Lute Books.

Aram, F., García, E. H., Solgi, E., and Mansournia, S. 2019. "Urban Green Space Cooling Effect in Cities." *Heliyon* 5(4): e01339.

Arias, E. D. 2017. *Criminal Enterprises and Governance in Latin America and the Caribbean.* Cambridge, UK: Cambridge University Press.

Arrow, K. J. 1972. "Gifts and Exchanges." *Philosophy & Public Affairs* 1(4): 343–362.

Atuire, C., and Hassoun, N. 2021. "Rethinking Solidarity and Global Health." Working paper. Binghamton, NY: Binghamton University.

Atwoli, L., Baqui, A. H., Benfield, T., Bosurgi, R., Godlee, F., Hancocks, S., Horton, R., and others. 2021. "Call for Emergency Action to Limit Global Temperature Increases, Restore Biodiversity, and Protect Health." *The Lancet* 398(10304): 939–941.

Autesserre, S. 2007. "DR Congo: Explaining Peace Building Failures, 2003–2006." *Review of African Political Economy* 34(113): 423–441.

Autesserre, S. 2017. "International Peacebuilding and Local Success: Assumptions and Effectiveness." *International Studies Review* 19(1): 114–132.

Auyero, J. 2007. *Routine Politics and Violence in Argentina: The Gray Zone of State Power*. Cambridge, UK: Cambridge University Press.

Avidor, S., Palgi, Y., and Solomon, Z. 2017. "Lower Subjective Life Expectancy in Later Life Is a Risk Factor for Posttraumatic Stress Symptoms among Trauma Survivors." *Psychological Trauma: Theory, Research, Practice, and Policy* 9(2): 198.

Awan, I. 2017. "Cyber-Extremism: ISIS and the Power of Social Media." *Society* 54(2): 138–149.

Badaoui, S. 2021. "The African Human Security Index: From 'Think' to 'Do.'" http://dx.doi.org/10.2139/ssrn.3804730.

Badgett, M. L., Hasenbush, A., and Luhur, W. E. 2017. "LGBT Exclusion in Indonesia and Its Economic Effects." University of California Los Angeles School of Law, Williams Institute.

Badgett, M. L., Waaldijk, K., and van der Meulen Rodgers, Y. 2019. "The Relationship between LGBT Inclusion and Economic Development: Macro-level Evidence." *World Development* 120: 1–14.

Baez, J., Fuente, A. d. l., and Santo, I. 2010. *Do Natural Disasters Affect Human Capital? An Assessment Based on Existing Empirical Evidence*. Bonn, Germany: IZA.

Bagwandeen, M. 2021. "Don't Blame China for the Rise of Digital Authoritarianism in Africa." London School of Economics blog, 9 September. https://blogs.lse.ac.uk/africaatlse/2021/09/09/dont-blame-china-for-rise-of-digital-authoritarianism-africa-surveillance-capitalism/. Accessed 17 November 2021.

Bai, X., Gauri, V., and Fiske, S. T. 2021. "Cosmopolitan Morality Trades Off In-Group for the World, Separating Benefits and Protection." *Proceedings of the National Academy of Sciences* 118(40): e2100991118.

Baines, E. 2005. "Rethinking Women, Peace and Security: A Critique of Gender in the Canadian Human Security Agenda." 1 April. University of British Columbia, Vancouver, BC.

Baker, D., Jayadev, A., and Stiglitz, J. 2017. *Innovation, Intellectual Property, and Development: A Better Set of Approaches for the 21st Century*. AccessIBSA.

Baker, M., Currie, J., and Schwandt, H. 2017. "Mortality Inequality in Canada and the US: Divergent or Convergent Trends?" Working Paper 23514, National Bureau of Economic Research, Cambridge, MA.

Balaji, M. 2011. "Racializing Pity: The Haiti Earthquake and the Plight of 'Others.'" *Critical Studies in Media Communication* 28(1): 50–67.

Balcells, L., and Justino, P. 2014. "Bridging Micro and Macro Approaches on Civil Wars and Political Violence: Issues, Challenges, and the Way Forward." *Journal of Conflict Resolution* 58(8): 1343–1359.

Balzer, C., LaGata, C., and Berredo, L. 2016. "TMM Annual Report 2016." TvT Publication Series 14, Transgender Europe, Berlin.

Banerjee, D., and Muggah, R. 2002. "Small Arms and Human Insecurity." Regional Centre for Strategic Studies, Colombo.

Bar-On, Y. M., Phillips, R., and Milo, R. 2018. "The Biomass Distribution on Earth." *Proceedings of the National Academy of Sciences* 115: 6506–6511.

Basu, K. 2018. *The Republic of Beliefs: A New Approach to Law and Economics*. Princeton, NJ: Princeton University Press.

Basu, K., Gostin, L., and Hassoun, N. 2021. "Pandemic Preparedness and Response: Beyond the Who's Access to Covid-19 Tools Accelerator." Brookings Global Economy and Development Working Paper, Brookings Institution, Washington, DC.

Bauer, A. M., Edgeworth, M., Edwards, L. E., Ellis, E. C., Gibbard, P., and Merritts, D. J. 2021. "Anthropocene: Event or Epoch?" *Nature* 597(7876): 332–332.

BBC. 2021. "Coronavirus G7: Could a Billion More Vaccines for Poorer Countries Make a Difference?" 14 June. https://www.bbc.com/news/57427877. Accessed 8 November 2021.

Bell, S. R., and Murdie, A. 2018. "The Apparatus for Violence: Repression, Violent Protest, and Civil War in a Cross-National Framework." *Conflict Management and Peace Science* 35(4): 336–354.

Bénabou, R., and Tirole, J. 2006. "Belief in a Just World and Redistributive Politics." *The Quarterly Journal of Economics* 121(2): 699–746.

Bénabou, R., and Tirole, J. 2016. "Mindful Economics: The Production, Consumption, and Value of Beliefs." *Journal of Economic Perspectives* 30(3): 141–164.

Benkler, Y. 2010. "The Idea of Access to Knowledge and the Information Commons: Long-Term Trends and Basic Elements." In Kapczynski, A., and Krikorian, G., (eds.), *Access to Knowledge in the Age of Intellectual Property*. New York: Zone Books.

Benyacoub, B. 2021. "Empirical Study of Barriers to Women's Financial Inclusion in Morocco." *International Journal of Accounting, Finance, Auditing, Management and Economics* 2(4): 323–336.

Beran, D., Pedersen, H. B., and Robertson, J. 2019. "Noncommunicable Diseases, Access to Essential Medicines and Universal Health Coverage." *Global Health Action* 12(1).

Berg, J., Furrer, M., Harmon, E., Rani, U., and Silberman, M. S. 2018. "Digital Labour Platforms and the Future of Work: Towards Decent Work in the Online World." International Labour Organization, Geneva.

Berger, K. 2020. "The Man Who Saw the Pandemic Coming." *Nautilus*, 12 March. https://nautil.us/issue/83/intelligence/the-man-who-saw-the-pandemic-coming. Accessed 10 November 2021.

Bergman, M. 2018. *More Money, More Crime: Prosperity and Rising Crime in Latin America*. Oxford, UK: Oxford University Press.

Berthelemy, C. 2019. "The Digital Rights of LGBTQ+ People: When Technology Reinforces Societal Oppressions." https://edri.org/our-work/the-digital-rights-lgbtq-technology-reinforces-societal-oppressions/. Accessed 15 December 2021.

Bertoni, E., Di Maio, M., Molini, V., and Nistico, R. 2019. "Education Is Forbidden: The Effect of the Boko Haram Conflict on Education in North-East Nigeria." *Journal of Development Economics* 141: 102249.

Betts, M. G., Wolf, C., Ripple, W. J., Phalan, B., Millers, K. A., Duarte, A., Butchart, S. H. M., and Levi, T. 2017. "Global Forest Loss Disproportionately Erodes Biodiversity in Intact Landscapes." *Nature* 547(7664): 441–444.

Bharadwaj, P., Gibson, M., Zivin, J. G., and Neilson, C. 2017. "Gray Matters: Fetal Pollution Exposure and Human Capital Formation." *Journal of the Association of Environmental and Resource Economists* 4(2).

Bialasiewicz, L., Campbell, D., Elden, S., Graham, S., Jeffrey, A., and Williams, A. J. 2007. "Performing Security: The Imaginative Geographies of Current US Strategy." *Political Geography* 26(4): 405–422.

Bjelle, E. L., Kuipers, K., Verones, F., and Wood, R. 2021. "Trends in National Biodiversity Footprints of Land Use." *Ecological Economics* 185: 107059.

Blanchard, E. M. 2003. "Gender, International Relations, and the Development of Feminist Security Theory." *Signs: Journal of Women in Culture and Society* 28(4): 1289–1312.

Blattman, C., and Miguel, E. 2010. "Civil War." *Journal of Economic Literature* 48(1): 3–57.

Blenkinshop, P. 2021. "Resisting Patent Waiver, EU Submits Vaccine Plan to WTO." *Reuters*, 4 June. https://www.reuters.com/world/europe/eu-executive-submits-vaccine-access-proposal-wto-2021-06-04/. Accessed 1 November 2021.

Bloom, D. E., Cafiero, E. T., Jané-Llopis, E., Abrahams-Gessel, S., Bloom, L. R., Fathima, S., Feigl, A. B., and others. 2011. *The Global Economic Burden of Non-Communicable Diseases*. Geneva: World Economic Forum.

Bloom, J. 2021. "Computer Says Go: Taking Orders from an AI Boss." *BBC News*, 15 February. https://www.bbc.com/news/business-56023932. Accessed 1 November 2021.

Bloomfield, A. 2019. "Household Food Insecurity Among Children: New Zealand Health Survey." Wellington: New Zealand Ministry of Health.

Böke, S. S. 2021. "Artificial Intelligence and Health Care in Light of Covid-19: Ensuring a Human-Rights Perspective." OECD Forum Network, 11 March. https://www.oecd-forum.org/posts/artificial-intelligence-and-health-care-in-light-of-covid-19-ensuring-a-human-rights-perspective?channel_id=722-digitalisation. Accessed 17 November 2021.

Bollyky, T. J., Templin, T., Cohen, M., and Dieleman, J. L. 2017. "Lower-Income Countries That Face the Most Rapid Shift in Noncommunicable Disease Burden Are Also the Least Prepared." *Health Affairs* 36(11).

Bonnet, F., Vanek, J., and Chen, M. 2019. "Women and Men in the Informal Economy: A Statistical Brief." Geneva: International Labour Office.

Botsman, R. 2017. *Who Can You Trust? How Technology Brought Us Together and Why It Might Drive Us Apart*. New York: PublicAffairs.

Botsman, R. 2018. *How Trust Is Shifting*. Sydney, Australia: Association of Superannuation Funds of Australia.

Boulanin, V., and Verbruggen, M. 2017. "Article 36 Reviews: Dealing with the Challenges Posed by Emerging Technologies." Stockholm International Peace Research Institute, Stockholm.

Boulanin, V., Brockmann, K., and Bauer, S. 2019. "Bio Plus X: Arms Control and the Convergence of Biology and Emerging Technologies." Stockholm International Peace Research Institute, Solna, Sweden.

Brady, W. J., Wills, J. A., Jost, J. T., Tucker, J. A., and Van Bavel, J. J. 2017. "Emotion Shapes the Diffusion of Moralized Content in Social Networks." *Proceedings of the National Academy of Sciences* 114(28): 7313–7318.

Brancalion, P. H. S., Niamir, A., Broadbent, E., Crouzelles, R., Barros, S. M., Zambrano, M. A., Baccini, A., and others. 2019. "Global Restoration Opportunities in Tropical Rainforest Landscapes." *Science Advances* 5.

Brannen, S., Haig, C., and Schmidt, K. 2020. "The Age of Mass Protests: Understanding an Escalating Global Trend." CSIS Risk and Foresight Group, Center for Strategic & International Studies, Washington, DC.

Brännlund, A., Strandh, M., and Nilsson, K. 2017. "Mental-Health and Educational Achievement: The Link between Poor Mental-Health and Upper Secondary School Completion and Grades." *Journal of Mental Health* 26(4): 318–325.

Brønnum-Hansen, H. 2017. "Socially Disparate Trends in Lifespan Variation: A Trend Study on Income and Mortality Based on Nationwide Danish Register Data." *BMJ Open* 7(5): e014489.

Bruhin, A., Fehr, E., and Schunk, D. 2018. "The Many Faces of Human Sociality: Uncovering the Distribution and Stability of Social Preferences." *Journal of the European Economic Association* 17(4): 1025–1069.

Bubonya, M., Cobb-Clark, D. A., and Wooden, M. 2017. "Mental Health and Productivity at Work: Does What You Do Matter?" *Labour Economics* 46: 150–165.

Buhaug, H., and von Uexkull, N. 2021. "Vicious Circles: Violence, Vulnerability, and Climate Change." *Annual Review of Environment and Resources* 46.

Bunch, C. 2003. "Feminism, Peace, Human Rights and Human Security." *Canadian Woman Studies* 22(2).

Bunch, C., and Carrillo, R. 1998. "Global Violence against Women: The Challenge to Human Rights and

Development." In Klare, M. T., and Chandrani, Y., (eds.), *World Security: Challenges for a New Century*. New York: St. Martin's Press.

Burke, M., Hsiang, S. M., and Miguel, E. 2015. "Climate and Conflict." *Annual Review of Economics* 7(1): 577–617.

Burrell, A. L., Evans, J. P., and Kauwe, M. G. D. 2020. "Anthropogenic Climate Change Has Driven over 5 Million km2 of Drylands towards Desertification." *Nature Communications* 11.

Butler, J. V., Giuliano, P., and Guiso, L. 2016. "The Right Amount of Trust." *Journal of the European Economic Association* 14(5): 1155–1180.

Buttrick, N. 2020. "Protective Gun Ownership as a Coping Mechanism." *Perspectives on Psychological Science* 15(4): 835–855.

Butzer, K. W. 2012. "Collapse, Environment, and Society." *Proceedings of the National Academy of Sciences* 109(10): 3632–3639.

Calandro, E. 2021. "How Can Digital Transformation Undermine Development and Human Security?" HDRO Background Paper, United Nations Development Programme, Human Development Report Office, New York.

Callander, E. J., and Schofield, D. J. 2018. "Psychological Distress Increases the Risk of Falling into Poverty Amongst Older Australians: The Overlooked Costs-of-Illness." *BMC Psychology* 6(1): 1–9.

Canudas-Romo, V. 2018. "Life Expectancy and Poverty." *The Lancet Global Health* 6(8): e812–e813.

Carabine, E., and Dupar, M. 2014. "The IPCC's Fifth Assessment Report: What's in It for Small Island Developing States." Geneva: Intergovernmental Panel on Climate Change.

Carleton, T. A., Jina, A., Delgado, M. T., Greenstone, M., Houser, T., Hsiang, S. M., Hultgren, A., and others. 2020. "Valuing the Global Mortality Consequences of Climate Change Accounting for Adaptation Costs and Benefits." Working Paper 27599, National Bureau of Economic Research, Cambridge, MA.

Carothers, T., and O'Donohue, A. 2019. *Democracies Divided: The Global Challenge of Political Polarization*. Washington, DC: Brookings Institution Press.

Castañeda-Álvarez, N. P., Khoury, C. K., Achicanoy, H. A., Bernau, V., Dempewolf, H., Eastwood, R. J., Guarino, L., and others. 2016. "Global Conservation Priorities for Crop Wild Relatives." *Nature Plants* 2.

CDC (US Centers for Disease Control and Prevention). 2018. "Mental Health." https://www.cdc.gov/mentalhealth/learn/index.htm. Accessed 11 March 2021.

Cederman, L.-E., Weidmann, N. B., and Gleditsch, K. S. 2011. "Horizontal Inequalities and Ethnonationalist Civil War: A Global Comparison." *American Political Science Review* 105(3): 478–495.

Center for American Progress. 2020. "Closing Latino Labor Market Gap Requires Targeted Policies to End Discrimination." Washington, DC.

Center on the Developing Child at Harvard University. 2013. "InBrief: Early Childhood Mental Health." https://developingchild.harvard.edu/resources/inbrief-early-childhood-mental-health/. Accessed 20 December 2021.

Chancel, L., Piketty, T., Saez, E., Zucman, G., and others. 2022. *World Inequality Report*. Paris: World Inequality Lab.

Chandler, D., and Hynek, N. 2010. *Critical Perspectives on Human Security: Rethinking Emancipation and Power in International Relations*. Abingdon, UK: Routledge.

Chausson, A., Turner, B., Seddon, D., Chabaneix, N., Girardin, C. A. J., Kapos, V., Key, I., and others. 2020. "Mapping the Effectiveness of Nature-based Solutions for Climate Change Adaptation." *Global Change Biology* 26(11).

Chen, Y., Persson, P., and Polyakova, M. 2020. "The Roots of Health Inequality and the Value of Intra-Family Expertise." Working Paper 25618, National Bureau of Economic Research, Cambridge, MA.

Cheng, H. W. J., and Parra, M. 2018. "The Fourth Industrial Revolution, Development and Intellectual Property-the World Economic and Social Survey 2018 and Beyond." In Heath, C., Sanders, A. K., and Moerland, A. (eds), *Intellectual Property Law and the Fourth Industrial Revolution*. Alphen aan den Rijn, Netherlands: Wolters Kluwer.

Chenoy, A. M. 2009. "The Gender and Human Security Debate." *IDS Bulletin* 40(2): 44–49.

Chiabai, A., Travisi, C. M., Markandya, A., Ding, H., and Nunes, P. A. L. D. 2011. "Economic Assessment of Forest Ecosystem Services Losses: Cost of Policy Inaction." *Environmental and Resource Economics* 50: 405–445.

Chin, C. B. 1998. *In Service and Servitude: Foreign Female Domestic Workers and the Malaysian 'Modernity' Project*. New York: Columbia University Press.

Christie, R. 2013. "The Siren Song of Human Security." In *The Routledge Handbook of Human Security*. Abingdon, UK: Routledge.

Clement, V., Rigaud, K. K., de Sherbinin, A., Jones, B., Adamo, S., Schewe, J., Sadiq, N., and Shabahat, E. 2021. *Groundswell Part 2: Acting on Internal Climate Migration*. Washington, DC: World Bank.

Clemente, D. 2013. *Cyber Security and Global Interdependence: What Is Critical?* London: Chatham House.

Coeckelbergh, M. 2011. "Human Development or Human Enhancement? A Methodological Reflection on Capabilities and the Evaluation of Information Technologies." *Ethics and Information Technology* 13(2): 81–92.

Collier, P., and Hoeffler, A. 2000. "Greed and Grievance in Civil War." Policy Research Working Paper 2355, World Bank, Washington, DC.

Collins, A., Florin, M.-V., and Sachs, R. 2021. "Risk Governance and the Low-Carbon Transition." École polytechnique fédérale de Lausanne, International Risk Governance Center, Lausanne, Switzerland.

Collins, P. H. 1990. "Black Feminist Thought in the Matrix of Domination." *Black Feminist Thought: Knowledge, Consciousness, and the Politics of Empowerment* 138(1990): 221–238.

Collins, P. H. 2002. *Black Feminist Thought: Knowledge, Consciousness, and the Politics of Empowerment*. Abingdon, UK and New York: Routledge.

Colmer, J. 2021. "Temperature, Labor Reallocation, and Industrial Production: Evidence from India." *American Economic Journal: Economic Policy* 13(4): 101–124.

Community Psychology. n.d. "The Effects of Deportation on Families and Communities." https://www.communitypsychology.com/effects-of-deportation-on-families-communities/. Accessed 15 December 2021.

Confortini, C. C. 2006. "Galtung, Violence, and Gender: The Case for a Peace Studies/Feminism Alliance." *Peace & Change* 31(3): 333–367.

Coronese, M., Lamperti, F., Keller, K., Chiaromonte, F., and Roventini, A. 2019. "Evidence for Sharp Increase in the Economic Damages of Extreme Natural Disasters." *Proceedings of the National Academy of Sciences* 116(43): 21450–21455.

Corral, P., Irwin, A., Krishnan, N., Gerszon Mahler, D., and Vishwanath, T. 2020. *Fragility and Conflict: On the Front Lines of the Fight against Poverty*. Washington, DC: World Bank.

Costanza, R., Groot, R., Braat, L., Kubiszewskia, I., Fioramonti, L., Sutton, P., Farber, S., and Grasso, M. 2017. "Twenty Years of Ecosystem Services: How Far Have We Come and How Far Do We Still Need to Go?" *Ecosystem Services* 38: 1–16.

Cottrell, L., and Darbyshire, E. 2021. "The Military's Contribution to Climate Change." https://ceobs.

org/the-militarys-contribution-to-climate-change/. Accessed 16 November 2021.

Council on Foreign Relations. 2021. "Marriage Equality: Global Comparisons." https://www.cfr.org/backgrounder/marriage-equality-global-comparisons. Accessed 10 January 2022.

Cox, K., Marcellino, W., Bellasio, J., Ward, A., Galai, K., Meranto, S., and Paoli, G. P. 2018. "Social Media in Africa. A Double-Edged Sword for Security and Development." United Nations Development Programme, New York.

Crenshaw, K. 1989. "Demarginalizing the Intersection of Race and Sex: A Black Feminist Critique of Antidiscrimination Doctrine, Feminist Theory and Antiracist Politics." *University of Chicago Legal Forum* 1989(1): 139–167.

Crenshaw, K. 1991. "Mapping the Margins: Intersectionality, Identity Politics, and Violence against Women of Color." *Stanford Law Review* 43(6): 1241–1299.

Crenshaw, K. 2017. *On Intersectionality: Essential Writings*. New York: The New Press.

Cuartas, J., and Roy, A. L. 2019. "The Latent Threat of Community Violence: Indirect Exposure to Local Homicides and Adolescents' Mental Health in Colombia." *American Journal of Community Psychology* 64(1-2): 219–231.

Cuevas-Parra, P. 2021. "Thirty Years after the UNCRC: Children and Young People's Participation Continues to Struggle in a COVID-19 World." *Journal of Social Welfare and Family Law* 43(1): 81–98.

Currie, J., and Schwandt, H. 2016. "Inequality in Mortality Decreased among the Young While Increasing for Older Adults, 1990–2010." *Science* 352(6286): 708–712.

Dabalen, A. L., and Paul, S. 2014. "Estimating the Effects of Conflict on Education in Côte d'Ivoire." *Journal of Development Studies* 50(12): 1631–1646.

Dabone, C., Mbagwu, I., Muray, M., Ubangha, L., Kohoun, B., Etowa, E., Nare, H., Kiros, G., and Etowa, J. 2021. "Global Food Insecurity and African, Caribbean, and Black (ACB) Populations During the COVID-19 Pandemic: A Rapid Review." *Journal of Racial and Ethnic Health Disparities*: 1–16.

Dadonaite, B., Ritchie, H., and Roser, M. 2019. "Diarrheal Diseases." Our World in Data. https://ourworldindata.org/diarrheal-diseases. Accessed 5 October 2021.

Dahlberg, L. L., Ikeda, R. M., and Kresnow, M.-J. 2004. "Guns in the Home and Risk of a Violent Death in the Home: Findings from a National Study." *American Journal of Epidemiology* 160(10): 929–936.

Dalby, S. 2013. "The Geopolitics of Climate Change." *Political Geography* 37: 38–47.

Dallman, M. F. 2010. "Stress-Induced Obesity and the Emotional Nervous System." *Trends in Endocrinology & Metabolism* 21(3): 159–165.

Danese, A., and Lewis, S. J. 2017. "Psychoneuroimmunology of Early-Life Stress: The Hidden Wounds of Childhood Trauma?" *Neuropsychopharmacology* 42(1): 99–114.

Danese, A., Dove, R., Belsky, D., Henchy, J., Williams, B., Ambler, A., and Arseneault, L. 2014. "Leptin Deficiency in Maltreated Children." *Translational Psychiatry* 4(9): e446–e446.

Darbyshire, E., and Weir, D. 2021. "How Does War Contribute to Climate Change." https://ceobs.org/how-does-war-contribute-to-climate-change/. Accessed 16 November 2021.

Dasgupta, P. 2000. "Trust as a Commodity." In Gambetta, D., (ed.), *Trust: Making and Breaking Cooperative Relations. Oxford*, UK: Oxford University Press.

Dasgupta, P. 2021. *The Economics of Biodiversity: The Dasgupta Review*. London: HM Treasury.

Dastin, J. 2018. "Amazon Scraps Secret AI Recruiting Tool that Showed Bias against Women." *Reuters*, 10 October. https://www.reuters.com/article/us-amazon-com-jobs-automation-insight/amazon-scraps-secret-ai-recruiting-tool-that-showed-bias-against-women-idUSKCN1MK08G. Accessed 16

June 2021.

Data2X and Grantham, D. K. 2020. "Mapping Gender Data Gaps: An SDG Era Update." Data2X.

Davies, R. 2019. *Extreme Economies: 9 Lessons from the World's Limits*. London: Bantam Press.

de Coning, C. 2016. "From Peacebuilding to Sustaining Peace: Implications of Complexity for Resilience and Sustainability." *Resilience* 4(3): 166–181.

de Coning, C. 2018. "Adaptive Peacebuilding." *International Affairs* 94(2): 301–317. https://doi.org/10.1093/ia/iix251.

de Coning, C. 2020. "The Six Principles of Adaptive Peacebuilding." *Conflict Trends* 2020(1): 3–10.

de Coning, C., and Gelot, L. 2020. "Placing People at the Center of UN Peace Operations." 29 May, Global Observatory (blog). International Peace Institute. https://theglobalobservatory.org/2020/05/placing-people-center-un-peace-operations/. Accessed 13 December 2021.

De Stefano, V. 2020. "Algorithmic Bosses and What to Do About Them: Automation, Artificial Intelligence and Labour Protection." In Marino, D., and Monaca, M. A., (eds.), *Economic and Policy Implications of Artificial Intelligence*. Cham, Switzerland: Springer.

DeCou, C. R., and Lynch, S. M. 2017. "Assessing Adult Exposure to Community Violence: A Review of Definitions and Measures." *Trauma, Violence, & Abuse* 18(1): 51–61.

Deibert, R. J. 2018. "Toward a Human-Centric Approach to Cybersecurity." *Ethics & International Affairs* 32(4): 411–424.

Demmers, J. 2017. *Theories of Violent Conflict, 2nd Edition*. New York: Routledge.

Denny, E. K., and Walter, B. F. 2014. "Ethnicity and Civil War." *Journal of Peace Research* 51(2): 199–212.

Deodoro, J., Gorbanyov, M., Malaika, M., and Sedik, T. S. 2021a. "Quantum Computing's Possibilities and Perils." International Monetary Fund, Washington, DC.

Deodoro, J., Gorbanyov, M., Malaika, M., and Sedik, T. S. 2021b. "Quantum Computing and the Financial System: Spooky Action at a Distance?" Working Paper 2021/071, International Monetary Fund, Washington, DC.

Devaux, M., Lerouge, A., Giuffre, G., Giesecke, S., Baiocco, S., Ricci, A., Reyes, F., and others. 2020. "How Will the Main Risk Factors Contribute to the Burden of Non-communicable Diseases under Different Scenarios by 2050? A Modelling Study." *PloS One* 15(4): e0231725.

Dias Oliva, T. 2020. "Content Moderation Technologies: Applying Human Rights Standards to Protect Freedom of Expression." *Human Rights Law Review* 20(4): 607–640.

Díaz, S., Pascual, U., Stenseke, M., Martín-López, B., Watson, R. T., Molnár, Z., Hill, R., and others. 2018. "Assessing Nature's Contributions to People." *Science* 359(6373): 270–272.

Dibala, R., Jose, S., and Udawatta, R. P. 2021. "Silvopasture for Food Security in a Changing Climate." In Udawatta, R. P. and Jose, S., (eds.), *Agroforestry and Ecosystem Services*. New York: Springer.

Diffenbaugh, N. S., and Burke, M. 2019. "Global Warming Has Increased Global Economic Inequality." *Proceedings of the National Academy of Sciences* 116(20): 9808–9813.

Dimick, J., Ruhter, J., Sarrazin, M. V., and Birkmeyer, J. D. 2013. "Black Patients More Likely than Whites to Undergo Surgery at Low-quality Hospitals in Segregated Regions." *Health Affairs* 32(6): 1046–1053.

Ding, Q., Chen, X., Hilborn, R., and Chen, Y. 2017. "Vulnerability to Impacts of Climate Change on Marine Fisheries and Food Security." *Marine Policy* 83: 55–61.

Diwakar, V. 2015. "The Effect of Armed Conflict on Education: Evidence from Iraq." *Journal of Development Studies* 51(12): 1702–1718.

Dodsworth, F. 2019. *The Security Society: History, Patriarchy, Protection*. New York: Springer.

Doick, K. J., Peace, A., and Hutchings, T. R. 2014. "The Role of One Large Greenspace in Mitigating London's Nocturnal Urban Heat Island." *Science of the Total Environment* 493: 662–671.

Dominguez Gonzalez, K., Arango, D., McCleary-Sills, J., and Bianchi, B. 2019. *Violence against Women and Girls (VAWG).* Transport Brief, Washington, DC: World Bank.

Donizzetti, A. R. 2019. "Ageism in an Aging Society: The Role of Knowledge, Anxiety about Aging, and Stereotypes in Young People and Adults." *International Journal of Environmental Research and Public Health* 16(8): 1329.

Donoso, C. 2016. "Feminist Critical Human Security: Women's (In)security and Smuggling on Ecuador's Borders." University of British Columbia, Vancouver, BC.

Douglas, M. 2004. "Traditional Culture: Let's Hear No More About It." In Rao, V. W., Michael, (ed.) *Culture and Public Action.* Stanford, CA: Stanford University Press.

Douki, S., Nacef, F., Belhadj, A., Bouasker, A., and Ghachem, R. 2003. "Violence against Women in Arab and Islamic Countries." *Archives of Women's Mental Health* 6(3): 165–171.

Dunn, M. C., Clare, I. C., and Holland, A. J. 2008. "To Empower or to Protect? Constructing the 'Vulnerable Adult' in English Law and Public Policy." *Legal Studies* 28(2): 234–253.

Dunning, D., Anderson, J. E., Schlösser, T., Ehlebracht, D., and Fetchenhauer, D. 2014. "Trust at Zero Acquaintance: More a Matter of Respect than Expectation of Reward." *Journal of Personality and Social Psychology* 107(1): 122–41.

Ebi, K. L., and Hess, J. J. 2020. "Health Risks Due to Climate Change: Inequity in Causes and Consequences." *Health Affairs* 39(12).

Ecker, J. 2016. "Queer, Young, and Homeless: A Review of the Literature." *Child & Youth Services* 37(4): 325–361.

Ecker, J., Aubry, T., and Sylvestre, J. 2019. "A Review of the Literature on LGBTQ Adults Who Experience Homelessness." *Journal of Homosexuality* 66(3): 297–323.

***The Economist*. 2021.** "Might the Pandemic Pave the Way for a Universal Basic Income?" 4 March. https://www.economist.com/finance-and-economics/2021/03/02/might-the-pandemic-pave-the-way-for-a-universal-basic-income. Accessed 1 November 2021.

ECOSOC (United Nations Economic and Social Council). 2013. "Vienna Declaration on Femicide." In *Commission on Crime Prevention and Criminal Justice.* New York.

Effah, E., Aheto, D. W., Acheampong, E., Tulashie, S. K., and Adotey, J. 2021. "Human Health Risk Assessment from Heavy Metals in Three Dominant Fish Species of the Ankobra River, Ghana." *Toxicology Reports* 8: 1081–1086.

EIU (Economist Intelligence Unit). 2020. "Covid-19 and Fragile Contexts: Reviving Multilateralism's Promise to 'Leave No One Behind.'" London.

EIU (Economist Intelligence Unit). 2021. *Democracy Index 2020: In Sickness and in Health?* London.

Elevitch, C. R., Mazaroli, D. N., and Ragone, D. 2018. "Agroforestry Standards for Regenerative Agriculture." *Sustainability* 10(9): 3337.

Elhacham, E., Ben-Uri, L., Grozovski, J., Bar-On, Y. M., and Milo, R. 2020. "Global Human-made Mass Exceeds All Living Biomass." *Nature* 588(7838): 442–444.

Elliott, L. 2015. "Human Security/Environmental Security." *Contemporary Politics* 21(1): 11–24.

Ellis, E. C. 2018. *Anthropocene: A Very Short Introduction.* Oxford, UK: Oxford University Press.

Ellis, E. C., Gauthier, N., Goldewijk, K. K., Bird, R. B., Boivin, N., Díaz, S., Fuller, D. Q., and others. 2021. "People Have Shaped Most of Terrestrial Nature for at Least 12,000 Years." *Proceedings of the National*

Academy of Sciences 118(17): e2023483118.

Ellis, E. C., Pascual, U., and Mertz, O. 2019. "Ecosystem Services and Nature's Contribution to People: Negotiating Diverse Values and Trade-offs in Land Systems." *Current Opinion in Environmental Sustainability* 38: 86–94.

Elster, J. 2015. *Explaining Social Behavior: More Nuts and Bolts for the Social Sciences*. Cambridge, UK: Cambridge University Press.

Emanuel, E. J., Glickman, A., and Johnson, D. 2017. "Measuring the Burden of Health Care Costs on US Families, the Affordability Index." *Journal of the American Medical Association* 318(19): 1863–1864.

ENISA (European Union Agency for Cybersecurity). 2018. *ENISA Threat Landscape Report 2018*. Athens.

ENISA (European Union Agency for Cybersecurity). 2021. *Threat Landscape for Supply Chain Attacks*. Athens.

Enke, B., Rodriguez-Padilla, R., and Zimmermann, F. 2021. "Moral Universalism: Measurement and Economic Relevance." *Management Science*. https://doi.org/10.1287/mnsc.2021.4086.

Enloe, C. 1989. *Bananas, Beaches and Bases: Making Feminist Sense of International Politics*. Berkeley, CA: University of California Press.

Enloe, C. 1993. *The Morning after: Sexual Politics at the End of the Cold War*. Berkeley, CA: University of California Press.

Erlangsen, A., Andersen, P. K., Toender, A., Laursen, T. M., Nordentoft, M., and Canudas-Romo, V. 2017. "Cause-specific Life-years Lost in People with Mental Disorders: A Nationwide, Register-based Cohort Study." *The Lancet Psychiatry* 4(12): 937–945.

Eubanks, V. 2018. *Automating Inequality: How High-Tech Tools Profile, Police, and Punish the Poor*. New York: St. Martin's Press.

Europol (European Union Agency for Law Enforcement Cooperation). 2021. *Internet Organised Crime Threat Assessment (IOCTA) 2021*. Luxembourg.

Eurostat. 2021a. "Government Expenditure on Environmental Protection." https://ec.europa.eu/eurostat/statistics-explained/index.php?title=Government_expenditure_on_environmental_protection#Expenditure_on_.27environmental_protection.27. Accessed 16 August 2021.

Eurostat. 2021b. "Migrant Integration Statistics: Labour Market Indicators." Luxembourg.

Evans, G. W., and Wachs, T. D. 2010. "Chaos and Its Influence on Children's Development." American Psychological Association, Washington, DC.

Evans, M. G., Cloete, A., Zungu, N., and Simbayi, L. C. 2016. "HIV Risk among Men Who Have Sex with Men, Women Who Have Sex with Women, Lesbian, Gay, Bisexual and Transgender Populations in South Africa: A Mini-review." *The Open AIDS Journal* 10: 49.

Fajardo-Gonzalez, J., and Sandoval, C. E. 2021. "Income Support Programs and COVID-19 in Developing Countries." Development Futures Series Working Papers, United Nations Development Programme, New York. https://www.undp.org/sites/g/files/zskgke326/files/2021-08/UNDP-DFS-Income-Support-Programs-and-COVID-19-in-Developing-Countries.pdf.

Falk, A., Becker, A., Dohmen, T., Enke, B., Huffman, D., and Sunde, U. 2018. "Global Evidence on Economic Preferences." *The Quarterly Journal of Economics* 133(4): 1645–1692.

FAO (Food and Agriculture Organization of the United Nations). 2019. *The State of the World's Biodiversity for Food and Agriculture*. Rome.

FAO (Food and Agriculture Organization of the United Nations). 2020. *The State of the World's Forests 2020: Forests, Biodiversity and People*. Rome.

FAO (Food and Agriculture Organization of the United Nations). 2021a. FAOSTAT statistical database. Rome.

FAO (Food and Agriculture Organization of the United Nations). 2021b. *The Impact of Disasters and Crises on Agriculture and Food Security*. Rome.

FAO (Food and Agriculture Organization of the United Nations), IFAD (International Fund for Agricultural Development), UNICEF (United Nations Children's Fund), WFP (World Food Programme) and WHO (World Health Organization). 2020. *The State of Food Security and Nutrition in the World 2020: Transforming Food Systems for Affordable Healthy Diets*. Rome: FAO.

FAO (Food and Agriculture Organization of the United Nations), IFAD (International Fund for Agricultural Development), UNICEF (United Nations Children's Fund), WFP (World Food Programme) and WHO (World Health Organization). 2021. *The State of Food Security and Nutrition in the World 2021: Transforming Food Systems for Food Security, Improved Nutrition and Affordable Healthy Diets for All*. Rome: FAO.

Fawole, O. I. 2008. "Economic Violence to Women and Girls: Is It Receiving the Necessary Attention?" *Trauma, Violence, & Abuse* 9(3): 167–177.

Feldmann, A., and Luna, J. P. 2022. "Criminal Governance and the Crisis of Contemporary Latin American States." *Annual Review of Sociology* 48(1).

Feldstein, S. 2019. *The Global Expansion of AI Surveillance*. Washington, DC: Carnegie Endowment for International Peace.

Ferraro, K. F., Kemp, B. R., and Williams, M. M. 2017. "Diverse Aging and Health Inequality by Race and Ethnicity." *Innovation in Aging* 1(1): 1–11.

Ferreira, F., and Schoch, M., 2020. "Inequality and Social Unrest in Latin America: The Tocqueville Paradox Revisited." Let's Talk Development (blog), 24 February. https://blogs.worldbank.org/developmenttalk/inequality-and-social-unrest-latin-america-tocqueville-paradox-revisited. Accessed 10 August 2021.

Filgueira, F. 2007. "The Latin American Social States: Critical Junctures and Critical Choices." In Bangura, Y., (ed.), *Democracy and Social Policy*. New York: Palgrave Macmillan.

Firchow, P. 2018. *Reclaiming Everyday Peace: Local Voices in Measurement and Evaluation after War*. Cambridge, UK: Cambridge University Press.

Firchow, P., and Urwin, E. 2020. "Not Just at Home or in the Grave: (Mis) Understanding Women's Rights in Afghanistan." *Journal of Intervention and Statebuilding*: 1–20. https://doi.org/10.1080/17502977.2020.1812893.

FireEye. 2021. "M-Trends 2021 Reports." FireEye, Milpitas, CA.

Firestone, S., and Koedt, A., (eds.). 1970. *Notes from the Second Year: Women's Liberation: Major Writings of the Radical Feminists*. New York: Radical Feminism.

Fisher, M. 2021. "Constant but Camouflaged, Flurry of Cyberattacks Offers Glimpse of New Era." *The New York Times*, 20 July. https://www.nytimes.com/2021/07/20/world/global-cyberattacks.html. Accessed 10 September 2021.

Fishman, R., Carrillo, P., and Russ, J. 2019. "Long-term Impacts of Exposure to High Temperatures on Human Capital and Economic Productivity." *Journal of Environmental Economics and Management* 93: 221–238.

Fletcher, E., Larkin, C., and Corbet, S. 2021. "Countering Money Laundering and Terrorist Financing: A Case for Bitcoin Regulation." *Research in International Business and Finance* 56: 101387.

Ford, J. D., King, N., Galappaththi, E. K., Pearce, T., McDowell, G., and Harper, S. L. 2020. "The

Resilience of Indigenous Peoples to Environmental Change." *One Earth* 2(6): 532–543.

Fore, H. H., Dongyu, Q., Beasley, D. M., and Ghebreyesus, T. A. 2020. "Child Malnutrition and Covid-19: The Time to Act Is Now." *The Lancet* 396(10250): 517–518.

Foucault, M. 1980. *Power/Knowledge: Selected Interviews and Other Writings, 1972–1977*. New York: Vintage.

Franceschet, A. 2005. "The Politics of Global Legalism and Human Security." *Policy and Society* 24(1): 1–23.

Freedom for Immigrants. 2021. "Detention by the Numbers." https://www.freedomforimmigrants.org/detention-statistics. Accessed 15 December 2021.

Fridays for Future. 2021. "Strike Statistics." https://fridaysforfuture.org/what-we-do/strike-statistics/. Accessed 15 December 2021.

FSIN (Food Security Information Network). 2021. *2021 Global Report on Food Crises: Joint Analysis for Better Decisions*.

Fuentes-Nieva, R., and Lengfelder, C. 2021. "The State of Human Security in the 21st Century." Background paper for the Special Report on Human Security, United Nations Development Programme, Human Development Report Office, New York.

Fukuda-Parr, S., Buss, P., and Yamin, A. E. 2021. "Pandemic Treaty Needs to Start with Rethinking the Paradigm of Global Health Security." *BMJ Global Health* 6(e006392).

Fuller, S. 2020. "Freedom of Expression: Wave of Social Media Regulation Threatens Access to Information." 15 September. International Bar Association. https://www.ibanet.org/article/FCE2692F-42CD-42AF-B0B0-14052F139B6C. Accessed 17 November 2021.

Fund for Peace. 2004. "Fragile States Index Methodology and Cast Framework." https://fragilestatesindex.org/wp-content/uploads/2017/05/FSI-Methodology.pdf. Accessed 3 January 2022.

Furceri, D., Ostry, J. D., and Loungani, P. 2020. "How Pandemics Leave the Poor Even Farther Behind." International Monetary Fund. https://blogs.imf.org/2020/05/11/how-pandemics-leave-the-poor-even-farther-behind/. Accessed 10 January 2022.

Gabredikan, S., and Apuzzo, M. 2021. "Rich Countries Signed Away a Chance to Vaccinate the World." *The New York Times*, 21 March. https://www.nytimes.com/2021/03/21/world/vaccine-patents-us-eu.html. Accessed 11 September 2021.

Galaz, V., Collste, D., and Moore, M.-L. 2020. *Planetary Change and Human Development*. Stockholm: Stockholm Resilience Centre, Stockholm University.

Gallup. 2021. "LGBT Rights." https://news.gallup.com/poll/1651/gay-lesbian-rights.aspx. Accessed 10 January 2022.

Galtung, J. 1969. "Violence, Peace, and Peace Research." *Journal of Peace Research* 6(3): 167–191.

Galtung, J. 1990. "Cultural Violence." *Journal of Peace Research* 27(3): 291–305.

Galtung, J., and Fischer, D. 2013. *Violence: Direct, Structural and Cultural*. New York: Springer.

Gambetta, D. 2000. "Can We Trust Trust?" In Gambetta, D., (ed.), *Trust: Making and Breaking Cooperative Relations*. Oxford, UK: University of Oxford.

Ganor, B. 2021. "Artificial or Human: A New Era of Counterterrorism Intelligence?" *Studies in Conflict & Terrorism* 44(7): 605–624.

Gao, N., and Hayes, J. 2021. "The Digital Divide in Education." Fact Sheet, Public Policy Institute of California.

Garbarino, J., Dubrow, N., Kostelny, K., and Pardo, C. 1992. *Children in Danger: Coping with the*

Consequences of Community Violence. San Francisco, CA: Jossey-Bass/Wiley.

García Bochenek, M. 2019. "US: Family Separation Harming Children, Families." Human Rights Watch, 11 July. https://www.hrw.org/news/2019/07/11/us-family-separation-harming-children-families.

Garcia-Moreno, C., Jansen, H. A., Ellsberg, M., Heise, L., and Watts, C. H. 2006. "Prevalence of Intimate Partner Violence: Findings from the WHO Multi-country Study on Women's Health and Domestic Violence." *The Lancet* 368(9543): 1260–1269.

Garrett, B. E., Martell, B. N., Caraballo, R. S., and King, B. A. 2019. "Socioeconomic Differences in Cigarette Smoking among Sociodemographic Groups." *Preventing Chronic Disease* 16.

Garry, S., and Checchi, F. 2019. "Armed Conflict and Public Health: Into the 21st Century." *Journal of Public Health* 42(3): e287–e298.

Gasper, D. 2013. "From Definitions to Investigating a Discourse." In Martin, M., and Owen, T., (eds.), *Routledge Handbook of Human Security. Abingdon, UK*: Routledge.

Gasper, D. 2020. "Human Security." In Chiappero-Martinetti, E., Osmani, S. and Qizilbash, M., (eds.), *The Cambridge Handbook of the Capability Approach*. Cambridge, UK: Cambridge University Press.

Gasper, D., and Gomez, O. 2014. "Evolution of Thinking and Research on Human and Personal Security, 1994–2013." Occasional Paper, United Nations Development Programme, Human Development Report Office, New York.

Gasper, D., and Gómez, O. A. 2015. "Human Security Thinking in Practice: 'Personal Security,' 'Citizen Security' and Comprehensive Mappings." *Contemporary Politics* 21(1): 100–116.

Gasper, D., and Gomez, O. 2021. "The Position of Crises in Human Development Processes and Thinking Using the Human Security Approach in an Era of Transitions." Background paper for the Special Report on Human Security, United Nations Development Programme, Human Development Report Office, New York.

Gasper, D., Jolly, R., Koehler, G., Kool, T. A., and Simane, M. 2020. "Shake and Stir: Adding Human Security and Human Resilience to Help Advance the SDGs Agenda." *Journal of Human Security Studies* 9(3): 45–74.

Gates, S., Hegre, H., Nygård, H. M., and Strand, H. 2012. "Development Consequences of Armed Conflict." *World Development* 40(9): 1713–1722.

Gavi, the Vaccine Alliance. 2020. "5 Reasons Why Pandemics Like Covid-19 Are Becoming More Likely. #Vaccineswork Series." 10 June. https://www.gavi.org/vaccineswork/5-reasons-why-pandemics-like-covid-19-are-becoming-more-likely. Accessed 28 April 2021.

Gawer, A. 2014. "Bridging Differing Perspectives on Technological Platforms: Toward an Integrative Framework." *Research Policy* 43(7): 1239–1249.

Gentry, C. E., Shepherd, L. J., and Sjoberg, L. 2018. In *The Routledge Handbook of Gender and Security*. Abingdon, UK and New York: Routledge.

Ghandnoosh, N. 2014. "Race and Punishment: Racial Perceptions of Crime and Support for Punitive Policies." Washington, DC: The Sentencing Project.

Ghestem, M., Veylon, G., Bernard, A., Vanel, Q., and Stokes, A. 2014. "Influence of Plant Root System Morphology and Architectural Traits on Soil Shear Resistance." *Plant and Soil* 377(1–2): 43–61.

Gheuens, J., Nagabhatla, N., and Perera, E. D. P. 2019. "Disaster-Risk, Water Security Challenges and Strategies in Small Island Developing States (SIDS)." *Water* 11(4): 637.

Ghosh, I. 2020. "Mapped: The State of Facial Recognition Around the World." https://www.visualcapitalist.com/facial-recognition-world-map/. Accessed 17 November 2021.

Ginsbach, K. F., Monahan, J. T., and Gottschalk, K. 2021. "Beyond Covid-19: Reimagining the Role of

International Health Regulations in the Global Health Law Landscape." *Health Affairs Blog*, 1 November. https://www.healthaffairs.org/do/10.1377/hblog20211027.605372/full/. Accessed 30 November 2021.

Girasa, R. 2020. "Ethics and Privacy I: Facial Recognition and Robotics." *Artificial Intelligence as a Disruptive Technology*. Cham, Switzerland: Palgrave Macmillan.

Gjoneska, B., Liuzza, M. T., Porciello, G., Caprara, G. V., and Aglioti, S. M. 2019. "Bound to the Group and Blinded by the Leader: Ideological Leader–Follower Dynamics in a Trust Economic Game." *Royal Society Open Science* 6(9): 182023.

GLAAD. 2021. "Social Media Safety Index." Los Angeles, CA.

Glaeser, E. L., Laibson, D. I., Scheinkman, J. A., and Soutter, C. L. 2000. "Measuring Trust." *The Quarterly Journal of Economics* 115(3): 811–846.

Global Burden of Disease Health Financing Collaborator Network. 2020. *Global Health Spending 1995–2017*. Seattle, WA: Institute for Health Metrics and Evaluation.

Global Commission on the Geopolitics of Energy Transformation. 2019. *A New World: The Geopolitics of the Energy Transformation*. Abu Dhabi: International Renewable Energy Agency.

Global Initiative Against Transnational Organized Crime. 2018. *Responding to the Human Trafficking–Migrant Smuggling Nexus*. Geneva.

Global Preparedness Monitoring Board. 2019. *A World at Risk: Annual Report on Global Preparedness for Health Emergencies*. Geneva: World Health Organization.

Global Witness. 2019. *Defending Tomorrow*. London: Global Witness.

Godber, O. F., and Wall, R. 2014. "Livestock and Food Security: Vulnerability to Population Growth and Climate Change." *Global Change Biology* 20(10): 3092–3102.

Gómez, L. 2015. "Micromachismos, un machismo silencioso y sutil." *Tinta Libre* 20: 28–30. https://www.mujeresenred.net/IMG/pdf/Micromachismos.pdf.

Gomez, O., Atsushi, H., Ryutaro, M., Ken, K., Saeda, M., Ako, M., and Assa, J. 2020. "Protecting Our Human World Order: A Human Security Compass for a New Sustainability Decade." Background paper for the 2020 Human Development Report, United Nations Development Programme, Human Development Report Office, New York.

Gostin, L. O., Habibi, R., and Meier, B. M. 2020. "Has Global Health Law Risen to Meet the Covid-19 Challenge? Revisiting the International Health Regulations to Prepare for Future Threats." *The Journal of Law, Medicine & Ethics* 48(2): 376–381.

Gostin, L. O., Halabi, S. F., and Klock, K. A. 2021. "An International Agreement on Pandemic Prevention and Preparedness." *JAMA* 326(13): 1257–1258.

Government of Estonia. 1992. The Constitution of the Republic of Estonia.

Government of Estonia. 2021. "Become an E-Resident." https://e-resident.gov.ee/become-an-e-resident/. Accessed 28 October 2021.

Graeber, D. 2015. *The Utopia of Rules: On Technology, Stupidity, and the Secret Joys of Bureaucracy*. London: Melville House.

Grant, R. 1991. "The Sources of Gender Bias in International Relations Theory." In Grant, R., and Newland, K., (eds.), *Gender and International Relations*. Bloomington, IN: Indiana University Press.

Greene, J., and Alcantara, C. 2021. "Amazon Warehouse Workers Suffer Serious Injuries at Higher Rates than Other Firms." *The Washington Post*, 1 June. https://www.washingtonpost.com/technology/2021/06/01/amazon-osha-injury-rate/. Accessed 17 November 2021.

Griscom, B. W., Adams, J., Ellis, P. W., Houghton, R. A., Lomax, G., Miteva, D. A., Schlesinger, W. H., and others. 2017. "Natural Climate Solutions." *Proceedings of the National Academy of Sciences* 114(44): 11645–11650.

Gubert, M. B., Segall-Corrêa, A. M., Spaniol, A. M., Pedroso, J., Coelho, S. E. d. A. C., and Pérez-Escamilla, R. 2017. "Household Food Insecurity in Black-slaves Descendant Communities in Brazil: Has the Legacy of Slavery Truly Ended?" *Public Health Nutrition* 20(8): 1513–1522.

Guetta, N., Shabtai, A., Singh, I., Momiyama, S., and Elovici, Y. 2021. "Dodging Attack Using Carefully Crafted Natural Makeup." https://arxiv.org/abs/2109.06467. Accessed 10 October 2021.

Gupta, R., Somanathan, E., and Dey, S. 2017. "Global Warming and Local Air Pollution Have Reduced Wheat Yields in India." *Climatic Change* 140(3–4): 593–604.

Guterman, N. B., and Cameron, M. 1997. "Assessing the Impact of Community Violence on Children and Youths." *Social Work* 42(5): 495–505.

Guterres, A. 2018. "Remarks at Web Summit." 5 November. https://www.un.org/sg/en/content/sg/speeches/2018-11-05/remarks-web-summit. Accessed 11 October 2021.

Guterres, A. 2020. "Tackling the Inequality Pandemic: A New Social Contract for a New Era." United Nations Secretary-General's Nelson Mandela Lecture.

Habibi, R., Burci, G. L., Campos, T. C. d., Chirwa, D., Cinà, M., Dagron, S., Eccleston-Turner, M., and others. 2020. "Do Not Violate the International Health Regulations during the Covid-19 Outbreak." *The Lancet* 395(10225): 664–666.

Hackett, R. A., and Steptoe, A. 2017. "Type 2 Diabetes Mellitus and Psychological Stress—A Modifiable Risk Factor." *Nature Reviews Endocrinology* 13(9): 547.

Haenssgen, M. J., and Ariana, P. 2018. "The Place of Technology in the Capability Approach." *Oxford Development Studies* 46(1): 98–112.

Haerpfer, C., Inglehart, R., Moreno, A., Welzel, C., Kizilova, K., Diez-Medrano J., Lagos M., Norris, P., Ponarin, E., Puranen, B., and others (eds.). 2021. *World Values Survey: Round Seven - Country-Pooled Datafile*. Madrid and Vienna: JD Systems Institute and WVSA Secretariat. http://doi.org/10.14281/18241.13.

Hagen, J. J. 2016. "Queering Women, Peace and Security." *International Affairs* 92(2): 313–332.

Hagiu, A., and Yoffie, D. B. 2013. "The New Patent Intermediaries: Platforms, Defensive Aggregators, and Super-Aggregators." *Journal of Economic Perspectives* 27(1): 45–66.

Hallegatte, S., Bangalore, M., Bonzanigo, L., Fay, M., Narloch, U., Rozenberg, J., and Vogt-Schilb, A. 2014. *Climate Change and Poverty, an Analytical Framework*. Washington, DC: World Bank.

Hamilton, S. E., and Casey, D. 2016. "Creation of a High Spatio-temporal Resolution Global Database of Continuous Mangrove Forest Cover for the 21st Century (CGMFC-21)." *Global Ecology and Biogeography* 25(6): 729–738.

Hanisch, C. 1969. "The Personal Is Political." In Firestone, S., and Koedt, A., (eds.), *Notes from the Second Year: Women's Liberation*. New York: Radical Feminism.

Harari, M., and Ferrara, E. L. 2018. "Conflict, Climate, and Cells: A Disaggregated Analysis." *Review of Economics and Statistics* 100(4): 594–608.

Hard, A. 2014. "Good Guy Elon Musk Opens up Tesla's Patents, Gives away Free Access to Technology." 12 June. https://www.digitaltrends.com/cars/good-guy-elon-musk-opens-teslas-patents-gives-free-access-technology/. Accessed 17 November 2021.

Harding, S. 2016. *Whose Science? Whose Knowledge?* Ithaca, NY: Cornell University Press.

Harp, R. D., and Karnauskas, K. B. 2018. "The Influence of Interannual Climate Variability on Regional

Violent Crime Rates in the United States." *GeoHealth* 2(11): 356–369.

Harrison, L. A., and Esqueda, C. W. 1999. "Myths and Stereotypes of Actors Involved in Domestic Violence: Implications for Domestic Violence Culpability Attributions." *Aggression and Violent Behavior* 4(2): 129–138.

Hassoun, N. 2021. "Human Development, Vulnerability, and Creative." Background paper for the 2022 Human Development Report, United Nations Development Programme, Human Development Report Office, New York.

Hastings, D. A. 2009. "From Human Development to Human Security: A Prototype Human Security Index." United Nations Economic and Social Commission for Asia and the Pacific, Macroeconomic Policy and Development Division, Bangkok.

Hauer, M. E., Fussell, E., Mueller, V., Burkett, M., Call, M., Abel, K., McLeman, R., and Wrathall, D. 2020. "Sea-level Rise and Human Migration." *Nature Reviews Earth & Environment* 1(1): 28–39.

He, J. C., Kang, S. K., Tse, K., and Toh, S. M. 2019. "Stereotypes at Work: Occupational Stereotypes Predict Race and Gender Segregation in the Workforce." *Journal of Vocational Behavior* 115: 103318.

Headey, D., Heidkamp, R., Osendarp, S., Ruel, M., Scott, N., Black, R., Shekar, M., and others. 2020. "Impacts of Covid-19 on Childhood Malnutrition and Nutrition-Related Mortality." *The Lancet* 396(10250): 519–521.

Hegre, H., Metternich, N. W., Nygård, H. M., and Wucherpfennig, J. 2017. "Introduction: Forecasting in Peace Research." *Journal of Peace Research* 52(2).

Hellman, J. S., Jones, G., and Kaufmann, D. 2000. "Seize the State, Seize the Day: State Capture, Corruption and Influence in Transition." Policy Research Working Paper 2444, World Bank, Washington, DC.

Henrich, J. 2020. *The Weirdest People in the World: How the West Became Psychologically Peculiar and Particularly Prosperous.* New York: Farrar, Strauss, and Giroux.

Henrich, J., and Muthukrishna, M. 2021. "The Origins and Psychology of Human Cooperation." *Annual Review of Psychology* 72(1): 207–240.

Henrich, J., Boyd, R., Derex, M., Kline, M. A., Mesoudi, A., Muthukrishna, M., Powell, A. T., Shennan, S. J., and Thomas, M. G. 2016. "Understanding Cumulative Cultural Evolution." *Proceedings of the National Academy of Sciences* 113(44): E6724–E6725.

Henricks, K. 2016. "Racism, Structural and Institutional." In Stone, J., Dennis, R.M., Rizova, P.S., Smith, A.D. and Hou, X., (eds.), *The Wiley Blackwell Encyclopedia of Race, Ethnicity, and Nationalism.* Hoboken, NJ: John Wiley & Sons.

High-level Meeting on Universal Health Coverage. 2019. "Universal Health Coverage: Moving Together to Build a Healthier World." UN High-Level Meeting on Universal Health Coverage, 23 September, New York. https://www.un.org/pga/73/event/universal-health-coverage/. Accessed 1 November 2021.

Hilbert, M. 2020. "Digital Technology and Social Change: The Digital Transformation of Society from a Historical Perspective." *Dialogues in Clinical Neuroscience* 22(2): 189–194.

Hilbert, M. 2021. "The Social Dilemma." Background paper. United Nations Development Programme, Human Development Report Office, New York.

Hill, K. 2020. "Another Arrest, and Jail Time, Due to a Bad Facial Recognition Match." *The New York Times*, 30 December. https://www.nytimes.com/2020/12/29/technology/facial-recognition-misidentify-jail.html. Accessed 17 November 2021.

Hillesund, S., Bahgat, K., Barrett, G., Dupuy, K., Gates, S., Nygård, H. M., Rustad, S. A., and others. 2018. "Horizontal Inequality and Armed Conflict: A Comprehensive Literature Review." *Canadian Journal* *of Development Studies/Revue canadienne d'études du développement* 39(4): 463–480.

Hirschman, A. O. 1985. "Against Parsimony: Three Easy Ways of Complicating Some Categories of Economic Discourse." *Economics and Philosophy* 1(1): 7–21.

Ho, B. 2021. "Why Trust Matters." *Why Trust Matters: An Economist's Guide to the Ties That Bind Us*. New York: Columbia University Press.

Hobbs, P. V., and Radke, L. F. 1992. "Airborne Studies of the Smoke from the Kuwait Oil Fires." *Science* 256(5059): 987.

Hodson, R. 1996. "Dignity in the Workplace under Participative Management: Alienation and Freedom Revisited." *American Sociological Review*: 719–738.

Holland, B. 2017. "Procedural Justice in Local Climate Adaptation: Political Capabilities and Transformational Change." *Environmental Politics* 26: 391–412.

Hooper, C. 2001. *Manly States: Masculinities, International Relations, and Gender Politics*. New York: Columbia University Press.

Hoshino, T. 2021. "Human Security Now, a Reprise and Update." Background paper for the Special Report on Human Security, United Nations Development Programme, Human Development Report Office, New York.

Houghton, R. A., Byers, B., and Nassikas, A. A. 2015. "A Role for Tropical Forests in Stabilizing Atmospheric CO2." *Nature Climate Change* 5: 1022–1023.

Hsiang, S. 2015. "Climate Econometrics." *Annual Review of Resource Economics* 8(1).

Hsu, Y.-C., and Tapia, H. 2022. "The Impact of COVID-19 Excess Mortality on Life Expectancy." Background paper for the Special Report on Human Security. United Nations Development Programme, Human Development Report Office, New York.

Huang, J., O'Neill, C., and Tabuchi, H. 2021. "Bitcoin Uses More Electricity Than Many Countries. How Is That Possible?" *The New York Times*, 3 September. https://www.nytimes.com/interactive/2021/09/03/climate/bitcoin-carbon-footprint-electricity.html. Accessed 25 November 2021.

Huang, K., Zhao, H., Huang, J., Wang, J., and Findlay, C. 2020. "The Impact of Climate Change on the Labor Allocation: Empirical Evidence from China." *Journal of Environmental Economics and Management* 104: 102376.

Hughes, K., Bellis, M. A., Hardcastle, K. A., Sethi, D., Butchart, A., Mikton, C., Jones, L., and Dunne, M. P. 2017. "The Effect of Multiple Adverse Childhood Experiences on Health: A Systematic Review and Meta-Analysis." *The Lancet Public Health* 2(8): 356–366.

Hulko, T. 2018. "Will AI Be a Bane or Boon for Global Development?" https://www.undp.org/blog/will-ai-be-bane-or-boon-global-development. Accessed 11 October 2021.

Human Development Report Office. 2020. "The Next Frontier: Human Development and the Anthropocene. Briefing Note for Countries on the 2020 Human Development Report: Papua New Guinea." New York: United Nations Development Programme, Human Development Report Office.

Human Rights Watch. 2018. "In the Freezer: Abusive Conditions for Women and Children in US Immigration Holding Cells." 28 February. https://www.hrw.org/report/2018/02/28/freezer/abusive-conditions-women-and-children-us-immigration-holding-cells.

Human Rights Watch. 2019. "Turkey: Syrians Being Deported to Danger." 24 October. https://www.hrw.org/news/2019/10/24/turkey-syrians-being-deported-danger.

Human Rights Watch. 2020a. "Deported to Danger, United States Deportation Policies Expose Salvadorans to Death and Abuse." 5 February. https://reliefweb.int/report/united-states-america/deported-danger-united-states-deportation-policies-expose-salvadorans.

Human Rights Watch. 2020b. "Greece: Violence Against Asylum Seekers at Border." 17 March. https://www.hrw.org/news/2020/03/17/greece-violence-against-asylum-seekers-border.

Human Rights Watch. 2020c. "'My Teacher Said I Had a Disease' Barriers to the Right to Education for LGBT Youth in Vietnam." 12 February. https://www.hrw.org/report/2020/02/13/my-teacher-said-i-had-disease/barriers-right-education-lgbt-youth-vietnam.

Human Rights Watch. 2020d. *World Report 2020: Events of 2019*. New York.

Human Rights Watch. 2021. "Mexico: Abuses Against Asylum Seekers at US Border." 5 March. https://www.hrw.org/news/2021/03/05/mexico-abuses-against-asylum-seekers-us-border.

Hussain, R., and Arif, S. 2021. "Universal Health Coverage and Covid-19: Recent Developments and Implications." *Journal of Pharmaceutical Policy and Practice* 14.

IACWGE (United Nations Administrative Committee on Coordination Inter-Agency Committee on Women and Gender Equality). 1999. "Women's Empowerment in the Context of Human Security." Workshop Proceedings, 7–8 December, Bangkok.

IADB (Inter-American Development Bank). 2018. "Tras los pasos del migrante: Perspectivas y experiencias de la migración de El Salvador, Guatemala y Honduras en Estados Unidos." 17 December. https://reliefweb.int/report/el-salvador/tras-los-pasos-del-migrante-perspectivas-y-experiencias-de-la-migraci-n-de-el.

ICRC (International Committee of the Red Cross). 2019. "Natural Environment: Neglected Victim of Armed Conflict." https://www.icrc.org/en/document/natural-environment-neglected-victim-armed-conflict. Accessed 28 December 2021.

ICRC (International Committee of the Red Cross). 2020. *When Rain Turns to Dust: Understanding and Responding to the Combined Impact of Armed Conflicts and the Climate and Environment Crisis on People's Lives*. Geneva.

ICRC (International Committee of the Red Cross). 2021. "ICRC Position on Autonomous Weapon Systems." https://www.icrc.org/en/document/icrc-position-autonomous-weapon-systems. Accessed 15 December 2021.

IDABC (Interoperable Delivery of European eGovernment Services to Public Administrations, Businesses and Citizens). 2007. "Estonia eGovernment Factsheet." Version 6.1, January 2007. eGovernment Factsheets.

Ide, T., Brzoska, M., Donges, J. F., and Schleussner, C.-F. 2020. "Multi-method Evidence for When and How Climate-related Disasters Contribute to Armed Conflict Risk." *Global Environmental Change* 62: 102063.

Ide, T., Kristensen, A., and Bartusevičius, H. 2021. "First Comes the River, then Comes the Conflict? A Qualitative Comparative Analysis of Flood-related Political Unrest." *Journal of Peace Research* 58(1): 83–97.

IDMC (Internal Displacement Monitoring Centre). 2020. Global Internal Displacement Database. Geneva.

IDMC (Internal Displacement Monitoring Centre). 2021. *Global Report on Internal Displacement*. Geneva.

IEP (Institute for Economics & Peace). 2020a. *Ecological Threat Register 2020: Understanding Ecological Threats, Resilience and Peace*. Sydney, Australia.

IEP (Institute for Economics & Peace). 2020b. *Global Peace Index 2021: Measuring Peace in a Complex World*. Sydney, Australia.

IEP (Institute for Economics & Peace). 2021a. *Economic Value of Peace 2021: Measuring the Global Economic Impact of Violence and Conflict*. Sydney, Australia.

IEP (Institute for Economics & Peace). 2021b. *Global Peace Index 2021: Measuring Peace in a Complex World*. Sydney, Australia.

IFAD (International Fund for Agricultural Development). 2021. *Rural Development Report 2021: Transforming Food Systems for Rural Prosperity*. Rome. https://www.ifad.org/en/rural-development-report/. Accessed 1 January 2022.

IFOW (Institute for the Future of Work). 2021. *The Amazonian Era: The Gigification of Work*. London. https://www.ifow.org/publications/the-amazonian-era-the-gigification-of-work. Accessed 17 November 2021.

IFPMA (International Federation of Pharmaceutical Manufacturers & Associations). 2020. "Pharma Delivers COVID-19 Solutions, But Calls for the Dilution Of Intellectual Property Rights Are Counterproductive." 8 December. https://www.ifpma.org/resource-centre/pharma-innovation-delivers-covid-19-solutions-beyond-expectations-but-calls-for-the-dilution-of-intellectual-property-rights-are-counteproductive/. Accessed 20 January 2022.

IHME (Institute for Health Metrics and Evaluation). 2018. *Findings from the Global Burden of Disease Study 2017*. Seattle, WA.

IHME (Institute for Health Metrics and Evaluation). 2019. *Global Health Data Exchange*. Seattle, WA.

IHME (Institute for Health Metrics and Evaluation). 2020. Global Burden of Disease 2019. https://www.healthdata.org/gbd/2019 and https://www.thelancet.com/gbd. Accessed 1 November 2021.

IHME (Institute for Health Metrics and Evaluation). 2021. "Covid-19 Projections: Cumulative Deaths." Seattle, WA.

ILGA (International Lesbian, Gay, Bisexual, Trans and Intersex Association). 2020. "State-Sponsored Homophobia: Global Legislation Overview Update." Geneva.

ILO (International Labour Organization). 1989. "C169: Indigenous and Tribal Peoples Convention, 1989 (No. 169)." Geneva.

ILO (International Labour Organization). 2011. *World Social Security Report 2010/11: Providing Coverage in Times of Crisis and Beyond*. Geneva.

ILO (International Labour Organization). 2016. "Global Partnership for Universal Social Protection to Achieve the Sustainable Development Goals." https://www.social-protection.org/gimi/gess/NewYork.action?id=34. Accessed 7 November 2021.

ILO (International Labour Organization). 2020. "The COVID-19 Response: Getting Gender Equality Right for a Better Future for Women at Work." Policy Brief. Geneva.

ILO (International Labour Organization). 2021a. *Building Forward Fairer: Women's Rights to Work and at Work at the Core of the Covid-19 Recovery*. Geneva.

ILO (International Labour Organization). 2021b. *ILO Global Estimates on International Migrant Workers. Results and Methodology*. Geneva.

ILO (International Labour Organization). 2021c. *World Economic and Social Outlook: The Role of Digital Labour Platforms in Transforming the World of Work*. Geneva.

IMF (International Monetary Fund). 2021a. Fiscal Monitor Database of Country Fiscal Measures in Response to the Covid-19 Pandemic. Washington, DC.

IMF (International Monetary Fund). 2021b. *Fiscal Monitor October 2021: Strengthening the Credibility of Public Finances*. Washington, DC.

IMF (International Monetary Fund). 2021c. *Fiscal Monitor: A Fair Shot*. Washington, DC.

IMF (International Monetary Fund). 2021d. *World Economic Outlook October 2021: Recovery During a Pandemic*. Washington, DC.

IMF (International Monetary Fund). 2021e. *World Economic Outlook: Managing Divergent Recoveries.* Washington, DC.

Inanc, H. 2020. *Breaking down the Numbers: What Does COVID-19 Mean for Youth Unemployment?* Cambridge, MA: Mathematica.

Independent Panel for Pandemic Preparedness and Response. 2021a. "Covid-19: Make It the Last Pandemic." https://theindependentpanel.org/wp-content/uploads/2021/05/COVID-19-Make-it-the-Last-Pandemic_final.pdf.

Independent Panel for Pandemic Preparedness and Response. 2021b. "Covid-19: Make It the Last Pandemic, A Summary." https://theindependentpanel.org/wp-content/uploads/2021/05/Summary_COVID-19-Make-it-the-Last-Pandemic_final.pdf.

INET (Institute of New Economic Thinking). 2021. *The Pandemic and the Economic Crisis: A Global Agenda for Urgent Action.* New York.

International Crisis Group. 2016. "Easy Prey: Criminal Violence and Central American Migration." Report 57, Washington, DC.

IOM (International Organization for Migration). 2016. *Hunger Without Borders, The Hidden Links between Food Insecurity, Violence and Migration in the Northern Triangle of Central America.* Geneva.

IOM (International Organization for Migration). 2019a. *Glossary on Migration.* Geneva.

IOM (International Organization for Migration). 2019b. *World Migration Report 2020.* Geneva.

IOM (International Organization for Migration). 2020a. "COVID-19 Analytical Snapshot #49: Impacts on Migrants in Informal Economies." Geneva.

IOM (International Organization for Migration). 2020b. "Protecting Migrant Workers in the Informal Economy: Inclusion of Migrant Workers in Covid-19 Responses." Geneva.

IOM (International Organization for Migration). 2021. "Missing Migrants: Tracking Deaths Along Migratory Routes." Geneva.

IPBES (Intergovernmental Science-Policy Platform on Biodiversity and Ecosystem Services). 2018. *The IPBES Assessment Report on Land Degradation and Restoration.* Bonn, Germany.

IPBES (Intergovernmental Science-Policy Platform on Biodiversity and Ecosystem Services). 2019. "Summary for Policymakers of the Global Assessment Report on Biodiversity and Ecosystem Services." Bonn, Germany.

IPCC (Intergovernmental Panel on Climate Change). 2014a. *Climate Change 2014: Impacts, Adaptation and Vulnerability.* Geneva.

IPCC (Intergovernmental Panel on Climate Change). 2014b. "Summary for Policymakers." *Climate Change 2014: Impacts, Adaptation and Vulnerability.* Geneva.

IPCC (Intergovernmental Panel on Climate Change). 2018. *Global Warming of 1.5°C: An IPCC Special Report on the Impacts of Global Warming of 1.5°C above Pre-Industrial Levels and Related Global Greenhouse Gas Emission Pathways, in the Context of Strengthening the Global Response to the Threat of Climate Change, Sustainable Development, and Efforts to Eradicate Poverty.* Geneva.

IPCC (Intergovernmental Panel on Climate Change). 2020. *IPCC Special Report on Climate Change and Land.* Geneva.

IPCC (Intergovernmental Panel on Climate Change). 2021. *Climate Change 2021: The Physical Science Basis.* Geneva.

IPUMS (Integrated Public Use Microdata Series) USA. 2021. IPUMS Online data analysis system.

Irani, L. 2015. "The Cultural Work of Microwork." *New Media & Society* 17(5): 720–739.

ITU (International Telecommunication Union). 2021a. "Individuals Using the Internet." https://www.itu.int/en/ITU-D/Statistics/Pages/stat/default.aspx. Accessed 3 January 2022.

ITU (International Telecommunication Union). 2021b. *The Global Cybersecurity Index 2020*. Geneva.

IUCN (International Union for Conservation of Nature). 2016. *Nature-based Solutions for Sustainable Drinking Water*. Gland, Switzerland.

Jessoe, K., Manning, D. T., and Taylor, J. E. 2018. "Climate Change and Labour Allocation in Rural Mexico: Evidence from Annual Fluctuations in Weather." *The Economic Journal* 128(608): 230–261.

Johns, L. 2014. "A Critical Evaluation of the Concept of Human Security." https://www.e-ir.info/2014/07/05/a-critical-evaluation-of-the-concept-of-human-security/. Accessed 10 November 2021.

Johns, M. M., Lowry, R., Andrzejewski, J., Barrios, L. C., Demissie, Z., McManus, T., Rasberry, C. N., Robin, L., and Underwood, J. M. 2019. "Transgender Identity and Experiences of Violence Victimization, Substance Use, Suicide Risk, and Sexual Risk Behaviors among High School Students—19 States and Large Urban School Districts, 2017." *Morbidity and Mortality Weekly Report* 68(3): 67.

Johns, M. M., Lowry, R., Haderxhanaj, L. T., Rasberry, C. N., Robin, L., Scales, L., Stone, D., and Suarez, N. A. 2020. "Trends in Violence Victimization and Suicide Risk by Sexual Identity among High School Students: Youth Risk Behavior Survey, United States, 2015–2019." *MMWR Supplements* 69(1): 19.

Johnson, A. F., and Roberto, K. J. 2020. "The Covid-19 Pandemic: Time for a Universal Basic Income?" *Public Administration and Development* 40(4): 232–235.

Johnson, C. K., Hitchens, P. L., Pandit, P. S., Rushmore, J., Evans, T. S., Young, C. C. W., and Doyle, M. M. 2020. "Global Shifts in Mammalian Population Trends Reveal Key Predictors of Virus Spillover Risk." *Proceedings of the Royal Society B: Biological Sciences* 287(1924): 20192736.

Johnson, J. 2021. "Cyber Crime Encounter Rate in Selected Countries 2019." *Statista*. https://www.statista.com/statistics/194133/cybercrime-rate-in-selected-countries/. Accessed 13 December 2021.

Johnson, N. D., and Mislin, A. 2012. "How Much Should We Trust the World Values Survey Trust Question?" *Economics Letters* 116(2): 210–212.

Jones, E. A., Mitra, A. K., and Bhuiyan, A. R. 2021. "Impact of COVID-19 on Mental Health in Adolescents: A Systematic Review." *International Journal of Environmental Research and Public Health* 18(5): 2470.

J-PAL (Abdul Latif Jameel Poverty Action Lab). 2018. "Reducing Criminal Behavior through Cognitive Behavioral Therapy." J-PAL Policy Insights, Cambridge, MA.

J-PAL (Abdul Latif Jameel Poverty Action Lab) and IPA (Innovations for Poverty Action). 2021. *Governance, Crime and Conflict Initiative Evidence Wrap-up, Lessons from Randomized Evaluations on Managing and Preventing Crime, Violence, and Conflict*. Cambridge, MA.

Juskalian, R. 2018. "Inside the Jordan Refugee Camp that Runs on Blockchain." *MIT Technology Review*, 12 April.

Kakani, V., Nguyen, V. H., Kumar, B. P., Kim, H., and Pasupuleti, V. R. 2020. "A Critical Review on Computer Vision and Artificial Intelligence in Food Industry." *Journal of Agriculture and Food Research* 2: 100033.

Kalache, A., and Kickbusch, I. 1997. "A Global Strategy for Healthy Ageing." *World Health* 50(4): 4–5.

Kalantzakos, S. 2021. "Ecological Diplomacy and EU International Partnerships: China, Africa, and Beyond." https://carnegieeurope.eu/2021/07/12/ecological-diplomacy-and-eu-international-partnerships-china-africa-and-beyond-pub-84878. Carnegie Europe, Brussels. Accessed 10 November 2021.

Kaldor, M. 2020. "Human Security: Practical Possibilities." *LSE Public Policy Review* 1(2).

Kallenborn, Z. 2020. "A Partial Ban on Autonomous Weapons Would Make Everyone Safer." *Foreign Policy*, 14 October. https://foreignpolicy.com/2020/10/14/ai-drones-swarms-killer-robots-partial-ban-on-autonomous-weapons-would-make-everyone-safer/. Accessed 20 November 2021.

Kamwenda, G. 1997. "Language Rights in the Dictatorship: The Case of Malawi During Dr Banda's Rule." *Language Matters* 28(1): 36–50.

Kaplan, T., Stolberg, S. G., and Robbins, R. 2021. "Taking 'Extraordinary Measures,' Biden Backs Suspending Patents on Vaccines." *The New York Times*, 5 May. https://www.nytimes.com/2021/05/05/us/politics/biden-covid-vaccine-patents.html. Accessed 1 September 2021.

Karn, M., and Sharma, M. 2021. "Climate Change, Natural Calamities and the Triple Burden of Disease." *Nature Climate Change* 11: 796–797.

Karp, A. 2018. *Estimating Global Civilian-Held Firearms Numbers*. Geneva: Small Arms Survey.

Katikireddi, S. V., Niedzwiedz, C. L., Dundas, R., Kondo, N., Leyland, A. H., and Rostila, M. 2020. "Inequalities in All-Cause and Cause-Specific Mortality across the Life Course by Wealth and Income in Sweden: A Register-Based Cohort Study." *International Journal of Epidemiology* 49(3): 917–925.

Kaul, I., and Conceição, P. 2006. *The New Public Finance: Responding to Global Challenges*. New York: Oxford University Press.

Kaul, I., Conceição, P., Le Goulven, K., and Mendoza, R. U. 2003. *Providing Global Public Goods: Managing Globalization*. New York: Oxford University Press.

Kaul, I., Grunberg, I., and Stern, M. 1999. *Global Public Goods: International Cooperation in the 21st Century*. Oxford, UK: Oxford University Press.

Kawser Ahmed, M., Baki, M. A., Kundu, G. K., Saiful Islam, M., Monirul Islam, M., and Muzammel Hossain, M. 2016. "Human Health Risks from Heavy Metals in Fish of Buriganga River, Bangladesh." *SpringerPlus* 5(1): 1697.

Keane, K. 2020. "Does Bitcoin Use Affect Crime Rates?" *The Corinthian* 20(1): 2.

Keesing, F., and Ostfeld, R. S. 2021. "Impacts of Biodiversity and Biodiversity Loss on Zoonotic Diseases." *Proceedings of the National Academy of Sciences* 118(17): e2023540118.

Keesing, F., Belden, L. K., Daszak, P., Dobson, A., Harvell, C. D., Holt, R. D., Hudson, P., and others. 2010. "Impacts of Biodiversity on the Emergence and Transmission of Infectious Diseases." *Nature* 468(7324): 647–652.

Keesstra, S., Nunes, J., Novara, A., Finger, D., Avelar, D., Kalantari, Z., and Cerdà, A. 2018. "The Superior Effect of Nature-based Solutions in Land Management for Enhancing Ecosystem Services." *Science of the Total Environment* 610: 997–1009.

Keys, P. W., Galaz, V., Dyer, M., Matthews, N., Folke, C., Nyström, M., and Cornell, S. E. 2019. "Anthropocene Risk." *Nature Sustainability* 2: 667–673.

Khalid, M. 2019. "Gender, Race, and the Insecurity of 'Security.'" In *The Routledge Handbook of Gender and Security*. Abingdon, UK and New York: Routledge.

Khan, Z., Iyer, G., Patel, P., Kim, S., Hejazi, M., Burleyson, C., and Wise, M. 2021. "Impacts of Long-term Temperature Change and Variability on Electricity Investments." *Nature Communications* 12(1): 1643–1643.

Khawaja, A. S., and Khan, A. H. 2016. "Media Strategy of ISIS: An Analysis." *Strategic Studies* 36(2): 104–121.

Khong, Y. F. 2001. "Human Security: A Shotgun Approach to Alleviating Human Misery." *Global Governance* 7: 231.

Kishi, R. 2021. *A Year of Covid-19: The Pandemic's Impact on Global Conflict and Demonstration Trends.* The Armed Conflict Location and Event Data Project.

Kishor, S., and Johnson, K. 2004. *Profiling Domestic Violence: A Multi-country Study.* Calverton, MD. MEASURE DHS+, ORC Macro.

Kishor, S., and Johnson, K. 2005. "Profiling Domestic Violence: A Multi-country Study." *Studies in Family Planning* 36(3): 259–261.

Kitsing, M. 2011. "Success without Strategy: E-Government Development in Estonia." *Policy & Internet* 3.

Klein, A-M, Vaissière, B., Cane, J., Steffan-Dewenter, I., Cunningham, S., Kremen, C. and Tscharntke, T. 2007. "Importance of Pollinators in Changing Landscapes for World Crops." *Proceedings of the Royal Society* 274: 303–313.

Knight, W. 2020. "AI Can Help Diagnose Some Illnesses—If Your Country Is Rich." *Wired*, 11 October. https://www.wired.com/story/ai-diagnose-illnesses-country-rich/. Accessed 17 November 2021.

Kode, D. 2018. "Civic Space Restrictions in Africa: How Does Civil Society Respond?" *Conflict Trends* 2018(1): 10–17.

Kola, L. 2020. "Global Mental Health and Covid-19." *The Lancet Psychiatry* 7(8): 655–657.

Kollock, P. 1994. "The Emergence of Exchange Structures: An Experimental Study of Uncertainty, Commitment, and Trust." *American Journal of Sociology* 100(2): 313–345.

Komisar, H. 2013. *The Effects of Rising Health Care Costs on Middle-Class Economic Security.* Washington, DC: AARP Public Policy Institute.

Kosal, M. E. 2020. *Disruptive and Game Changing Technologies in Modern Warfare.* Cham, Switzerland: Springer.

Kotsadam, A., and Østby, G. 2019. "Armed Conflict and Maternal Mortality: A Micro-Level Analysis of Sub-Saharan Africa, 1989–2013." *Social Science & Medicine* 239: 112526.

Koubi, V. 2019. "Climate Change and Conflict." *Annual Review of Political Science* 22(1): 343–360.

Krampe, F. 2021. "Why United Nations Peace Operations Cannot Ignore Climate Change." Topical Backgrounder, Stockholm International Peace Research Institute, 22 February. https://www.sipri.org/commentary/topical-backgrounder/2021/why-united-nations-peace-operations-cannot-ignore-climate-change. Accessed 26 November 2021.

Krampe, F., Smith, E. S., and Hamidi, M. D. 2021. "Security Implications of Climate Development in Conflict-Affected States: Implications of Local-Level Effects of Rural Hydropower Development on Farmers in Herat." *Political Geography* 90: 102454.

Krause, K. 2013. *Critical Perspectives on Human Security.* Abingdon, UK: Routledge.

Krishna, A. 2010. *One Illness Away: Why People Become Poor and How They Escape Poverty.* Oxford, UK: Oxford University Press.

Krishtel, P., and Malpani, R. 2021. "Suspend Intellectual Property Rights for Covid-19 Vaccines." *BMJ* 373: n1344.

Kruk, M. E., Gage, A. D., Arsenault, C., Jordan, K., Leslie, H. H., Roder-DeWan, S., Adeyi, O., and others. 2018. "High-Quality Health Systems in the Sustainable Development Goals Era: Time for a Revolution." *The Lancet Global Health Commission* 6(11).

Kruk, M. E., Nigenda, G., and Knaul, F. M. 2015. "Redesigning Primary Care to Tackle the Global Epidemic of Noncommunicable Disease." *American Journal of Public Health* 105(3): 431–437.

Kshetri, N. 2019. "Cybercrime and Cybersecurity in Africa." *Journal of Global Information Technology Management* 22(2): 77–81.

Kuhla, K., Willner, S. N., Otto, C., Wenz, L., and Levermann, A. 2021. "Future Heat Stress to Reduce People's Purchasing Power." *PLoS One* 16(6): e0251210.

Kuka, E., and Stuart, B. 2021. "Racial Inequality in Unemployment Insurance Receipt and Take-Up." NBER Working Paper 29595, National Bureau of Economic Research, Cambridge, MA.

Kulp, S. A., and Strauss, B. H. 2019. "New Elevation Data Triple Estimates of Global Vulnerability to Sea-level Rise and Coastal Flooding." *Nature Communications* 10(1): 4844.

Laczko, F., Singleton, A., and Black, J. 2017. *Fatal Journeys Volume 3 Part 2: Improving Data on Missing Migrants*. Geneva.

Lajimodiere, D. 2012. "A Healing Journey." *Wíčazo Ša Review* 27(2).

Lamont, M. 2000. *The Dignity of Working Men: Morality and the Boundaries of Race, Class, and Immigration*. Cambridge, MA: Harvard University Press.

Lamont, M. 2019. "From 'Having' to 'Being': Self-worth and the Current Crisis of American Society." *The British Journal of Sociology* 70(3): 660–707.

Lamont, M., Welburn, J. S., and Fleming, C. M. 2013. "Responses to Discrimination and Social Resilience under Neoliberalism." In Hall, P. A. and Lamont, M., (eds.), *Social Resilience in the Neoliberal Era*. New York: Cambridge University Press.

The Lancet Commission on Global Health 2035. 2013. "Global Health 2035: A World Converging within a Generation." *The Lancet* 382: 1898–1955.

The Lancet Countdown. 2021. "The 2021 Report of the Lancet Countdown on Health and Climate Change: Code Red for a Healthy Future." *The Lancet* 398(10311): 1619–1662.

The Lancet–University of Oslo Commission on Global Governance for Health. 2014. "The Political Origins of Health Inequity: Prospects for Change." *The Lancet* 383: 630–667.

Lanham, M., Ridgeway, K., Dayton, R., Castillo, B. M., Brennan, C., Davis, D. A., Emmanuel, D., and others. 2019. "'We're Going to Leave You for Last, Because of How You Are:' Transgender Women's Experiences of Gender-Based Violence in Healthcare, Education, and Police Encounters in Latin America and the Caribbean." *Violence and Gender* 6(1): 37–46.

Laryea, D. O., and Cueni, T. B. 2019. "Including the Private Sector in Partnerships to Tackle Non-Communicable Diseases." *BMJ Opinion*, 6 December 2019. https://blogs.bmj.com/bmj/2019/12/06/including-the-private-sector-in-partnerships-to-tackle-non-communicable-diseases/. Accessed 1 November 2021.

Lashbrook, A. 2018. "AI-Driven Dermatology Could Leave Dark-Skinned Patients Behind." *The Atlantic*, 16 August. https://www.theatlantic.com/health/archive/2018/08/machine-learning-dermatology-skin-color/567619/. Accessed 17 November 2021.

Lazard, O., and Youngs, R. 2021. *The EU and Climate Security: Toward Ecological Diplomacy*. Washington, DC and Brussels: Carnegie Endowment for International Peace and Open Society European Policy Institute.

Leach, M., Reyers, B., Bai, X., Brondizio, E. S., Cook, C., Díaz, S., Espindola, G., and others. 2018. "Equity and Sustainability in the Anthropocene: A Social–Ecological Systems Perspective on their Intertwined Futures." *Global Sustainability* 1.

Leigh, D., and Weber, C. 2018. "Gendered and Sexualized Figurations of Security." In *The Routledge Handbook of Gender and Security*. Abingdon, UK and New York: Routledge.

Leisering, L. 2020. "The Calls for Universal Social Protection by International Organizations: Constructing a New Global Consensus." *Social Inclusion* 8(1).

Lelieveld, J., Pozzer, A., Pöschl, U., Fnais, M., Haines, A., and Münzel, T. 2020. "Loss of Life Expectancy from Air Pollution Compared to Other Risk Factors: A Worldwide Perspective." *Cardiovascular Research* 116(11): 1910–1917.

Lerner, J. S., and Keltner, D. 2001. "Fear, Anger, and Risk." *Journal of Personality and Social Psychology* 81(1): 146.

Lerner, J. S., Li, Y., Valdesolo, P., and Kassam, K. S. 2015. "Emotion and Decision Making." *Annual Review of Psychology* 66(1): 799–823.

Lerner, J., and Tirole, J. 2005. "The Economics of Technology Sharing: Open Source and Beyond." *Journal of Economic Perspectives* 19(2): 99–120.

Leufer, D. 2021. "Computers Are Binary, People Are Not: How AI Systems Undermine LGBTQ Identity." EDRi, 22 April. https://www.accessnow.org/how-ai-systems-undermine-lgbtq-identity/.

Levesque, A., Pietzcker, R. C., Baumstark, L., De Stercke, S., Grübler, A., and Luderer, G. 2018. "How Much Energy Will Buildings Consume in 2100? A Global Perspective within a Scenario Framework." *Energy* 148: 514–527.

Lewis, M. 2021. "What Will Covid Do Next? A Top Pandemic Doctor Has Some Ideas." Bloomberg, 13 December. https://www.bloomberg.com/opinion/articles/2021-12-13/michael-lewis-q-a-with-pandemic-expert-richard-hatchett-on-covid. Accessed 3 January 2022.

Liaropoulos, A. 2015. "A Human-Centric Approach to Cybersecurity." *Journal of Information Warfare* 14(4): 15–24.

Lin, B. B. 2011. "Resilience in Agriculture through Crop Diversification: Adaptive Management for Environmental Change." *BioScience* 61: 183–193.

Ling, L. H. 2000. "Hypermasculinity on the Rise, Again: A Response to Fukuyama on Women and World Politics." *International Feminist Journal of Politics* 2(2): 277–286.

Linke, A. M., and Ruether, B. 2021. "Weather, Wheat, and War: Security Implications of Climate Variability for Conflict in Syria." *Journal of Peace Research* 58(1): 114–131.

Lipsky, M. 1968. "Protest as a Political Resource." *American Political Science Review* 62(4): 1144–1158.

Loescher, G. 2021. *Refugees: A Very Short Introduction*. Oxford, UK: Oxford University Press.

Lonergan, S., Gustavson, K., and Carter, B. 2000. "The Index of Human Insecurity." *AVISO* (6): 1–7.

Long, C., and Bell, D. 2021. "Roadmap for Urgent Change in Immigration Detention." 13 May. https://www.hrw.org/news/2021/05/13/roadmap-urgent-change-immigration-detention.

Lopes da Silva, D., Tian, N., and Marksteiner, A. 2021. "Trends in World Military Expenditure, 2020." SIPRI Policy Brief, Stockholm International Peace Research Institute, Stockholm.

Lopez, O., and Livni, E. 2021. "In Global First, El Salvador Adopts Bitcoin as Currency." *The New York Times*, 7 October. https://www.nytimes.com/2021/09/07/world/americas/el-salvador-bitcoin.html. Accessed 10 October 2021.

Lorde, A. 1980. "Age, Race, Class, and Sex: *Women Redefining Difference." Women in Culture: An Intersectional Anthology for Gender and Women's Studies*: 16–22.

Lövbrand, E., and Mobjörk, M. (eds.). 2021. *Anthropocene (in)Securities Reflections on Collective Survival 50 Years after the Stockholm Conference*. Oxford, UK: Oxford University Press.

Lozano, R., Fullman, N., Mumford, J. E., Knight, M., Barthelemy, C. M., Abbafati, C., Abbastabar, H., and others. 2020. "Measuring Universal Health Coverage Based on an Index of Effective Coverage of Health Services in 204 Countries and Territories, 1990–2019: A Systematic Analysis for the Global Burden of Disease Study 2019." *The Lancet* 396(10258): 1250–1284.

Lunden, I. 2015. "Google Offers to Give away Patents to Startups in Its Push against Patent Trolls."

TechCrunch, 23 July. https://techcrunch.com/2015/07/23/google-offers-to-sell-patents-to-startups-to-boost-its-wider-cross-licensing-initiative/. Accessed 17 November 2021.

Ma, R., Zhong, S., Morabito, M., Hajat, S., Xu, Z., He, Y., Bao, J., and others. 2019. "Estimation of Work-related Injury and Economic Burden Attributable to Heat Stress in Guangzhou, China." *Science of the Total Environment* 666: 147–154.

MacDonald, A. J., and Mordecai, E. A. 2019. "Amazon Deforestation Drives Malaria Transmission, and Malaria Burden Reduces Forest Clearing." *Proceedings of the National Academy of Sciences* 116(44): 22212.

MacGuire, F. A. 2020. "Reducing Health Inequalities in Aging Through Policy Frameworks and Interventions." *Frontiers in Public Health* 8.

MacKinnon, C. A. 1989. *Toward a Feminist Theory of the State*. Cambridge, MA: Harvard University Press.

Madgavkar, A., White, O., Krishnan, M., Mahajan, D., and Azcue, X. 2020. "COVID-19 and Gender Equality: Countering the Regressive effects." McKinsey Global Institute, 15 July. https://www.mckinsey.com/featured-insights/future-of-work/covid-19-and-gender-equality-countering-the-regressive-effects.

Madianou, M. 2019. "The Biometric Assemblage: Surveillance, Experimentation, Profit, and the Measuring of Refugee Bodies." *Television & New Media* 20(6): 581–599.

Madrigal, A. C. 2013. "Your Job, Their Data: The Most Important Untold Story About the Future." *The Atlantic*, 21 November. https://www.theatlantic.com/technology/archive/2013/11/your-job-their-data-the-most-important-untold-story-about-the-future/281733/. Accessed 10 November 2021.

Mahomed, S. 2018. "Healthcare, Artificial Intelligence and the Fourth Industrial Revolution: Ethical, Social and Legal Considerations." *South African Journal of Bioethics and Law* 11: 93.

Maiga, Y., Sperling, M. v., and Mihelcic, J. 2017. "Constructed Wetlands." *Global Water Pathogen Project*. East Lansing, MI: Michigan State University.

Maitra, C. 2018. "A Review of Studies Examining the Link between Food Insecurity and Malnutrition." Technical Paper, Food and Agricultural Organization of the United Nations, Rome.

Majer, I. M., Nusselder, W. J., Mackenbach, J. P., and Kunst, A. E. 2011. "Socioeconomic Inequalities in Life and Health Expectancies around Official Retirement Age in 10 Western-European Countries." *Journal of Epidemiology and Community Health* 65(11): 972–979.

Manisalidis, I., Stavropoulou, E., Stavropoulos, A., and Bezirtzoglou, E. 2020. "Environmental and Health Impacts of Air Pollution: A Review." *Frontiers in Public Health* 8: 14.

Marani, M., Katul, G. G., Pan, W. K., and Parolari, A. J. 2021. "Intensity and Frequency of Extreme Novel Epidemics." *Proceedings of the National Academy of Sciences* 118(35).

Mares, D. M., and Moffett, K. W. 2016. "Climate Change and Interpersonal Violence: A 'Global' Estimate and Regional Inequities." *Climatic Change* 135(2): 297–310.

Marmot, M., and Bell, R. 2019. "Social Determinants and Non-Communicable Diseases: Time for Integrated Action." *BMJ* 364(l251).

Martin, M., and Owen, T. 2013. *Routledge Handbook of Human Security*. Abingdon, UK: Routledge.

Martínez Franzoni, J., and Sánchez-Ancochea, D. 2016. "Achieving Universalism in Developing Countries." Background paper for the 2016 Human Development Report, United Nations Development Programme, Human Development Report Office, New York.

Martínez Franzoni, J., and Sánchez-Ancochea, D. 2018. "Undoing Segmentation? Latin American Health Care Policy during the Economic Boom." *Social Policy & Administration* 52(6): 1181–1200.

Martin-Shields, C. P., and Stojetz, W. 2019. "Food Security and Conflict: Empirical Challenges and

Future Opportunities for Research and Policy Making on Food Security and Conflict." *World Development* 119: 150–164.

Martyr-Koller, R., Thomas, A., Friedrich-Schleussner, C., Nauels, A., and Lissner, T. 2021. "Loss and Damage Implications of Sea-level Rise on Small Island Developing States." *Current Opinion in Environmental Sustainability* 50: 245–259.

Maseko, B., and Ndlovu, K. 2013. "Indigenous Languages and Linguistic Rights in the Zimbabwean Media." *Online International Journal of Arts and Humanities* 2(5): 150–156.

Masson-Delmotte, T., Zhai, P., Pörtner, H., Roberts, D., Skea, J., Shukla, P., Pirani, A., and others. 2018. "Summary for Policymakers." *Global Warming of 1.5°C: An IPCC Special Report on the Impacts of Global Warming of 1.5°C above Pre-industrial Levels and Related Global Greenhouse Gas Emission Pathways, in the Context of Strengthening the Global Response to the Threat of Climate Change, Sustainable Development, and Efforts to Eradicate Poverty*. Geneva: Intergovernmental Panel on Climate Change.

Mathew, B., Dutt, R., Goyal, P., and Mukherjee, A. 2019. "Spread of Hate Speech in Online Social Media." *Proceedings of the 10th ACM Conference on Web Science*. Boston, MA: Association for Computing Machinery.

Mazzucato, M. 2021. *Mission Economy: A Moonshot Guide to Changing Capitalis*. Harper Business.

McDermott, T. K. J. 2012. "The Effects of Natural Disasters on Human Capital Accumulation." Institute for International Integration Studies and School of Business, Trinity College Dublin.

McKay, S. 2000. "Gender Justice and Reconciliation." *Women's Studies International Forum* 23(5): 561–570.

McKay, S. 2004. "Women, Human Security, and Peace-building: A Feminist Analysis." *Conflict and Human Security: A Search for New Approaches of Peace-building* 19: 152–170.

McKay, S., and Mazurana, D. E. 2004. "Where Are the Girls? Girls in Fighting Forces in Northern Uganda, Sierra Leone and Mozambique: Their Lives during and after War." Montréal, QC: Rights & Democracy.

McKee, C. D., Islam, A., Luby, S. P., Salje, H., Hudson, P. J., Plowright, R. K., and Gurley, E. S. 2021. "The Ecology of Nipah Virus in Bangladesh: A Nexus of Land-Use Change and Opportunistic Feeding Behavior in Bats." *Viruses* 13(2).

McLennan, M. 2021. *The Global Risks Report 2021*. Cologny, Switzerland: World Economic Forum.

Menéndez, P., Losada, I. J., Torres-Ortega, S., Narayan, S., and Bec, M. W. 2020. "The Global Flood Protection Benefits of Mangroves." *Scientific Reports* 10.

Mental Health Foundation. 2021. "Women and Mental Health." London. https://www.mentalhealth.org.uk/a-to-z/w/women-and-mental-health. Accessed 11 March 2021.

Mfitumukiza, D., Roy, A. S., Simane, B., Hammill, A., Rahman, M. F., and Huq, S. 2020. "Scaling Local and Community-based Adaptation." Background Paper, Global Commission on Adaptation, Rotterdam, Netherlands and Washington, DC.

Mi, Z., and Coffman, D. M. 2019. "The Sharing Economy Promotes Sustainable Societies." *Nature Communications* 10(1): 1–3.

Migration Data Portal. 2021a. "International Migrant Stocks." https://migrationdataportal.org/themes/international-migrant-stocks. Accessed 17 December 2021.

Migration Data Portal. 2021b. "Unemployment Gap between the Foreign-born and Native Populations in OECD Countries in 2019."

Miks, J., and McIlwaine, J. 2020. "Keeping the World's Children Learning through Covid-19." UNICEF, 20 April. https://www.unicef.org/coronavirus/keeping-worlds-children-learning-through-covid-19. Accessed 3 January 2022.

Millard, J. 2021. "Global Effects of Land-use Intensity on Local Pollinator Biodiversity." *Nature Communications* 12(1).

Mnookin, S. 2016. *Out of the Shadows: Making Mental Health a Global Development Priority.* Washington, DC: World Bank. https://documents.worldbank.org/en/publication/documents-reports/documentdetail/270131468187759113/out-of-the-shadows-making-mental-health-a-global-development-priority. Accessed 1 November 2021.

Mobjörk, M., Krampe, F., and Tarif, K. 2021. "Pathways of Climate Insecurity: Guidance for Policymakers." SIPRI Policy Brief, Stockholm International Peace Research Institute, Stockholm.

Molyneux, M. 1986. "Mobilization without Emancipation? Women's Interests, State and Revolution." In Fagen, R. R., Deere, C. D., and Coraggio, J. L., (eds.), *Transition and Development: Problems of Third World Socialism*. New York: Monthly Review Press.

Moore, P. V., Akhtar, P., and Upchurch, M. 2018. "Digitalisation of Work and Resistance." In Moore, P. V., Upchurch, M. and Whittaker, X., (eds.), *Humans and Machines at Work: Monitoring, Surveillance and Automation in Contemporary Capitalism*. Cham, Switzerland: Springer International Publishing.

Moosa, M. R., and Luyckx, V. A. 2021. "The Realities of Rationing in Health Care." *Nature Reviews Nephrology* 17(7): 435–436.

Morris, G., Berk, M., Maes, M., Carvalho, A. F., and Puri, B. K. 2019. "Socioeconomic Deprivation, Adverse Childhood Experiences and Medical Disorders in Adulthood: Mechanisms and Associations." *Molecular Neurobiology* 56(8): 5866–5890.

Morrissey, J. 2021. "Envisioning Security for a More-than-human World." Background paper for the *Special Report on Human Security*. United Nations Development Programme, Human Development Report Office, New York.

Moser, C. O. 1989. "Gender Planning in the Third World: Meeting Practical and Strategic Gender Needs." *World Development* 17(11): 1799–1825.

Mousa, S. 2019. "Creating Coexistence: Intergroup Contact and Soccer in Post-ISIS Iraq." Unpublished manuscript. Stanford University.

MSF (Médecins Sans Frontières). 2017. "Report: Forced to Flee Central America's Northern Triangle: A Neglected Humanitarian Crisis." 11 May. https://www.doctorswithoutborders.org/what-we-do/news-stories/research/report-forced-flee-central-americas-northern-triangle. Accessed 26 November 2021.

Muggah, R., and Aguirre Tobón, K. 2018. "Citizen Security in Latin America: Facts and Figures." Strategic Paper 33, Igarapé Institute, Rio de Janeiro, Brazil.

Muggah, R., and Dudley, S. 2021. "Covid-19 Is Reconfiguring Organized Crime in Latin America and the Caribbean." *Small Wars Journal*, 2 March. https://smallwarsjournal.com/jrnl/art/covid-19-reconfiguring-organized-crime-latin-america-and-caribbean. Accessed 3 December 2021.

Muluneh, M. D., Stulz, V., Francis, L., and Agho, K. 2020. "Gender Based Violence against Women in Sub-Saharan Africa: A Systematic Review and Meta-analysis of Cross-sectional Studies." *International Journal of Environmental Research and Public Health* 17(3): 903.

Nagabhatla, N., Pouramin, P., Brahmbhatt, R., Fioret, C., Glickman, T., Newbold, K. B., and Smakhtin, V. 2020. "Water and Migration: A Global Overview." UNU-INWEH Report Series (10), United Nations University Institute for Water, Environment and Health, Hamilton, ON.

Nakashima, D., McLean, K. G., Thulstrup, H., Castillo, A. R., and Rubis, J. 2012. *Weathering Uncertainty: Traditional Knowledge for Climate Change Assessment and Adaptation*. Paris: United Nations Educational, Scientific and Cultural Organization.

Nakashima, E. 2021. "Pressure Grows on Biden to Curb Ransomware Attacks." *The Washington Post*,

7 July. https://www.washingtonpost.com/national-security/ransomware-biden-russia/2021/07/06/ff52a9de-de72-11eb-b507-697762d090dd_story.html. Accessed 10 September 2021.

Nakatani, H., Katsuno, K., and Urabe, H. 2020. "Global Health Landscape Challenges Triggered by Covid-19." *Inflammation and Regeneration* 40(34).

NASA (US National Aeronautics and Space Administration). 2014. "Project Apollo: A Retrospective Analysis." Washington, DC. https://history.nasa.gov/Apollomon/Apollo.html. Accessed 14 December 2021.

NASA (US National Aeronautics and Space Administration). 2015. "NASA Offers Licenses of Patented Technologies to Start-Up Companies." Washington, DC.

Nasi, R., Taber, A., and Van Vliet, N. 2011. "Empty Forests, Empty Stomachs? Bushmeat and Livelihoods in the Congo and Amazon Basins." *International Forestry Review* 13: 355–368.

National Academies of Sciences, Engineering, and Medicine. 2018. *Crossing the Global Quality Chasm: Improving Health Care Worldwide.* Washington, DC.

National Scientific Council on the Developing Child. 2020. "Connecting the Brain to the Rest of the Body: Early Childhood Development and Lifelong Health Are Deeply Intertwined." Working Paper 15, Center on the Developing Child at Harvard University, Cambridge, MA.

Nayyar, S., and Rivera Vazquez, C. 2021. "Covid-19 Exposes the Gender Digital Divide." In United Nations Interagency Task Team on Science Technology and Innovation for the Sustainable Development Goals (ed.), *Emerging Science, Frontier Technologies, and the SDGs Perspectives from the UN System and Science and Technology Communities.* New York: United Nations.

Nazroo, J. 2017. "Class and Health Inequality in Later Life: Patterns, Mechanisms and Implications for Policy." *International Journal of Environmental Research and Public Health* 14(12): 1533.

Nazroo, J. Y., Bhui, K. S., and Rhodes, J. 2020. "Where Next for Understanding Race/Ethnic Inequalities in Severe Mental Illness? Structural, Interpersonal and Institutional Racism." *Sociology of Health & Illness* 42(2): 262–276.

Nesterak, M. 2019. "Uprooted: The 1950s Plan to Erase Indian Country." APM Reports Documentaries.

Nettle, D., Johnson, E., Johnson, M., and Saxe, R. 2021. "Why Has the Covid-19 Pandemic Increased Support for Universal Basic Income?" *Humanities and Social Sciences Communications* 8: 79.

Newton, C. 2019. "The Trauma Floor: The Secret Lives of Facebook Moderators in America." *The Verge*, 25 February. https://www.theverge.com/2019/2/25/18229714/cognizant-facebook-content-moderator-interviews-trauma-working-conditions-arizona. Accessed 10 October 2021.

Niethammer, C. 2020. "AI Bias Could Put Women's Lives at Risk: A Challenge for Regulators." *Forbes*, 2 March. https://www.forbes.com/sites/carmenniethammer/2020/03/02/ai-bias-could-put-womens-lives-at-riska-challenge-for-regulators/?sh=5e79f6fc534f. Accessed 10 October 2021.

Nikogosian, H. 2021a. "The Case for an International Pandemic Treaty." *BMJ* 372.

Nikogosian, H. 2021b. *A Guide to a Pandemic Treaty.* Geneva: Global Health Centre, the Graduate Institute of International and Development Studies.

Niles, M. T., and Brown, M. E. 2017. "A Multi-country Assessment of Factors Related to Smallholder Food Security in Varying Rainfall Conditions." *Scientific Reports* 7(1): 16277.

Nizzetto, L., Futter, M., and Langaas, S. 2016. "Are Agricultural Soils Dumps for Microplastics of Urban Origin?" *Environmental Science & Technology* 50(20).

Nkrumah, B. 2021. "Beyond Tokenism: The 'Born Frees; and Climate Change in South Africa." *International Journal of Ecology* 2021.

Nordling, L. 2019. "A Fairer Way Forward for AI in Health Care." *Nature* 573: S103–S105.

NTI (Nuclear Threat Initiative) and JHU (Johns Hopkins University). 2019. *Global Health Security Index: Building Collective Action and Accountability*. Washington, DC, and Baltimore, MD.

Nurse, L. A., McLean, R. F., Agard, J., Briguglio, L. P., Duvat-Magnan, V., Pelesikoti, N., Tompkins, E., and Webb, A. 2014. "Small Islands." *Climate Change 2014: Impacts, Adaptation, and Vulnerability. Part B: Regional Aspects. Contribution of Working Group II to the Fifth Assessment Report of the Intergovernmental Panel on Climate Change*. Cambridge, UK and New York: Cambridge University Press.

Nuruzzaman, M. 2006. "Paradigms in Conflict: The Contested Claims of Human Security, Critical Theory and Feminism." *Cooperation and Conflict* 41(3): 285–303.

Nussbaum, M. 2001. *Women and Human Development: The Capabilities Approach*. Cambridge, UK: Cambridge University Press.

Nussbaum, M. 2006. "Frontiers of Justice: Disability, Nationality, Species Membership." *Utilitas* 21(4): 526.

Nussbaum, M. 2011. *Creating Capabilities: The Human Development Approach*. Cambridge, MA: Belknap Press.

O'Neil, C. 2016. "How Algorithms Rule Our Working Lives." *The Guardian*, 1 September. https://www.theguardian.com/science/2016/sep/01/how-algorithms-rule-our-working-lives. Accessed 10 October 2021.

Odoms-Young, A. M. 2018. "Examining the Impact of Structural Racism on Food Insecurity: Implications for Addressing Racial/Ethnic Disparities." *Family & Community Health* 41(Supplement 2): S3.

OECD (Organisation for Economic Co-operation and Development). 2014. "Coverage for Health Care." In *Society at a Glance 2014: OECD Social Indicators*. Paris: OECD Publishing.

OECD (Organisation for Economic Co-operation and Development). 2019a. *Out-of-Pocket Spending: Access to Care and Financial Protection*. Paris: OECD Publishing.

OECD (Organisation for Economic Co-operation and Development). 2019b. *Under Pressure: The Squeezed Middle Class*. Paris: OECD Publishing.

OECD (Organisation for Economic Co-operation and Development). 2019. "Pensions at a Glance 2019." Paris: OECD Publishing.

OECD (Organisation for Economic Co-operation and Development). 2020. *States of Fragility 2020*. Paris: OECD Publishing.

OECD (Organisation for Economic Co-operation and Development). 2021a. "Covid-19 Spending Helped to Lift Foreign Aid to an All-Time High in 2020 but More Effort Needed." Press Release, 13 April. https://www.oecd.org/newsroom/covid-19-spending-helped-to-lift-foreign-aid-to-an-all-time-high-in-2020-but-more-effort-needed.htm. Accessed 26 November 2021.

OECD (Organisation for Economic Co-operation and Development). 2021b. "Official Development Assistance (ODA)." https://www.oecd.org/dac/financing-sustainable-development/development-finance-standards/official-development-assistance.htm. Accessed 13 December 2021.

Office of the Secretary-General's Envoy on Youth. 2021. *If I Disappear: Global Report on Protecting Young People in Civic Space*. New York.

Ogata, S., and Sen, A. 2003. *Human Security Now: Commission on Human Security, Final Report*. New York: Commission on Human Security.

OHCHR (Office of the High Commissioner for Human Rights). 2005. "Dimensions of Racism." Geneva.

OHCHR (Office of the High Commissioner for Human Rights). 2015. "Report of the United Nations High Commissioner for Human Rights on Discriminatory Laws and Practices and Acts of Violence against Individuals Based on Their Sexual Orientation and Gender Identity." A/HRC/29/23. Geneva.

OHCHR (Office of the High Commissioner for Human Rights). 2016. *Living Free and Equal: What States Are Doing to Tackle Violence and Discrimination Against Lesbian, Gay, Bisexual, Transgender and Intersex People*. Geneva.

OHCHR (Office of the High Commissioner for Human Rights). 2019. *Born Free and Equal: Sexual Orientation and Gender Identity in International Human Rights Law*. Geneva.

OHCHR (Office of the High Commissioner for Human Rights). 2021. "Report: Online Hate Increasing against Minorities, Says Expert." Geneva. https://www.ohchr.org/EN/NewsEvents/Pages/sr-minorities-report.aspx. Accessed 15 August 2021.

OHCHR (Office of the High Commissioner for Human Rights) and WHO (World Health Organization). 2008. *The Right to Health*. Geneva.

Okonjo-Iweala, N., Shanmugaratnam, T., and Summers, L. H. 2021. "Pandemic." *Finance & Development*.

Olivera, J., and Tournier, I. 2016. "Successful Ageing and Multi-dimensional Poverty: The Case of Peru." *Ageing & Society* 36(8): 1690–1714.

Oosterlaken, I. 2009. "Design for Development: A Capability Approach." *Design Issues* 25(4): 91–102.

Oosterlaken, I., and van den Hoven, J. (eds.). 2012. *The Capability Approach, Technology and Design*. New York: Springer.

OPHI (Oxford Poverty and Human Development Initiative) and UNDP (United Nations Development Programme). 2021. *The 2021 Global Multidimensional Poverty Index (MPI)*. Oxford, UK: OPHI.

Oral, H. V., Carvalho, P., Gajewska, M., Ursino, N., Masi, F., Hullebusch, E. D. v., Kazak, J. K., and others. 2020. "A Review of Nature-based Solutions for Urban Water Management in European Circular Cities: A Critical Assessment Based on Case Studies and Literature." *Blue-Green Systems* 2(1): 112–136.

Ord, T. 2020. *The Precipice: Existential Risk and the Future of Humanity*. New York: Hachette Books.

Orlov, A., Sillmann, J., Aunan, K., Kjellstrom, T., and Aaheim, A. 2020. "Economic Costs of Heat-induced Reductions in Worker Productivity Due to Global Warming." *Global Environmental Change* 63: 102087.

Østby, G., Aas Rustad, S., and Arasmith, A. 2021. "Children Affected by Armed Conflict 1990–2020." Peace Research Institute Oslo, Oslo.

Østby, G., Aas Rustad, S., and Tollefsen, A. F. 2020. "Children Affected by Armed Conflict, 1990–2019." Peace Research Institute Oslo, Oslo.

Østby, G., Urdal, H., Tollefsen, A. F., Kotsadam, A., Belbo, R., and Ormhaug, C. 2018. "Organized Violence and Institutional Child Delivery: Micro-Level Evidence from Sub-Saharan Africa, 1989–2014." *Demography* 55(4): 1295–1316.

Owen, T. 2004. "Human Security: Conflict, Critique and Consensus: Colloquium Remarks and a Proposal for a Threshold-based Definition." *Security Dialogue* 35(3): 373–387.

Pahl-Wostl, C. 2002. "Participative and Stakeholder-Based Policy Design, Evaluation and Modeling Processes." *Integrated Assessment* 3(1): 3–14.

Paris, R. 2001. "Human Security: Paradigm Shift or Hot Air?" *International Security* 26(2): 87–102.

Park, R. J., Goodman, J., Hurwitz, M., and Smith, J. 2020. "Heat and Learning." *American Economic Journal: Economic Policy* 12(2): 306–39.

Parker, T. 2019. *Avoiding the Terrorist Trap: Why Respect for Human Rights Is the Key to Defeating Terrorism*. London: World Scientific.

Parmentola, A., Petrillo, A., Tutore, I., and De Felice, F. 2021. "Is Blockchain Able to Enhance Environmental Sustainability? A Systematic Review and Research Agenda from the Perspective of

Sustainable Development Goals (SDGs)." *Business Strategy and the Environment.*

Patz, J. A., Grabow, M. L., and Limaye, V. S. 2014. "When It Rains, It Pours: Future Climate Extremes and Health." *Annals of Global Health* 80(4): 332–344.

Paudel, J., and Ryu, H. 2018. "Natural Disasters and Human Capital: The Case of Nepal's Earthquake." *World Development* 111: 1–12.

Pechey, R., and Monsivais, P. 2016. "Socioeconomic Inequalities in the Healthiness of Food Choices: Exploring the Contributions of Food Expenditures." *Preventive Medicine* 88: 203–209.

Perez, C. C. 2019. *Invisible Women: Exposing Data Bias in a World Designed for Men.* New York: Random House.

Peters, G. P., Andrew, R. M., Canadell, J. G., Friedlingstein, P., Jackson, R. B., Korsbakken, J. I., Le Quéré, C., and Peregon, A. 2020. "Carbon Dioxide Emissions Continue to Grow amidst Slowly Emerging Climate Policies." *Nature Climate Change* 10(1): 3–6.

Petersen, M. B. 2021. "Covid Lesson: Trust the Public with Hard Truths." *Nature* 598(7880): 237–237.

Petersen, M. B., Bor, A., Jørgensen, F., and Lindholt, M. F. 2021. "Transparent Communication About Negative Features of Covid-19 Vaccines Decreases Acceptance but Increases Trust." *Proceedings of the National Academy of Sciences* 118(29): e2024597118.

Peterson, V. S. 1992. *Gendered States: Feminist (Re)visions of International Relations Theory.* Boulder, CO: Lynne Rienner.

Peterson, V. S. 2003. *A Critical Rewriting of Global Political Economy: Integrating Reproductive, Productive, and Virtual Economies.* Hove, UK: Psychology Press.

Peterson, V. S. 2004. "Feminist Theories within, Invisible to, and beyond IR." *The Brown Journal of World Affairs* 10(2): 35–46.

Pettersson, T., Davies, S., Deniz, A., Engström, G., Hawach, N., Högbladh, S., Sollenberg, M., and Öberg, M. 2021. "Organized Violence 1989–2020, with a Special Emphasis on Syria." *Journal of Peace Research* 58(4): 809–825.

Pew Research Center. 2017. "Critical Posts Get More Likes, Comments, and Shares Than Other Posts." 21 February. https://www.pewresearch.org/politics/2017/02/23/partisan-conflict-and-congressional-outreach/pdl-02-23-17_antipathy-new-00-02/. Accessed 10 September 2021.

Pew Research Center. 2020. "Rising Acceptance of Homosexuality by People in Many Countries around the World over the Past Two Decades." Washington, DC.

Peysakhovich, A., and Rand, D. G. 2016. "Habits of Virtue: Creating Norms of Cooperation and Defection in the Laboratory." *Management Science* 62(3): 631–647.

Pfizer. 2021. "An Open Letter from Pfizer Chairman and CEO to Colleagues." 7 May. https://www.pfizer.com/news/articles/why_pfizer_opposes_the_trips_intellectual_property_waiver_for_covid_19_vaccines. Accessed 20 January 2022.

PhRMA (Pharmaceutical Research and Manufacturers of America). 2021. "Letter to President Biden from 31 PhRMA Board Members." 5 March. https://phrma.org/access-to-medicines/letter-to-president-biden-from-31-phrma-board-members. Accessed 20 January 2022.

Piccone, T. 2017. "Democracy and Human Security in Developing Countries." Democracy and Security Dialogue Working Paper Series, Brookings Institution, Washington, DC.

Pinckney, J. 2016. "Making or Breaking Nonviolent Discipline in Civil Resistance Movements." ICNC Monograph Series, International Center on Nonviolent Conflict, Washington, DC.

Potts, S. G., Imperatriz-Fonseca, V., Ngo, H., Biesmeijer, J. C., Breeze, T., Dicks, L., Garibaldi, L., and others. 2016. "Summary for Policymakers of the Assessment Report of the Intergovernmental

Science-Policy Platform on Biodiversity and Ecosystem Services (IPBES) on Pollinators, Pollination and Food Production." Bonn, Germany: IPBES.

Prabhala, A., Jayadev, A., and Baker, D. 2020. "Want Vaccines Fast? Suspend Intellectual Property Rights." *The New York Times*, 7 December. https://www.nytimes.com/2020/12/07/opinion/covid-vaccines-patents.html. Accessed 1 September 2021.

Pribble, J. 2013. *Welfare and Party Politics in Latin America*. Cambridge, UK: Cambridge University Press.

Priisalu, J., and Ottis, R. 2017. "Personal Control of Privacy and Data: Estonian Experience." *Health and Technology* 7(4): 441–451.

Prügl, E. 1999. *The Global Construction of Gender: Home-based Work in the Political Economy of the 20th Century*. New York: Columbia University Press.

Purplesec. 2021. "2020 Cyber Security Statistics." https://purplesec.us/resources/cyber-security-statistics/. Accessed 14 December 2021.

Qiao, X., Shu, X., Tang, Y., Duan, L., Seyler, B. C., Guo, H., Xiao, Y., Ying, Q., and Zhang, H. 2021. "Atmospheric Deposition of Sulfur and Nitrogen in the West China Rain Zone: Fluxes, Concentrations, Ecological Risks, and Source Apportionment." *Atmospheric Research* 256.

Radu, S. 2019. "The Technology That's Turning Heads." *U.S. News and World Report*, 26 July. https://www.usnews.com/news/best-countries/articles/2019-07-26/growing-number-of-countries-employing-facial-recognition-technology. Accessed 10 September 2021.

Rajkumar, R. P. 2020. "Covid-19 and Mental Health: A Review of the Existing Literature." *Asian Journal of Psychiatry* 52: 102066.

Raleigh, C., Choi, H. J., and Kniveton, D. 2015. "The Devil Is in the Details: An Investigation of the Relationships between Conflict, Food Price and Climate across Africa." *Global Environmental Change* 32: 187–199.

Randolph, S., Fukuda-Parr, S., and Lawson-Remer, T. 2010. "Economic and Social Rights Fulfillment Index: Country Scores and Rankings." *Journal of Human Rights* 9(3): 230–261.

Randolph, S., Fukuda-Parr, S., Lawson-Remer, T. 2020. "SERF Index Methodology 2020 Update Technical Note." Economic and Social Rights Empowerment Initiative, Wellington.

Rani, U., and Singh, P. J. 2019. "Digital Platforms, Data, and Development: Implications for Workers in Developing Economies." *Comparative Labor Law and Policy Journal* 41: 263.

Ray, A., and George, J. 2021. "Online Hate and Its Routes to Aggression: A Research Agenda." *Proceedings of the 54th Hawaii International Conference on System Sciences*.

Ray, D. K., West, P. C., Clark, M., Gerber, J. S., Prishchepov, A. V., and Chatterjee, S. 2019. "Climate Change Has Likely Already Affected Global Food Production." *PLoS One* 14(5): e0217148.

Reardon, B. A. 2001. *Education for a Culture of Peace in a Gender Perspective*. Paris: United Nations Educational, Scientific and Cultural Organization.

Reardon, B. A. 2015. "Feminist Concepts of Peace and Security." In *Betty A. Reardon: Key Texts in Gender and Peace*. New York: Springer.

Renick, H. 2020. "Fire, Forests, and Our Lands: An Indigenous Ecological Perspective." https://nonprofitquarterly.org/fire-forests-and-our-lands-an-indigenous-ecological-perspective/. Accessed 23 December 2021.

Repeckaite, D. 2020. "How Deportation Became the Core of Europe's Migration Policy." *Jacobin*, 27 July. https://www.jacobinmag.com/2020/07/deportation-migration-european-union. Accessed 10 December 2021.

Richerson, P., Baldini, R., Bell, A. V., Demps, K., Frost, K., Hillis, V., Mathew, S., and others. 2016.

"Cultural Group Selection Plays an Essential Role in Explaining Human Cooperation: A Sketch of the Evidence." *Behavioral and Brain Sciences* 39.

Rigaud, K. K., De Sherbinin, A., Jones, B., Bergmann, J., Clement, V., Ober, K., Schewe, J., and others. 2018. *Groundswell: Preparing for Internal Climate Migration*. Washington, DC: World Bank.

Riigikogu. 2000. "Public Information Act." Tallinn.

Riigikogu. 2004. "Electronic Communications Act." Tallinn.

Ritchie, H. 2018. "Global Mental Health: Five Key Insights Which Emerge from the Data." https://ourworldindata.org/global-mental-health. Accessed 20 December 2021.

Ritchie, H. 2019. "The Number of Children Dying Each Year Has More Than Halved since 1990." https://ourworldindata.org/global-child-deaths-have-halved-since-1990. Accessed 5 October 2021.

Ritchie, H., and Roser, M. 2021. "Biodiversity." https://ourworldindata.org/biodiversity. Accessed 18 October 2021.

Robbins, B. G. 2016. "What Is Trust? A Multidisciplinary Review, Critique, and Synthesis." *Sociology Compass* 10(10): 972–986.

Robbins, R. 2021. "Pfizer Will Turn to a Plant in Africa to Help Supply the Continent with Vaccines Next Year." *The New York Times*, 21 July. https://www.nytimes.com/2021/07/21/business/pfizer-will-turn-to-a-plant-in-africa-to-help-supply-the-continent-with-vaccines-next-year.html. Accessed 1 September 2021.

Roberts, T. (ed.). 2021. *Digital Rights in Closing Civic Space: Lessons from Ten African Countries*. Brighton, UK: Institute of Development Studies.

Rode, A., Baker, R., Carleton, T., DAgostino, A., Delgado, M., Foreman, T., Greenstone, M., and others. 2021a. "Labour Disutility in a Warmer World: Impact of Climate Change on the Global Workforce."

Rode, A., Carleton, T., Delgado, M., Greenstone, M., Houser, T., Hsiang, S., Hultgren, A., and others. 2021b. "Estimating a Social Cost of Carbon for Global Energy Consumption." *Nature* 598(7880): 308–314.

Rodgers, D. M. 2020. *Children in Social Movements: Rethinking Agency, Mobilization and Rights*. Abingdon, UK and New York: Routledge.

Romero, A. P., Goldberg, S. K., and Vasquez, L. A. 2020. "LGBT People and Housing Affordability, Discrimination, and Homelessness." University of California Los Angeles, Williams Institute, Los Angeles, CA.

Roser, M., and Ritchie, H. 2013. "Maternal Mortality." https://ourworldindata.org/maternal-mortality. Accessed 5 October 2021.

Roser, M., and Ritchie, H. 2019. "Malaria." https://ourworldindata.org/malaria. Accessed 5 October 2021.

Rostila, M., Cederström, A., Wallace, M., Brandén, M., Malmberg, B., and Andersson, G. 2021. "Disparities in Coronavirus Disease 2019 Mortality by Country of Birth in Stockholm, Sweden: A Total-Population–Based Cohort Study." *American Journal of Epidemiology* 190(8): 1510–1518.

Ruger, J. P. 2004. "Ethics of the Social Determinants of Health." *The Lancet* 364(9439): 1092–1097.

Rulli, M. C., Santini, M., Hayman, D. T. S., and D'Odorico, P. 2017. "The Nexus between Forest Fragmentation in Africa and Ebola Virus Disease Outbreaks." *Scientific Reports* 7(1): 41613.

Rundle, H. 2019. "Indigenous Knowledge Can Help Solve the Biodiversity Crisis." *Scientific American*, 12 October. https://blogs.scientificamerican.com/observations/indigenous-knowledge-can-help-solve-the-biodiversity-crisis/. Accessed 23 December 2021.

Runyan, A. S., and Peterson, V. S. 1991. "The Radical Future of Realism: Feminist Subversions of IR

Theory." *Alternatives* 16(1): 67–106.

Saksena, P., Xu, K., and Durairaj, V. 2010. "The Drivers of Catastrophic Expenditure: Outpatient Services, Hospitalization or Medicines?" Background paper for the 2010 World Health Report, World Health Organization, Geneva.

Sandel, M. J. 2020. *The Tyranny of Merit: What's Become of the Common Good?* London: Penguin Press.

Sarker, M. A. R., Alam, K., and Gow, J. 2012. "Exploring the Relationship between Climate Change and Rice Yield in Bangladesh: An Analysis of Time Series Data." *Agricultural Systems* 112: 11–16.

Sasse, J.-P., and Trutnevyte, E. 2020. "Regional Impacts of Electricity System Transition in Central Europe until 2035." *Nature Communications* 11(1): 1–14.

Satici, B., Saricali, M., Satici, S. A., and Griffiths, M. D. 2020. "Intolerance of Uncertainty and Mental Wellbeing: Serial Mediation by Rumination and Fear of Covid-19." *International Journal of Mental Health and Addiction* 2020 (May): 1–12.

Saxena, S. 2018. "Excess Mortality among People with Mental Disorders: A Public Health Priority." *The Lancet Public Health* 3(6): e264–e265.

Schelling, T. C. 1965. "Strategic Analysis and *Social Problems*." Social Problems 12(4): 367-379.

Scheurer, M., and Bigalke, M. 2018. "Microplastics in Swiss Floodplain Soils." *Environmental Science & Technology* 52(6).

Schilke, O., Reimann, M., and Cook, K. S. 2015. "Power Decreases Trust in Social Exchange." *Proceedings of the National Academy of Sciences* 112(42): 12950–12955.

Schilke, O., Reimann, M., and Cook, K. S. 2021. "Trust in Social Relations." *Annual Review of Sociology* 47(1): 239–259.

Schillings, T., and Sánchez-Ancochea, D. 2021. "The Role of Health Care Universalism in Advancing Human Security." Background paper for the Special Report on Human Security, United Nations Development Programme, Human Development Report Office, New York.

Schlosberg, D., and Carruthers, D. 2010. "Indigenous Struggles, Environmental Justice, and Community Capabilities." *Global Environmental Politics* 10(4).

Schuster, R., Germain, R. R., Bennett, J. R., Reo, N. J., and Arcese, P. 2019. "Vertebrate Biodiversity on Indigenous-managed Lands in Australia, Brazil, and Canada Equals that in Protected Areas." *Environmental Science & Policy* 101: 1–6.

Seddon, N., Chausson, A., Berry, P., Girardin, C. A. J., Smith, A., and Turner, B. 2020. "Understanding the Value and Limits of Nature-based Solutions to Climate Change and Other Global Challenges." *Philosophical Transactions of the Royal Society B: Biological Sciences* 375(1794).

Sen, A. 2001. *Development as Freedom*. Oxford, UK: Oxford Paperbacks.

Sen, A. K. 2005a. "Human Rights and Capabilities." *Journal of Human Development* 6(2): 151–166.

Sen, A. K. 2005b. "Women and Men." In *The Argumentative Indian: Writings on Indian History, Culture and Identity*. New York: Farrar, Straus and Giroux

Sen, A. 2008. "Why and How Is Health a Human Right?" *The Lancet* 372(9655): 2010.

Sen, A. 2009. *The Idea of Justice*. Cambridge, MA: Harvard University Press.

Sen, A. 2015. "Universal Healthcare: The Affordable Dream." *The Guardian*, 6 January. https://www.theguardian.com/society/2015/jan/06/-sp-universal-healthcare-the-affordable-dream-amartya-sen. Accessed 1 November 2021.

Serianu. 2017. *Africa Cyber Security Reports 2017*. Nairobi.

Shami, E. 2021. "Assessing the Risks of Civilian Harm from Military Cyber Operations during Armed

Conflicts." *Humanitarian Law and Policy*, 22 June. https://blogs.icrc.org/law-and-policy/2021/06/22/risks-civilian-harm-cyber-operations/. Accessed 28 July 2021.

Sharkey, P. 2018. "The Long Reach of Violence: A Broader Perspective on Data, Theory, and Evidence on the Prevalence and Consequences of Exposure to Violence." *Annual Review of Criminology* 1: 85–102.

Sharma, S., and Chatterjee, S. 2017. "Microplastic Pollution, a Threat to Marine Ecosystem and Human Health: A Short Review." *Environmental Science and Pollution Research* 24: 21530–21547.

Sharp, G. 2011. "Loss of Genetic Diversity in U.S. Food Crops." *Sociological Images* blog, 18 July. https://thesocietypages.org/socimages/2011/07/19/loss-of-genetic-diversity-in-u-s-food-crops/.

Shepherd, L. 2008. *Gender, Violence and Security: Discourse as Practice*. London: Zed Books.

Shepherd, L. J. 2010. "Sex or Gender? Bodies in World Politics and Why Gender Matters." In *Gender Matters in Global Politics: A Feminist Introduction to International Relations*. Abingdon, UK and New York: Routledge.

Shiva Kumar, A. K. 2021. "Covid-19 and Human Insecurity." Policy Brief. United Nations Development Programme, Regional Bureau for Asia and the Pacific, Strategy, Policy and Partnerships Team, New York.

Simon, S. 2020. "Subtle Connections: Pandemic and the Authoritarian Impulse." *Survival* 62(3): 103–111.

Slaughter, A.-M. 2009. *A New World Order*. Princeton, NJ: Princeton University Press.

Slaughter, A.-M. 2017. *The Chessboard and the Web*. New Haven, CT: Yale University Press.

Sluijs, J. P. v. d., and Vaage, N. S. 2016. "Pollinators and Global Food Security: The Need for Holistic Global Stewardship." *Food Ethics* 1: 75–91.

Small Arms Survey. 2018. "Global Firearms Holdings." Geneva. https://www.smallarmssurvey.org/database/global-firearms-holdings. Accessed 8 August 2021.

Smith, D. 2021. "The Security Space in the Anthropocene Epoch." In Lövbrand, E., and Mobjörk, M., (eds.), *Anthropocene (in)Securities Reflections on Collective Survival 50 Years after the Stockholm Conference*. Oxford, UK: Oxford University Press.

Smith, L. C., Ramakrishnan, U., Ndiaye, A., Haddad, L., and Martorell, R. 2003. "The Importance of Women's Status for Child Nutrition in Developing Countries: International Food Policy Research Institute (IFPRI) Research Report Abstract 131." *Food and Nutrition Bulletin* 24(3): 287–288.

Smith, R., Corrigan, P., and Exeter, C. 2012. *Countering Non-Communicable Disease through Innovation*. Report of the Non-Communicable Disease Working Group 2012. Geneva: World Health Organization.

Sobrevila, C. 2008. *The Role of Indigenous Peoples in Biodiversity Conservation: The Natural but Often Forgotten Partners*. Washington, DC: World Bank.

Soroye, P., Newbold, T., and Kerr, J. 2020. "Climate Change Contributes to Widespread Declines among Bumble Bees across Continents." *Science* 367(6478): 685–688.

Spence, M., Stiglitz, J., and Ghosh, J. 2021. "Avoiding a K-Shaped Global Recovery." *Project Syndicate*, 24 March. https://www.project-syndicate.org/commentary/global-economy-avoiding-k-shaped-recovery-by-michael-spence-et-al-2021-03. Accessed 10 June 2021.

Stankovich, M. M. 2021. "Regulating AI and Big Data Deployment in Healthcare: Proposing Robust and Sustainable Solutions for Developing Countries' Governments." *AISIS*, 30 September (updated 13 October). https://aisis-2021.nucleares.unam.mx/keynotes/stankovich/. Accessed 1 September 2021.

Steans, J. 1998. *Gender and International Relations: An Introduction*. New Brunswick, NJ: Rutgers University Press.

Stewart, F. 2005. "Horizontal Inequalities: A Neglected Dimension of Development." In United Nations University World Institute for Development Economics Research (ed.), *Wider Perspectives on Global Development*. New York: Springer.

Stewart, F. 2016. "The Dynamics of Horizontal Inequalities." 2016 UNDP Human Development Report Think Piece, United Nations Development Programme, Human Development Report Office, New York.

Stewart, F., Holdstock, D., and Jarquin, A. 2002. "Root Causes of Violent Conflict in Developing Countries. Commentary: Conflict—from Causes to Prevention?" *BMJ* 324(7333): 342–345.

Storeng, K. T., Puyvallée, A. d. B., and Stein, F. 2021. "COVAX and the Rise of the 'Super Public Private Partnership' for Global Health." *Global Public Health*. https://doi.org/10.1080/17441692.2021.1987502.

Stotzer, R. L. 2009. "Violence against Transgender People: A Review of United States Data." *Aggression and Violent Behavior* 14(3): 170–179.

Sunderland, T., Powell, B., Ickowitz, A., Foli, S., Pinedo-Vasquez, M., Nasi, R., and Padoch, C. 2013. "Food Security and Nutrition." Center for International Forestry Research, Bogor, Indonesia.

Suriyasarn, B. 2016. "Discrimination and Marginalization of LGBT Workers in Thailand." In Köllen, T. (ed.), *Sexual Orientation and Transgender Issues in Organizations*. Cham, Switzerland: Springer.

Swindle, R., and Newhouse, D. 2021. "Barriers to Accessing Medical Care in Sub-Saharan Africa (SSA) in Early Stages of Covid-19 Pandemic." Poverty and Equity Notes 38, World Bank, Washington, DC.

Sylvester, C. 1994. *Feminist Theory and International Relations in a Postmodern Era*. Cambridge, UK: Cambridge University Press.

Szaflarski, M., and Bauldry, S. 2019. "The Effects of Perceived Discrimination on Immigrant and Refugee Physical and Mental Health." *Advances in Medical Sociology* 19: 173–204.

Szkordilisz, F. 2014. "Mitigation of Urban Heat Island by Green Spaces." *Pollack Periodica* 9(1): 91–100.

Tadjbakhsh, S. 2013. "In Defense of the Broad View of Human Security." *Routledge Handbook of Human Security*. Abingdon, UK: Routledge.

Tadjbakhsh, S., and Chenoy, A. 2007. *Human Security: Concepts and Implications*. Abingdon, UK: Routledge.

Takasu, Y. and Japan International Cooperation Agency Ogata Sadako Research Institute for Peace and Development. 2019. "SDGs and Japan Human Security Indicators for Leaving No One Behind." Tokyo.

Tarabah, A., Badr, L. K., Usta, J., and Doyle, J. 2016. "Exposure to Violence and Children's Desensitization Attitudes in Lebanon." *Journal of Interpersonal Violence* 31(18): 3017–3038.

Tegmark, M., Russell, S., Aguirre, A., Javorsky, E. 2021. "Lethal Autonomous Weapons Exist; They Must Be Banned." *IEEE Spectrum*, 16 June. https://spectrum.ieee.org/lethal-autonomous-weapons-exist-they-must-be-banned. Accessed 17 November 2021.

Teng, A. M., Atkinson, J., Disney, G., Wilson, N. and Blakely, T. 2017. "Changing Socioeconomic Inequalities in Cancer Incidence and Mortality: Cohort Study with 54 Million Person-Years Follow-up 1981–2011." *International Journal of Cancer* 140(6): 1306–1316.

Thomas, A., Baptiste, A., Martyr-Koller, R., Pringle, P., and Rhiney, K. 2020. "Climate Change and Small Island Developing States." *Annual Review of Environment and Resources* 45: 1–27.

Thomas, C. C., Otis, N. G., Abraham, J. R., Markus, H. R., and Walton, G. M. 2020. "Toward a Science of Delivering Aid with Dignity: Experimental Evidence and Local Forecasts from Kenya." *Proceedings of the National Academy of Sciences* 117(27): 15546–15553.

Thöni, C. 2017. "Trust and Cooperation: Survey Evidence and Behavioral Experiments." In Lange, P. V., Rockenbach, B. and Yamagishi, M., (eds.), *Trust in Social Dilemmas*. New York: Oxford University Press.

Tickner, J. A. 1992. *Gender in International Relations: Feminist Perspectives on Achieving Global Security*. New York: Columbia University Press.

Tickner, J. A. 1995. "Introducing Feminist Perspectives into Peace and World Security Courses." *Women's Studies Quarterly* 23(3/4): 48–57.

Tickner, J. A. 1999a. "Feminist Perspectives on Security in a Global Economy." In Thomas, C., and Wilkin, P., (eds.), *Globalization, Human Security, and the African Experience*. Boulder, CO: Lynne Rienner.

Tickner, J. A. 1999b. "Why Women Can't Run the World: International Politics According to Francis Fukuyama." *International Studies Review* 1(3): 3–11.

Tickner, J. A. 2005. "Gendering a Discipline: Some Feminist Methodological Contributions to International Relations." *Signs: Journal of Women in Culture and Society* 30(4): 2173–2188.

Tickner, J. A. 2015. "Revisiting IR in a Time of Crisis: Learning from Indigenous Knowledge." *International Feminist Journal of Politics* 17(4): 536–553.

Trans Murder Monitoring Observatory. 2020. "TMM Update Trans Day of Remembrance 2020." Press Release, 11 November. https://transrespect.org/en/tmm-update-tdor-2020/. Accessed 10 January 2022.

Trans Murder Monitoring Observatory. 2021. "TMM Update Trans Day of Remembrance 2021."

Trejo, G., and Ley, S. 2020. *Votes, Drugs, and Violence: The Political Logic of Criminal Wars in Mexico*. Cambridge, UK: Cambridge University Press.

Tunggal, A. T. 2021. "What Is a Cyber Threat?" UpGuard. https://www.upguard.com/blog/cyber-threat. Accessed 17 November 2021.

Turley, J. 2020. "Anonymity, Obscurity, and Technology: Reconsidering Privacy in the Age of Biometrics." *Boston University Law Review* 100(6): 2179–2262.

Tutwiler, M. A., Bailey, A., Attwood, S., Remans, R., and Ramirez, M. 2017. "Agricultural Biodiversity and Food System Sustainability." *Mainstreaming Agrobiodiversity in Sustainable Food Systems*. Rome: Bioversity International.

UN (United Nations). 1948. "Universal Declaration of Human Rights." United Nations General Assembly Resolution 217 A 302(2): 14–25.

UN (United Nations). 2000. "Resolution 1325." New York: United Nations.

UN (United Nations). 2012. "Resolution Adopted by the General Assembly on 10 September 2012." A/RES/66/290. New York.

UN (United Nations). 2013. "Follow-up to General Assembly Resolution 66/290 on Human Security: Report of the Secretary-General." A/68/685. New York.

UN (United Nations). 2015a. "General Assembly Resolution A/RES/70/1, 2015, para. 4." New York: United Nations.

UN (United Nations). 2015b. "Transforming Our World: The 2030 Agenda for Sustainable Development." General Assembly Resolution A/Res/70/1. New York.

UN (United Nations). 2016. "General Assembly, Seventy-first Session. Promotion and Protection of Human Rights: Human Rights Questions, Including Alternative Approaches for Improving the Effective Enjoyment of Human Rights and Fundamental Freedoms. Human Rights of Migrants." New York.

UN (United Nations). 2020a. "Inclusive, Networked Multilateralism Vital for Better World Governance, Says Secretary-General, at General Assembly's Seventy-Fifth Anniversary Meeting." SG/SM/20264. New York.

UN (United Nations). 2020b. "The Impact of Covid-19 on Food Security and Nutrition." Policy Brief. New

York.

UN (United Nations). 2020c. "A New Era of Conflict and Violence." https://www.un.org/en/un75/new-era-conflict-and-violence. Accessed 14 December 2021.

UN (United Nations). 2020d. "Secretary-General Highlights 'Essential' Failure of International Cooperation, in Address to Security Council Meeting on Post-Coronavirus Global Governance." https://www.un.org/press/en/2020/sc14312.doc.htm. Accessed 30 November 2021.

UN (United Nations). 2021a. "Climate Change Link to Displacement of Most Vulnerable Is Clear: UNHCR." Press Release, 22 April. https://news.un.org/en/story/2021/04/1090432.

UN (United Nations). 2021b. *Conflict-Related Sexual Violence: Report of the United Nations Secretary General*. New York.

UN (United Nations). 2021c. "Humanity Remains Unacceptably Close to Nuclear Annihilation, Says UN Chief on International Day." New York. https://news.un.org/en/story/2021/09/1101242. Accessed 14 December 2021.

UN (United Nations). 2021d. *Our Common Agenda: Report of the Secretary-General*. New York.

UN (United Nations). 2021e. "Secretary-General Calls Vaccine Equity Biggest Moral Test for Global Community, as Security Council Considers Equitable Availability of Doses." Press Release, 17 February. https://www.un.org/press/en/2021/sc14438.doc.htm. Accessed 11 September 2021.

UN (United Nations). 2021f. *The UN Security Council and Climate Change*. New York.

UN (United Nations) and Folke Bernadotte Academy. 2021. *Youth, Peace and Security: A Programming Handbook*. New York.

UN (United Nations) and World Bank. 2018. *Pathways for Peace: Inclusive Approaches to Preventing Violent Conflict*. New York: United Nations.

UN Platform on Social Determinants of Health. 2016. "Health in the Post-2015 Development Agenda: Need for a Social Determinants of Health Approach." Joint Statement of the UN Platform on Social Determinants of Health. https://www.who.int/publications/m/item/health-in-the-post-2015-development-agenda-need-for-a-social-determinants-of-health-approach. Accessed 20 December 2021.

UN Women (United Nations Entity for Gender Equality and the Empowerment of Women). 2015. "Preventing Conflict, Transforming Justice, Securing the Peace: A Global Study on the Implementation of United Nations Security Council Resolution 1325." New York.

UN Women (United Nations Entity for Gender Equality and the Empowerment of Women). 2017. "Youth Leap into Gender Equality. UN Women's Youth and Gender Equality Strategy: Empowered Young Women and Young Men as Partners in Achieving Gender Equality." Policy strategies, New York.

UN Women (United Nations Entity for Gender Equality and the Empowerment of Women). 2020a. "From Insights to Action: Gender Equality in the Wake of COVID-19." New York.

UN Women (United Nations Entity for Gender Equality and the Empowerment of Women). 2020b. "Policy Brief: The Impact of Covid-19 on Women." New York.

UN Women (United Nations Entity for Gender Equality and the Empowerment of Women). 2021a. "Frequently Asked Questions: Types of Violence against Women and Girls." New York. https://www.unwomen.org/en/what-we-do/ending-violence-against-women/faqs/types-of-violence. Accessed 10 January 2022.

UN Women (United Nations Entity for Gender Equality and the Empowerment of Women). 2021b. *Measuring the Shadow Pandemic: Violence against Women During Covid-19*. New York: UN Women.

UNAIDS (Joint United Nations Programme on HIV and AIDS). 2021. "Global HIV & AIDS Statistics: Fact

Sheet." Geneva.

UNDESA (United Nations Department of Economic and Social Affairs). 2015. "Millennium Development Goals Indicators website." https://unstats.un.org/unsd/mdg/default.aspx. Accessed 23 December 2021.

UNDESA (United Nations Department of Economic and Social Affairs). 2016a. "Economic Inequalities in Old Age." New York.

UNDESA (United Nations Department of Economic and Social Affairs). 2016b. "Income Poverty in Old Age: An Emerging Development Priority." New York.

UNDESA (United Nations Department of Economic and Social Affairs). 2018. *State of the World's Indigenous Peoples II: Indigenous Peoples' Access to Health Services.* New York.

UNDESA (United Nations Department of Economic and Social Affairs). 2019. *World Population Ageing 2019.* New York.

UNDESA (United Nations Department of Economic and Social Affairs). 2020. "International Migration 2020 Highlights." New York.

UNDESA (United Nations Department of Economic and Social Affairs). 2020. *The Sustainable Development Goals Report 2020.* New York. https://doi.org/10.18356/214e6642-en.

UNDESA (United Nations Department of Economic and Social Affairs). 2021. "Goal 3. Ensure Healthy Lives and Promote Well-Being for All at All Ages." New York. https://unstats.un.org/sdgs/metadata/?Text=&Goal=3&Target=3.8. Accessed 7 November 2021.

UNDP (United Nations Development Programme). 1994. *Human Development Report 1994: New Dimensions of Human Security.* New York: Oxford University Press.

UNDP (United Nations Development Programme). 2001. *Human Development Report 2001: Making New Technologies Work for Human Development.* New York.

UNDP (United Nations Development Programme). 2016a. *Risk-Proofing the Western Balkans: Empowering People to Prevent Disasters. Regional Human Development Report 2016: Western Balkans.* New York.

UNDP (United Nations Development Programme). 2016b. *Serbia NHDR 2016: Social Capital, the Invisible Face of Resilience.* New York.

UNDP (United Nations Development Programme). 2016c. *Being LGBTI in China—A National Survey on Social Attitudes towards Sexual Orientation, Gender Identity and Gender Expression.* New York.

UNDP (United Nations Development Programme). 2019a. *Human Development Report 2019: Beyond Income, Beyond Averages, Beyond Today: Inequalities in Human Development in the 21st Century.* New York.

UNDP (United Nations Development Programme). 2019b. *Tolerance but Not Inclusion: A National Survey on Experiences of Discrimination and Social Attitudes towards LGBT People in Thailand.* Bangkok.

UNDP (United Nations Development Programme). 2020a. "COVID-19 Will Widen Poverty Gap between Women and Men, New UN Women and UNDP Data Show." New York. https://www.undp.org/press-releases/covid-19-will-widen-poverty-gap-between-women-and-men-new-un-women-and-undp-data. Accessed 10 January 2022.

UNDP (United Nations Development Programme). 2020b. "Gender Inequality and the Covid-19 Crisis: A Human Development Perspective." UNDP Human Development Working Paper. New York.

UNDP (United Nations Development Programme). 2020c. *Human Development Report 2020: The Next Frontier: Human Development and the Anthropocene.* New York.

UNDP (United Nations Development Programme). 2020d. *Tackling Social Norms, A Game Changer for Gender Inequalities.* Human Development Perspectives. New York.

UNDP (United Nations Development Programme). 2020e. "UNDP Brief: Gender-Based Violence and COVID-19." New York.

UNDP (United Nations Development Programme). 2020f. "Covid-19 and Human Development: Assessing the Crisis, Envisioning the Recovery." 2020 Human Development Perspectives. New York.

UNDP (United Nations Development Programme). 2020g. "UNDP Supported the Development of a Telemedicine Application." Press Release, 9 December. https://www.kg.undp.org/content/kyrgyzstan/en/home/presscenter/pressreleases/2020/12/undp-supported-the-development-of-a-telemedicine-application.html. Accessed 1 September 2021.

UNDP (United Nations Development Programme). 2021. "Informe de Resultados Encuesta Nacional LGBTI 2020." New York.

UNDP (United Nations Development Programme), WHO (World Health Organization) and University of Oxford. 2021. *Global Dashboard for Vaccine Equity*. New York: United Nations Development Programme.

UNEP (United Nations Environment Programme). 2018. *Inclusive Wealth Report 2018*. Nairobi, Kenya.

UNEP (United Nations Environment Programme). 2019. "Better Sewage Treatment Critical for Human Health and Ecosystems." Press Release, 5 April. https://www.unep.org/news-and-stories/story/better-sewage-treatment-critical-human-health-and-ecosystems. Accessed 23 December 2021.

UNEP (United Nations Environment Programme). 2021. *Making Peace for Nature: A Scientific Blueprint to Tackle the Biodiversity and Pollution Emergencies*. Nairobi.

UNFPA (United Nations Population Fund), UN Women (United Nations Entity for Gender Equality and the Empowerment of Women) and UNDP (United Nations Development Programme). 2017. "'Freedom from Fear:' Ending Violence against Women." New York: UNFPA. https://www.unfpa.org/press/%E2%80%98freedom-fear%E2%80%99-ending-violence-against-women. Accessed 10 January 2022.

UNHCR (United Nations High Commissioner for Refugees). 1951. "Convention and Protocol Relating to the Status of Refugees." Geneva.

UNHCR (United Nations High Commissioner for Refugees). 2015. *Protection and Solutions Strategy for the Northern Triangle of Central America, 2016–2018*. Geneva.

UNHCR (United Nations High Commissioner for Refugees). 2018. *Desperate Journeys: Refugees and Migrants Arriving in Europe and at Europe's Borders*. Geneva.

UNHCR (United Nations High Commissioner for Refugees). 2019. *Global Trends: Forced Displacement in 2018*. Geneva.

UNHCR (United Nations High Commissioner for Refugees). 2020. Refugee Data Finder. Geneva. https://www.unhcr.org/refugee-statistics/. Accessed 10 August 2021

UNHCR (United Nations High Commissioner for Refugees). 2021a. *Global Trends: Forced Displacement in 2020*. Copenhagen.

UNHCR (United Nations High Commissioner for Refugees). 2021b. "Operational Data Portal: Refugee Situations, Mediterranean Situation." Geneva.

UNHCR (United Nations High Commissioner for Refugees). 2021c. "Venezuela Situation." https://www.unhcr.org/en-us/venezuela-emergency.html. Accessed 17 December 2021.

UNHCR (United Nations High Commissioner for Refugees). 2021d. "What Is the Difference between Population Statistics for Forcibly Displaced and the Population of Concern to UNHCR?" https://www.unhcr.org/refugee-statistics/insights/explainers/forcibly-displaced-pocs.html. Accessed 19 January 2022.

UNHCR (United Nations High Commissioner for Refugees) and UNICEF (United Nations Children's

Fund). 2019. "Families on the Run: Why Families Flee from Northern Central America." Geneva.

UNICEF (United Nations Children's Fund). 2019. *The State of the World's Children 2019: Children, Food and Nutrition: Growing Well in a Changing World*. New York.

UNICEF (United Nations Children's Fund). 2020a. "Children Recruited by Armed Forces." Updated 27 August 2021. https://www.unicef.org/protection/children-recruited-by-armed-forces. Accessed 17 December 2021.

UNICEF (United Nations Children's Fund). 2020b. *Female Genital Mutilation: A New Generation Calls for Ending an Old Practice*. New York.

UNICEF (United Nations Children's Fund). 2021a. "Children Under Attack." https://www.unicef.org/children-under-attack. Accessed 17 December 2021.

UNICEF (United Nations Children's Fund). 2021b. "Six Grave Violations against Children in Times of War." https://www.unicef.org/stories/children-under-attack-six-grave-violations-against-children-times-war. Accessed 17 December 2021.

UNICEF (United Nations Children's Fund). 2021c. *The State of the World's Children 2021: On My Mind: Promoting, Protecting and Caring for Children's Mental Health*. New York.

UNICEF (United Nations Children's Fund). 2021d. "Child Displacement." https://data.unicef.org/topic/child-migration-and-displacement/displacement/. Acessed 10 January 2022.

UNICEF (United Nations Children's Fund). 2021e. "Covid-19 'Biggest Global Crisis for Children in Our 75-Year History.'" Press release, 9 December, New York.

UNICEF (United Nations Children's Fund). 2021f. "Impact of Covid-19 on Poor Mental Health in Children and Young People 'Tip of the Iceberg.'" Press release, 4 October, New York.

UNICEF (United Nations Children's Fund). 2021g. "Nearly 240 Million Children with Disabilities around the World, Unicef's Most Comprehensive Statistical Analysis Finds." Press release, 10 November, New York.

UNICEF (United Nations Children's Fund). 2021h. *Preventing a Lost Decade: Urgent Action to Reverse the Devastating Impact of Covid-19 on Children and Young People*. New York.

UNICEF (United Nations Children's Fund). 2021i. *Unicef Humanitarian Action for Children 2022 - Overview*. New York.

UNICEF (United Nations Children's Fund) and Gallup. 2021. *The Changing Childhood Project Report*. New York: UNICEF.

UNICEF (United Nations Children's Fund) and ITU (International Telecommunication Union). 2020. *How Many Children and Young People Have Internet Access at Home? Estimating Digital Connectivity during the Covid-19 Pandemic*. New York: UNICEF.

UN-Water. 2021. "Summary Progress Update 2021: SDG 6 – Water and Sanitation for All." Geneva. https://www.unwater.org/app/uploads/2021/12/SDG-6-Summary-Progress-Update-2021_Version-July-2021a.pdf. Accessed 10 January 2022.

United Nations Human Rights Committee. 2020. "General Comment No. 37 (2020) on the Right of Peaceful Assembly (Article 21)." CCPR/C/GC/37. New York.

United Nations Inter-Agency Support Group on Indigenous Issues. 2014. "Indigenous People's Access to Decent Work and Social Protection." Thematic paper towards the preparation of the 2014 World Conference on Indigenous Peoples. https://www.un.org/en/ga/69/meetings/indigenous/pdf/IASG%20Thematic%20paper_%20Employment%20and%20Social%20Protection%20-%20rev1.pdf.

United Nations Statistics Division. 2021. "SDG Indicators: Metadata Repository." https://unstats.un.org/sdgs/metadata/. Accessed 3 December 2021.

United Nations Trust Fund for Human Security. 2016. *Human Security Handbook: An Integrated Approach for the Realization of the Development Sustainable Goals and the Priority Areas of the International Community and the United Nations System*. New York: United Nations.

UNODA (United Nations Office for Disarmament Affairs). 2018. *Securing Our Common Future: An Agenda for Disarmament*. New York.

UNODC (United Nations Office on Drugs and Crime). 2018. *Global Study on Homicide: Gender-related Killing of Women and Girls*. Vienna.

UNODC (United Nations Office on Drugs and Crime). 2019. *Global Study on Homicide*. Vienna.

UNODC (United Nations Office on Drugs and Crime). 2020. *Global Report on Trafficking in Persons 2020*. Vienna.

UNODC (United Nations Office on Drugs Crime). 2021. "Killings of Women and Girls by Their Intimate Partner or Other Family Members: Global Estimates 2020." Vienna. https://www.unodc.org/documents/data-and-analysis/statistics/crime/UN_BriefFem_251121.pdf.

UNODC (United Nations Office on Drugs and Crime). n.d. "Smuggling of Migrants: The Harsh Search for a Better Life." Vienna.

UNPFII (United Nations Permanent Forum on Indigenous Issues). 2016. *State of the World's Indigenous Peoples: Indigenous People's Access to Health Services*. New York.

Urbaniak, R., Ptaszyński, M., Tempska, P., Leliwa, G., Brochocki, M., and Wroczyński, M. 2022. "Personal Attacks Decrease User Activity in Social Networking Platforms." *Computers in Human Behavior* 126: 106972.

US Customs and Border Patrol. 2021. "Southwest Land Border Encounters." Washington, DC.

US Department of Homeland Security. 2019. *Yearbook of Immigration Statistics 2019*. Washington, DC.

Vaeza, M.-N. 2020. "Addressing the Impact of the Covid-19 Pandemic on Violence against Women and Girls." https://www.un.org/en/addressing-impact-covid-19-pandemic-violence-against-women-and-girls. Accessed 2 December 2021.

Valera, S., and Guàrdia, J. 2014. "Perceived Insecurity and Fear of Crime in a City with Low-Crime Rates." *Journal of Environmental Psychology* 38: 195–205.

Valimised. 2021. "Statistics about Internet Voting in Estonia." https://www.valimised.ee/en/archive/statistics-about-internet-voting-estonia. Accessed 14 December 2021.

van der Made, J. 2021. "Chinese Tech, Ignored by the West, Is Taking over Africa's Cyberspace." *RFI*, 22 July. https://www.rfi.fr/en/science-and-technology/20210722-chinese-tech-ignored-by-the-west-is-taking-over-africa-s-cyberspace. Accessed 17 November 2021.

Van Lange, P. 2015. "Generalized Trust: Four Lessons from Genetics and Culture." *Current Directions in Psychological Science* 24(1): 71–76.

van Munster, R., and Sylvest, C. 2021. "Nuclear Weapons, Extinction, and the Anthropocene: Reappraising Jonathan Schell." *Review of International Studies* 47(3): 294–310.

van Raalte, A. A., Sasson, I., and Martikainen, P. 2018. "The Case for Monitoring Life-Span Inequality." *Science* 362(6418): 1002–1004.

Vera-Adrianzén, F., Dizxon, P., Ortega, D., Cubillos Rodríguez, E., Muñoz Ramírez, M., Arias Callejas, R., Bonilla Lozada, S., and others. 2020. "Trash Is Piling up in Rural Colombia—That's a Bad Sign for Peace." *Political Violence at a Glance*, 2 July. https://politicalviolenceataglance.org/2020/07/02/trash-is-piling-up-in-rural-colombia-thats-a-bad-sign-for-peace/. Accessed 26 November 2021.

Vesco, P., Kovacic, M., Mistry, M., and Croicu, M. 2021. "Climate Variability, Crops and Conflict: Exploring the Impacts of Spatial Concentration in Agricultural Production." *Journal of Peace Research* 58(1): 98–

113.

Vicedo-Cabrera, A. M., Scovronick, N., and Gasparrini, A. 2021. "The Burden of Heat-Related Mortality Attributable to Recent Human-Induced Climate Change." *Nature Climate Change* 11: 492–500.

Volaco, A., Cavalcanti, A. M., and Précoma, D. B. 2018. "Socioeconomic Status: The Missing Link between Obesity and Diabetes Mellitus?" *Current Diabetes Reviews* 14(4): 321–326.

von Uexkull, N., and Buhaug, H. 2021. "Security Implications of Climate Change: A Decade of Scientific Progress." *Journal of Peace Research* 58(1).

Vörösmarty, C. J., Stewart-Koster, B., Green, P. A., Boone, E. L., Flörke, M., Fischer, G., Wiberg, D. A., and others. 2021. "A Green-Gray Path to Global Water Security and Sustainable Infrastructure." Global *Environmental Change* 70: 102344.

Wachter, S., Mittelstadt, B., and Floridi, L. 2017. "Transparent, Explainable, and Accountable AI for Robotics." *Science Robotics* 2(6): eaan6080.

Waldron, I. R. 2020. "The Wounds That Do Not Heal: Black Expendability and the Traumatizing Aftereffects of Anti-Black Police Violence." *Equality, Diversity and Inclusion: An International Journal* 40(1) 29–40.

Walker, R., Kyomuhendo, G. B., Chase, E., Choudhry, S., Gubrium, E. K., Nicola, J. Y., Lødemel, I., and others. 2013. "Poverty in Global Perspective: Is Shame a Common Denominator?" *Journal of Social Policy* 42(2): 215–233.

Walker, W. S., Gorelik, S. R., Baccini, A., Aragon-Osejo, J. L., Josse, C., Meyer, C., Macedo, M. N., and others. 2020. "The Role of Forest Conversion, Degradation, and Disturbance in the Carbon Dynamics of Amazon Indigenous Territories and Protected Areas." *Proceedings of the National Academy of Sciences* 117(6): 3015–3025.

Wallace, R. 2016. *Big Farms Make Big Flu: Dispatches on Influenza, Agribusiness, and the Nature of Science*. New York: NYU Press.

Wang, H., Zhang, Y., Zhao, H., Lu, X., Zhang, Y., Zhu, W., Nielsen, C. P., and others. 2017. "Trade-driven Relocation of Air Pollution and Health Impacts in China." *Nature Communications* 8(1): 738.

Waring, R. H., Harris, R. M., and Mitchell, S. C. 2018. "Plastic Contamination of the Food Chain: A Threat to Human Health?" *Maturitas* 115: 64–68.

Watts, N., Amann, M., Ayeb-Karlsson, S., Belesova, K., Bouley, T., Boykoff, M., Byass, P., and others. 2018. "The Lancet Countdown on Health and Climate Change: From 25 Years of Inaction to a Global Transformation for Public Health." *The Lancet* 391(10120): 581–630.

WEF (World Economic Forum). 2021. "What Does Waiving Intellectual Property Rights for Covid-19 Vaccines Mean?" https://www.weforum.org/agenda/2021/05/could-the-world-be-about-to-waive-covid-19-vaccines. Accessed 1 September 2021.

Weisse, M., and Dow Goldman, E. 2020. "We Lost a Football Pitch of Primary Rainforest Every 6 Seconds in 2019." World Resources Institute blog, 2 June. https://www.wri.org/blog/2020/06/global-tree-cover-loss-data-2019. Accessed 23 December 2021.

Wenz, L., Levermann, A., and Auffhammer, M. 2017. "North–South Polarization of European Electricity Consumption under Future Warming." *Proceedings of the National Academy of Sciences* 114(38): E7910.

WHO (World Health Organization). 2010a. *Global Status Report on Noncommunicable Diseases 2010*. Geneva.

WHO (World Health Organization). 2010b. *World Health Report 2010: Health Systems Financing. The Path to Universal Coverage*. Geneva.

WHO (World Health Organization). 2013. *Global Action Plan for the Prevention and Control of*

Noncommunicable Diseases 2013–2020. Geneva.

WHO (World Health Organization). 2014. *Global Status Report on Noncommunicable Diseases 2014*. Geneva.

WHO (World Health Organization). 2015a. "Meeting Report on Excess Mortality in Persons with Severe Mental Disorders." Geneva.

WHO (World Health Organization). 2015b. *World Report on Ageing and Health*. Geneva.

WHO (World Health Organization). 2017. "Mental Health of Older Adults." https://www.who.int/news-room/fact-sheets/detail/mental-health-of-older-adults. Accessed 10 March 2021.

WHO (World Health Organization). 2018. "Low Quality Healthcare Is Increasing the Burden of Illness and Health Costs Globally." https://www.who.int/news/item/05-07-2018-low-quality-healthcare-is-increasing-the-burden-of-illness-and-health-costs-globally. Accessed 20 December 2021.

WHO (World Health Organization). 2019. "Mental Disorders." https://www.who.int/news-room/fact-sheets/detail/mental-disorders. Accessed 10 March 2021.

WHO (World Health Organization). 2020a. "Covid-19 Disrupting Mental Health Services in Most Countries, WHO Survey." https://www.who.int/news/item/05-10-2020-covid-19-disrupting-mental-health-services-in-most-countries-who-survey. Accessed 11 March 2021.

WHO (World Health Organization). 2020b. "The Top 10 Causes of Death." https://www.who.int/news-room/fact-sheets/detail/the-top-10-causes-of-death. Accessed 5 October 2021.

WHO (World Health Organization). 2020c. *World Health Statistics 2020: Monitoring Health for the SDGs, Sustainable Development Goals*. Geneva.

WHO (World Health Organization). 2020d. "Ageing: Healthy Ageing and Functional Ability." https://www.who.int/news-room/questions-and-answers/item/ageing-healthy-ageing-and-functional-ability#. Accessed 20 December 2021.

WHO (World Health Organization). 2021a. *Covid-19 and the Social Determinants of Health and Health Equity: Evidence Brief*. Geneva.

WHO (World Health Organization). 2021b. "Covid-19 Oxygen Emergency Impacting More Than Half a Million People in Low- and Middle-Income Countries Every Day, as Demand Surges." https://www.who.int/news/item/25-02-2021-covid-19-oxygen-emergency-impacting-more-than-half-a-million-people-in-low--and-middle-income-countries-every-day-as-demand-surges. Accessed 31 August 2021.

WHO (World Health Organization). 2021c. *Global Expenditure on Health: Public Spending on the Rise?* Geneva.

WHO (World Health Organization). 2021d. *Keeping the 100-Year-Old Promise: Making Insulin Access Universal*. Geneva.

WHO (World Health Organization). 2021e. "Mental Health." https://www.who.int/health-topics/mental-health#tab=tab_1. Accessed 10 March 2021.

WHO (World Health Organization). 2021f. "Noncommunicable Diseases." https://www.who.int/news-room/fact-sheets/detail/noncommunicable-diseases. Accessed 6 December 2021.

WHO (World Health Organization). 2021g. "Universal Health Coverage (UHC)." Geneva. https://www.who.int/news-room/fact-sheets/detail/universal-health-coverage-(uhc). Accessed 1 November 2021.

WHO (World Health Organization). 2021h. "World Health Assembly Agrees to Launch Process to Develop Historic Global Accord on Pandemic Prevention, Preparedness and Response." Geneva. https://www.who.int/news/item/01-12-2021-world-health-assembly-agrees-to-launch-process-to-develop-historic-global-accord-on-pandemic-prevention-preparedness-and-response. Accessed 1

December 2021.

WHO (World Health Organization). 2021i. *World Health Statistics 2021: Monitoring Health for the Sustainable Development Goals*. Geneva.

WHO (World Health Organization). 2021j. "Ageing and Health." Geneva. https://www.who.int/news-room/fact-sheets/detail/ageing-and-health. Accessed 17 December 2021.

WHO (World Health Organization). 2021k. "Air Pollution." https://www.who.int/health-topics/air-pollution#tab=tab_3. Accessed 23 December 2021.

WHO (World Health Organization). 2021l. *Violence against Women*. Geneva.

WHO (World Health Organization). 2021m. "Violence Against Women Prevalence Estimates, 2018." Geneva.

WHO (World Health Organization). n.d. "Social Determinants of Health." https://www.who.int/health-topics/social-determinants-of-health#tab=tab_1. Accessed 21 November 2021.

WHO (World Health Organization) and World Bank. 2017. *Tracking Universal Health Coverage: 2017 Global Monitoring Report*. Geneva.

WHO (World Health Organization), OECD (Organisation for Economic Co-operation and Development), and World Bank. 2018. *Delivering Quality Health Services, a Global Imperative for Universal Health Coverage*. Geneva: World Health Organization.

Wilson, K., Halabi, S., and Gostin, L. O. 2020. "The International Health Regulations (2005), the Threat of Populism and the Covid-19 Pandemic." *Globalization and Health* 16.

Wilson, T. 2019. "Huawei and African Union Boost Relationship with Deal." *Financial Times*, 31 May. https://www.ft.com/content/30ec5c54-83aa-11e9-b592-5fe435b57a3b. Accessed 1 September 2021.

Winter, D., and Leighton, D. C. 2001. "Structural Violence." In *Peace, Conflict, and Violence: Peace Psychology in the 21st Century*. Hoboken, NJ: Prentice Hall.

WIPO (World Intellectual Property Organization). 2021. PATENTSCOPE database. https://www.wipo.int/patentscope/en/. Accessed 1 June 2021.

Wisotzki, S. 2003. "Engendering Security Discourses in IR: Theoretical Insights and Practical Implications." Working Paper 47, Austrian Institute for International Affairs, Vienna.

Wood, R., Sutton, M., Clark, D., McKeon, A., and Bain, M. 2006. "Measuring Inequalities in Health: The Case for Healthy Life Expectancy." *Journal of Epidemiology & Community Health* 60(12): 1089–1092.

World Bank. 2017. *The Sunken Billions Revisited: Progress and Challenges in Global Marine Fisheries*. Washington, DC.

World Bank. 2018. *Mental Health: Some Perspectives on Challenges and Options for Scaling up Response*. Washington, DC.

World Bank. 2020a. "Pandemic Threatens Human Capital Gains of the Past Decade, New Report Says." Press release, 16 September, Washington, DC.

World Bank. 2020b. *Violence without Borders: The Internationalization of Crime and Conflic*t. Washington, DC.

World Bank. 2021a. *Global Economic Prospects, June 2021*. Washington, DC.

World Bank. 2021b. "The Global Economy: On Track for Strong but Uneven Growth as Covid-19 Still Weighs." 8 June. Washington, DC. https://www.worldbank.org/en/news/feature/2021/06/08/the-global-economy-on-track-for-strong-but-uneven-growth-as-covid-19-still-weighs. Accessed 11 November 2021.

World Bank, UNESCO (United Nations Economic and Social Council) and UNICEF (United Nations

Children's Fund). 2021. *The State of the Global Education Crisis: A Path to Recovery.* Washington, DC, Paris, New York: The World Bank, UNESCO and UNICEF.

World Health Assembly. 2020. "Resolution 73.1 Covid-19 Response." Geneva.

World Health Assembly. 2021. "Special Session of the World Health Assembly to Consider Developing a Who Convention, Agreement or Other International Instrument on Pandemic Preparedness and Response." Geneva.

Woroniuk, B. 1999. "Women's Empowerment in the Context of Human Security: A Discussion Paper: Background Document for the Joint Workshop of the UN Inter-Agency Committee on Women and Gender Equality and the OECD." DAC Working Party on Gender Equality on Women's Empowerment in the Context of Human Security: 7–8.

Wossen, T., Berger, T., Haile, M. G., and Troost, C. 2018. "Impacts of Climate Variability and Food Price Volatility on Household Income and Food Security of Farm Households in East and West Africa." *Agricultural Systems* 163: 7–15.

Wouters, O. J., Shadlen, K. C., Salcher-Konrad, M., Pollard, A. J., Larson, H. J., Teerawattananon, Y., and Jit, M. 2021. "Challenges in Ensuring Global Access to Covid-19 Vaccines: Production, Affordability, Allocation, and Deployment." *The Lancet* 397(10278): 1023–1034.

WWF (World Wildlife Fund). 2020. *Living Planet Report 2020: Bending the Curve of Biodiversity Loss.* Gland, Switzerland.

Yashar, D. J. 2018. *Homicidal Ecologies: Illicit Economies and Complicit States in Latin America.* Cambridge, UK: Cambridge University Press.

Yates, A., and Ceccato, V. 2020. "Individual and Spatial Dimensions of Women's Fear of Crime: A Scandinavian Study Case." *International Journal of Comparative and Applied Criminal Justice* 44(4): 277–292.

Ye, B., Gao, J., Fu, H., Chen, H., Dong, W., and Gu, M. 2020. "How Does Ageism Influence Frailty? A Preliminary Study Using a Structural Equation Model." *BMC Geriatrics* 20(1): 1–11.

Yigitcanlar, T., and Cugurullo, F. 2020. "The Sustainability of Artificial Intelligence: An Urbanistic Viewpoint from the Lens of Smart and Sustainable Cities." *Sustainability* 12(20): 8548.

Yogyakarta Principles. 2007. "Yogyakarta Principles on the Application of International Human Rights Law in Relation to Sexual Orientation and Gender Identity." Yogyakarta, Indonesia. Accessed 17 December 2021.

Young, I. M. 2003. "The Logic of Masculinist Protection: Reflections on the Current Security State." *Signs: Journal of Women in Culture and Society* 29(1): 1–25.

Yuan, Y., and McNeeley, S. 2016. "Reactions to Crime: A Multilevel Analysis of Fear of Crime and Defensive and Participatory Behavior." *Journal of Crime and Justice* 39(4): 455–472.

Zander, K. K., Botzen, W. J. W., Oppermann, E., Kjellstrom, T., and Garnett, S. T. 2015. "Heat Stress Causes Substantial Labour Productivity Loss in Australia." *Nature Climate Change* 5: 647–651.

Zaveri, E., Russ, J., Desbureaux, S., Damania, R., Rodella, A.-S., and Ribeiro, G. 2019. *The Nitrogen Legacy.* Washington, DC: World Bank.

Zhan, Z., Duffy, S., González Gil, M., Goodwin, L., and Patel, N. T. M. 2020. *Trans Legal Mapping Report 2019: Recognition before the Law.* Geneva: ILGA World. https://ilga.org/downloads/ILGA_World_Trans_Legal_Mapping_Report_2019_EN.pdf.

Zhang, P. 2021. "The 'CEO' Is a Man: How Chinese Artificial Intelligence Perpetuates Gender Biases." *South China Morning Post*, 30 September. https://www.scmp.com/news/people-culture/social-welfare/article/3150600/ceo-man-how-chinese-artificial-intelligence. Accessed 17 November 2021.

Zivin, J. G., and Neidell, M. 2013. "Environment, Health, and Human Capital." *Journal of Economic Literature* 51: 689–730.

Zivin, J. G., Hsiang, S. M., and Neidell, M. 2018. "Temperature and Human Capital in the Short and Long Run." *Journal of the Association of Environmental and Resource Economists* 5(1).

国連開発計画

(United Nations Development Programme、略称UNDP)

貧困や格差、気候変動といった人類の脅威とたたかう国連の主要機関。約170の国と地域において、人間と地球のために総合的かつ恒久的な解決策を構築すべく、様々な専門家や連携機関からなる幅広いネットワークを通じ、政策提言、技術支援、資金提供、支援プログラムなどを行っている。本部はニューヨーク。日本にも事務所があり、人間の安全保障や持続可能な開発目標(SDGs)をはじめとする、日本とUNDPの共通課題において開発協力を推進している。

『人間開発報告書』 UNDPの最も重要な刊行物。「人々はまさに国家の宝である」という言葉を冠に1990年に創刊して以来、UNDPはほぼ毎年、同報告書を発表。豊富なデータを用いながら、時代に即した革新的な分析や政策提言を行ってきた。また、開発の成果を測る新しい考え方として、人間開発指数など多くの新指標を発表し、世界の開発政策に大きな影響を与えてきた。『人間開発報告書1994』では人間の安全保障という概念を世界で初めて打ち出し、「欠乏からの自由、恐怖からの自由」と位置付ける。人間の安全保障は日本政府の外交政策の中心に据えられ、UNDPと日本は長年、ともにこの考え方を積極的に推進している。

星野俊也

大阪大学大学院国際公共政策研究科教授。2017年8月から3年間、国連日本政府代表部大使・次席常駐代表を務めた。上智大学外国語学部卒。学術修士(東京大学)、国際公共政策博士(大阪大学)。在米日本大使館専門調査員、プリンストン大学客員研究員、コロンビア大学客員研究員、日本国際問題研究所主任研究員などを経て現職。大阪大学では副学長も歴任。国際交流基金関西国際センター所長、日本国連協会理事、韓国・慶熙大学客員教授など兼任。本特別報告書のバックグラウンド・ペーパー執筆者の一人。専門は、国際公共政策学、国連外交、地球規模課題、SDGs/ESG、平和構築、人間の安全保障。

本書は、*2022 SPECIAL REPORT: New threats to human security in the Anthropocene: Demanding greater solidarity* を全訳したものです。

2022年特別報告書

人新世の脅威と人間の安全保障
さらなる連帯で立ち向かうとき

2022年12月5日　第1版第1刷発行

著者・訳者――――国連開発計画（UNDP）
監訳者――――星野俊也

発行者――――服部健一
発行――――株式会社日経BP
発売――――株式会社日経BPマーケティング
〒105-8308 東京都港区虎ノ門4-3-12
ブックデザイン・制作――ウェル・プランニング
印刷・製本――――図書印刷

ISBN 978-4-296-20089-4
Printed in Japan

https://nkbp.jp/booksQA